高等院校航海类专业系列教材

船舶结构与设备

伍生春　吴建军　主编

金永兴　主审

上海浦江教育出版社

图书在版编目(CIP)数据

船舶结构与设备 / 伍生春, 吴建军主编 . -- 上海 : 上海浦江教育出版社有限公司, 2025. 1. -- ISBN 978-7-81121-922-7

Ⅰ.U66

中国国家版本馆 CIP 数据核字第 2025JU1730 号

CHUANBO JIEGOU YU SHEBEI

船舶结构与设备

上海浦江教育出版社出版发行

社址：上海海港大道 1550 号上海海事大学校内　邮政编码：201306

电话：(021)38284910(12)(发行)　38284923(总编室)　38284910(传真)

E-mail：cbs@shmtu.edu.cn　URL：http://www.pujiangpress.com

上海商务联西印刷有限公司印装

幅面尺寸：185 mm×260 mm　印张：18.5　插页：1　字数：439 千字

2025 年 1 月第 1 版　2025 年 2 月第 1 次印刷

责任编辑：刘紫嫣　封面设计：陈北竹

定价：68.00 元

编者的话

本书在全面考量中华人民共和国海事局《海船船员培训大纲》(2021版)对高级船员所要求了解和掌握知识点的基础上，融合了最新且必需的《海船法定检验技术规则》《钢质海船入级规范》《材料与焊接规范》《船舶与海上设施起重设备规范》《船体检查保养计划》《海船系泊与航行试验通则》《船舶系固手册编制指南》《国际海上人命安全公约》等相关规定内容编写而成。本书适用于高等航海院校航海技术专业学生及其他港航有关人员，以及无限航区及沿海航区各个等级海船船员适任证书考试培训使用。

本书是上海海事大学规划教材，同时也是2004年出版的《船舶结构与设备》教材的重大修改版本；充分结合了航运发展的新特点和航海新技术在船舶建造中的应用，秉承理论与航海实践相结合的原则；内容编排注重知识的体系性、完整性和实用性，采用图文并茂、深入浅出的方式精心编写。全书内容力求做到概念清楚、理论正确、重点突出、条理清晰、文字流畅。

本书分九章和两个附录，包括船舶常识，船体结构与船舶管系，货舱、舱盖和压载舱，起重设备，船舶系固设备，舵设备，锚设备，系泊设备，船体日常检查保养与维修，以及船舶修理单和航行试验大纲实例等内容。

本书由伍生春、吴建军主编，王德岭、李毓敏参编，同时得到校友企业深圳市华展国际物流有限公司的出版资助，在此表示感谢。第一章由上海海事大学王德岭编写；第二、四、九章、附录A和B及编者的话由上海海事大学伍生春编写；第三、五、六章由上海海事大学吴建军编写；第七、八章由上海海事大学李毓敏编写。全书由伍生春统稿，金永兴教授主审。

本书初稿在上海海事大学航海技术专业3届本科生和社会考证船员校内试用的基础上，结合校内教材评审专家的意见和学生反馈，进行了多轮次优化完善，但受编者水平和能力所限，不足之处或谬误在所难免，竭诚希望得到前辈、同行及广大读者的批评指正。

伍生春

2024年9月

目　录

第一章 船舶常识

水上运输不仅是交通运输的重要组成部分，且在运输总量中也占有绝对比例，具有其他任何运输方式所无法替代的特殊地位和重要作用，作为水上运输工具的船舶也正是在这种背景下得到了飞速发展。为此，从事船舶管理与驾驶的人员必须了解和掌握船舶的性能、分类与特点，以便达到安全营运的目的。

第一节 船舶的基本组成

船舶由主船体(main hull)、上层建筑(superstructure)和其他各种配套设备(equipment)所组成。

一、主船体

主船体是指由包括上甲板(upper deck)在内的甲板(deck)、舷侧(broadside)、船底(bottom)、首尾(fore and aft)及舱壁(bulkhead)等所组成的水密(watertight)空心结构，是船舶的主体部分。

主船体各组成部分的含义如下：

1. 甲板

甲板是主船体垂向呈上下层排列，并沿船长方向水平布置的大型纵向连续板架，是主船体的垂向分隔(图1-1)。

(1) 上甲板：是主船体的最上一层首尾统长甲板(又称上层连续甲板)，该层甲板为定义的强力甲板。

(2) 下甲板(lower deck)：是上甲板以下各层甲板的统称。按自上而下位置的不同，依次有二层甲板(第二甲板，second deck)、三层甲板(第三甲板，third deck)等。某船主船体如仅有上甲板而无下甲板，则称其为单甲板船；上、下甲板齐全的，则称其为多甲板船。普通件杂货船、可装载件杂货的多用途船为多甲板船。

(3) 平台甲板(platform deck)：是强力甲板以下沿船长方向布置并不计入船体总纵强度的不连续甲板，如舵机间甲板即为平台甲板。

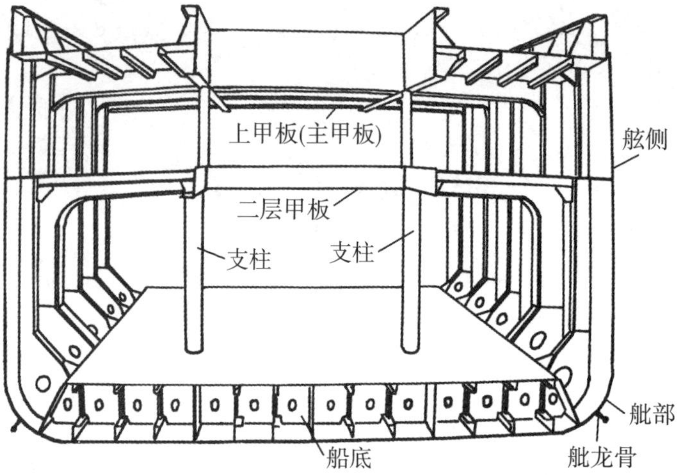

图1-1　船体主要组成部分的名称

2. 舷侧

舷侧是主船体两侧的直立部分(图1-1)。

3. 船底

船底是主船体的底部结构,有单层底(single bottom)和双层底(double bottom)两种结构形式。图1-1为双层底结构。

4. 舭部

舭部(bilge)是主船体横向船底与舷侧间以圆弧形式逐渐过渡的区域(图1-1)。

5. 外板

构成船底、舷侧及舭部外壳的板,称船舶外板,俗称船壳板(hull plate)。

6. 舱壁

舱壁是主船体内沿垂向方向布置的结构,有横舱壁(transverse bulkhead)和纵舱壁(longitudinal bulkhead)两种(图1-2,详见第二章船体结构部分)。

图1-2　船舶纵、横舱壁及其他组成部分名称

7. 首、尾与船中

主船体两舷舷侧在过渡至近前、后两端时,逐渐呈线型弯曲接近并最终会拢,其中:前端的会拢部分称船首,线型弯曲部分称首舷(又称首部,bow),见图1-3;后端的会拢部分称

船尾，线型弯曲部分称尾舷（又称尾部，quarter），见图1-4。主船体长度的一半（中间）处为船中（midship）。

图1-3 船舶首舷（又称首部）

图1-4 船舶尾舷（又称尾部）

8. 纵中线与正横

过主船体首尾，并将其分成左右对称两部分的直线称纵中线（又称首尾线，fore and aft line）。在主船体最大宽度处与纵中线垂直的方向称正横（abeam）。由尾向首看，在主船体左侧的称左舷（port side），右侧的称右舷（starboard）。

二、上层建筑

上层连续甲板上由一舷伸至另一舷或其侧壁板离船壳板向内不大于4%船宽B的围蔽建筑称上层建筑，即首楼、桥楼和尾楼，同时具备首楼、桥楼和尾楼的船舶称其为三岛式船舶，目前该种船型已被淘汰。上层建筑以外的围蔽建筑称甲板室。

1. 长上层建筑与短上层建筑

长度大于$0.15L$，且不小于其高度6倍的上层建筑为长上层建筑，不符合长上层建筑条件的为短上层建筑。客船及客货船的上层建筑属长上层建筑，其他船舶的上层建筑一般属短上层建筑。

位于首部的上层建筑称首楼（forecastle），其作用是减少首部上浪，改善航行条件，首楼的舱室可作贮藏室用。

用来布置驾驶室及船员起居与服务处所的上层建筑为桥楼（bridge）。

位于尾部的上层建筑称尾楼（poop）。尾楼在减少船尾上浪的同时，其内的舱室也可用作船员居住舱室或派其他用途。现代船舶基本为尾机型或中尾机型船，桥楼直接设在近船尾处，故通常无尾楼。

2. 长甲板室与短甲板室

长度大于$0.15L$，且不小于其高度6倍的甲板室为长甲板室。不符合长甲板室条件的为短甲板室。船舶的桅屋（masthouse）基本属短甲板室。

3. 上层建筑各层甲板

根据船舶种类、大小的不同，上层建筑（桥楼）所具有的甲板层数及命名方法均有所不同。例如：有的船舶从上层建筑下部的第一层甲板开始向上按A、B、C……的方式命名各层甲板；有的船舶按各层甲板的使用性质不同命名，如罗经甲板（compass deck）、驾驶甲板

(bridge deck)、船长甲板(master deck)、高级船员甲板(office deck)、艇甲板(boat deck)、船员甲板(crew deck)和起居甲板(accommodation deck)等。

三、主船体内各舱室的名称

除上层建筑内具有各种功能不同的舱室外,主船体亦被各层甲板和舱壁分隔成若干舱室,这些舱室按其用途的不同主要有:

1. 机舱

机舱(engine room)是用于安装主机、辅机及其配套设备的舱室,是船舶的动力中心。机舱一般位于桥楼正下部的主船体区域,将机舱位于船中部的称中机型船,位于中部偏后的称中尾机型船,位于船尾的称尾机型船。现代船舶除集装箱船较多采用中尾机型或中机型布置外,其他船舶几乎均采用尾机型布置。

2. 货舱

货舱(cargo hold)是用于载货的舱室。根据船舶种类的不同,有干货舱、液货舱及液化气体货舱等。每一货舱一般仅设置一个货舱口(cargo hatch),但对一些大尺寸的货舱,有时沿纵向方向或横向并列设置两个货舱口,如集装箱船、油船及大型的杂货船等。

3. 压载舱

压载舱(ballast tank)是船舶用于装载压载水以调节吃水差、纵横倾及重心高度,改善船舶操纵性能的舱室。例如:货舱下部的双层底舱(double bottom tank);位于船首防撞舱壁之前、舱壁甲板之下的首尖舱(fore peak trank)和位于船舶尾部最后一道水密横舱壁之后、舱壁甲板或水密平台甲板之下的尾尖舱(aft peak tank);边舱(side tank) 和上、下边舱(upper & lower side tank)等。

4. 深舱

深舱(deep tank)是双层底以外的压载舱、船用水舱、货油舱(如植物油舱)及按闭杯试验法闪点不低于60 ℃的燃油舱等。深舱由船舶中纵剖面处设置的纵舱壁或制荡舱壁分隔为左右对称的舱室,以减小自由液面的影响。

5. 其他舱室

除上述主要舱室外,还有:

(1) 燃油舱(fuel oil tank):用于贮存主、辅机所用燃油的舱室,一般为双层底内的若干舱室,有的大型船舶也将深舱作燃油舱使用。

(2) 滑油舱(lubricating oil tank):用于贮存主、辅机所用润滑油的舱室,一般设在机舱双层底内。

(3) 淡水舱(fresh water tank):专用来贮存饮用与生活用水的舱室。

(4) 污油水舱(slop tank):专用于贮存污油的舱室。

(5) 隔离空舱(caisson):用于隔开油舱与淡水舱、油船的货油舱与机舱的专用舱室。隔离空舱一般是一个仅有一个肋骨间距的狭窄空舱,故又称干隔舱,其作用是防火、防爆、防渗漏。

(6) 舵机间(steering gear room):位于尾尖舱顶部平台甲板,用于安装舵机及转舵装置。

四、各种配套设备

船舶的配套设备主要有主机、辅机、锅炉及配套、电气、各种管系、甲板设备(锚、舵、系泊和起重)设备、安全(消防、救生)设备、通信导航设备及生活设施配套设备等。

第二节 船舶的主要标志

船舶根据需要,在其船体外壳板上、烟囱及罗经甲板两侧均勘划着各种标志(mark)。现就一些主要标志简述如下。

一、球鼻艏和侧推器标志

1. 球鼻艏标志(bulbous bow mark,BB mark)

球鼻艏标志是球鼻型艏船舶的一种特有标志,主要用以表明在其设计水线以下首部前端有球鼻形凸出体,并勘划于船首左右两舷重载水线以上的首部(bow)处。

2. 侧推器标志

对装设有侧推器的船舶,均须用侧推器标志(thruster mark)来加以标明,以引起靠近船舶的注意。

图 1-5 为球鼻艏与艏侧推器标志(bow thruster mark,BT mark)。艏侧推器标志勘划于侧推器所在船首位置左右两舷的正上方,位于球鼻艏标志的正后方且与其同高。如船舶同时装设有艉侧推器,则艉侧推器标志(stern thruster mark,ST mark)勘划于该侧推器所在船尾位置左右两舷的正上方,并与球鼻艏标志同高。

图 1-5 球鼻艏与艏侧推器标志

二、吃水标志

船舶靠离码头、通过浅水航道、锚泊及采用水尺计重时,均需精确掌握当时的船舶吃水。为保证船舶的操纵安全及便于散货船采用水尺计重法计算货物装载量,在船舶首、中、尾左右两舷船壳板的六处均勘划有吃水标志(draft mark),通常称为六面水尺,用以度量船舶的实际吃水。吃水标志(水尺)的标记方法有两种:一种是公制,用阿拉伯数字表示,其数字的高度规定为10 cm,上下相邻两数字间的间隔距离也是10 cm;另一种是英制,用阿拉伯数字或罗马数字表示,每个数字的高度为6 in①,上下相邻两数字间的间隔距离也是6 in,如图1-6所示。

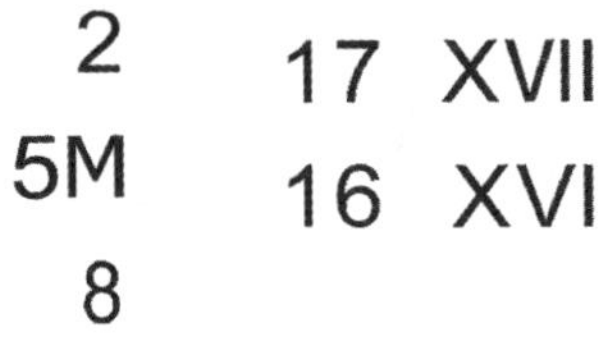

图1-6　吃水标志

吃水的读取方法是以水面与吃水标志相切处按比例读取,当水面与数字的下端相切时,该数字即表示该船此时的吃水。在有波浪时,应至少分别读取波峰和波谷面与吃水标志相切处的读数各3次,以所求的平均值作为该船当时的吃水。

三、甲板线

甲板线(deck line)为一长300 mm、宽25 mm的水平线,勘划于船中处的每侧,其上边缘一般应经过干舷甲板(freeboard deck)上表面向外延伸与船壳板外表面之交点,如图1-7所示。如果干舷甲板经过相应的修正,甲板线也可以参照船上某一固定点来划定。参考点的定位和干舷甲板的标定均应在国际船舶载重线证书上标写清楚。

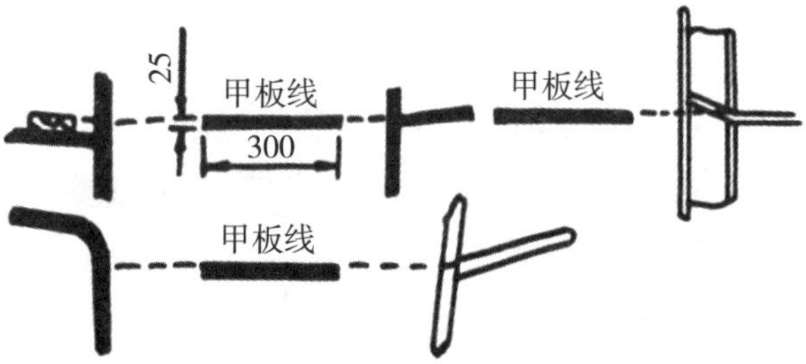

图1-7　甲板线(单位:mm)

四、载重线标志

1. 目的与作用

为确定船舶干舷,保证船舶具有足够的储备浮力和航行安全,船级社根据船舶的尺度和结构强度,为每艘船勘定了船舶在不同航行区带、区域和季节期应具备的最小干舷,并用载重线标志(load line mark)的形式勘划在船中的两舷外侧,以限制船舶的装载量。

某一时刻的水面至甲板线上边缘(干舷甲板上边缘)的垂直距离,即为该船当时的干舷,表示船舶当时所具有的储备浮力,干舷越大,储备浮力越大。

2. 载重线标志勘划的方法与要求

载重线标志由外径为300 mm、宽为25 mm的圆圈与长为450 mm、宽为25 mm的水平线相交组成。水平线的上边缘通过圆圈中心。圆圈中心应位于船舶两舷按1966年《国际载重线公约》所规定的船长中点处,从甲板线上边缘垂直向下量至圆圈中心的距离等于所核定的夏季干舷。

勘划载重线时,应在载重线圆圈两侧并在通过圆圈中心的水平线上方或圆圈的上方和下方加绘表示勘定当局的简体字母。

---

① 1 in=0.025 4 m。

所勘划的载重线的各线段，均为长230 mm、宽25 mm的水平线段，这些线段与标在圆圈中心前方长540 mm、宽25 mm的垂线成直角，为不同航行区带、区域和季节期的最大吃水限制线，度量时应以载重线的上边缘为准。

对于圆圈、线段和字母：当船舷为暗色底者，应漆成白色或黄色；当船舷为浅色底者，应漆成黑色。船舶两舷只有在正确和永久地勘划载重线标志并清晰可见后，方可取得国际船舶载重线证书（international load line certificate）。

3. 国际航行海船载重线标志

1）不装载木材甲板货船舶的载重线标志

不装载木材甲板货船舶的载重线标志指除木材船、可装载木材甲板货的多用途船、客船、客货船等以外的船舶载重线标志，如液货船、非装载木材的其他干货船等。图1-8为不装载木材甲板货船舶的右舷载重线标志。

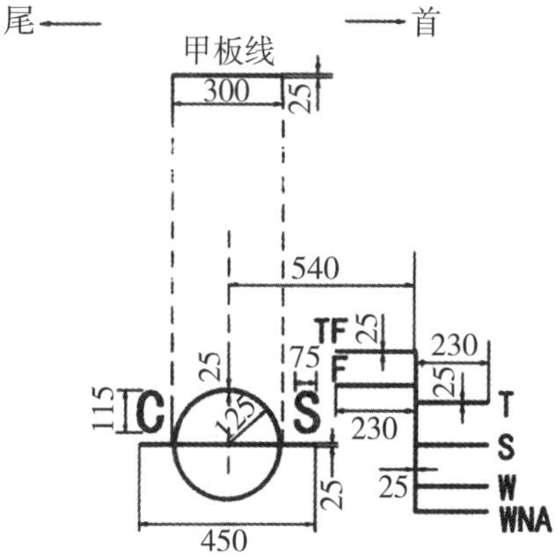

图1-8　不装载木材甲板货船舶的右舷载重线标志（单位：mm）

2）装载木材甲板货船舶的载重线标志

因木材甲板货可给船舶提供一定的附加浮力和增加船舶抗御海浪的能力，故木材专用船的干舷比一般货船小。图1-9为装载木材甲板货船舶的右舷载重线标志，该标志是在装载木材甲板货船舶载重线标志圆圈中心向尾540 mm处，再增加堪划装载木材甲板货时的各载重线线段。

3）客货船的载重线标志

根据海船分舱和破舱稳性规范的相应规定，国际航行客货船的载重线标志为在不装载木材甲板货船舶载重线垂线的北大西洋冬季载重线下端再增加C1（客船分舱载重线）与C2（交替载运客货分舱载重线），如图1-10所示。C1表示主要载客时应保留的最小干舷，C2表示交替使用的舱室作为客运舱室时应保留的最小干舷。

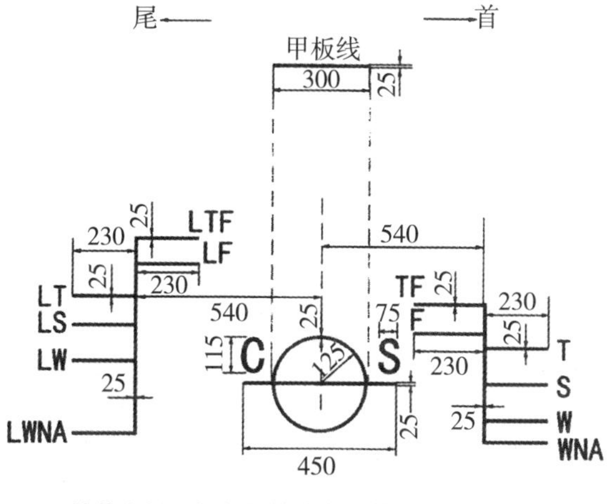

图1-9　装载木材甲板货船舶的右舷载重线标志（单位：mm）

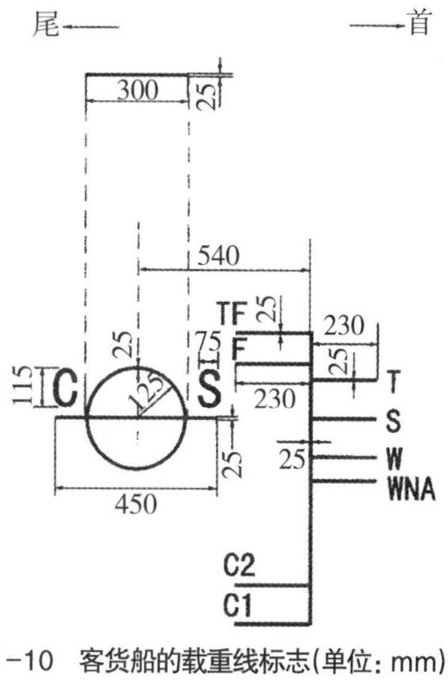

图1-10　客货船的载重线标志（单位：mm）

4) 所用字母与各载重线的含义

CS(China classification society)——中国船级社。

TF(tropical fresh water loadline)——热带淡水载重线。

F(fresh water loadline)——夏季淡水载重线。

T(tropical loadline)——热带载重线。

S(summer loadline)——夏季载重线,其上边缘通过圆圈中心。

W(winter loadline)——冬季载重线。

WNA(winter north atlantic loadline)——北大西洋冬季载重线(船长不大于100 m的船舶应加绘)。

LTF(lumber tropical fresh water loadline)——热带淡水木材载重线。

LF(lumber fresh water loadline)——夏季淡水木材载重线。

LT(lumber tropical loadline)——热带木材载重线。

LS(lumber summer loadline)——夏季木材载重线。

LW(lumber winter loadline)——冬季木材载重线。

LWNA(lumber winter north atlantic loadline)——北大西洋冬季木材载重线(船长不大于100 m的船舶应加绘)。

C1——客船分舱载重线。

C2——交替运载客货分舱载重线。

五、其他标志

1. 船名和船籍港标志

每艘船舶均在船首左右两侧明显位置处勘划船名,中国籍船还在船名下方加注汉语拼音。船首船名字高与船舶大小及船名字数多少有关,以正常视距范围内及早清晰可见为准。图1-11为船首船名标志。

每艘船舶尚在船尾(尾封板或尾部两舷)明显处自上而下勘划船名、船名汉语拼音及船籍港、船籍港汉语拼音,其中:船尾船名标志(ship′s name mark)的字高比船首小10%~20%;船籍港标志(part of registri mark)的字高为尾船名字高的60%~70%。有的船舶还在驾驶台顶罗经甲板的两舷舷侧勘划船名,如图1-12所示。

图1-11　船名与顶推位置标志

图1-12　船名与烟囱标志

2. 烟囱标志

烟囱标志(funnel mark)是用以表示船舶所属公司的标志,该标志勘划于烟囱左右两侧的高处。烟囱标志由各航运公司自行规定其颜色和图案(同一公司所属船舶船体的油漆颜色往往也是统一的),以便识别,如图1-12所示。

3. 分舱与顶推位置标志

在货舱与货舱、压载舱与压载舱或压载舱与其他舱室之间舱壁所在位置的两舷舷侧外板满载水线以上和/或以下通常勘划有表示各舱位置的分舱标志(subdivision mark),在该标志位置处,大多数船同时标注船舶的肋骨编号,图1-13为货舱分舱位置标志。此外,为避免因拖船盲目顶推而造成船壳板凹陷甚至损坏,在两舷首、中、尾舷侧外板满载水线以上的适当位置(该位置不仅能最大限度地发挥拖船的作用,同时也是船体骨架所在的位置,具有足够的强度)勘划有拖船的顶推位置标志(push location mark),大型船舶尚在上述相应位置的正下方(满载水线以下)勘划同一标志,如图1-11所示。顶推位置标志主要有两种标志法:一种为正向的"T"形标志,另一种为将"TUG"置于垂直向下箭头正上方的组合标志。

图1-13 货舱分舱位置标志

4. 引航员登、离船位置标志

为确保引航员登、离船安全,按SOLAS公约规定,大型船舶在其平行船体长度范围内(一般在船中一半船长范围内)的两舷舷侧满载水线附近或稍低位置处勘划引航员登、离船位置标志(pilot transfer location mark)。该标志颜色与国际信号规则规定相同,为上白下红,如图1-14所示。

5. 船舶识别号(IMO编号)

按国际海事组织规定,100总吨及以上的所有客船和300总吨及以上的所有货船均应有一个符合国际海事组织通过的IMO船舶编号体系的识别号,即船舶识别号(ship identification number),用于识别船舶身份。该识别号除应按规定被载入相应证书外,还应被永久清晰地勘划在船舶适当位置。船舶识别号的勘划位置有:船尾船籍港标志的下方、桥楼正前方的上部、机舱明显处、客船可从空中看见的水平表面、油船货油泵舱明显处及滚装船滚装处所等,但较普遍的勘划位置是船尾船籍港的下方。图1-15为勘划在船尾的船舶识别号。

图1-14　引航员登、离船位置标志

图1-15　尾船名、船籍港与船舶识别号

6. 公司名称标志

公司名称标志(company name mark)是航运公司经营理念改变的一种体现,主要勘划在公司所属的集装箱船上。该标志有两种勘划方式,一种是公司名称的全称,另一种是公司英文名称的缩写。勘划于船舶左右两舷满载水线以上,除用于表示船舶所属的船公司外,并有一定的广告效应,如图1-16所示。

(a)　　(b)

图1-16　公司名称标志

7. 可变螺距螺旋桨标志

一些具有可变螺距螺旋桨(controllable pitch propeller)的船舶,包括双车船,往往在其螺旋桨(推进器)正上方的船尾两侧满载水线以上明显处勘划车叶(螺旋桨)形状的标志,并加上"可变螺距螺旋桨"文字或缩写"CP",以引起他船对水下螺旋桨的注意。

8. 液化气船标志(liquefied gas carrier mark)

液化气船中的液化天然气船(liquefied natural gas carrier, LNG carrier)和液化石油气船(liquefied petroleum gas carrier, LPG carrier)两类船舶,为特别强调其种类与危险性,在主船体两舷舷侧满载水线以上显眼处分别勘划"LNG"和"LPG"标志,以提醒他船注意,如图1-17所示。

(a)　　(b)

图1-17　"LNG"和"LPG"船标志

六、吃水指示系统

由于吃水标志勘划于船壳板外侧的首、中、尾部，往往难以准确方便地读取船舶的六面水尺，特别是读取尾部弯曲船壳板处的吃水时更为困难。为解决这一难题，有些大型现代化船舶专设了吃水指示系统(draft indicating system)，用以测量船舶首、中、尾的吃水和纵、横倾斜度，它可随时从位于驾驶室的指示面板上集中读取首、中、尾的吃水，颇为方便。

吃水遥测系统目前主要有浮子式、超声波探测式和吹气式3种类型。

第三节 船舶尺度

根据用途的不同，船舶尺度(ship dimension)可分为最大尺度、船型尺度和登记尺度3种。

一、最大尺度

最大尺度(overall dimension)又称全部尺度或周界尺度，是船舶靠离码头、系离浮筒、进出港、过桥梁或架空电缆、进出船闸或船坞及在狭水道航行时安全操纵或避让的依据。最大尺度包括：

1. 最大长度

最大长度(length overall，LOA)又称全长或总长，是指从船首最前端至船尾最后端(包括外板和两端永久性固定突出物)之间的水平距离。

2. 最大宽度

最大宽度(extreme breadth)又称全宽，是指包括船舶外板和永久性固定突出物在内并垂直于纵中线面的最大横向水平距离。

3. 最大高度

最大高度(maximum height)指自平板龙骨下缘至船舶最高桅顶间的垂直距离。最大高度减去吃水即得到船舶在水面以上的高度，称净空高度(air draught)。

二、船型尺度

船型尺度(moulded dimension)是《钢质海船入级规范》中定义的尺度，又称型尺度或主尺度。在一些主要的船舶图纸上均使用和标注这种尺度，可用于计算船舶稳性、吃水差、干舷高度、水对船舶的阻力和船体系数等，故又称为计算尺度、理论尺度。船型尺度包括：

1. 船长 L

船长(length between perpendiculars)指沿夏季载重线，由首柱前缘量至舵柱后缘的长度，对无舵柱的船舶，则由首柱前缘量至舵杆中心线的长度，但均不得小于夏季载重线总长的

96%，且不必大于97%。船长又称垂线间长。

2. 型宽 B

型宽(moulded breadth)指在船舶的最宽处，由一舷的肋骨外缘量至另一舷的肋骨外缘之间的横向水平距离。型宽又称船宽。

3. 型深 D

型深(moulded depth)指在船长中点处，沿船舷由平板龙骨上缘量至上层连续甲板(上甲板)横梁上缘的垂直距离；对甲板转角为圆弧形的船舶，则由平板龙骨上缘量至横梁上缘延伸线与肋骨外缘延伸线的交点。而在船长中点处，由平板龙骨上缘量至夏季载重线的垂直距离称之为型吃水 d(moulded draft)。

三、登记尺度

登记尺度(register dimension)为《1969年国际船舶吨位丈量公约》中定义的尺度，是主管机关登记船舶、丈量和计算船舶总吨位及净吨位时所用的尺度，它载明于船舶的吨位证书中。

1. 登记长度

登记长度(register length)指量自龙骨板上缘的最小型深85%处水线总长的96%，或沿该水线从首柱前缘量至上舵杆中心线的长度，两者取大值。

2. 登记宽度

登记宽度(register breadth)指船舶的最大宽度。对金属壳板船，其宽度应从船长中点处量到两舷的肋骨型线；对其他材料壳板船，其宽度应从船长中点处量到船体外面。

3. 登记深度

登记深度(register depth)指从龙骨上缘量至船舷处上甲板下缘的垂直距离。对具有圆弧形舷边的船舶，则是量至甲板型线与船舷外板型线之交点。对阶梯型上甲板，则应量至平行于甲板升高部分的甲板较低部分的延伸虚线。

第四节　船舶种类与特点

一、船舶种类概述

船舶的种类颇多，为合理组织船舶运输，通常均以船舶的主要技术营运特征对其进行分类，具体如下：

(1) 按用途不同分为运输船、工程船、工作船、渔船及其他特殊用途船舶等，详见后述。

(2) 按行驶方式(有无动力)分为自航船(机动船)和非自航船(非机动船，无动力，需依靠其他船或风帆、桨行驶)。

(3) 按船体材料分为钢质船、木质船、铝合金船、玻璃钢船、水泥船和塑料船等，其中钢质船是主流船。

(4) 按动力装置类型分为内燃机船、汽轮机船、全电动船和核动力船等，目前以内燃机船为主流船，其中LNG–燃油、甲醇–燃油和氨–燃油等双燃料内燃机船近年发展迅速。

(5) 按推进方式分为明轮船、螺旋桨船、平旋推进器船（靠平旋盘上叶片行驶）及喷气推进船等。

(6) 按航行区域分为远洋船（无限航区船，距岸≥200 n mile①）、近海船（200 n mile≤距岸≤200 n mile）、沿海船（距岸≤20 n mile）、内河船（江、河、湖泊）和港作船等。

(7) 按航行状态分为排水型船（靠排水浮于水面）、水翼船（靠水翼升力浮于水面）和气垫船（靠排出气流将船体托出水面）等。

二、船舶按用途不同的分类及各自特点

（一）客船

《1972年国际海上人命安全公约》(SOLAS公约)规定，凡载客超过12人的船舶均应视为客船（passenger vessel）。这类船舶的一般特点是：上层建筑（superstructure）高大，具有较好的抗沉性（floatability），且船速较快，航行与操纵性能良好，并设有减摇装置，乘坐平稳、舒适。

按载客性质的不同，客船有以下几种：

1. 全客船

全客船（passenger vessel）可分两类。一类是专用于运送旅客及其所携带的行李和邮件的船舶，主船体以上甲板层数多，生活设施仅满足旅客的一般旅行需要，多设计成满足“二舱或三舱不沉制”，定期定线航行，多数采用双车，船速一般可达20 kn②及以上。全客船如图1–18所示。

(a) (b)

图1–18 全客船

另一类是用于休闲、旅游的豪华游船（又称邮轮），该类船舶除主船体以上甲板层数多、抗沉性好之外，还具有设计美观、吨位较大、生活设施豪华（如设有酒吧、泳池、冲浪、休闲健身、小型高尔夫、电影院区域及高级套房等）及通信导航设备先进等特点，且一般非定期定线航行，如图1–19、1–20所示。

---

① 1 n mile=1.852 km。

② 1 kn=0.514 4 m/s。

图 1-19　豪华游船

（a）　　（b）

图 1-20　豪华游船配套休闲设施设备

2. 客货船

客货船（passenger-cargo vessel）指在运送旅客的同时，还载运相当数量的货物，并以载客为主，载货为辅。客货船通常设计成满足“二舱不沉制”，定期定线航行。图 1-21 为长征号客货船。

3. 货客船

货客船（cargo-passenger vessel）以载货为主，载客为辅。货客船在抗沉性方面一般以满足“一舱不沉制”为最低设计要求，数量相对较少，图 1-22 为紫玉兰号集装箱货客船。

图 1-21　长征号客货船

图 1-22　紫玉兰号集装箱货客船

4. 滚装客船

滚装客船（Ro-Ro/passenger ship）指具有滚装装货处所或特种处所的客船。该种船舶设置有侧推装置，具有航速快、操纵性能好，定班定线等特点，往返于海峡两岸的滚装客船又可称为车客渡船。目前，高速双体滚装客船也已投入营运。滚装客船的结构特点与滚装船类似（详见滚装船部分）。滚装客船如图 1-23 所示。

5. 火车客渡船

火车客渡船(train/passenger ferry)指安装有火车轨道,主要从事火车跨海峡运输,同时载运旅客的客船。我国的琼州与渤海两大海峡目前正由该类客船从事火车与旅客运输。尤其是海南,从根本上改写了大陆无火车直达海南的历史。该种船舶自动化程度高,具有双主机、双舵、首尾共3台侧推装置(首部2台侧推,尾部1台侧推)。主机、舵机和全部侧推装置的所有操作可由安装在驾驶室的1个联合控制装置(单手柄操作控制系统)来完成。操作简便、灵活,精度高,且适应能力强。图1-24为粤海铁1号火车客渡船。

图1-23 滚装客船

图1-24 粤海铁1号火车客渡船

6. 高速客船

高速客船(high-speed passenger ship)主要指在沿海、海峡、江、河、湖泊等水域从事旅客运输的船舶。该类船具有吨位小、航速快的共同特点。主要包括以下几类:

1) 水翼船

水翼船(hydrofoil craft)是一种在船体底部前后各安装有一对浸没在水中的水翼的船舶,水翼断面与飞机机翼断面形状相同,为流线型。有浮航和翼航两种航行状态:低速航行时处于浮航状态;高速航行时,船体被水翼产生的水动升力支承在水面以上,转为翼航状态,从而将船体所受水阻力(兴波、形状和波浪阻力)的全部或大部分转换为空气阻力,显著提高了航速,可达45 kn以上,最快达70~80 kn。

水翼船用高速柴油机作为动力装置,一般由水下螺旋桨或喷水推进装置推进。水翼用不锈钢或钛合金制造,船体一般用铝合金或钢材制造。

按照水翼控制方式不同,水翼船可分为半浸(割划)式和全浸式自控水翼船两类。

半浸式水翼船采用固定式"U"形水翼,航行时,有一部分水翼露出水面并割划水面。这种船结构简单,不需要控制设备,自稳性较好,但受波浪影响较大,通常仅适用在江、河、湖泊或海况变化较小的沿海使用。全浸式自控水翼船采用倒"T"形水翼,航行时,其水翼全部浸在水中。船舶在配备的类似于飞机的自动控制装置控制下对水翼攻角进行主动控制,调节水翼升力,从而保证了船舶航行时的稳定性,能够更好地适应海况多变的水域,是航行在沿海、海峡水域的主流船型。

水翼船具有速度快、航行平稳的优点。其中,全浸式自控水翼船即使是在波高高达2.6~4.0 m的较恶劣海况下,也能维持船体稳定,保持40 kn的较高速度航行。

常见的水翼船一般都比较小,全浸式水翼船的结构及控制系统比较复杂,制造成本较高,图1-25和图1-26分别为半浸(割划)式和全浸式自控水翼船。

图1-25　半浸（割划）式水翼船

图1-26　全浸式自控水翼船

2）气垫船

气垫船（air-cushion craft）是利用船上设置的大功率专用风机将空气压缩在船体底部或船体支撑面的下部，产生用以支撑船体使之离开水面或地面的压缩空气气垫，进而高速航行的船舶。航速可达50~80 kn。

按航行状态的不同，气垫船可分为全垫升气垫船和侧壁气垫船两种。

（1）全垫升气垫船（air-cushion vehicle）。是指借助在船底四周安装的柔性围裙，约束空气而形成高压气垫，并借助气垫将整个船体支离水面而高速航行的船舶。全垫升气垫船具备良好的两栖性能，不仅能在水面高速航行，而且可在平坦的地面、冰雪和沼泽中行驶。推进器使用空气螺旋桨，用空气舵控制方向，全垫升气垫船如图1-27所示。

（2）侧壁气垫船（side-wall hovercraft）。侧壁气垫船的船底两侧是刚性侧壁，在首、尾部分安装有柔性围裙，航行时，利用专门的升力风机向船底充气形成气垫把主船体托离水面，两侧侧壁的下半部分仍然浸没在水中。侧壁气垫船用水螺旋桨或喷水推进，有较好的操纵性和航向稳定性，航速可达50 kn。侧壁气垫船气腔中的空气不易流失，垫升效率较高，需求的垫升功率比同等规模的全垫升气垫船要小，但高速性通常不如全垫升气垫船，也没有两栖能力，比较适合在吨位较大、经济性要求较高的场合应用，图1-28为侧壁气垫船。

图1-27　全垫升气垫船

图1-28　侧壁气垫船

3）双体船

双体船（twin-hull craft）由两个瘦长的单体船（通常称为片体）组成。具有大宽长比、小水线面面积、高速时兴波阻力小、横稳性和操纵性明显优于单体船的典型特点。其航速较高，一般最高可达35~45 kn，且具有承受较大风浪的能力。

双体船中的典型代表是穿浪双体船（wave pierce twin-hull craft），该种船型也是近年来得到较快发展的一种新型双体船，其最大特征是具有两个片体的首部封闭成类似刀尖的穿浪首，航行时允许穿浪而过，显著减小了恶劣海况时的船舶纵摇，而船中部设置了一个平时在满载水线之上的浮力首(楔形结构)，在恶劣海况时触及波浪，可以提供额外的浮力，减小埋首(减小纵摇)。这种设计，使穿浪双体船的适航性得到极大提高，耐波性能更加优良，对恶劣海况的适应能力显著优于一般双体船，因而得到了迅速的推广，如图1-29所示。

4) 地效船

地效船(ground-effect wing ship)又称地效翼船或地效飞行器，是一种高速时能在水面低空飞行的交通工具。地效船形状上类似于水上飞机，它主要利用其与水面或地面之间的“表面效应”(又称地面效应)获得升力而脱离表面一定高度飞行。地效船也可在排水状态下航行，航行速度为20~100 km/h。当其在距水面1~5 m高度飞行时，速度可达120~550 km/h。地效船具有经济、舒适、高速及适航性强的优点，如给地效船装上相应的起落装置，其还可在平坦的冰雪、草原、滩涂、沙漠和沼泽上飞行。但仅当地效船在水面行驶时，才能称其为“船”，一旦在水面超低空飞行，将会遇到极大的避碰问题。图1-30为地效船。

图1-29 穿浪双体船

图1-30 地效船

5) 滑行船

滑行船(hydroplane)又称滑行艇，是一种依靠航行时艇体对水产生的流体动压力，来支承大部分艇体重量的高速艇型。滑行艇外形较常规排水型艇短且宽，底部较平坦。通常艇底和舷侧板交接处呈尖角，形成尖舭，也称为尖舭艇。当高速航行时，艇体被托起，舷部离水，艇首微抬，底面贴水滑行，高速航行的阻力远小于普通排水船。但其耐波性差的典型缺点，很大程度上限制了滑行船的发展。

(二) 干货船

干货船又称普通货船，是以载运干燥货物为主的货船，主要包括杂货船、多用途船和散装货船三大类。

1. 杂货船

杂货船(general cargo ship)主要用于装载一般干货，如外包装为包、箱、捆、桶的件杂货。通常是多层(2~3层)甲板结构，舱口尺寸较大以便于装卸货，并配有装卸设备(吊杆或起重机)。在抗沉性方面，一般设计成满足“一舱不沉制”。该类船舶由于装卸货效率低、航次时间长及易产生货损货差等缺陷，其载货功能已在相当程度上被效率更高、货损货差更少的集装箱船所取代。杂货船如图1-31和1-32所示。

2. 多用途船

多用途船(multi-purpose ship)是指具有既可单独用于载运普通件杂货、木材、重大件货、袋装货、散装货、集装箱,又可同时载运上述几种货物能力的船舶,如集装箱/杂货船、杂货/袋装货/散装货船、杂货/特种重大件货/集装箱船及木材/散货船等。图1-33~1-35为多用途船的几种型式。

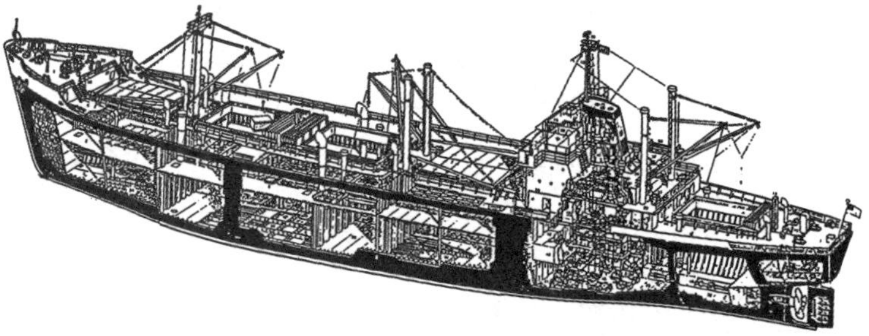

图1-31　杂货船

图1-32　杂货船

图1-33　集装箱/杂货/重大件船

图1-34　多用途散货船

图1-35　木材/散货船

该类船舶货舱均经特别设计,能满足载运多种货物的需求。货舱口一般较宽大,有的船舶货舱内设有2层甚至3层甲板结构,具有起重设备(以起重机为主)。

3. 散装货船

散装货船(bulk carrier)是指专门设计用于载运如散粮(bulk grain)、煤炭(coal)、糖(sugar)、盐(salt)、水泥(cement)及矿砂(ore)等大宗散装货物(bulk cargo)的尾机型单甲板船,又称干散货船。

由于散粮、煤、水泥和矿砂等的积载因数(每吨货物所占的体积)相差很大,所要求的货舱容积、船体结构布置和设备等多方面均有所不同,因此,一般习惯上仅把装载粮食、煤、糖等积载因数相近货物的船舶称为散货船，图1-36为配备起重设备的散货船。将装载矿砂等积载因数较小货物的船舶称为矿砂船。此外，还有特殊类型，如自卸式散货船、散装水泥运输船等。

图1-36 配备起重设备的散货船

1）散装货船的分级

世界造船界与航运界将散装货船按航线和载重吨大小分为以下5类。

（1）大湖型（Lakesize）：指经由圣劳伦斯水道航行于美国、加拿大交界处五大湖区的散货船，载质量在3万吨左右。

（2）灵便型（Handysize）：载质量为2万~5万吨。分大灵便和小灵便型，大灵便型载重量为4万~5万吨。

（3）巴拿马型（Panamax）：载质量早期为6万~8万吨，现在为10万~16万吨。

（4）好望角型（Capesize）：载质量为12万~21万吨，以18万吨矿砂船为主，该种船型可以通过苏伊士运河（最大通航能力已达25万吨）。

（5）超大型矿砂船（VLOC-Very Large Ore Carrier）：载质量在21万吨及以上。

2）散货船

散货船（bulk freighter）的主要特点如下：

（1）货舱区域具有单层甲板、双层底和单层舷侧或双层舷侧结构形式。

（2）舱口较宽大且舱口围板（hatch coaming）高大。

（3）货舱两舷舷侧设置有顶边舱（又称上边舱，upper side tank）和底边舱（又称下边舱，lower side tank），故其货舱横剖面（cross-section）呈棱形。上、下边舱作压载舱（ballast tank）使用，起到调节船舶吃水和初稳性高度的作用。同时，上边舱有利于装满货舱、减少平舱工作和防止货物移动而危及船舶稳性，下边舱有利于卸货和清舱。

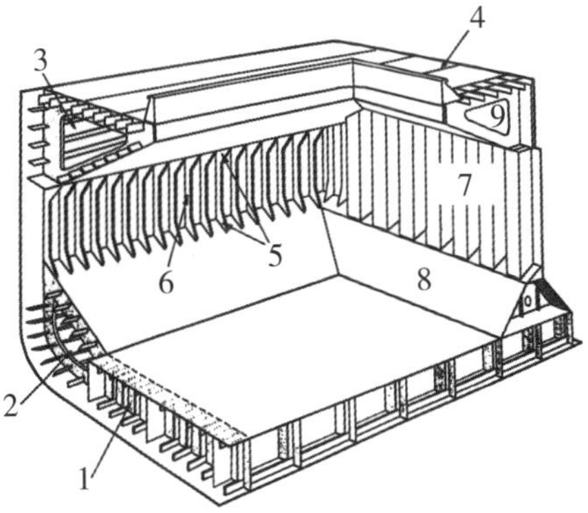

1—双层底（double bottom tank）；2—底边舱（lower side tank）；3—顶边舱（topside tank）；4—甲板（deck）；5—肘板（end brackets）；6—舷侧肋骨（side shell frames）；7—槽形横舱壁（corrugated transverse bulkhead）；8—底凳（lower stool）；9—顶凳（top stool）。

图1-37 散货船单层舷侧结构

（4）大型散货船尚在货舱前后横舱壁的上下设置顶凳（topside stool）和底凳（lower stool）。

（5）船长190 m及以上的单壳散货船货舱区域的主肋骨与其上、下肘板为整体式结构，且为对称横剖面。

（6）总载质量在5万吨以上的散货船，一般不配备起重设备。

（7）500总吨及以上国际航行的所有散货船，应按规定在货舱、压载舱和干隔舱中安装能发出声、光报警的水位探测器。

（8）散货船船型肥大，单向运输。

图1-37和1-38(a)分别为散货船单层舷侧结构和散货船货舱横剖面结构示意。

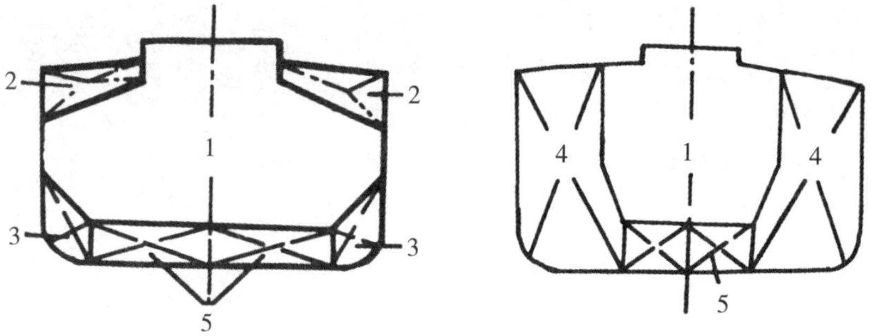

（a）散货船　　（b）矿砂船

1—货舱（cargo hold）；2—上边舱（upper side tank）；3—下边舱（lower side tank）；
4—边舱（side tank）；5—双层底舱（double bottom tank）。

图1-38　货舱横剖面结构示意

3）自卸式散货船

自卸式散货船（self-discharging bulk carrier）是一种货舱设有自卸系统的散货船，其特点是货舱底部横向呈“W”形，并在“W”形的尖端部位设有两道水密门的自卸装置，同时配有纵向传送机、横向传送机、倾斜提升传送机及水力振动器等。卸货时，只需打开水密门，使舱内货物漏至其下部的纵向传送机，再经横向传送机、倾斜提升传送机和悬臂传送至码头完成卸货。图1-39为自卸式散货船，图1-40为自卸示意。

图1-39　自卸式散货船

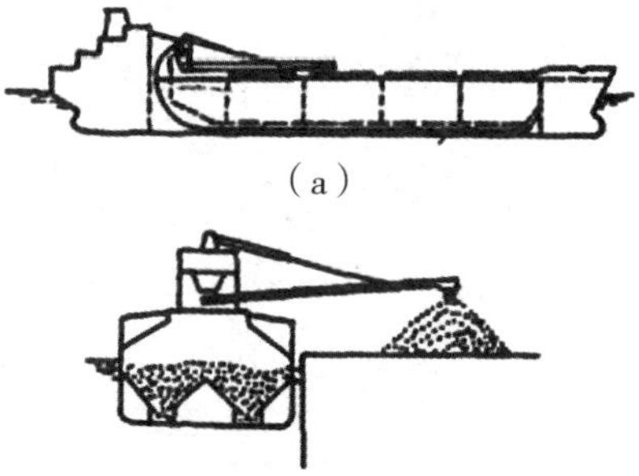

（a）

（b）

图1-40　自卸示意

4）矿砂船

矿砂船（ore carrier）是指专门设计用于装载散装矿砂的尾机型单甲板船，为单向运输船。

矿砂船的主要特点为：货舱为单层甲板，舱口较宽大；货舱由两道纵舱壁将整个装货区域分隔成中间舱和两侧边舱，两道连续纵舱壁同时也起到了增强船体总纵强度的作用。在中间舱下部设置双层底，中间舱装载散矿，两侧边舱作压载舱使用；由于矿石的密度大，积载因数小，所占舱容小，这样会导致船舶的重心过低，在航行中产生剧烈摇摆，为提高船舶重心高度，矿砂船的双层底设计得特别高；有的矿砂船货舱横剖面设计成漏斗形（infundibuliform），这样既可提高船舶的重心高度又便于清舱；矿砂船货舱两侧的压载边舱（side ballast tank）也比散货船大得多；为适应所载货物的特点，主船体一般采用高强度钢，且内底板（inner bottom plating）等构件均采取加厚的措施，有的则直接对货舱采取重货加强措施;矿砂船航速较低。图1-38(b)为矿砂船货舱横剖面结构示意。图1-41为18万吨好望角型矿砂船。

我国建造的新型(第二代)40万吨ULOC(超大型矿砂船)的货舱区域采用了ULOC典型结构型式,如图1-42所示。

图1-41 18万吨好望角型矿砂船

图1-42 第二代40万吨ULOC

该船主要有以下特点:

(1) 设7个货舱,货舱由两道纵舱壁将整个装货区域分隔成中间舱和两侧边舱,边舱做压载舱或空舱,纵舱壁为斜壁型。为满足LNG Ready方案,在机舱及最靠尾的货舱之间预布置了LNG燃料储存舱。LNG燃料舱整体结构舱容为17 778 m^3,装载LNG独立舱舱容为13 368 m^3,在LNG Ready未改装前,LNG燃料舱为空舱。

(2) 货舱横舱壁采用槽型舱壁,并设置顶凳和底凳。船底双层底于横舱壁处设置局部短纵桁。

(3) 边舱的横舱壁采用平面舱壁,边舱强框架结构采用双横撑材设计。

(4) 货舱口设横移式舱口盖,舱口角隅设置局部插入板。

(5) 大量使用了超厚钢板,仅49 mm的EH36钢板面积就达近9 000 m^2,这对焊接缺陷的控制提出了更高的要求。为此,船厂普遍选用了双丝埋弧焊的高效焊接方式,船检部门也推出了目前最为先进的相控阵超声检测技术(PAUT)和衍射时差检测技术(TOFT)等无损探伤技术。这些无损探伤技术的应用,在厚板焊接及铸钢件缺陷的检出率及可靠性方面都有着传统探伤无法比拟的优势。

(6) 采用最新应力监控系统,随时对船体安全进行预报预警;提高了快速装载能力,满足单个货舱一次性100%达到装货量要求,实时监控装货过程。

(三) 液货船

液货船(liquid cargo ship)是指建造成或改建成适合于运输散装易燃液体(bulk inflammable liquid)货物的船舶,主要有油船、液体化学品船、液体化学品/油兼运船和液化气体船等。

1. 油船

油船(oil tanker)是指从事原油或石油产品运输的专用船。有原油油船、成品油油船及原油/成品油兼运船等几种,图1-43和1-44分别为原油油船和成品油油船。

1) 油船的分级

世界造船界及航运界按载质量的不同将油船分为以下几种级别。

图1-43　原油油船

图1-44　成品油油船

（1）通用型：1万吨以下。

（2）灵便型（Handysize）：一般称之为1万~5万吨级的油船，分大灵便型和小灵便型。大灵便型载质量为4万~5万吨。灵便型油船特点是灵活性强，吃水浅，船长短（170~180 m），油舱数量多，需求量大。

（3）巴拿马型（Panamax）：船型以巴拿马运河（Panama Canal）通航条件为上限（如运河对船宽、吃水的限制），载质量为6万~8万吨，改造后的巴拿马运河通航能力已达10万~16万吨。

（4）阿芙拉型（Aframax）：平均运费指数AFRA（Average Freight Rate Assessment）最高的船型，经济性最佳，是适合白令海（Baltic Sea）冰区航行油船的最佳船型，载质量为8万~12万吨。

（5）苏伊士型（Suezmax）：船型以苏伊士运河（Suez Canal）通航条件为上限，载质量为12万~20万t，改造后的苏伊士运河通航能力已达25万吨。

（6）巨型原油船（Very Large Crude oil Carrier，VLCC）：载质量为20万~32万吨。

（7）超巨型原油船（Ultra Large Crude oil Carrier，ULCC）：载质量在32万吨以上。

2）双壳油船特点

双壳油船（double skin oil tanker）的特点如下：

（1）基本特点

双壳油船是一种具有双层底、双层舷侧结构，并从事单向运输的尾机型单甲板船。采用尾机型布置形式，在使货油舱连接成整体的同时，也增加了货舱舱容；船长、船宽比L/B较小，船宽、吃水比B/d及方形系数C_b较大，属肥胖型船，干舷亦小；船速中等，为15 kn左右。

（2）货油舱（cargo oil tank）的布置特点

① 货油舱由双层底、双层舷侧、隔离空舱和甲板围成。

② 双层底及双层舷侧仅作专用压载舱使用，不允许装载货油和燃油，从根本上避免了因含油压载水排放而引起的海洋污染。

③ 货油舱区域的甲板、船底和内底均为纵骨架式结构，且当船长大于190 m时，舷侧、内壳和纵舱壁一般也为纵骨架式结构。

④ 为防止油类的渗漏和防火防爆，在货油舱区前后两端用隔离空舱将机炉舱、干货舱及居住舱室等隔离，隔离空舱可隔离全部货油舱端部舱壁面积，且其舱壁间的距离一般不小于760 mm。货油泵舱、压载舱、燃油舱、污油水舱可兼作隔离空舱。

⑤ 与货油舱相邻的舱室，包括穿过或邻接货油舱的通道和管隧，其出入口均直通至露天甲板。例如，进入双层底的出入口、箱形中桁材（管隧）在与机舱隔离的同时，在水平方向

上至少有两个相距最远的通向开敞甲板的出口。

⑥ 为减少自由液面对稳性的影响和提高船舶的总纵强度，设有纵向水密舱壁，将油舱划分为并列的2列或3列（对$L>90$ m的油船，要求在其货油舱区域内设置2道纵向连续的水密舱壁），典型双壳油船货油舱中横剖面如图1-45所示。

⑦ 设置多道横舱壁和大型肋骨框架，用以增加横向强度和适装不同品种的油类。

⑧ 舱壁（bulkhead）主要有平面油密横舱壁与纵舱壁、槽型油密横舱壁与纵舱壁、非油密舱壁和制荡舱壁等几种结构形式。

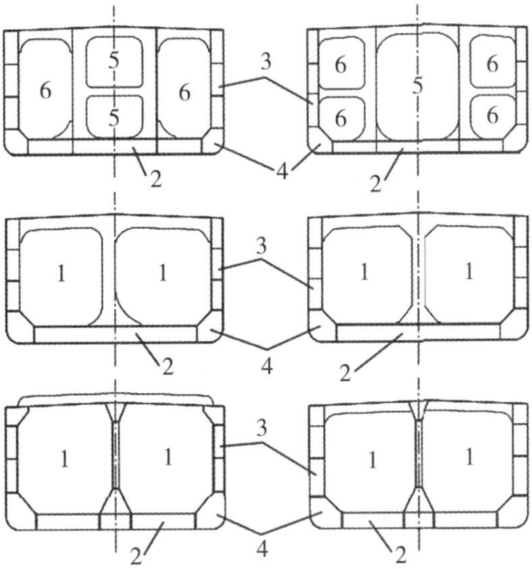

1—油舱（oil tank）；2—双层底（double bottom tank）；3—双层舷侧（double side shell）；
4—底边舱（lower side tank）；5—中间舱（center tank）；6—边舱（side tank）。

图1-45　典型双层舷侧结构油船货油舱中横剖面示意

（3）货油舱舱口的布置特点

① 当同一货油舱被一个或几个制荡舱壁（或非油密舱壁）隔开时，至少设有两个相互远离的舱口。

② 舱口的形状为圆形或椭圆形，其中椭圆形舱口的长轴沿船长方向布置，图1-46为圆形货油舱舱口。

③ 舱盖上设有能保证油密的测量孔与观察孔。

④ 舱口设有倾斜度不大于70°的至舱底的钢质固定扶梯，且在扶梯实际长度大于9 m时设有休息平台。

（4）货油作业与安全系统

油船除油管吊外，无起货设备，货油装卸作业由货油泵、甲板、油舱及泵舱管路和各种功能控制阀组成的主货油装卸管系及扫舱管系完成。

除上述管系及消防系统外，油船尚设置有透气系统、加温系统、洗舱系统、喷淋系统、泡沫系统和惰性气体保护系统等，如图1-46所示。

图1-46　油船货油舱圆形舱口及各功能甲板管系

2. 液体化学品船

1）概念

液体化学品船(liquid chemical tanker)是指建造或改装成用于载运各种散装有毒、易燃、易挥发或有腐蚀性化学液体，包括《国际散化规则》(IBC code)第17章所列任何液体化学品货物的船舶。

图1-47为我国首艘自主建造的3 000吨级不锈钢液体化学品船——宁化417号。

图1-47　3 000吨级不锈钢液体化学品船

2）液体化学品船的主要特点

（1）为使液货舱连成整体，防止船体破损后造成化学液体外溢而发生污染，船体设计成尾机型双层底、双层舷侧的单甲板结构形式。

（2）液货舱的设计与油船相比表现为多而小，货舱内壁结构和管系采用高强度不锈钢和/或由一般强度船体结构钢加特殊涂层制成的材料。

（3）舱内除槽形舱壁有曲折外，其他均表现为光滑内表面，骨架均设置在双层底、双层舷侧内和上甲板上表面。

（4）化学品液货的装卸利用共用泵或单独设置在每个液舱的液货泵与管系完成。

3）货泵的种类

化学品液货船的货泵种类主要有以安装在甲板上的液压马达或安全型电动机驱动的深井泵和液压传动的潜水液货泵两种。

3. 液体化学品/油兼运船

液体化学品/油兼运船(liquid chemical/oil tanker)可单独载运液体化学品，也可同时载运液体化学品和成品油，其货舱设计、所用材料和装卸方式均与液体化学品船类似。图1-48为液体化学品/油兼运船。

图1-48　液体化学品/油兼运船

4. 液化气船

按所载运液化气种类的不同，液化气船(liquefied gas carrier)可分为液化天然气船、液化石油气船和液化乙烯运输船3种。

1）液化天然气船

天然气的主要成分是甲烷，为便于运输，通常采用在常压下极低温(−163 ℃，500 kg/m^3)冷冻的方法使其液化，再实现安全运输。为了既确保液舱具有严格的隔热结构，使液舱处于恒定低温状态，又避免低温对船体钢结构造成脆性破坏，液化天然气船的液货舱通常都由昂贵的镍合金钢或铝合金制造。

液化天然气船(liquefied natural gas carrier，LNG carrier)按液货舱的结构分为独立贮罐型和薄膜型(膜式)两种。

独立贮罐型液化天然气船是技术较成熟，早期较普遍被采用的一种船型。该种类型的船是将球形、柱形、筒形等形状的贮罐与船体分别建造，然后再将上述贮罐安装于船体内，贮罐本身有一定的强度和刚度，船体构件对贮罐仅起支持和固定作用。图1-49和1-50分别为液货舱为球形结构的液化天然气船货舱结构示意和实船。

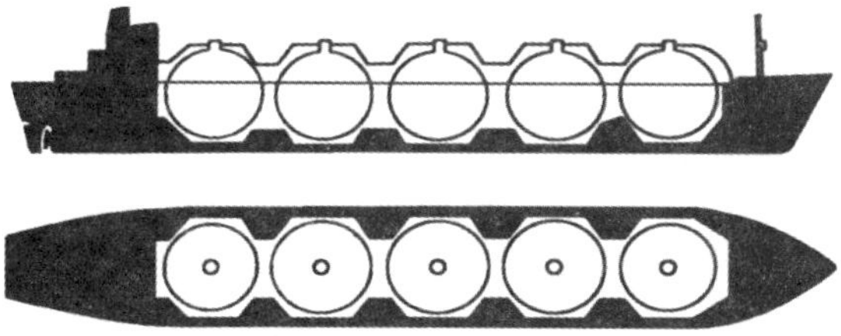

图1-49　独立贮罐型液化天然气船球形货舱结构示意

图1-50　货舱为球形的液化天然气船

薄膜型液化天然气船是近若干年广泛被建造的一种技术成熟的船型，该种船型液货舱结构形式为完整的双壳结构，即具有双层舷侧、双层底、双层甲板和双层横舱壁结构，一般设置4~5个货舱，每个舱完全独立。向上凸起的凸形甲板可减少自由液面效应；内壳与内甲板/内底板的两面夹角为135°，以减少液货的晃荡效应；双层底的高度较高，以增加其结构强度，并可降低因搁浅或触礁导致货舱遭受破损的风险。液舱有两层材质和结构型式完全相同的薄膜型屏壁，均采用因瓦合金（也称殷瓦钢，为含镍36%的Fe-Ni合金）板条拼接而成。图1-51和1-52分别为薄膜型液化天然气船及其货舱结构。

图1-51　货舱为薄膜型液化天然气船

图1-52　薄膜型液化天然气船货舱结构

与独立贮罐型液化天然气船相比，薄膜型液化天然气船的优点是容积利用率高（液货舱与船体为一整体型结构），结构质量轻。

新建液化天然气船，尤其是大型液化天然气船，多数采用薄膜型结构，并且该型船的最大尺寸已达到26.7万m^3。近些年，日本又研制出了一种构造介于独立贮罐型和薄膜型之间的半膜式液化天然气船。

液化天然气船设备复杂、技术要求高，与体积和载重吨位相同的油船相比造价高，但使用寿命可达40~45年。早期液化天然气船一般设有再液化装置，并利用该装置将蒸发的天然气再液化回送至液舱，但成本很高，不经济。造船界最新采取的技术措施是给新造液化天然气船配备双燃料主动力推进系统，可将蒸发的天然气直接供其燃烧提供推进动力，这种做法具有明显的经济优势。

2）液化石油气船

石油气是指以丙烷和丁烷为主要成分的石油碳氢化合物或两者混合气，包括丙烯和丁烯。液化石油气船（liquefied petroleum gas carrier，LPG carrier）按运输方式的不同分为全加压式液化石油气船、半冷冻半加压式液化石油气船和全冷冻式液化石油气船3种。

(1) 全加压式液化石油气船。全加压式液化石油气船是将石油气加压液化，液化石油气在高压下维持其液态，可在常温下进行运输和装卸，其货舱常为球形或圆柱形罐。该种船特点是船体结构相对简单、建造容易，但舱容利用率较低，图1-53为货舱为圆柱形罐的全加压式液化石油气船。

图1-53　货舱为圆柱形罐的全加压式液化石油气船

(2) 半加压半冷冻式液化石油气船。半加压半冷冻式液化石油气船是将石油气加压冷冻液化并运输，其货舱常为球形或圆柱形罐。该种船特点是液舱与船体结构间设有隔热保护层，船上设有气体再液化装置，可将蒸发出来的石油气再液化送回液货舱，船型比全加压式略大，图1-54为半加压半冷冻式液化石油气船。

(3) 全冷冻式液化石油气船。全冷冻式液化石油气船是将石油气进行冷冻液化并运输，其货舱多为棱柱形。该种船舶的特点：舱容利用率较高，具有良好的隔热层；为双壳结构，液货舱用耐低温的合金钢制造并衬以绝热材料，容量大都在1万 m^3 以上；船上设有气体再液化装置，可将蒸发出来的石油气再液化送回液货舱。图1-55为全冷冻式液化石油气船。

图1-54　半加压半冷冻式液化石油气船

图1-55　全冷冻式液化石油气船

液化石油气船不能运送液化天然气。

3) 液化乙烯运输船

液化乙烯运输船(liquefied ethylene gas carrier, LEG carrier)运输乙烯的通常做法是将乙烯加压液化，然后在常温下进行装卸。其货舱结构有球形、圆柱形罐和棱柱形几种。图1-56、1-57为货舱为双耳型圆柱形罐舱容达3.75万 m^3 的大型乙烯运输船，图1-58为货舱为棱柱形的乙烯运输船。

图1-56 货舱为双耳型圆柱形罐的大型乙烯运输船

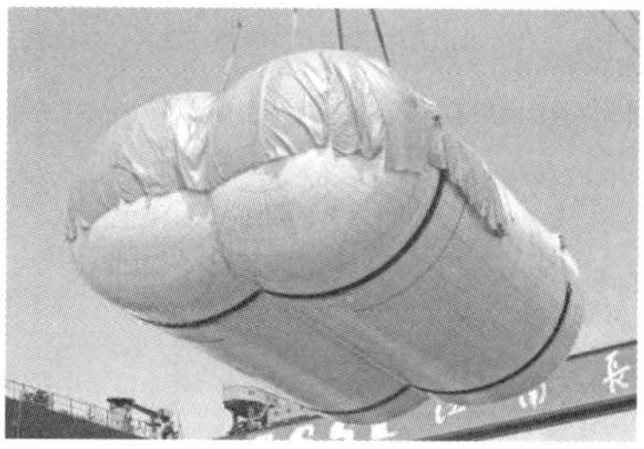

图1-57 双耳型圆柱形罐

图1-58 货舱为棱柱形的乙烯运输船

（四）集装箱船

集装箱船(container ship)是指在货舱内和甲板上均载运集装箱的船舶，又称全集装箱船、货柜船或货箱船。图1-59和1-60分别为处于空载和满载状态下的集装箱船。

图1-59 处于空载状态下的集装箱船

图1-60 处于满载状态下的集装箱船

1. 集装箱船的基本特点

(1) 为单层甲板结构，为便于船尾甲板装载集装箱，除老式、改装和小型集装箱船为尾机型布置外，其余中、大型集装箱船均采用中尾机型结构设计。

(2) 货舱盖强度大，货舱开口宽且长，舱口宽度可达船宽的70%~90%，舱口总长度可达船长的75%~80%，在所有种类船舶中货舱开口是最大的。少数集装箱船设计成无货舱盖型，如图1-61所示。

图1-61 无货舱盖型集装箱船

(3) 为保证船体总纵强度和提高抗扭强度,船体设计为双层底和双层舷侧结构,并在双层舷侧结构的顶部设置抗扭箱结构,或在保证船体结构强度的前提下,采用双层底和具有抗扭箱或其他等效结构的单层舷侧结构作为替代(改装集装箱船较多采用),如图1-62~1-65所示。

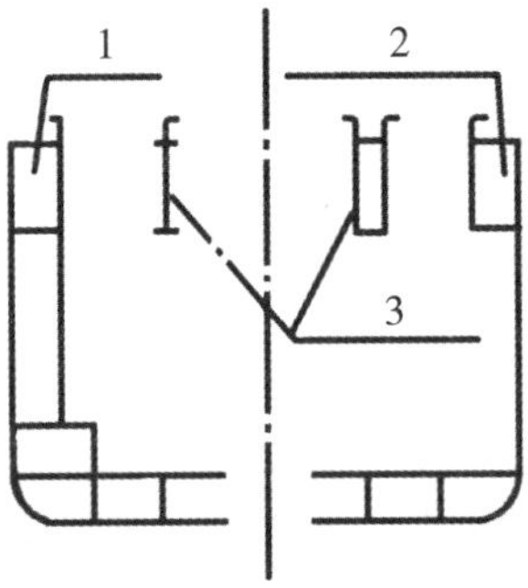

1—抗扭箱(torsion box);2—抗扭箱或其他等效结构(torsion box or other equivalent structure);3—甲板下纵桁(deck lower girder)。

图1-62 单层壳舷侧集装箱船货舱横剖面图

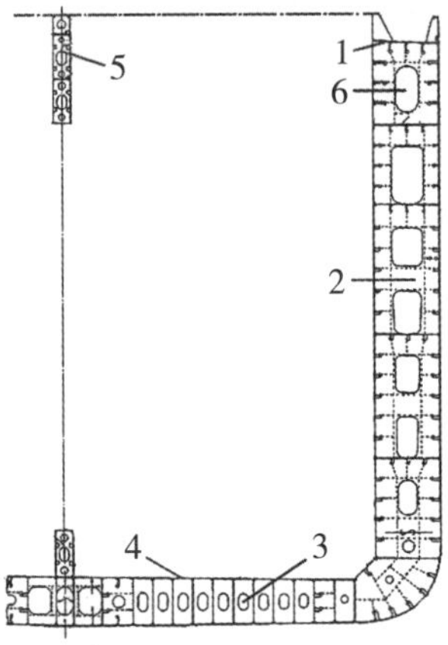

1—上甲板(upper deck);2—双层壳(double shell);3—双层底(double bottom tank);4—内底板(inner bottom plating);5—甲板下纵桁(deck lower girder);6—抗扭箱(torsion box)。

图1-63 双层壳结构集装箱船货舱横剖面图

图1-64 集装箱船抗扭箱内部结构

图1-65 双层舷侧结构集装箱船货舱横剖面

(4) 在舱内集装箱角座下方的双层底内设置有纵横向的加强结构,横舱壁的顶部和底部一般设置为箱形结构,如图1-65所示。

(5) 为防止货箱移动和固定货箱,货舱内设有导轨系统(cellguide system),甲板上设置有固定集装箱用的专用系固设备。

(6) 一般不设起重设备,而利用专业码头上的设备卸货,装卸效率高,货损货差少;主机功率较大,航速较高,远洋高速集装箱船的方形系数 C_b 小于0.6。

2. 大型和超大型集装箱船的新特点

新造大型和超大型集装箱船除具有上述集装箱船的基本特点外,在设计和建造上还有以下几方面显著特点。

(1) 采用双岛式设计,即将机舱和驾驶居住(桥楼)区域分开,驾驶居住区域在中前部,机舱在中后部。这样,不仅可大大减小瞭望盲区,也大大改善了船员的工作休息环境,并且增加了装箱量。

(2) 大量使用高强度止裂钢,尤其是舱口围和抗扭箱区域,大大提高了船体强度。

(3) 拥有天然气燃料动力系统预设、船体结构全生命周期管理(HLM)和特定航线绑扎计算等特有的船级附加标志。

图1-66　20 119 TEU中远海运金牛座号集装箱船

图1-66为20 119 TEU中远海运金牛座号集装箱船。

(五) 其他船舶

1. 滚装船

1) 定义与装卸货特点

滚装船(roll on/roll off ship, Ro/Ro ship)是一种设计和制造成能装载车辆或使用车辆装卸集装箱或托盘货物的专用船舶。因其将传统的船舶垂直上下装卸改成水平方向滚动装卸,故有人又将其称作"带轮"作业。滚装船如图1-67所示。

图1-67　滚装船

2) 主要结构特点

(1) 为便于车辆上下,通常在滚装船的尾部、舷侧或首部设有供车辆上下的跳板,其中尾跳板有尾直和尾斜跳板两种。

(2) 为保证航行安全,设置首跳板的滚装船,必须在其首跳板的外侧船壳处设置首门并在其内侧布置内门,内门作为防撞舱壁的一部分。滚装船的首门有罩壳式和边铰链式两种,且均应位于干舷甲板之上,图1-68为滚装船边铰链式首门及跳板。对设置尾(斜)跳板和/或舷侧跳板的滚装船,一般仅设置内门,如设置尾门和/或舷门,则尾门和舷门位于干舷甲板之上或之下均可。图1-69为在尾斜跳板和舷侧跳板处仅设置尾内门和舷侧内门的滚装船。

(3) 滚装船舱内设有活动斜坡道或升降平台,车辆通过它做上下层间的移动。为装卸作业的安全,跳板工作坡度应不大于8°,通常为4°~5°,船舶横倾小于4°时,跳板对码头的负荷一般不超过2~3 t/m²。

(4) 滚装船的结构较特殊,上甲板平整无舷弧和梁拱,无起重设备。上层建筑高大,并具有多层甲板和双层底结构,有的同时在下甲板以下设置左右边舱(双层船壳结构)。其强力甲板和船底一般采用纵骨架式结构。为弥补横舱壁的数量不够,通常在舱内设置局部横舱壁或强肋骨和强横梁,以保证船体的横向强度。

图1-68　滚装船边铰链式首门及跳板

图1-69　尾斜跳板和舷侧跳板处仅设置尾内门和舷侧内门的滚装船

图1-70　滚装船舱内甲板与通道

(5) 舱内支柱极少,甲板为纵通甲板,抗沉性相对较差,舱容利用率较低,造价也较高,但其装卸效率高(高于集装箱船,可达普通货船的10倍)、船速快、对码头要求不高。滚装船舱内甲板与通道如图1-70所示。

2. 木材船

木材船(timber carrier)是专用于载装各种木材的船舶,其主要特点有:货舱长而大,舱口大;舱内无支柱等障碍物;因上甲板需装载木材,故上甲板强度要求高,舷墙也较高;在甲板的两舷舷侧设有立柱或立柱底脚;起重设备以起重机为主,如配备吊杆式起重设备,则起货机均安装于桅楼平台上;木材船的干舷比一般货船低;甲板两侧排水口多。图1-71为木材船。

3. 冷藏船

冷藏船(refrigerated ship)是专用于运输鱼、肉、水果、蛋品之类等易腐鲜货的船舶,其特点是配置有货舱制冷设备和货舱舱壁具有良好的隔热设施,货舱口较小,货舱甲板层数较多(一般为3~4层),船速较快,吨位较小。冷藏集装箱的发展部分替代了冷藏船的运输功能。冷藏船如图1-72所示。

图1-71　木材船

图1-72　冷藏船

4. 特种甲板运输船

特种甲板运输船(special deck transport carrier)是专门设计建造或改造成在其甲板上装载特定货物(如港口装卸设备、其他普通货船无法装载且无法分割的超大型整体设备和重特大件货等)的船舶。该类船甲板是唯一的载货处所,有自航和非自航两种,甲板经特别加强,并具有多而大的压载舱,以便调节船舶吃水便于装卸货。图1-73为专门改造用于装载港口装卸设备和其他重特大件货的振华号满载与空载状态。该船为尾机型,桥楼设于船尾,并从舷侧完成货物的装卸作业。

（a）满载状态　　（b）空载状态

图1-73　振华特种甲板运输船

图1-74和1-75分别为自航式和非自航式特种甲板运输船,其中：自航式特种甲板运输船为前驾驶尾机型,还有一种是前驾驶全电力推进型;非自航特种甲板运输船一般设有发电设备,可在码头或特定水域用港口设备或起重船完成货物装卸作业。图1-76为自航式前驾驶全电力推进型特种甲板运输船。

图1-74　自航式特种甲板运输船

图1-75　非自航式特种甲板运输船

图1-76　自航式前驾驶全电力推进型特种甲板运输船

5. 半潜船

1）定义、作用与种类

半潜船(semi-submersible carrier)又称半潜式母船,是专门设计建造成在其甲板上装载特定货物(如海洋工程构件、驳船、游艇、舰船、海上钻井平台及其他普通货船无法装载且无法分割的超大型整体设备和重特大件货等)的船舶,有自航式和非自航式两种类型。

2）特点

(1) 与一般水面船舶相比,半潜船吃水相对较深,受海面波浪影响较小,能够保持较佳的稳定性。

(2) 因半潜船甲板是其唯一的载货处所,因此,其甲板均经特别加强。

(3) 具有多而大的压载舱(包括浮箱),以便调节船舶吃水至半潜状态实施装卸货。

(4) 自航式半潜船(图1-77)为前驾驶尾机型。新造大型半潜船采用双套吊舱式全回转电力推进系统,双套螺旋桨可360°回转,配合使用双套首侧推器及DP动力定位系统,能够在极小的回旋半径和范围内灵活操纵船舶,做到精确定位,抗风浪能力很强。

(5) 非自航式半潜船(图1-78),该种船无动力但设有发电设备。

图1-77　装载状态自航式半潜船

图1-78　非自航式半潜船

3) 装卸货操作方法

装货时,先向压载舱内压水,使装货甲板潜入水中,并低于特定待装货物的最大吃水时停止,待待装货从指定位置利用自身动力或者拖拽方式浮入半潜船装货甲板的指定位置后,再排出压载水,使船体上浮至正常吃水,最后将货物系固好。卸货时采用与装货时相反的步骤,图1-79为处于半潜待载货状态的自航式半潜船。

图1-79　处于半潜待载货状态的自航式半潜船

6. 工程船与工作船

1) 工程船

工程船(engineering ship)指从事港口、航道、海洋、水利工程的船舶,主要有挖泥船(dredger)、起重船(floating crane)、海洋调查船(marine survey ship)、敷缆船(cable ship)、航标船(navigation mark ship)等。图1-80和1-81分别为绞吸式挖泥船和起重船。

图1-80　绞吸式挖泥船

图1-81　起重船(浮吊)

2）工作船

工作船（working ship）指为航行船舶提供服务性或专业性工作的专用船舶，主要有拖船（tug）、供应船（supply boat）、破冰船（icebreaker）、海难救助船（rescue ship）、消防船（fire boat）、科学考察船（scientific research ship）等。为最大限度地发挥工作船的作用和提高经济效益，多用途工作船业已得到了迅猛发展。拖船如图1-82所示。

在上述船舶中，破冰船较为特殊，其船首专门设计成破冰型艏并特别加强。一般常用两种方法破冰：一种是在冰层厚度不超过1.5 m时，多采用“连续式”破冰法，此时主要靠螺旋桨的推力帮助船首把冰层劈开撞碎；另一种是在冰层较厚时，采用“冲撞式”破冰法，即使船首部位冲到冰面上，利用船体自重把船首下面厚厚的冰层压为碎块，然后再倒退一段距离，重新开足马力冲上前面的冰层，再把船下的冰层压碎，如此反复操作就开出了新的航道。图1-83为多用途破冰船，图1-84为雪龙号和雪龙2号破冰科考船。

图1-82　拖船

图1-83　多用途破冰船

图1-84　雪龙号和雪龙2号破冰科考船

◇◆ 小结 ◆◇

本章分4部分内容分别介绍了船舶的基本组成、主要标志、船舶尺度和船舶种类与特点。内容在全面涵盖《海船船员培训大纲》（2021版）所要求学生应掌握知识点的基础上，充分结合航运发展的新特点和航海新技术在营运船舶中的应用，对本章相关知识点内容作了较大幅度的修改、充实与增加，如客船、散装货船、集装箱船、液货船和特种甲板运输船等。内容充分注重理论与航海实践相结合的原则，图文并茂、深入浅出。

本章难点和重点应放在船舶的基本组成、船舶尺度及船舶种类与特点部分。对航海技术本科生及二、三副来说，应全部掌握本章知识点内容；对大副来说，应重点掌握船舶种类与特点部分。

复习与思考题

1. 简述船舶的基本组成。
2. 主船体内包含的舱室主要有哪些?
3. 简述上层建筑一般具有的甲板及相应名称。
4. 船舶所具有的舱室一般有哪些?
5. 球鼻首和侧推器标志各有何作用? 如何勘划?
6. 简述吃水标志的作用、种类与标记方法。如何读取船舶吃水?
7. 船舶标志主要有哪些?
8. 简述载重线标志堪划的目的与种类。
9. 载重线标志中各载重线线段表示的含义是什么? 有何作用及如何度量?
10. 简述船名及船籍港的标记方法。
11. 简述船舶顶推位置标记的作用。
12. 船舶尺度有哪些种类? 请写出各尺度所包含的基本尺度。
13. 简述最大尺度的定义、作用及所包含的基本尺度。
14. 简述船型尺度的定义、作用及所包含的基本尺度。
15. 海洋运输船舶的种类主要有哪些?
16. 简述水翼船的种类与各自特点。
17. 简述集装箱船的主要结构特点。
18. 简述矿砂船的主要结构特点。
19. 简述散货船的主要结构特点。
20. 简述双壳油船的主要结构特点。
21. 简述液体化学品船的主要特点。
22. 简述液化天然气船的主要特点。
23. 简述半潜船的主要特点与装卸货方式。
24. 工程船主要有哪些种类?
25. 工作船主要有哪些种类?

第二章 船体结构与船舶管系

第一节 船用金属材料及连接方法

一、船用金属材料的种类

船用金属材料一般可分为船体结构用钢、锅炉与受压容器用钢、机械结构用钢3种。

(一) 船体结构用钢

所有船体结构(ship construction)用钢材，均应由入级的船级社认可的钢厂生产。船舶若入级中国船级社(CCS)，则所有CCS认可或检验合格的材料或产品均应标上相应的CCS标志，并应具备完整的合格证件，新产品、新材料应经CCS认可后方可装船使用，钢材的化学成分应满足CCS《钢质海船入级规范》(以下简称《规范》)的相应要求，并应按规定对制成的钢材进行拉伸、冲击、弯曲及Z向拉伸等力学性能试验。

船体结构用钢材按化学成分和性能可分为一般强度船体结构用钢、高强度船体结构用钢、焊接结构用高强度淬火回火钢、低温韧性钢、奥氏体不锈钢和双相不锈钢、复合钢板、Z向钢和适应高热输入焊接的船体结构钢8种，以下仅对一般强度船体结构用钢和高强度船体结构用钢作一般介绍。

1. 一般强度船体结构用钢

一般强度船体结构用钢(又称船用低碳钢)分A、B、D和E四级，适用于厚度不超过100 mm的钢板和宽扁钢，以及厚度不超过50 mm的型钢和棒材。A级为沸腾钢，B级为镇静钢，D级和E级为镇静和细晶处理(铝处理)钢，E级钢中的含锰量高于D级钢而含碳量低于D级钢。

一般强度船体结构用钢4个等级钢材中碳、硫和磷的含量规定见表2-1。钢材中碳含量的高低直接影响其强度，含碳量越高，强度越高，但韧性和延展性变差。磷和硫是钢材中的有害成分，磷会增加钢材的冷脆性，降低延展性和冲击韧性，当含磷量达3%时，冲击韧性几乎降至0；硫和铁会形成硫化铁存在于钢材的结晶中，易使钢材形成裂缝，发生撕裂现象，这种现象叫热脆，使钢材焊接性能变差。

表2-1　一般强度船体结构用钢中碳、硫和磷的含量

等级		A	B	D	E
化学成分/%	C	≤0.210	≤0.210	≤0.210	≤0.180
	S	≤0.035	≤0.035	≤0.035	≤0.035
	P	≤0.035	≤0.035	≤0.035	≤0.035

目前，作为传统钢材的一般强度船体结构用钢主要应用在中小型船舶的修造中。

2. 高强度船体结构用钢

1）强度级别

高强度船体结构用钢又称船用低合金钢。这种钢按其最小屈服强度划分强度级别，每一强度级别又按其冲击韧性的不同分为A、D、E和F四级。对厚度不超过100 mm的钢板和宽扁钢，以及厚度不超过50 mm的型钢和棒材共分为AH32、DH32、EH32、FH32、AH36、DH36、EH36、FH36、AH40、DH40、EH40和FH40等12个等级，级中的"32"、"36"和"40"分别表示其最小屈服点应力值应大于314 N/mm^2、353 N/mm^{2}和392 N/mm^2。按《规范》规定，当钢材屈服点应力大于或等于265 N/mm^{2}时即属于高强度钢。

大型集装箱船使用厚度为50~100 mm、屈服强度不小于460 N/mm^{2}的高强度船体用结构钢时，应满足CCS《船用高强度钢厚板检验指南》的要求。

高强度船体结构用钢应为经过细化晶粒处理的镇静钢，其桶装样品化学成分应满足表2-2要求。

表2-2　高强度船体结构用钢桶装样品化学成分

等级		AH32、AH36、AH40、DH32、DH36，DH40、EH32、EH36、EH40	FH32、FH36、FH40
化学成分/%	C	≤0.180	≤0.160
	Mn	0.900~1.600	0.900~1.600
	S	≤0.035	≤0.025
	P	≤0.035	≤0.025

2）特点

高强度船体结构用钢是在一般强度船体结构用钢的基础上再加入少量的锰、铌、钒、铝和硅等合金元素冶炼而成的，其强度、机械性能、焊接性、耐腐蚀性和耐磨性等各项指标均优于一般强度船体结构用钢。尽管钢材本身的价格昂贵，但因其具有上述各项性能，在造船时可减少钢材的用量，从而可减轻船体结构质量，降低造船成本，最终的经济指标却与一般强度船体结构用钢相近。

3）正常气温下船体结构用钢的要求

为防止船体断裂，全船不同部位的船体构件按其所承受的应力情况分为3个类别，即次要类、主要类和特殊类，相应的3个材料级别为Ⅰ、Ⅱ和Ⅲ。有关材料级别和钢级的使用参见《规范》第二篇第一章相应内容。

当船长大于等于90 m时，船体结构钢应符合《规范》有关材料级别和钢级的使用要求；当船长小于90 m时，船体结构用钢一般可使用A/AH钢级。

对不同材料级别的船体构件，据板厚可按表2-3选用钢级，当板厚大于《规范》要求的厚度时，应根据实际板厚按表2-3选用钢级。对表内没有列入的构件一般可以使用A/AH钢级。

表2-3 各材料级别要求的钢级

材料级别	Ⅰ		Ⅱ		Ⅲ	
板厚/mm	低碳钢	高强度钢	低碳钢	高强度钢	低碳钢	高强度钢
$t \leqslant 15$	A	AH	A	AH	A	AH
$15<t \leqslant 20$	A	AH	A	AH	B	AH
$20<t \leqslant 25$	A	AH	B	AH	D	DH
$25<t \leqslant 30$	A	AH	D	DH	D	DH
$30<t \leqslant 35$	B	AH	D	DH	E	EH
$35<t \leqslant 40$	B	AH	D	DH	E	EH
$40<t \leqslant 50$	D	DH	E	EH	E	EH

对用于制造尾柱、舵、挂舵臂和尾轴架的板材一般应不低于材料级别Ⅱ所对应的钢级。对承受集中力的舵结构(如半平衡舵的下舵承或平衡舵的上面部分)应取材料级别Ⅲ。

船中0.4*L*区域内的甲板板、舷顶列板及纵舱壁上列板的材料级别，在尾楼前端和桥楼两端处，应保持不变。

集装箱船中部0.4*L*区域内的强力甲板、舷顶列板和抗扭箱结构所用的材料级别，在整个货舱区域内应保持不变。

(二) 锅炉与受压容器用钢

锅炉、受压容器用钢有360A、360B、410A、410B、460A、460B、490A、490B，以及1Cr0.5Mo和2.25Cr1Mo等，它们是以其抗拉强度下限值来命名的，其单位是N/mm^2。A级钢与B级钢的区别主要是脱氧方法：A级钢是镇静钢，B级钢是镇静并细化晶粒钢。1Cr0.5Mo和2.25Cr1Mo级钢为镇静合金钢。《材料与焊接规范》对该类钢材的脱氧、化学成分与热处理均有具体要求，并要求对试样进行拉伸与冲击力学性能试验，且对于工作温度不小于50 ℃的钢材，应进行高温拉伸力学性能试验。

(三) 机械结构用钢

机械结构用钢可以用一般船体结构用钢、高强度船体结构用钢及锅炉与受压容器用钢。对于工作温度高于50 ℃的重要机械构件，应将设计高温下的力学性能资料提交船级社备查。

二、船用金属材料的应用类型及标注方法

1. 船用金属材料的应用类型

为满足船体各部分结构的不同需要，船用金属材料实际应用时主要有以下几种类型：

图2-1　钢板

1）钢板

钢板(plate)是船体结构的主要组成部分，约占船体结构的60%~65%，如船壳板、甲板板、分舱隔板等。船用钢板的尺寸范围一般为：厚4.5~100.0 mm、宽1 000~4 500 mm、长4 000~25 000 mm。钢板如图2-1所示。

2）型钢

型钢(section steel)在船体结构中所占的比例仅次于钢板，约为35%~40%，主要用作船体骨架。按其横剖面形状可分为T型钢(T-bar)、扁钢(flat bar)、角钢(angle bar -A/B)、球扁钢(bulb bar)、工字钢(I-bar)、槽钢(channel bar)、Z型钢(Z-bar)、钢管(steel pipe)、圆钢(round steel)、半圆钢(half round bar)、花钢板(checker plate)、钢格板(steel grating)等，如图2-2~2-13所示，其中：T型钢、角钢和球扁钢在船舶建造中被广泛应用于次要构件，如甲板纵骨、横梁、舷侧纵骨和肋骨等；钢管和圆钢主要用于栏杆及扶手等；花钢板及钢格板主要用于需要防滑的部位，如楼梯踏板、机舱内有关部位的甲板等，图2-14~2-17为有关型钢的实船应用。

图2-2　T型钢

图2-3　扁钢

图2-4　不等边等厚角钢

图2-5　球扁钢

图2-6　工字钢

图2-7　槽钢

图2-8　Z型钢

图2-9　钢管

图2-10　圆钢

图2-11　半圆钢

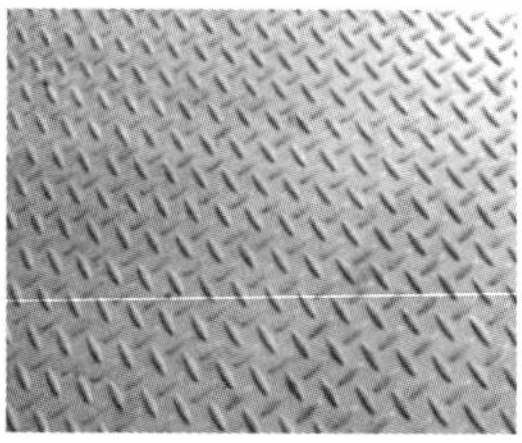

图2-12　花钢板

图2-13　钢格板

图2-14 T型钢在船舶双层底中的应用

图2-15 不等边等厚角钢应用于船舶舭部

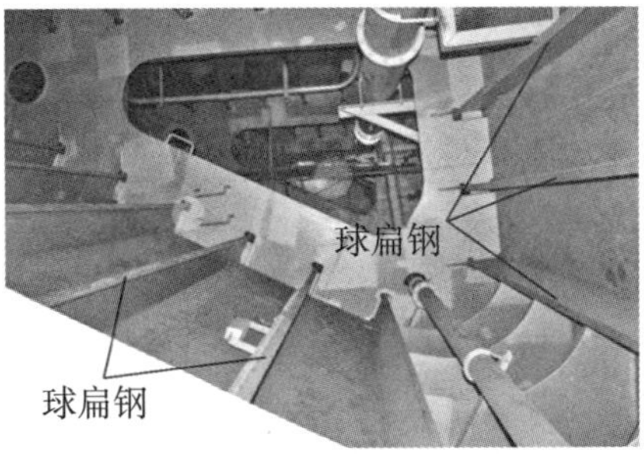

图2-16 散装货船顶边舱纵骨用球扁钢

图2-17 花钢板与钢管的实船应用

3）铸钢与锻钢

船舶的艏艉柱、艉轴管、挂舵臂、艉轴架，以及锚、导缆孔、缆桩等常采用铸钢(casting)，而船舶的舵杆、艉轴等形状简单的构件则较多采用锻钢(forging)。

锻钢的机械强度和韧性优于铸钢，但因加工工艺的限制，其构件结构不宜太复杂。

2. 船用钢材的标注方法

船舶在建造或修理前，首先必须根据各部位的需要确定所用的钢材类型，然后再在图纸上进行具体标注，单位统一用毫米(mm)，为方便起见，通常在标注时单位省略不写。具体标注方法见表2-4。

表2-4 船用钢材的标注方法

序号	名称	符号	尺寸标注含义	标注举例
1	钢板		厚度×宽度×长度	钢板 10×1 500×6 000
2	扁钢	▬	宽度×厚度	▬ 150×8
3	等边等厚角钢	L	边宽×边宽×厚度	L 100×100×6
4	不等边等厚角钢	L	长边宽×短边宽×厚度	L 100×63×6
5	工字钢	I	高度×边长×厚度	I 160×88×6
6	槽钢	[	高度×边长×厚度	[160×65×8.5
7	球扁钢	ſ	高度×球边宽×厚度	ſ 160×38×10
8	钢管	○	外径×厚度	○ 108×8
9	圆钢	●	直径	● 50
10	半圆钢	◗	直径×厚度	◗ 40×20

表2-4（续表）

序号	名称	符号	尺寸标注含义	标注举例
11	T型钢	T	（面板）厚度 × 宽度 / （腹板）厚度 × 高度	T $\frac{8 \times 120}{12 \times 200}$
12	花钢板		厚度×高度×长度	花钢板 5×800×6 000

三、船体构件的连接方法

船体结构由大量钢材经连接而成，必须有极高的连接工艺，才能保证其有足够的强度和良好的水密性。船体构件的连接方法主要有焊接和铆接两种。

由于焊接工艺的飞速发展，且焊接比铆接又具有更多的优越性，因此目前在船舶修造中基本采用焊接。

1. 焊接

焊接(welding)可分为熔化焊、固态焊(压焊)和钎焊三大类。

熔化焊按能源种类分为电弧焊(包括手工电弧焊、埋弧焊)、气焊、铝热焊、电渣焊等。熔化焊是对连接构件采用局部加热方法，使之达到液态或接近液态而熔接的过程。其中，电弧焊又称电焊，是用焊条或焊丝作焊接材料，并以电弧作加热源，可分为手工电弧焊、半自动电弧焊、自动电弧焊和埋弧自动焊等。电弧焊工作效率高，使用方便，在船舶修造中被广泛应用。铝合金结构通常用钨极惰性气体保护焊(TIG)或熔化极惰性气体保护焊(MIG)进行焊接。不锈钢采用如熔化极惰性气体保护焊、非熔化极惰性气体保护焊、等离子弧焊等能量集中的焊接方法进行焊接。铸钢或锻钢采用手工焊、CO_2气体保护焊。

船体构件焊接连接的方法主要有对接、角接、搭接、塞焊和端接，相应的焊缝种类有对接焊缝(butt weld)、角焊缝(fillet weld)、搭接焊缝(lap weld)、塞焊缝(plug weld)和端接焊缝(end weld)等，如图2-18所示。

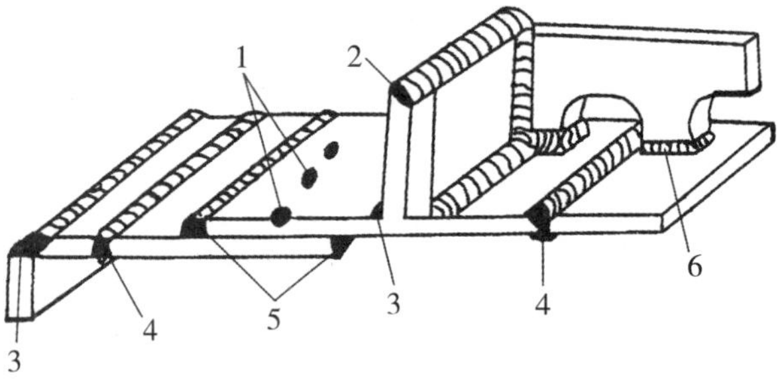

1—塞焊(plug welding)；2—端接(end welding)；3—角接(fillet welding)；
4—对接(butt welding)；5—搭接(lap welding)；6—周围焊(around welding)。

图2-18　船体构件的焊接连接方法

对接(butt welding)常用于两块钢板的拼接，其焊缝称对接焊缝。船体外板、甲板、内底板和舱壁板等之间的连接，均应采用对接焊缝。

角接(fillet welding)常用于相互垂直或交叉构件之间的连接，其焊缝称角焊缝。按《钢质海船入级规范》和《材料与焊接规范》的规定，凡有密性要求和/或承受高应力的角焊缝均需采用双面连续焊,板材厚时要开坡口以保证焊透。一般构件上可采用双面链式间断焊、双面交错间断焊和一面间断一面连续焊等。

搭接(lap welding)和塞焊(plug welding)常用于修补强度要求不高部位的覆补和某些需要覆板加强的部位,方法是首先在原钢板上覆贴一块钢板(称覆板 doubling plate),将其四周焊妥,这种方法叫搭接(相应的焊缝称为搭接焊缝),其牢度较差。为增加牢度,在覆贴的钢板上再开一些圆形或长圆形小孔,然后把覆贴钢板和原钢板在小孔处焊在一起并将小孔堆焊至与覆贴钢板齐平,这种方法叫塞焊(相应的焊缝称为塞焊缝)。在船体结构中除肘板端部与板材连接采用搭接焊外,其他极少采用。《规范》规定,船体板材的连接,特别是高负荷区域的板材一般不宜采用搭接焊缝。

端接(end welding)一般仅用于薄板的连接(相应的焊缝称为端接焊缝)。

《材料与焊接规范》规定:船体各种焊接结构应避免将焊缝布置于应力集中区域,并应便于焊工施焊。船体主要结构中的平行焊缝之间应保持一定的距离,对接焊缝之间的平行距离应不小于 100 mm,且避免尖角相交;对接焊缝与角焊缝之间的平行距离应不小于 50 mm。焊缝之间的距离一般指两焊趾间内侧的距离,如图 2–19 所示。

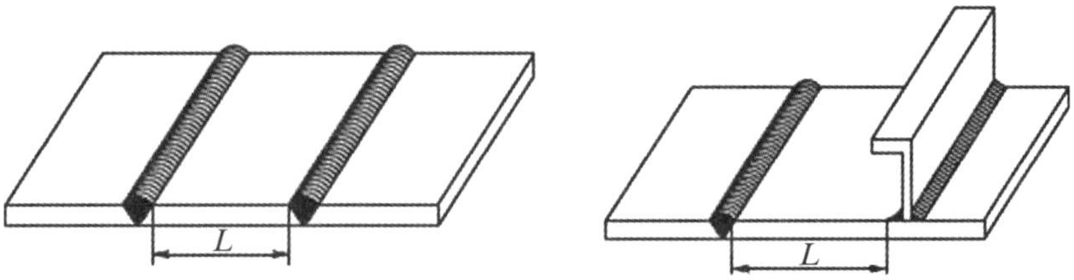

(a)对接焊缝焊趾间距≥100 mm　　(b)对接与角接焊缝焊趾间距≥50 mm

图2–19　焊缝与焊缝之间间隔距离规定

除确能保证完全焊透者外,焊件边缘应开单面或双面坡口(groove),坡口角度一般为 40°~60°,内底边板与舷侧外板的角接焊缝坡口角度应不小于 45°;若焊件边缘拟加工成其他坡口形式时,则应征得 CCS 的同意,以保证在焊接时能焊透。较薄的板材一般单面开坡口,较厚的板材一般需双面开坡口。坡口的截面形状有"V"形、"U"形、"X"形、"K"形、双面"U"形和单边"V"形或"U"形等。现代船舶建造中对接焊已广泛采用单面焊接双面成型的焊接工艺。

2. 铆接

铆接(riveting)是在焊接工艺普及前,钢质船体构件的主要连接方法。现代船舶建造中,除铝合金船体外,钢质船已不再采用铆接连接。

铆接连接的过程大致是:先在被连接件上钻孔、冲孔和扩孔,并把铆钉加热至 1 000~1 100 ℃左右,铆钉呈黄红色,将铆钉插入被连接件上加工好的孔内,在其头部一面用锤衬垫,另一面用锤敲击铆钉伸出部分成圆球形,待冷却后,利用它的收缩力将构件紧贴密封连接。对有水密要求的部位必须在铆接后进行捻缝并做水密试验,试验中若发现有渗漏严重的铆钉应拆除重铆,略有渗漏则可用碾压或捻缝来止漏。

3. 焊接与铆接相比具有的优缺点

焊接与铆接相比具有更多的优越性:首先是焊接强度较高,连续焊缝的强度可达到被连接构件强度的90%~100%，而铆接只有65%~80%；其次焊接可减轻结构质量，简化结构而使其更合理；另外，焊接施工方便，容易达到水密和油密的要求，从而可加快修造船的速度、降低劳动强度、简化工艺和降低修造费用；焊接的船壳比铆接的光顺，可减小船体的摩擦阻力，进而减小航行阻力等。但焊接也有缺点，由于焊接是在高温下进行的，且是局部加热，因此，这种加热和冷却不均匀现象易产生变形和剩余应力，一旦在焊缝处产生细小的裂纹就会迅速蔓延且难以防止其扩散而最终导致海损事故。

第二节　船体结构

为使船舶能在恶劣天气条件下承受各种外力对船体的冲击和作用，实现安全营运，船舶必须按《规范》的技术要求进行建造，并须经由主管机关授权的中国船级社或指定的验船师按《规范》检验合格后方可投入营运。作为船舶驾驶人员亦应掌握船体结构的基础知识，这在船舶操纵、货运和维修保养工作中都是必不可少的。

一、概述

1. 概念

1）主要构件

船体的主要支撑构件称为主要构件（primary members），如强肋骨、舷侧纵桁、强横梁、甲板纵桁、实肋板、船底桁材、舱壁桁材等。

2）次要构件

次要构件（secondary members）一般是指板的扶强构件，如肋骨、纵骨、横梁、舱壁扶强材、组合肋板的骨材等。

2. 船体结构的作用

船舶由主船体（main hull）、上层建筑（superstructure）和许多其他各种设备（equipment）组成。

主船体是指上甲板（upper deck）以下包括船底（bottom）、舷侧（broadside）、甲板（deck）、舱壁（bulkhead）和首尾（fore and aft）等结构所组成的水密（watertight）空心结构。这些结构全部由板材（deals and battens）和骨架（skeleton）组成，即由钢板、各种型钢、铸件和锻件等组成。

不论是航行、停泊，还是在坞内，船舶都会不可避免地受到各种力的作用，归纳起来主要有：包括货物负载在内的重力、浮力、水压力、波浪冲击力、扭转力（如斜浪航行、各类载荷对纵中线左右不对称等）、冰块挤压力、水阻力、推力和机械振动力及坞墩反力等，这些力的最终效果就是使船舶产生总纵弯曲、扭转、横向及局部变形。因此，船体结构必须具有承受和抵抗上述各种变形的能力，即在保证船体总纵强度（total longitudinal strength）、扭转强度（torsional strength）、横向强度（transverse strength）和局部强度（local strength）及坐坞强度（docking strength）的基础上，保持船舶的形状空间，保证船舶的水密，安全安装各种船舶设备和生活设施，以及安全载运货物和旅客。

3. 对船体结构的设计与建造要求

不同种类和航区的船舶在船体结构的设计和建造方面虽有着各自的特点，但不论何种结构均应做到：

(1) 具有足够的强度（strength）、刚度（rigidity）和稳定性（stability），保持可靠的水密性，并能满足运营要求。

(2) 构件本身应具有良好的连续性，避免产生应力集中（stress concentration），同时应能保证安装在其上的机械设备具有良好的工作性能。

(3) 应有合理的施工工艺，以提高劳动生产率，减轻劳动强度，缩短船台（building berth）建造周期，降低成本。

(4) 充分考虑整个船体的美观和今后维修保养的方便性。

4. 船体结构的形式

组成船体的基本结构形式是骨架和板材。按骨架排列形式的不同可将船体结构分成横骨架式、纵骨架式和纵横混合骨架式3种结构形式。同一主船体的各个组成部分（如甲板、舷侧、船底或首尾）可以是横骨架式或纵骨架式结构，整个主船体也可以是横骨架式或纵骨架式结构，但纵横混合骨架式结构仅针对同一主船体而言，离开此前提是不成立的。

1) 横骨架式

横骨架式（transverse framing system）船体结构是指在主船体中的横向构件（transverse member）排列紧密、尺寸小，纵向构件（longitudinal member）排列间距大、尺寸大，如图2-20所示。

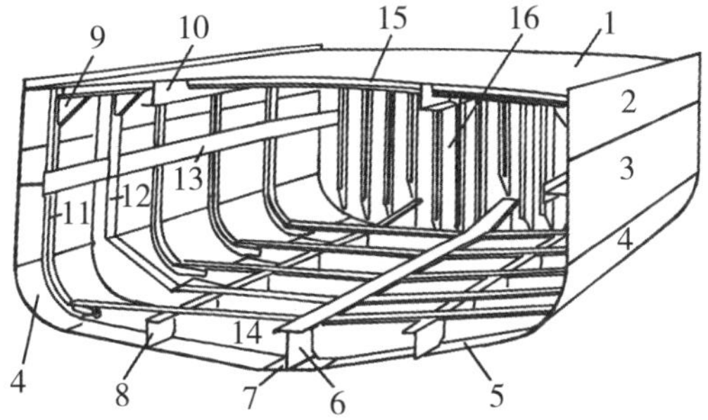

1—甲板板（deck plating）；2—舷顶列板（sheer strake）；3—舷侧板（side plating）；4—舭列板（bilge strake）；5—船底板（bottom plating）；6—中内龙骨（center keelson）；7—平板龙骨（plate keel）；8—旁内龙骨（side keelson）；9—梁肘板（beam knee）；10—甲板纵桁（deck girder）；11—肋骨（frame）；12—强肋骨（web frame）；13—舷侧纵桁（side stringer）；14—肋板（floor）；15—横梁（beam）；16—横舱壁板（transverse bulkhead plating）。

图2-20 横骨架式结构

横骨架式船体结构的特点如下：

(1) 结构简单、建造容易、横向强度和局部强度好。

(2) 因其肋骨（frame）和横梁（beam）尺寸较小，故舱容（hold capacity）利用率较高且便于货物装卸。

(3) 船体的总纵强度主要由外板（shell plate）、内底板（inner bottom plating）、甲板板（deck plating）及分布在其上的纵向构件来保证，总纵强度相对较差，故在较长的船上需加厚钢板来保证总纵强度，从而增加了船舶的自重(sole weight)。

(4) 船舶的横向刚性比纵向刚性大。

横骨架式结构主要应用于对总纵强度要求不高的中小型船舶和内河船舶。

2) 纵骨架式

纵骨架式(longitudinal framing system)船体结构是指在主船体中的纵向构件排列紧密、尺寸小，横向构件排列间距大、尺寸大，如图2-21所示。

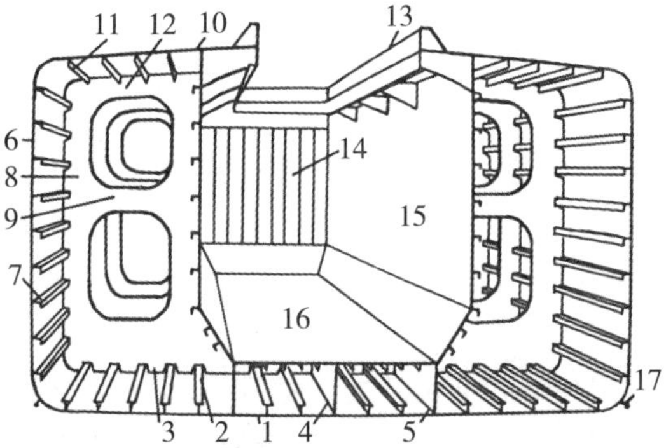

1—船底板(bottom plating)；2—船底纵骨(bottom longitudinal)；3—肋板(floor)；4—中桁材(center girder)；5—旁桁材(side girder)；6—舷顶列板(sheer strake)；7—舷侧纵骨(side longitudinal)；8—强肋骨(web frame)；9—撑材(strut)；10—甲板(deck)；11—甲板纵骨(deck longitudinal)；12—强横梁(web beam)；13—舱口围板(hatch coaming)；15—纵舱壁(longitudinal bulkhead)；16—内底板(inner bottom plating)；17—舭龙骨(bilge keel)。

图2-21　纵骨架式结构

纵骨架式船体结构的特点如下：

(1) 船体的总纵强度好。

(2) 可选用较薄的板材，使船舶自重减轻。

(3) 施工建造比较复杂。

(4) 横向构件尺寸的加大使货舱舱容得不到充分利用而影响载货量，且货物装卸不便。

纵骨架式结构常应用于大型油船和矿砂船。

3) 纵横混合骨架式

纵横混合骨架式(combined framing system)船体结构是指在主船体中的一部分结构采用纵骨架式，而另一部分结构则采用横骨架式。通常船中部位的强力甲板(strength deck)和船底结构(bottom structure)因所受的总纵弯矩大，故采用纵骨架式，而下甲板(lower deck)、舷侧(broadside)，以及承受总纵弯矩较小、建造施工不便和受波浪冲击力较大的首、尾部位则采用横骨架式结构。图2-22中船底和上甲板结构采用了纵骨架式，二层甲板(tween deck)和舷侧则采用了横骨架式结构。

混合骨架式综合了横骨架与纵骨架两种骨架结构形式的优点，既保证了总纵强度，又有较好的横向强度。同时，这种骨架形式也减轻了结构质量，简化了施工工艺，并充分利用了舱容，方便装卸，但在纵横构件交界处结构的连续性较差，连接处容易产生较大的应力集中。

纵横混合骨架式结构主要应用于大中型散装货船。

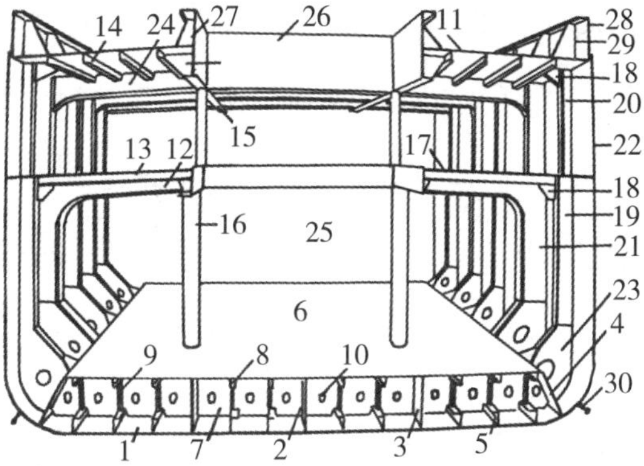

1—船底板(bottom plating);2—中桁材(center girder);3—旁桁材(side girder);4—内底边板(margin plate);
5—船底纵骨(bottom longitudinal);6—内底板(inner bottom plating);7—实肋板(solid floor);
8—内底纵骨(inner bottom longitudinal);9—加强筋(stiffener);10—人孔(manhole);11—上甲板(upper deck);
12—舱口端梁(hatch end beam);13—横梁(beam);14—甲板纵骨(deck longitudinal);
15—甲板纵桁(deck girder);16—支柱(pillar);17—二层甲板(tween deck);18—梁肘板(beam knee);
19—船舱肋骨(hold frame);20—甲板间肋骨(tweendeck frame);21—强肋骨(web frame);
22—舷侧列板(side strake);23—舭肘板(bilge bracket);24—舱口端横梁(hatch end beam);
25—横舱壁(transverse bulkhead);26—舱口围板(hatch coaming);27—防倾肘板(tripping bracket);
28—舷墙板(bulwark plating);29—舷墙扶强材(bulwark stiffener);30—舭龙骨(bilge keel)。

图2-22 纵横混合骨架式结构

二、船底结构

船底结构(bottom construction)是保证船体总纵强度、横向强度和船底局部强度的重要结构。作用于船底上的外力有水压力、机械设备和货物的负载、总纵弯曲引起的拉伸力和压缩力、进坞坐墩时墩木的反力、机械设备运转时的振动力等。

船底结构主要有双层底结构和单层底结构两种类型。

(一)双层底结构

双层底结构(double bottom construction)是指由船底板(bottom plating)、内底板(inner bottom plating)、内底边板(margin plate)、舭列板(bilge strake)及其骨架(framing)组成的底部空间。根据《规范》的要求,船舶应尽可能在首防撞舱壁(fore collision bulkhead)至尾尖舱舱壁(afterpeak bulkhead)间设置双层底(double bottom)。对于客船:当船长为50 ~61 m时,至少应在机舱前舱壁和防撞舱壁或尽可能接近该处之间设置双层底;当船长为61~76 m时,至少应在机舱以外设置双层底,并应延伸至防撞舱壁及尾尖舱舱壁或尽可能接近该处;当船长为76 m及以上时,应在船中部设置双层底,并应延伸至防撞舱壁及尾尖舱舱壁或尽可能接近该处。

双层底内的油舱与锅炉给水舱、食用水舱之间应设有隔离空舱。

1. 作用

双层底可以增加船体的总纵强度、横向强度和船底的局部强度;可用作油水舱装载燃油、润滑油和淡水;也可用作压载水舱以调整船舶的吃水、纵倾、横倾和稳性,进而提高空载时桨叶和舵的效率,改善航行性能;万一船底板意外破损,内底板仍能防止海水进入舱内,从而提高了船舶的抗沉性(insubmersibility);对于液货船亦可提高船体的抗泄漏能力;双层底还能承受舱内货物和机械设备的负载。

2. 组成

双层底按骨架结构形式的不同分纵骨架式和横骨架式两种,如图2-23~2-25所示,其主要组成部分有船底板、肋板、舭肘板、桁材、纵骨、内底板及内底边板等。

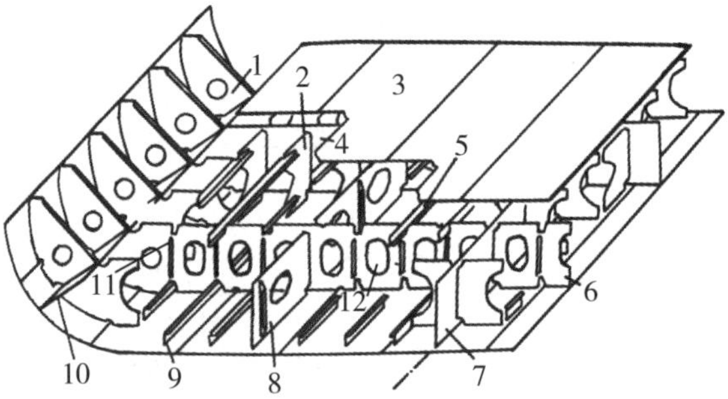

1—舭肘板(bilge bracket);2—肘板(bracket);3—内底板(inner bottom plating);
4—水密肋板(watertight floor);5—内底纵骨(inner bottom longitudinal);6—实肋板(solid floor);
7—中桁材(center girder);8—旁桁材(side girder);9—船底纵骨(bottom longitudinal);
10—内底边板(margin plate);11—加强筋(stiffener);12—人孔(manhole)。

图2-23 纵骨架式双层底结构示意

图2-24 实船的纵骨架式双层底结构

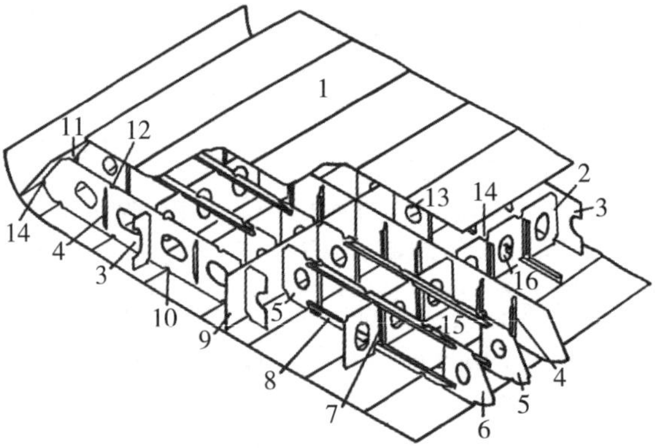

1—内底板(inner bottom plating);2—旁桁材(side girder);3—实肋板(solid floor);4—加强筋(stiffener);
5—肘板(bracket);6—组合肋板(bracket floor);7—扶强材(rib);8—船底横骨(bottom frame);
9—中桁材(center girder);10—流水孔(drain hole);11—内底边板(margin plate);12—透气孔(air hole);
13—减轻孔(lightening hole);14—切口(incision);15—内底横骨(inner bottom frame);16—人孔(manhole)。

图2-25 横骨架式双层底结构示意

1）船底板

船底板(bottom plating)是指平板龙骨(flat plate keel)至舭列板之间的外板。由于船底板各部位受力不同,其板厚也有所不同,其中平板龙骨位于受力最大的船底纵中线上,并在船底最低处易于积水腐蚀,因此最厚。《规范》规定其厚度不得小于船底板厚度加2 mm,且均应不小于相邻船底板的厚度,其宽度在整个船长范围内应保持不变,但不必大于1 800 mm。在船中部由于受总纵弯矩大,因此《规范》规定在船中部0.4L区域内的船底板厚度不得小于端部船底板厚度,并使船中部0.4L区域以外的船底板厚度逐渐向端部船底板厚度过渡。

2）横向构件

(1）肋板

肋板(floor)是连接内底板和船底板的横向构件,是保证船体横向强度和船底局部强度的重要构件。按其结构与用途的不同可分为实肋板、水密肋板和组合肋板：

①实肋板(solid floor)：又称主肋板,是非水密的横向构件,图2-26为实肋板结构示意。为减轻结构质量、方便人员进出及便于舱室之间空气和油水的流动,其上开有减轻孔(lightening hole)、气孔(air hole)和流水孔(drain hole),有些减轻孔专门设计成便于人员通过的人孔。《规范》规定,除轻型肋板外,人孔的高度应不大于该处双层底高度的50%,且其位置在船长方向上应尽量按直线排列,以便人员顺利通过。为增强实肋板的强度,其上焊有加强筋(stiffener)。

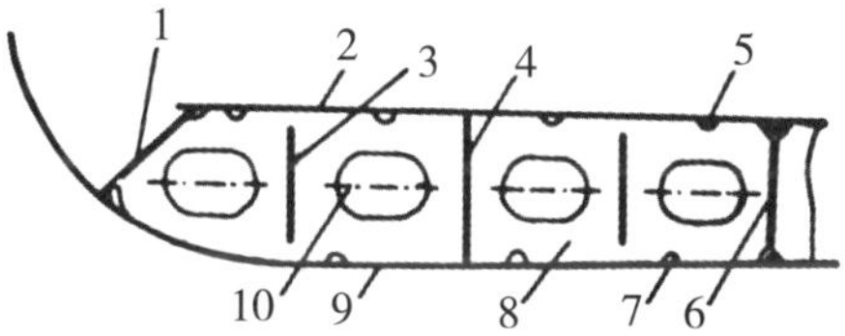

1—内底边板(margin plate);2—内底板(inner bottom plating);3—加强筋(stiffener);
4—旁桁材(side girder);5—气孔(air hole);6—中桁材(center girder);7—流水孔(drain hole);
8—实肋板(solid floor);9—船底板(bottom plating);10—减轻孔(lightening hole)、人孔(manhole)。

图2-26　实肋板结构示意

②水密肋板(watertight floor)：从横向将双层底分隔成若干个互不相通的舱室,其上无开口。一般在水密横舱壁(watertight bulkhead)下均设有水密肋板。水密肋板可能会受单面液体的压力,因此其厚度比实肋板厚度增加2 mm,但一般不必大于15 mm,垂直加强筋也应设置得密一些,其结构如图2-27所示。

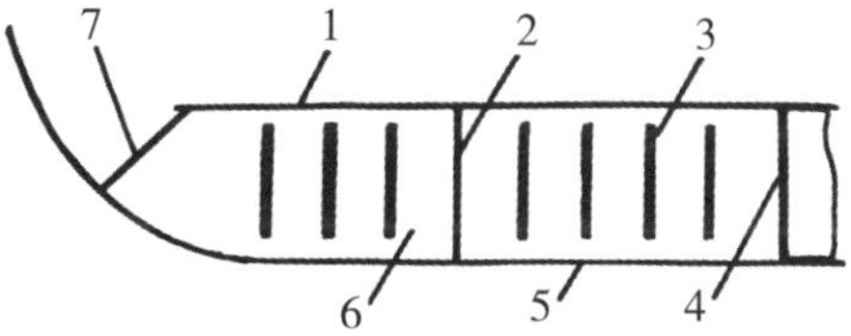

1—内底板(inner bottom plating);2—旁桁材(side girder);3—加强筋(stiffener);
4—中桁材(center girder);5—船底板(bottom plating);6—水密肋板(watertight floor);
7—内底边板(margin plate)。

图2-27　水密肋板结构示意

③组合肋板(bracket floor)。组合肋板又称框架肋板,由内底横骨(inner bottom frame)、船底横骨(bottom frame)、肘板(bracket)和旁桁材(side girder)的扶强材(rib)组成。横骨架式双层底结构(transversely framed double bottom construction)在不设置实肋板的肋位上设置该肋板,目前已较少采用,其结构如图2-28所示。组合肋板可用轻型肋板(lightened floor)代替。该肋板的腹板厚度与高度不小于所在区域的实肋板,但允许有较大的减轻孔,且与组合肋板相比,施工方便。轻型肋板结构如图2-29所示。

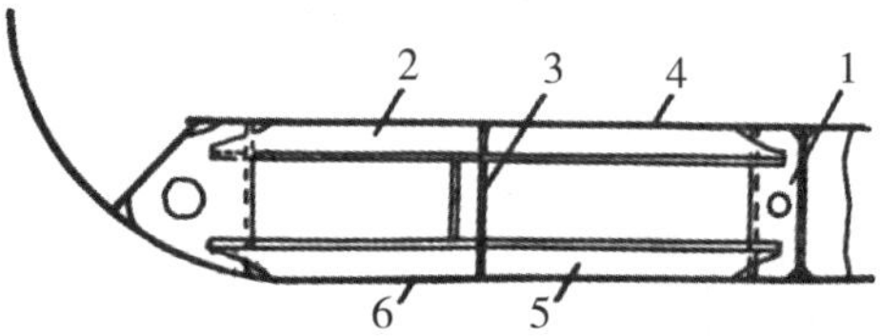

1—肘板(bracket);2—内底横骨(inner bottom frame);3—旁桁材(side girder);
4—内底板(inner bottom plating);5—船底横骨(bottom frame);6—船底板(bottom plating)。

图2-28　组合肋板结构

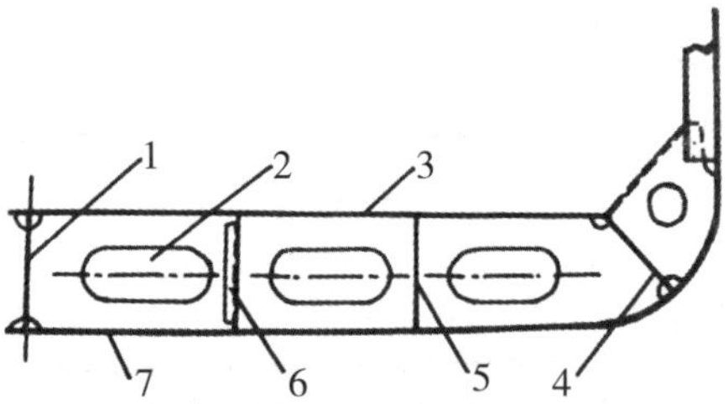

1—中桁材(center girder);2—减轻孔(lightening hole);3—内底板(inner bottom plating);
4—内底边板(margin plate);5—旁桁材(side girder);6—加强筋(stiffener);7—船底板(bottom plating)。

图2-29　轻型肋板结构

(2) 舭肘板(bilge bracket)

舭肘板是连接肋板和肋骨使其组成横向框架的一块板材,俗称污水沟三角板,应在每个肋位上设置。舭肘板的宽度与高度相同,且其厚度与实肋板相同。其上有面板(face plate)或折边(flanging)以增强其刚度(面板或折边的宽度一般为其厚度的10倍),板上开有圆形的减轻孔和污水孔,但孔缘任何地方的板宽均应不小于舭肘板宽度的1/3,如图2-23所示。它可保证舭部的局部强度和船体的横向强度。

3) 纵向构件

(1) 桁材

①中桁材(center girder)。中桁材又称中底桁,是置于船底首尾纵中线上的纵向梁,它与平板龙骨(flat plate keel)、中内底板(center inner bottom plating)组成工字形纵向构件,是船底结构中重要的强力构件,俗称龙骨(keel)。《规范》规定在船中0.75*L*区域内,其上不得开人孔或减轻孔,其他区域(舱壁前后1个肋距内除外)可以开孔,但开孔的高度应不大于该处中桁材高度的40%。中桁材应尽量向首尾柱延伸,并应在中部0.75*L*区域范围内保持连续。

②箱形中桁材(duct keel)。箱形中桁材又称箱形龙骨,它是由两道对称布置于船底纵中线两侧的纵桁、内底板、船底板和骨材等组成的水密箱形结构,如图2-30所示。一般设置于

机舱舱壁与防撞舱壁之间。箱形中桁材不仅能起到中桁材所能起的作用,同时还能将其用于集中布置各种管路和电气线路,以便于保护和维修这些设备,避免管路穿过货舱而妨碍装卸货,故又称管隧(pipe tunnel),缺点是要占去一部分双层底舱容。按规定箱形中桁材侧板的厚度应不小于水密肋板的厚度,侧板之间的距离(即箱形中桁材的宽度)一般应不大于2 m,对船长150 m及以上的船舶,经直接计算验证,其宽度应不大于3 m。箱形中桁材设有水密人孔和通向露天甲板的应急出口,其出口的关闭装置能两面操纵,围壁结构与水密舱壁要求相同。图2-31为实船箱形中桁材露天甲板出口。

(a)实船箱型中桁材

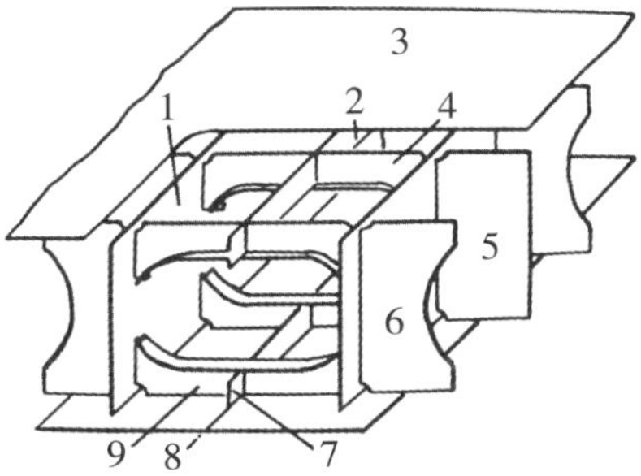

1—水密纵桁(watertight longitudinal girder);
2—内底纵骨(inner bottom longitudinal);
3—内底板(inner bottom plating);
4—内底横骨(inner bottom frame);
5—主肋板(solid floor); 6—肘板(bracket);
7—船底纵骨(bottom longitudinal);
8—船底中心线(bottom center line);
9—船底横骨(bottom frame)。

(b)结构示意

图2-30 箱形中桁材结构

③旁桁材(side girder)。旁桁材又称旁底桁或旁龙骨,对称设置于中桁材两侧且平行中桁材,并与船底板和内底板相连,其上开有减轻孔、流水孔和气孔等,一般间断于实肋板之间。其厚度可比中桁材减少3 mm,但均不小于相应的肋板厚度。旁桁材的数量根据船宽而定。

(2)纵骨

纵骨(longitudinal)是纵骨架式结构中设置的纵向构件,一般用尺寸较小的不等边角钢或T型钢制成。双层底的纵骨有内底纵骨(inner bottom longitudinal)和船底纵骨(bottom longitudinal)两种,分别焊接在内底板和船底上,是连续构件,穿过实肋板。当船长超过200 m或纵骨采用了高强度钢时,船底纵骨应穿过水密肋板,但也可采用相应的替代结构。内底纵骨剖面模数为船底纵骨剖面模数的85%,且船底纵骨的最大间距应不大于1.0 m。纵骨是保证船体总纵强度的重要构件。

图2-31 实船箱形中桁材露天甲板出口

4)内底板和内底边板

内底板(inner bottom plating)是双层底上面的水密铺板,其两侧边缘与舭列板相连接的一列板叫内底边板(margin plate)。内底板和内底边板构成了双层底的内底,其长度也就是双层底的长度。

横骨架式双层底结构内底板在船端部0.075L区域内的厚度为船中0.4L区域内厚度的90%,对双层底内为燃油舱的区域,内底板厚度应不小于8 mm,其厚度分布特点与船底板相似,即船中部较厚,两端稍薄,而中内底板因与中桁材相接,受力较大,厚度也稍厚一些。此外，为便于人员进入双层底进行施工、清舱和检修，并从有利于通风的角度出发，在每个双层舱的内底板上至少开设有两个呈对角线布置的长圆形或圆形人孔(manhole)，同时配有水密的人孔盖(manhole cover)。

内底边板处于船底结构向舷侧结构过渡的舭部位置，受力较复杂，且内底边板处易积水、腐蚀，故比内底板厚些；其结构形式有下倾式、上倾式、水平式和曲折式4种，如图2-32所示。下倾式内底边板与舭列板可构成污水沟(bilge drainage)，普通干货船较多采用；上倾式内底边板便于散货的装卸，故散货船与矿砂船较多采用；水平式内底边板施工方便，舱内平坦且强度好，一般客船、集装箱船、油船的油舱区域、一些干货船的货舱区域及其他船舶近首尾区域较多采用；曲折式内底边板因能与舭部外板形成一个有效的双层空间，故相比可提高船舶的抗沉性，主要用于经常航行在复杂水域的船舶。

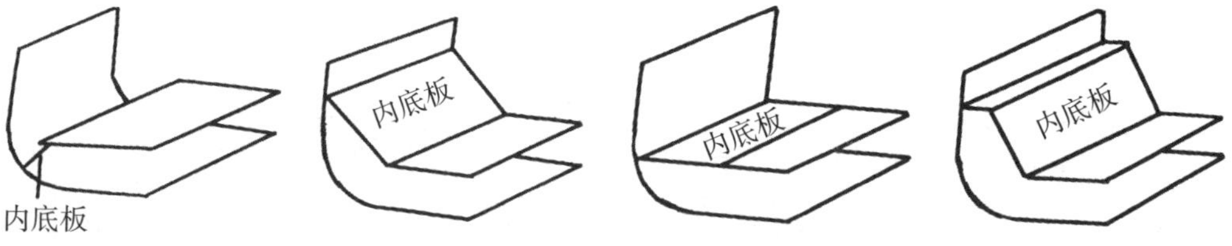

图2-32　内底边板的结构形式

上述4种内底边板的结构形式除下倾式外，其他3种均只能在舭部设置污水井(bilge well)。

(二) 单层底结构

单层底结构(single bottom construction)主要用于小型船舶、老式油船和内河船舶。结构简单，施工方便，但抗沉和防泄漏能力差。主要构件有中内龙骨(center keelson)、旁内龙骨(side keelson)、船底纵骨(bottom longitudinal)、肋板(floor)和舭肘板(bilge bracket)等。图2-33和图2-34分别为横骨架式与纵骨架式单层底结构。

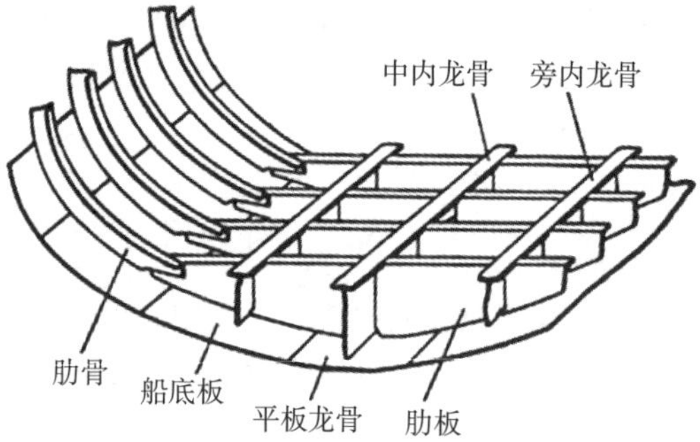

图2-33　横骨架式单层底结构示意

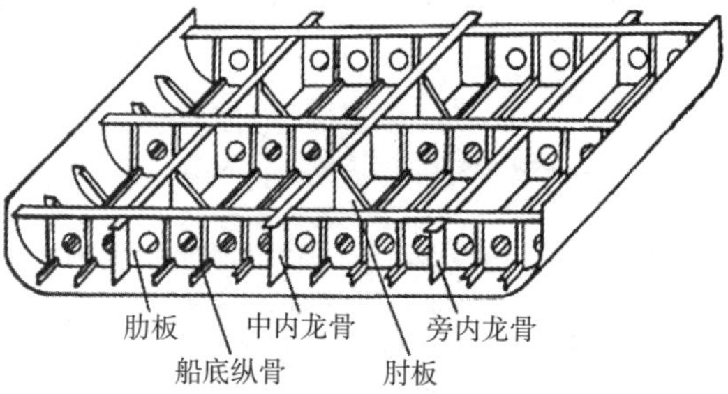

图2-34　纵骨架式单层底结构示意

三、舷侧结构

舷侧结构(side shell construction)是指连接船底和甲板的侧壁部分，它要承受水压力、波浪冲击力、碰撞力、冰块的冲击和挤压力、甲板负荷、舱内负荷、总纵弯曲应力和剪切应力等外力的作用，是保证船体的纵向强度、横向强度，保持船体几何形状和侧壁水密的重要结构。

舷侧结构按骨架排列形式的不同有横骨架式和纵骨架式两大类，其主要由舷侧外板、肋骨、强肋骨、舷侧纵桁、舷侧纵骨和舷边等组成，图 2-35 和图 2-36 分别为横骨架式和纵骨架式舷侧结构。

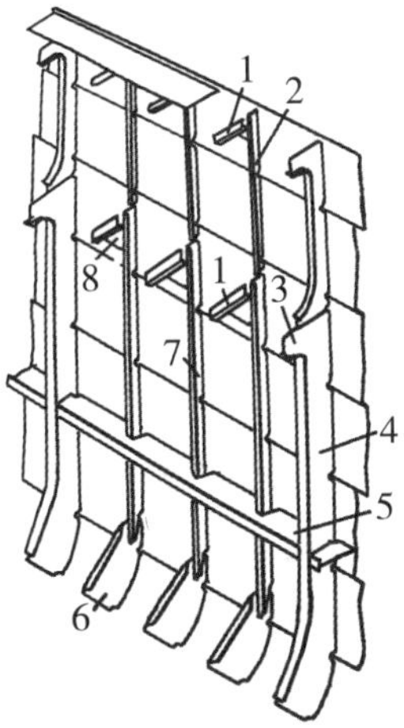

1—甲板横梁(deck beam)；2—甲板间肋骨(tween deck frame)；
3—强横梁(web beam)；4—强肋骨(web frame)；
5—舷侧纵桁(side stringer)；6—舭肘板(bilge bracket)；
7—主肋骨(main frame)；8—梁肘板(beam knee)。

图 2-35 横骨架式舷侧结构

图 2-36 实船纵骨架式双层舷侧结构

1. 舷侧外板

舷侧外板(side plating)是指舭列板(bilge strake)以上的船体外板(包括舷侧列板和舷顶列板)，与甲板边板(deck stringer)连接的舷侧外板称为舷顶列板(sheer strake)。舷侧列板在船中部较厚，向两端渐薄，靠近舭列板附近的舷侧外板要比上面的厚一些，同时在靠近首尾局部受力大的部位和尾轴附近的包板等位置的舷侧外板也要加厚，对航行于冰区的船舶应根据规范进行加厚。舷顶列板是受总纵弯矩最大的一列板，《规范》规定其宽度不得小于 $0.1D$(D 为型深)，并规定在船中 $0.4L$ 区域内，其板厚在任何情况下不得小于强力甲板边板厚度的 80%，也不得小于相邻舷侧列板的厚度。

2. 肋骨

肋骨(frame)是从肋板(floor)、舭肘板(bilge bracket)向上延伸的横向构件，并与梁肘板(beam knee)和横梁(beam)组成船体的横向框架。

1) 肋骨的作用

肋骨的作用是支撑舷侧外板，保证舷侧的强度和刚性。肋骨与其他横向构件组成的框架，则可达到保证船体的横向强度，防止船舶在摇摆和横倾时产生横向变形。

2)肋骨的分类

肋骨按其所在位置一般可分为主肋骨(main frame)、甲板间肋骨(tweendeck frame) 和尖舱肋骨(peak frame)3 种。对某些需进行局部加强(如冰区加强)的船舶，还需在位于水线附

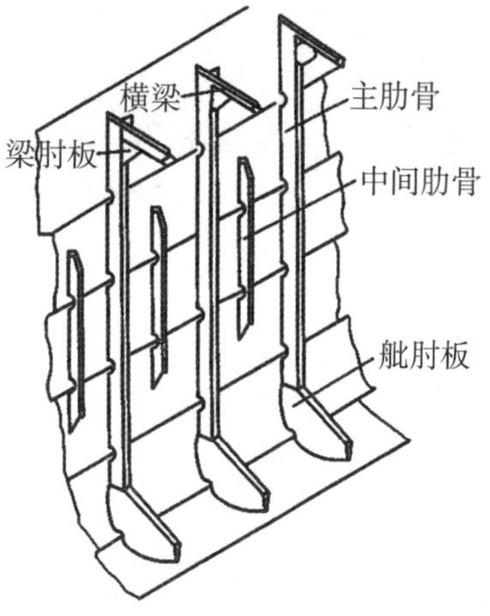

图 2-37　中间肋骨

近每一肋距(frame space)中间增设一短肋骨——中间肋骨(intermediate frame),如图2-37所示。按肋骨的受力不同可分为普通肋骨(ordinary frame)和强肋骨(web frame)两种。

普通肋骨一般可用不等边角钢、T型钢或球扁钢制成;而强肋骨则由尺寸较大的T型组合材或钢板折边制成。在横骨架式舷侧结构中,一般每隔几个肋位设置一强肋骨(应从内底延伸至上甲板),其目的是增加局部强度,如机舱、货舱的舱口端梁处等;在纵骨架式舷侧结构中,强肋骨是唯一的横向构件,其在支持舷侧纵骨的同时,还起着保证船体横向强度的作用。

3) 肋骨编号及肋距

为便于在船舶修造中指明肋骨位置及海损事故后能迅速准确地报告受损部位,必须对肋骨进行编号。肋骨编号以尾垂线为基准,主要有两种:一种是较普遍采用的编号方法,即以舵杆中心线为0号(无论有无舵柱),向首排列取正号,向尾排列取负号;另一种是少数有舵柱的船舶以舵柱后缘为0号,向首排列取正号,向尾排列取负号。

《规范》规定,肋骨的最大间距应不大于1.0 m。

3. 舷侧纵桁和舷侧纵骨

舷侧纵桁(side stringer)多为横骨架式舷侧结构中设置的纵向构件,通常采用T型组合材,其腹板(web)与强肋骨(web frame)腹板同高,主要用来支撑主肋骨。

舷侧纵骨(side longitudinal)是纵骨架式舷侧结构中的主要纵向构件,一般用尺寸较小的不等边角钢、T型钢或球扁钢制成,主要用来保证总纵强度和支持外板。

舷侧纵骨穿过强肋骨,其最大间距不大于1.0 m。

4. 舷边

舷顶列板与甲板边板的连接处称舷边(gunwale)。舷边处于高应力区域,受力大,此处的连接强度对于船体承受总纵弯曲的能力起重要作用,因此有其特殊的连接方法,一般有下列3种:

1) 舷边角钢铆接法

舷边角钢铆接法是一种早期的舷边连接形式,它将等边角钢,即舷边角钢(gunwale angle bar)的两边分别与舷顶列板和甲板边板铆接,如图2-38(a)所示。这种方法利用了铆接能重新分布应力(stress)和止裂(crack arrest)的特点,但其工艺复杂、工作量大,不适合现代化建造工艺的要求,因此在有些船上用扁钢代替角钢,即先将扁钢垂直焊接在甲板边板上,再把扁钢与舷顶列板铆接,如图2-38(b)所示,这种形式仅作为过渡连接形式,最终也将会被淘汰。

2) 圆弧连接法

圆弧连接法是通过圆弧舷板使舷顶列板和甲板边板连成一个整体,如图3-38(c)所示。采用这种连接方法能使甲板和舷侧的应力过渡较为顺利、分布均匀,且结构刚性较大,但甲板有效利用面积减小，甲板排水易弄脏舷侧，此外由于线型变化问题，这种方法较适用于船中部位。《规范》规定圆弧舷板厚度至少应等于甲板板厚度，圆弧半径不得小于板厚的15倍，且在船中0.5L区域内的圆弧舷板上应尽量避免焊接甲板装置。

3）舷边直角焊接法

舷边直角焊接法是把舷顶列板和甲板直接焊接起来，如图2-38(d)和(e)所示。此种连接法施工简单，但易造成应力集中而产生裂缝，多用于中小型船舶和有舷边水柜的散装货船等。

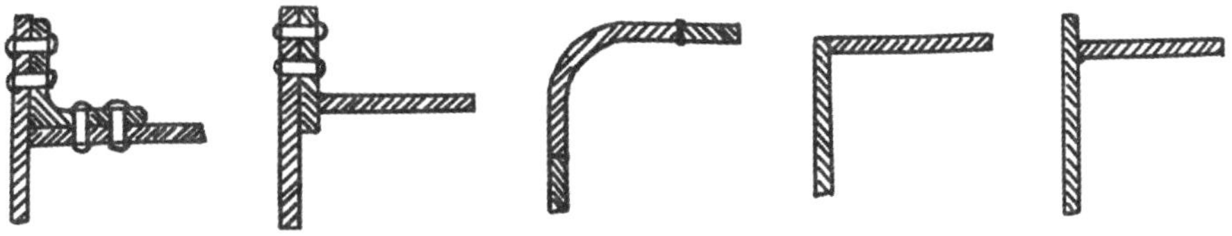

图2-38　舷边的连接方法

5. 舷墙与栏杆

船舶主甲板及其上建筑各层所有露天甲板四周均应设置舷墙或栏杆。舷墙或栏杆的高度应至少离甲板1.0 m。对甲板上设计成装运木材的船舶，则应设置舷墙，其高度至少应为1.0 m。

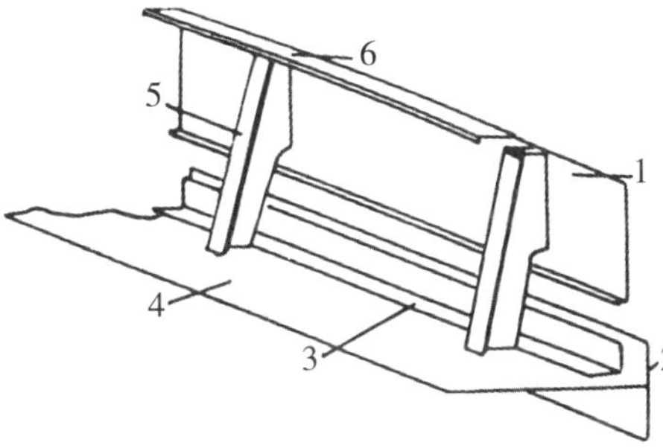

1—舷墙板(bulwark plating)；2—舷顶列板(sheer strake)；3—舷边角钢(gunwale angle bar)；4—甲板边板(deck stringer)；5—支撑肘板(buttress bracket)；6—扶手(armrest)。

图2-39　舷墙结构

1）舷墙

舷墙(bulwark)的作用是保障人员安全，减少甲板上浪，防止甲板上的物品滚落入海。图2-39为舷墙结构，主要由舷墙板(bulwark plating)、支撑肘板(buttress bracket)和扶手(armrest)等组成。船中部舷墙板不和舷顶列板相焊接，而是由支撑肘板支撑在甲板边板上，下端与舷顶列板上端间留有一定空隙以利于排水，上端由扁钢或型钢做成扶手。

对船长等于或大于65 m的船舶，干舷甲板上的舷墙板厚度应不小于6 mm。舷墙不参与总纵弯曲。

2）栏杆

栏杆(hand rail)的作用是保障人员安全，防止甲板上的物品滚落入海。设置在上层建筑和干舷甲板上的栏杆应至少为3档。栏杆最低一档以下的开口应不超过230 mm，其他各档的间隙应不超过380 mm。图2-40为实船舷墙与栏杆。

图2-40　实船舷墙与栏杆

四、甲板结构

甲板结构(deck construction)须承受船体所受的总纵弯曲应力、货物负载和波浪的冲击力等外力的作用,是保证船体总纵强度、横向强度、保持船体几何形状及保证船体上部水密的重要结构。由于营运、安装设备和进出人员的需要,在甲板上设置了各种不同的开口,这些开口破坏了甲板的连续性,减弱了结构的强度、刚度和稳定性,并在开口的角隅处易出现应力集中现象,因此在开口处都要对结构进行加强,从而使甲板结构显得比较复杂。

按骨架结构形式的不同,甲板结构可分成横骨架式(图2-41)和纵骨架式(图2-42和图2-43)两种,其主要由甲板(deck)、横梁(beam)、甲板纵桁(deck girder)、甲板纵骨(deck longitudinal)、舱口围板(hatch coaming)和支柱(pillar)等组成。

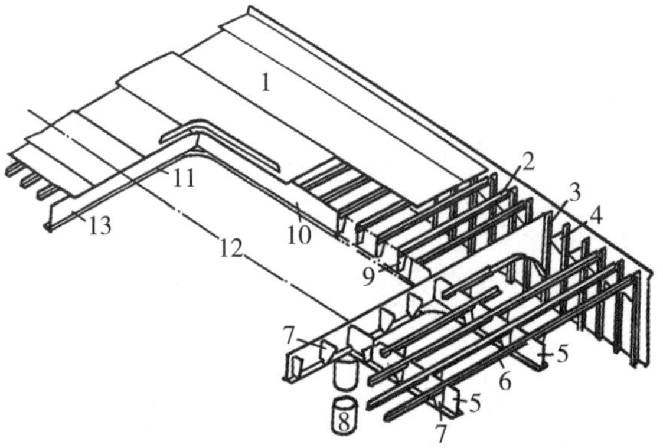

1—下甲板(lower deck);2—半梁(half beam);3—主肋骨(main frame);4—梁肘板(beam knee);
5—甲板纵桁(deck girder);6—横梁(beam);7—防倾肘板(tripping bracket);8—支柱(pillar);
9—肘板(bracket);10—舱口纵桁(hatch side girder);11—圆钢(round bar);
12—甲板纵中线(deck center line);13—舱口端梁(hatch end beam)。

图2-41　横骨架式甲板结构

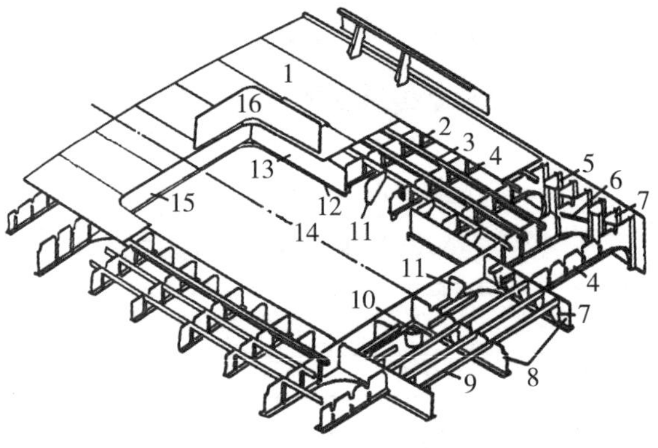

1—上甲板(upper deck);2—加强筋(stiffener);3—甲板纵骨(deck longitudinal);
4—强横梁(web beam);5—主肋骨(main frame);6—斜置加强筋(tilt stowing stiffener);
7—肘板(bracket);8—甲板纵桁(deck girder);9—横梁(beam);10—管形支柱(tubular pillar);
11—防倾肘板(tripping bracket);12—圆钢(round bar);13—舱口纵桁(hatch side girder);
14—甲板纵中线(deck center line);15—舱口端梁(hatch end beam);16—舱口围板(hatch coaming)。

图2-42　纵骨架式甲板结构

图2-43 实船纵骨架式甲板结构

1. 甲板

1）按作用分类

甲板按其作用可分成强力甲板、舱壁甲板、干舷甲板和量吨甲板等。

（1）强力甲板（strength deck）：当船体受总纵弯曲应力时，受力最大的一层甲板称强力甲板。例如，上层连续甲板（即上甲板）、在船中部0.5L区域内长度不小于0.15L的上层建筑甲板和此上层建筑区域以外的上层连续甲板均为强力甲板。

（2）舱壁甲板（bulkhead deck）：水密横舱壁向上延伸到达的连续甲板称舱壁甲板。船舶货舱区域范围内的舱壁甲板通常就是上甲板。

（3）干舷甲板（freeboard deck）：按《1966年国际载重线公约》量计干舷高度的甲板称干舷甲板，对除滚装船及滚装客船外的其他货船而言，该甲板通常是上甲板。

（4）量吨甲板（tonnage deck）：按《1969年国际船舶吨位丈量公约》丈量船舶吨位时的基准甲板称量吨甲板，对除滚装船及滚装客船外的其他货船而言，该甲板通常也是上甲板。

2）规范要求

上甲板是各层甲板中最厚的一层，《规范》规定在船中部0.4L区域内强力甲板的厚度应保持相同，并逐渐向端部甲板厚度过渡，强力甲板（包括端部甲板）的最小厚度应不小于6 mm。甲板边板是上甲板受力最大的构件，且容易被甲板积水腐蚀，因此必须连续，厚度也是上甲板中最厚的一列板。在船中0.4L区域内的甲板比首尾两端和大开口线以内区域的甲板厚。为防止甲板开口角隅处因应力集中而产生裂缝，该处应为抛物线形、椭圆形或圆形，并应采取加强措施。

2. 横梁

横梁（beam）是甲板结构中的横向构件，起着承受甲板货、机器设备和甲板上浪时的水压力作用，同时还支撑舷侧，保证船体的横向强度。横骨架式结构中，横梁一般用尺寸较小的不等边角钢或T型钢制成，并装设在每一肋位上用肘板与肋骨连接。位于货舱口横围板下的横梁叫舱口端梁（hatch end beam），货舱开口范围内的横梁称半横梁（half beam），半横梁的尺寸与横梁相同，它一端由肘板与肋骨连接，另一端与舱口围板连接。在纵骨架式结构中一般每隔3~5档肋位装一强横梁（web beam），作为甲板纵骨的支架，在其上开切口让甲板纵骨穿过。

3. 甲板纵桁与甲板纵骨

在横骨架式和纵骨架式甲板结构中均有甲板纵桁（deck girder），由尺寸较大的T型组合材制成，主要用来支撑横梁。甲板纵骨（deck longitudinal）是纵骨架式甲板结构中的重要构件，一般用不等边角钢或T型钢制成，其间距与船底纵骨相同，主要用来保证总纵强度。

4. 舱口围板

舱口围板（hatch coaming）是指设置于露天甲板（上甲板）货舱开口四周的纵向和横向并与

甲板垂直的围板，其作用是保证工作人员安全，防止海水灌入舱内和增加甲板开口处的强度。

依据国家海事局颁布实施的《船舶与海上实施法定检验规则》之《国际航行海船法定检验技术规则》和《1966年国际载重线公约》附则I的有关规定，当舱口在位置1，即露天的干舷甲板和后升高甲板上，以及位于从首垂线起0.25*L*以前的露天上层建筑甲板上时，舱口围板的最小高度应为600 mm；当舱口在位置2，即从首垂线起0.25*L*以后，且在干舷甲板以上至少一个标准上层建筑高度的露天上层建筑甲板上，以及在位于从首垂线起0.25*L*以前，且在干舷甲板以上至少两个标准上层建筑高度的露天上层建筑甲板上时，舱口围板的最小高度应为450 mm。

舱口围板上缘一般用半圆钢加强，围板的外侧还有水平加强筋（horizontal stiffener）和防倾肘板（tripping bracket），以增加围板的刚性和防倾能力，纵向围板的下部与甲板纵桁处于同一直线上，兼作甲板纵桁的一部分，舱口围板如图2-44所示。

图2-44　实船舱口围板

舱口角隅处的加强方法有两种：一种是将舱口围板下伸超过甲板，如图2-45(a)所示；另一种是将围板分成两块，分别焊在甲板开口边缘的上下面，在下面用菱形面板加强，如图2-45(b)所示。

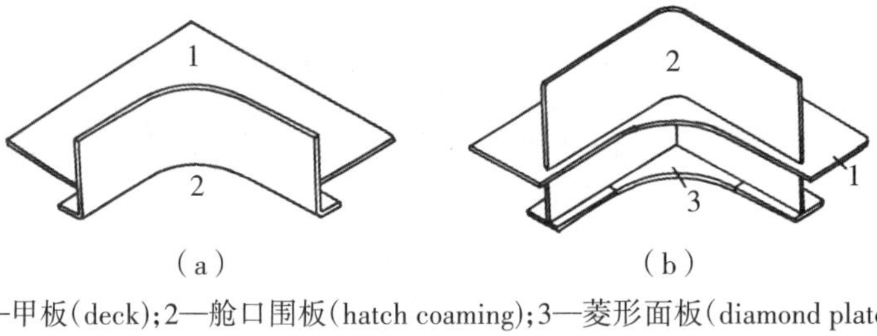

1—甲板(deck)；2—舱口围板(hatch coaming)；3—菱形面板(diamond plate)。

图2-45　舱口角隅的加强方法

5. 支柱

支柱(pillar)是舱内的竖向构件，其作用是支撑甲板骨架、承受轴向压缩力、保持船体竖向形状。

支柱的上端应位于甲板纵桁和横梁的交叉节点处，下端应在船底纵桁与肋板的交叉节点处，如图2-46所示。多甲板船上下层甲板间的支柱一般应设置在同一垂直线上。对需载运大件货的舱，为不妨碍装卸货，通常采用悬臂梁(cantilever beam)的结构形式来代替支柱，如图2-47所示。

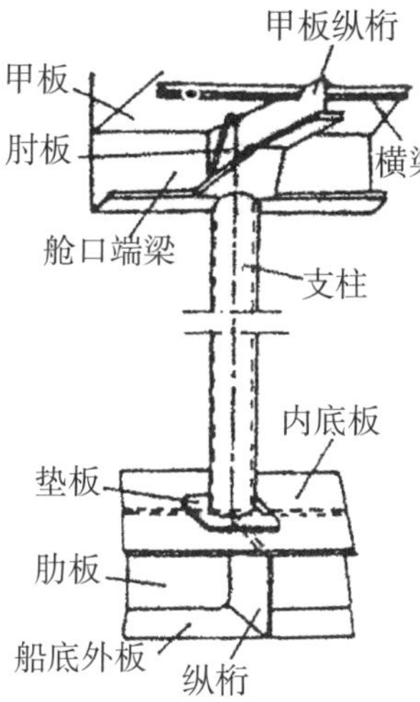

图2-46　支柱

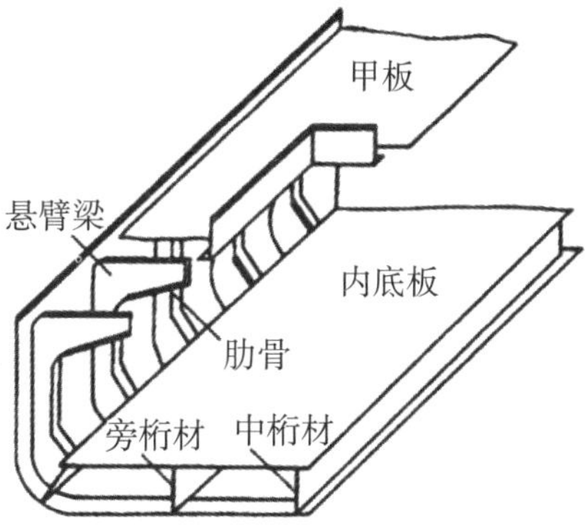

图2-47　悬臂梁结构

6. 梁拱和舷弧

梁拱(camber)是甲板在两舷与舷顶列板交点的连线与纵中剖面线的交点，至横剖面中线与甲板板交点的垂直距离，简称为甲板的横向曲度，如图2-48(a)所示。梁拱可增加甲板的强度，便于排泄甲板积水和增加储备浮力。梁拱的取值范围一般为船宽(*B*)的1/100~1/50，干货船的梁拱通常取*B*/50，客船的梁拱取*B*/80。

在甲板的纵向上，首尾高而中间低所形成的曲线叫舷弧线(sheer curve)。在船长中点处舷弧线最低，从该点画一条与基线(base line)平行的直线，则舷弧线上任一点量至该线的垂直距离就称为该点的舷弧(sheer)，位于首垂线处的舷弧叫首舷弧(fore sheer)，位于尾垂线处的舷弧叫尾舷弧(after sheer)，如图2-48(b)所示。舷弧可增加储备浮力，便于甲板排水，减少甲板上浪和使船体外形更美观。

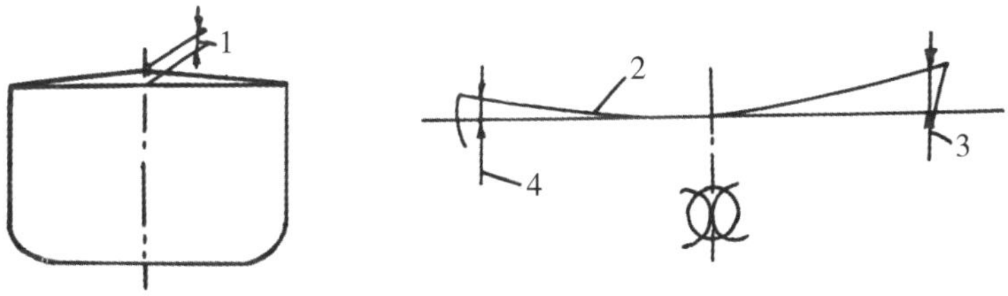

(a) 梁拱　　(b) 舷弧

1—梁拱(camber)；2—舷弧线(sheer curve)；3—首舷弧(fore sheer)；4—尾舷弧(after sheer)。

图2-48　梁拱和舷弧

舷弧的数值见表2-5，其中首舷弧是尾舷弧的2倍。

表2-5　舷弧的数值

位置	舷弧值/mm	位置	舷弧值/mm
首垂线	50(*L*/3+10)	距尾垂线*L*/3	2.8(*L*/3+10)
距首垂线*L*/6	22.2(*L*/3+10)	距尾垂线*L*/6	11.1(*L*/3+10)

表2-5（续表）

位置	舷弧值/mm	位置	舷弧值/mm
距首垂线$L/3$	$5.6(L/3+10)$	尾垂线	$25(L/3+10)$
船中	0		

注：L为船长，单位为m。

五、舱壁结构

（一）舱壁的作用

主船体(main hull)在设计和建造时按要求设置了若干的横向和纵向舱壁(bulkhead)，将这些舱壁所起的作用归纳起来有如下几个方面：

（1）将船体内部分隔成若干个舱室，以便安装各种机械设备及装载货物、燃油、淡水、备品和压载水等。

（2）横舱壁(transverse bulkhead)：对保证船体的横向强度和刚性起很大作用，它是船底、舷侧和甲板等结构的支座，可使船体各部位构件之间的作用力相互传递，其中水密横舱壁(watertight transverse bulkhead)是保证船舶抗沉性能的重要结构。

（3）纵舱壁(longitudinal bulkhead)：液货船(liquid cargo ship)水密纵舱壁的主要作用是减少自由液面对船舶稳性的影响；矿砂船两道水密纵舱壁的主要作用是分隔舱容。除此之外，这两类船连续的水密纵舱壁还具有增强船体总纵强度(longitudinal strength)的作用。

（4）某些舱壁采用了防火结构，可在一定时间内防止火灾蔓延。

（二）舱壁的分类

舱壁一般按用途和结构形式的不同分两大类。

1. 按用途分类

（1）水密舱壁(watertight bulkhead)：一般是指自船底（单层底船为船底板，双层底船为内底板）至舱壁甲板的主舱壁(main bulkhead)，它将船体分隔成若干个水密舱室。水密舱壁主要有水密横舱壁和水密纵舱壁两种。水密横舱壁(watertight transverse bulkhead)能保证因海损事故造成船体某舱破损进水时不会蔓延至其他相邻舱室，使船舶仍有一定的浮力和稳性，从而提高船舶的抗沉性能。水密横舱壁依据船长和船型的不同，设置的总数应不少于表2-6中的规定，对于船长大于190 m的船舶，由直接计算确定，其中：位于首尖舱(fore peak tank)与货舱(cargo hold)之间的首尖舱舱壁(fore peak tank bulkhead)即船舶最前的一道水密横舱壁又称防撞舱壁(collision bulkhead)，也是最重要的一道水密横舱壁，首尖舱舱壁上不得开设任何门、人孔、通风管道或任何其他开口，并应通至干舷甲板；位于船尾的最后一道水密横舱壁即为尾尖舱舱壁(afterpeak tank bulkhead)，水密尾尖舱舱壁应通至舱壁甲板，但当尾尖舱水密平台甲板在水线以上时，可仅通至水密平台甲板为止。水密纵舱壁(watertight longitudinal bulkhead)通常出现在液货船和矿砂船上。

表2-6　船长190 m及以下船舶应设置的水密横舱壁数量

船长	$L\leqslant 60$ m	$60\text{ m}<L\leqslant 85$ m	$85\text{ m}<L\leqslant 105$ m	$105\text{ m}<L\leqslant 125$ m	$125\text{ m}<L\leqslant 145$ m	$145\text{ m}<L\leqslant 165$ m	$165\text{ m}<L\leqslant 190$ m
中机型水密横舱壁数量/个	4	4	5	6	7	8	9
尾机型水密横舱壁数量/个	3	4	5	6	6	7	8

(2) 防火舱壁(fireproof bulkhead)：根据《规范》对船舶防水结构要求而设置的具有一定隔热能力并能在一定时间内防止火灾蔓延的舱壁。按规定，机舱和客船起居处所的舱壁应采用防火舱壁。

(3) 液体舱壁(liquid bulkhead)：液舱(油舱、水舱等)的边界舱壁，它经常承受液体压力与振荡冲击力，故舱壁板较厚且其上的骨架尺寸也较大，并须保证水密(watertight)或油密(oiltight)。

(4) 制荡舱壁(wash bulkhead)：设于液舱内的纵向舱壁，主要用来减小自由液面的影响，其上开有气孔、油水孔和减轻孔。

2. 按结构分类

按舱壁的结构形式，可将其分成平面舱壁、对称槽形舱壁和双层板舱壁3类。

(1) 平面舱壁(plane bulkhead)由舱壁板(bulkhead plate)和其上的垂直与水平骨架组成。大型船舶舱壁板的钢板长边沿水平方向布置，其厚度由下向上逐渐减薄。其上骨架竖向排列的称为扶强材(bulkhead stiffener)，水平方向排列的称为水平桁(horizontal girder)。平面舱壁结构如图2-49所示。

(2) 对称槽形舱壁(symmetrical corrugated bulkhead)由钢板压制而成，以其槽形曲折来代替扶强材。其优点是在保证具有同等强度的前提下，实现减轻结构质量，节约钢材使用量，减少装配与焊接工作量，并便于清舱工作。缺点是所占舱容较大，不利于舱容的有效利用，一般用于油船、散装货船和矿砂船等。图2-50为对称梯形舱壁剖面形状。对称槽形舱壁的剖面形状有三角形、矩形、梯形和弧形几种，如图2-51所示，其中梯形和弧形用得较为广泛。图2-52和2-53分别为无底凳和有底凳对称梯形舱壁。

图2-49　实船平面舱壁结构

图2-50　单壳实船对称梯形舱壁

(a) 三角形(triangle)　(b) 矩形(rectangle)　(c) 梯形(trapezoid)　(d) 弧形(arc)

图2-51　对称槽形舱壁的剖面形状

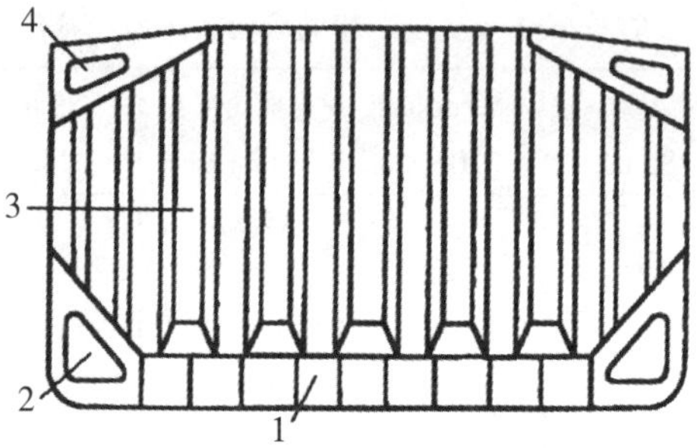

1—双层底(double bottom tank);2—底边舱(lower side tank);
3—对称梯形舱壁(symmetrical trapezoid bulkhead);4—顶边舱(topside tank)。

图2-52 无底凳对称梯形舱壁

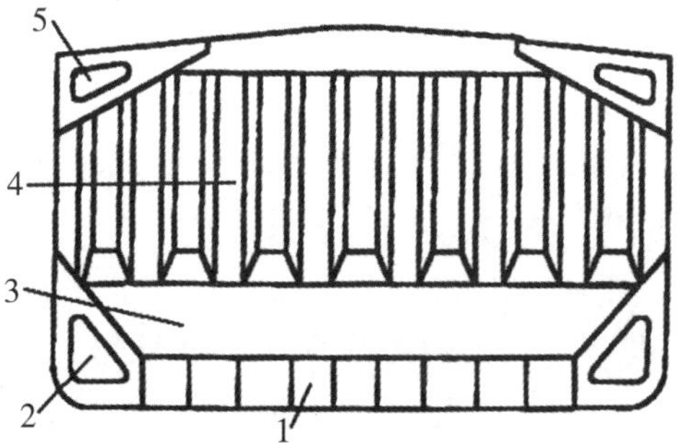

1—双层底(double bottom tank);2—底边舱(lower side tank);3—底凳(lower stool);
4—对称梯形舱壁(symmetrical trapezoid bulk-head);5—顶边舱(topside tank)。

图2-53 有底凳对称梯形舱壁

六、艏、艉结构

1. 艏、艉形状

1) 船首形状

传统的船首形状有直立型、前倾型、飞剪型、破冰型和球鼻型等5种,近些年设计出了最新型的X型艏(X-BOW)。

(1) 直立型艏(straight bow):又称垂直型艏,艏柱(stem)呈直线,与基线(base line)基本垂直。近年来,直立型船首在造船界又重新得到重视并在多型中低速船舶建造中得到应用,如图2-54(a)和2-55所示。

(2) 前倾型艏(raked bow):艏柱呈直线前倾或微带曲线前倾,这种型式艏部不易上浪,万一发生碰撞,船首水线以下部分不易受损,客船及豪华型游船仍有采用此种型式,如图2-54(b)和2-56所示。

(3) 飞剪型艏(clipper bow):设计水线以上呈凹形曲线,有较大的艏楼甲板(forecastle deck),有利于锚和系泊设备的布置,船首不易上浪,如图2-54(c)和2-57所示。

(4) 破冰型艏(ice resistant bow):设计水线以下艏柱呈倾斜状,与基线构成30°夹角,一般多见于破冰船(ice breaker),如图2-54(d)和2-58所示。

(5) 球鼻型艏(bulbous bow):设计水线以下艏部前端有球鼻形突出体,其作用是减少兴波阻力(wave making resistance)和形状阻力(form resistance,又称涡流阻力),目前被海船广泛采用。球鼻艏的形状、大小与船舶种类(船型)、大小、航区及船东有无特别需求等密切相关,新造超大型集装箱船球鼻艏很小,又称“袖珍型球鼻艏”,如图2-54(e)和2-59所示。

(a)直立型艏

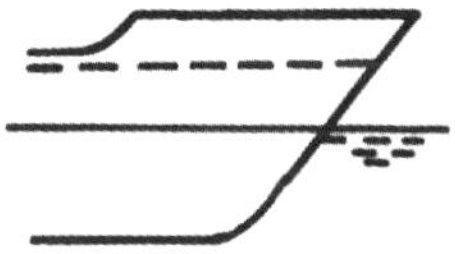
(b)前倾型艏

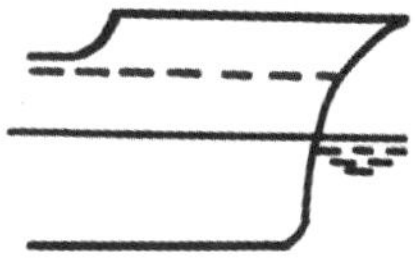
(c)飞剪型艏

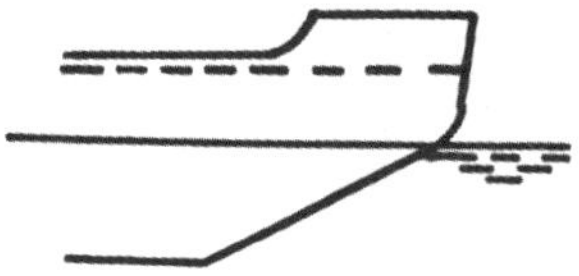
(d)破冰型艏

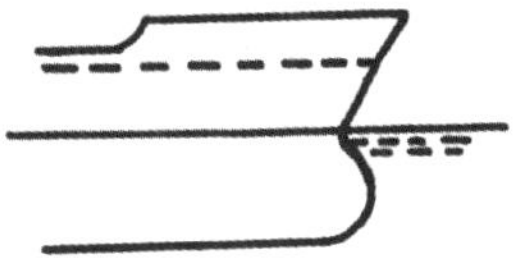
(e)球鼻型艏

图2-54　船首形状

图2-55　直立型船首

图2-56　前倾型船首

图2-57　飞剪型船首

图2-58　破冰型船首

(a)

(b)

图2-59　球鼻型船首

(6)X型艏(X-bow):X型艏由挪威乌斯坦(Ulstein)集团设计,适合于任何船舶。X型艏允许船舶“穿浪航行”,而不像传统船型的船体那样被“波浪提升”,就像“水上滑梯”那样利用波浪，而不是“撞击波浪”前进。这种船首形状设计减小了水的阻力，降低推船前进所需的动力，船速也有所提高。此外，拥有X型艏的船舶可以消除因波浪撞击船头而增加的噪声和船体因此产生的振动，也会有效降低因波浪撞击而造成的船体磨损。图2-60和图2-61为X型艏示意及其实船应用。X型艏将会首次被应用于新造集装箱船，这对航线和时间固定的集装箱运输而言是非常重要的。

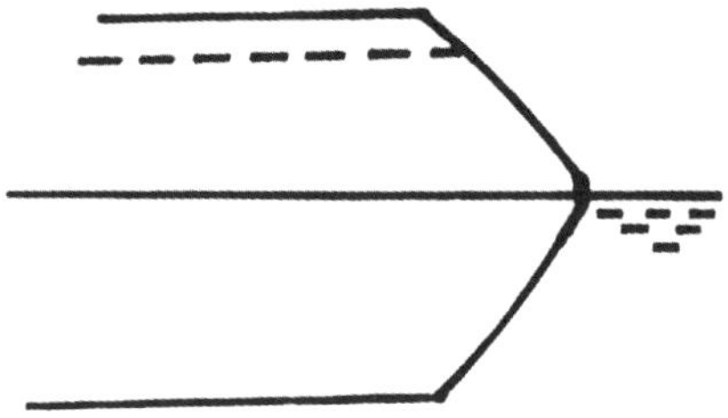

图2-60　X型艏示意

图2-61　X型艏的实船应用

2）船尾形状

船尾形状如图2-62所示，一般有3种形状。

（1）椭圆型艉（elliptical stern）：船尾有短的尾伸部，折角线以上呈椭圆体向上扩展，如图2-62(a)所示。

（2）巡洋舰型艉（cruiser stern）：有光顺曲面的尾伸部，有利于减小阻力，保护桨叶与舵叶，海船仍有采用，如图2-62(b)所示。

（3）方型艉（transom stern）：艉端设有横向的平直艉封板（stern transom plate），如图2-62(c)所示。方型艉早期多被应用于军舰，近年来被商船广泛采用，尤其是集装箱船，图2-63为集装箱船采用的方型艉。

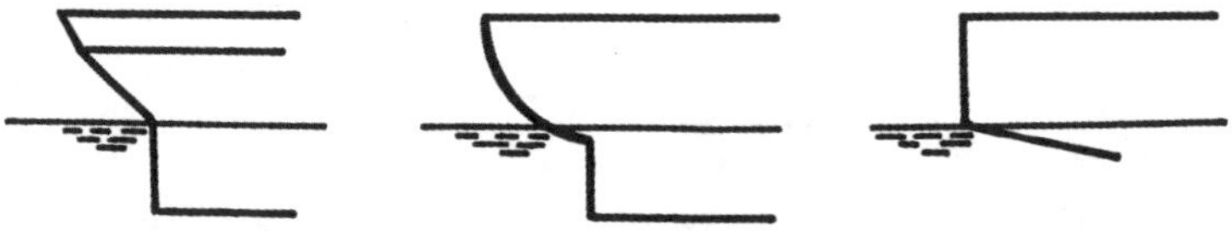

（a）椭圆型艉　（b）巡洋舰型艉　（c）方型艉

图2-62　船尾形状

图2-63　集装箱船采用的方型艉

2. 船首结构的加强

船首结构（bow construction）通常是指从艏部船底平坦部分起向船首部分的船体结构。

艏部要受波浪、冰块的冲击和水阻力的作用，一旦发生碰撞，应有足够的强度保证船舶的安全，同时船壳外板在此汇拢，其外形应尽可能减小水阻力。为此，需对组成船首结构的部分进行加强。图2-64和图2-65分别为横骨架式船首结构和实船横骨架式船首结构。

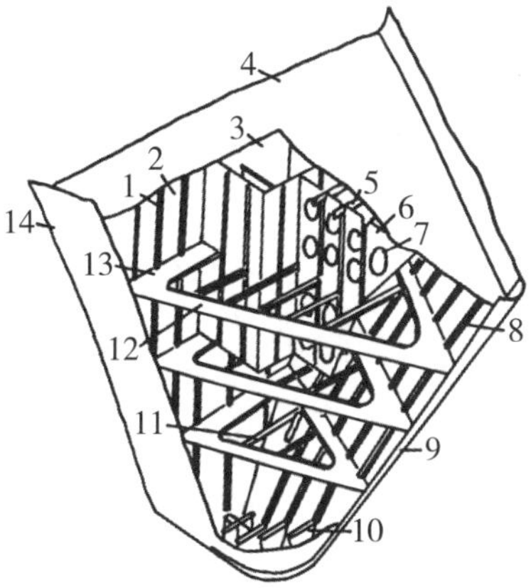

1—舱壁扶强材（bulkhead stiffeners）；2—首尖舱舱壁（forepeak tank bulkhead）；3—锚链舱（chain locker）；4—甲板（deck）；5—横梁（beam）；6—制荡舱壁（wash bulkhead）；7—减轻孔（lightening hole）；8—肋骨（frame）；9—艏柱（stem post）；10—升高肋板（raised floor）；11—强胸横梁（panting beam）；12—舷侧纵桁（side girder）；13—水平桁（horizontal girder）；14—外板（shell plate）。

图2-64　横骨架式船首结构

图2-65　实船横骨架式船首结构

1）艏柱

艏柱（stem）位于船体最前端，是会拢船首外板、保持船首形状和保证船首局部强度的强力构件（strength member）。艏柱有钢板、铸钢和混合型艏柱3种。

图2-66　实船钢板艏柱

（1）钢板艏柱：由经批准的专用加厚钢板线性弯曲后焊接而成，为增加其强度和刚性，在其内侧设有加强骨架。钢板艏柱具有制造工艺简单、质量轻、成本低、碰撞时仅局部变形和容易修理等特点。图2-66为实船钢板艏柱。

（2）铸钢艏柱：由合格的钢水浇铸而成，具有刚性大、韧性较差和可制成结构较复杂的断面形状等特点。

（3）混合型艏柱：由钢板艏柱与铸钢艏柱两部分经焊接组合而成，即以夏季载重水线以上0.5 m处为界，以上结构形

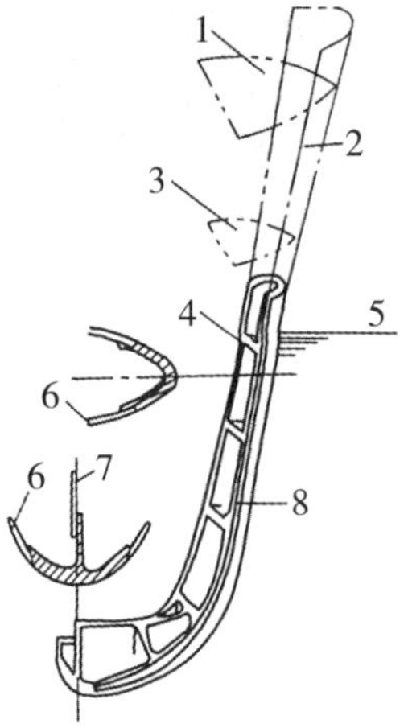

1—上甲板(upper deck);2—钢板艏柱(steel plate stem post);3—下甲板(lower deck);4—加强筋(stiffener);5—满载水线(full load waterline);6—外板(shell plate);7—中内龙骨(center keelson);8—铸钢艏柱(cast steel stem post)。

图2-67　混合型艏柱

状较简单区域用钢板艏柱,以下结构形状较复杂区域用铸钢首柱,再进行焊接组合成混合型艏柱,现代大中型船舶较多采用此型艏柱。图2-67所示为混合型艏柱。

2) 艏尖舱内的加强

艏尖舱(forepeak tank)内采用下列几种方法加强,如图2-64所示。

(1) 在每档肋位处设置实肋板,因其高度向船首逐渐升高,故又称为升高肋板(raised floor)。

(2) 在中纵剖面处设置与升高肋板等高、等厚和具有同样面板的中内龙骨(center keelson),并延伸至艏柱与其牢固连接。

(3) 当舷侧为横骨架式时,按规定用强胸横梁(panting beam)与舷侧纵桁的组合进行加强,其垂向间距应不大于2.0 m,或用开孔平台(trepanned platform)结构代替强胸横梁和舷侧纵桁的组合,此开孔平台的垂向间距应不大于2.5 m,且每一开孔平台的开孔面积应不小于总面积的10%。

(4) 当舷侧为纵骨架式且舱深超过10 m时,应在适当位置设置一层或多层开孔平台,或者在每根强肋骨处设置一道或多道强胸横梁,并用肘板与强肋骨连接。

(5) 当艏尖舱被用作液舱且其最宽处的宽度超过0.5B时,应在中纵剖面处设置有效的支撑构件或制荡舱壁(wash bulkhead),以支持强胸横梁。当舱长超过10 m时,还应在舱内设置横向的制荡舱壁或强肋骨。

3) 艏尖舱外的舷侧加强

当舷侧为横骨架式时,对于从距首垂线0.15L至防撞舱壁区域内的舷侧结构,按下列要求加强:

(1) 设置间断的舷侧纵桁(side girder),其腹板(web)与肋骨同高且与艏尖舱纵桁同厚。

(2) 若不设上述纵桁,则应加厚舷侧外板。

4) 船首底部的加强

当船长等于或大于65 m,且航行中最小首吃水小于0.04L时,应对其从艏垂线向后的船底平坦部分进行加强。

(1) 对横骨架式的双层底骨架,应在每档肋位处设置实肋板,并应设置间距不大于3档肋骨间距的旁桁材,该旁桁材应尽量向首延伸。

(2) 对纵骨架式的双层底骨架,应在每隔一档肋位处设置实肋板,同时应设置间距不大于3倍纵骨间距并尽量向船首延伸的旁桁材。船底纵骨剖面模数(section modulus)应比船中部的大10%。

(3) 对单层底骨架,应设置间距不大于3档肋骨间距且尽可能地向船首延伸的旁内龙骨。

(4) 船底板适当加厚。

3. 船尾结构的加强

船尾结构(stern construction)通常是指艉尖舱舱壁(afterpeak tank bulkhead)以后的区域。该区域需承受水压力、桨叶转动时的振动力和水动力、舵的水动力、桨叶与舵叶的重力等作用,因此必须对组成船尾结构的各部分进行加强。

1)艉柱

艉柱(stem post)是船尾结构中的强力构件(strength member),位于船尾结构下部的最后端,用来汇拢两侧外板,支撑和保护螺旋桨与舵,并承受它们工作时产生的振动力和水动力,增强船尾结构强度。

艉柱的上端应与艉肋板(transom floor)或舱壁(bulkhead)连接,底骨(sole piece)应向船首方向延伸至少3个肋距(frame spacing)并与平板龙骨(plate keel)连接。

艉柱的形状比较复杂,主要有有舵柱艉柱、无舵柱艉柱和无舵柱底骨艉柱3种,现代船舶较多采用无舵柱底骨艉柱。艉柱采用铸造件,大型船舶艉柱一般先分段铸造再进行焊接装配,图2-68为3种艉柱形状。

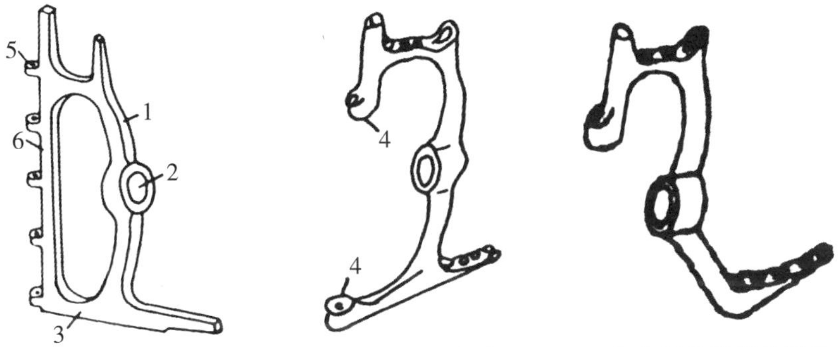

(a)有舵柱艉柱　(b)无舵柱艉柱　(c)无舵柱底骨艉柱

1—螺旋桨柱(propeller post);2—轴毂(propeller boss);3—艉柱底骨(sole piece);
4—舵钮(rudder gudgeon);5—舵钮(rudder gudgeon);6—舵柱(rudder post)。

图2-68　艉柱形状

2)艉尖舱舱内的加强

艉尖舱(afterpeak tank)舱内的加强措施如下:

(1)在每档肋位处设置实肋板,其厚度较艏尖舱肋板加厚1.5 mm;

(2)对单螺旋桨船,其肋板应升高至尾轴管(stern tube)以上足够高度;

(3)当舷侧为横骨架式时,在肋板以上设置垂向间距不大于2.5 m的强胸横梁和舷侧纵桁或开孔平台;当舷侧为纵骨架式时,应在舱顶设置适当数量的强横梁;

(4)在艉尖舱上部和艉突出体或巡洋舰尾的纵中剖面处加设制荡舱壁(wash bulkhead)。

3)艉尖舱以上的舷侧加强

艉尖舱以上舷侧结构部分的加强措施如下:

(1)加设强肋骨;

(2)加设腹板与肋骨同高的间断舷侧纵桁或加厚舷侧外板。

4)艉突出体

为扩大艉部甲板面积,方便安装舵机,保护桨叶和舵,并改善航行性能,在船尾设计时有意将艉部向后悬伸一部分，称艉突出体，其大部分在设计水线(designed waterline)以上。图2-69为采用扇形斜肋骨(cant frame)和斜横梁(cant beam)的巡洋舰式船尾结构与艉突出体。

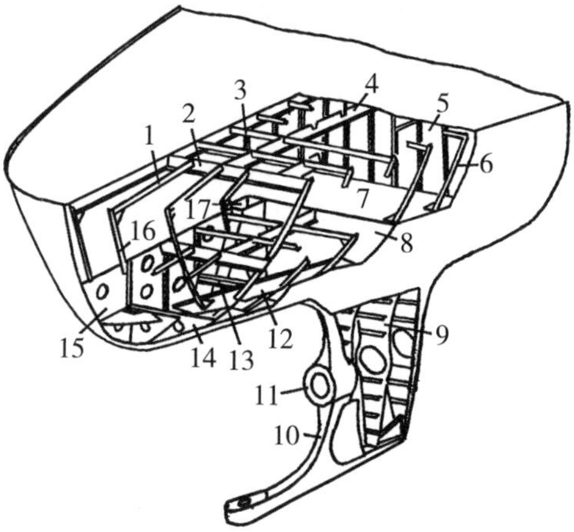

1—斜横梁(cant beam)；2—强横梁(web beam)；3—横梁(beam)；4—甲板纵桁(deck girder)；5—横舱壁(transverse bulkhead)；6—肋骨(frame)；7—舵机舱平台(steering gear room platform)；8—艉尖舱舱壁(afterpeak tank bulkhead)；9—尾升高肋板(stern raised floor)；10—艉柱(stern post)；11—轴毂(propeller boss)；12—舷侧纵桁(side girder)；13—强胸横梁(panting beam)；14—肋板(floor)；15—制荡舱壁(wash bulkhead)；16—斜肋骨(cant frame)；17—舵杆管(rudder case)。

图2-69 巡洋舰式船尾结构与艉突出体

七、防火结构

从预防火灾发生的角度出发，船舶需要建立一整套完善的防火措施(fire precaution)，这些措施主要包括控制可燃物、控制热源(火源)和控制通风等。同时，为防止船舶一旦发生火灾事故后能有效地控制火势的任意蔓延，SOLAS公约和我国规范均规定：船舶在设计和建造时，就应采取一定的防火结构(fire structure)，即用符合规定的耐火材料(refractory material)将船舶划分为若干个主竖区。

1. 相关定义及要求

(1) 起居处所(accommodation spaces)指用作公共处所(public space)、走廊(corridor)、盥洗室(lavatory)、居住舱室(cabin)、办公室(office)、医务室(hospital)、电影院(cinema)、游戏娱乐室(game & hobby room)、理发室(barber shop)、无烹调设备的配膳室(pantry of containing no cooking appliances)的处所，以及类似的处所。

(2) 公共处所(public space)指起居处所中用作大厅(hall)、餐室(dining room)、休息室(lounge)的部分，以及类似的固定围蔽处所(similar permanently enclosed spaces)。

(3) 服务处所(service spaces)指用作厨房(galley)、设有烹调设备的配膳室(pantry of containing cooking appliances)、储物间(locker)、邮件和贵重物品室(mail & specie room)、储藏室(store room)、不属于机器处所(machinery spaces)组成部分的工作间(workshop)，以及类似处所和通往这些处所的围壁通道(trunk)。

(4) 主竖区(main vertical zones)指由A级分隔分成的船体、上层建筑和甲板室区段，其在任何一层甲板上的平均长度和宽度一般不超过40 m。

(5) 不燃材料(non-combustible material)指某种材料加热至约750 ℃时,既不燃烧,也不发出足以造成自燃(autoignition)的易燃蒸气(inflammable vapours)(根据《耐火试验程序规则》确定)。除此以外的任何其他材料均为可燃材料(combustible material)。

(6) 钢或其他等效材料(steel or other equivalent material)指本身或由于所设隔热物,经标准耐火试验规定的适用曝火时间后,在结构性和完整性上与钢具有等效性能的任何不燃材料(如设有适当隔热材料的铝合金等)。

(7) 船体上层建筑、甲板室应以钢或其他等效材料制成。

(8) 载客超过36人的客船,其船体、上层建筑和甲板室应以"A-60"级分隔分为若干主竖区;载客不超过36人的客船,在其起居处所和服务处所的船体、上层建筑和甲板室应以A级分隔分为若干主竖区。

(9) 客船只要实际可行,舱壁甲板以上形成主竖区限界面的舱壁,应与直接在舱壁甲板以下的水密分舱舱壁位于同一直线上。主竖区的长度和宽度最大可延伸至48 m,但在任一层甲板上主竖区的总面积不得大于1 600 m^2。主竖区的长度和宽度范围为主竖区限界舱壁的最远点之间的最大距离。

(10) 起居处所与相邻的机器、货舱、服务处所之间应采用A级分隔。

(11) 液货船以外的货船,在任何情况下任一起居处所,或用A级或B级分隔作为限界面的各个处所的面积不得超过50 m^2。

2. 防火分隔(耐火分隔)

用于船舶防火分隔(fire resisting division)的舱壁和甲板有A、B、C三种级别。

1) A级分隔

A级分隔(A class division)即甲级分隔,指由符合下列衡准的舱壁与甲板所组成的分隔。

(1) 应以钢或其他等效材料作分隔材料,并有适当的防挠加强。

(2) 其构造应在1 h的标准耐火试验至结束时,能防止烟及火焰通过。

(3) 应用经认可的不燃材料隔热,使其在表2-7所列时间内,背火一面的平均温度与初始温度相比升高不超过140 ℃,且在包括任何接头在内的任何一点的温度较初始温度升高不超过180 ℃。

表2-7　A级防火分隔的时间要求

等级	时间/min
"A-60"级	60
"A-30"级	30
"A-15"级	15
"A-0"级	0

(4) 主管机关可以要求按《耐火试验程序规则》对原型舱壁或甲板进行一次试验,以确保满足上述完整性和温升的要求。

2) B级分隔

B级分隔(B class division)即乙级分隔,指由符合下列衡准的舱壁、甲板、天花板(ceiling)

或衬板(furring)所组成的分隔。

(1) 其构造应在标准耐火试验最初的0.5 h结束时，能防止火焰通过。

(2) 具有的隔热值使之在表2-8所列时间内，其背火一面的平均温度与初始温度相比，升高不超过140 ℃，且在包括任何接头在内的任何一点的温度较初始温度升高不超过225 ℃。

表2-8　B级防火分隔的时间要求

等级	时间/min
"B-15"级	15
"B-0"级	0

(3) 用认可的不燃材料制成，且建造和装配中所用的一切材料均为不燃材料，但不排除使用符合相应要求的可燃装饰板。

(4) 主管机关可以要求按《耐火试验程序规则》对原型分隔进行一次试验，以确保满足上述完整性和温升的要求。

3) C级分隔

C级分隔(C class division)即丙级分隔，指用认可的不燃材料制成的分隔，不必满足防止烟和火焰通过及限制温升的要求。允许使用厚度不超过2.5 mm的可燃装饰板。

八、其他结构

1. 轴隧结构

轴隧(shaft tunnel)主要用来保护推进器轴(propeller shaft)，同时也可作为机舱至尾室的通道，便于人员对尾轴和轴承进行保养和维修。在尾室后端近尾尖舱舱壁处设有向上直通至露天甲板的应急通道，即逃生通道(escape trunk)，故轴隧既可作为应急时逃生之用，也可通风。中机型(amidship-engined ship)和中尾机型船的轴隧结构较长，要经过货舱；尾机型船(stern-engined ship)一般较少设置轴隧结构，如设置，则其结构较短。

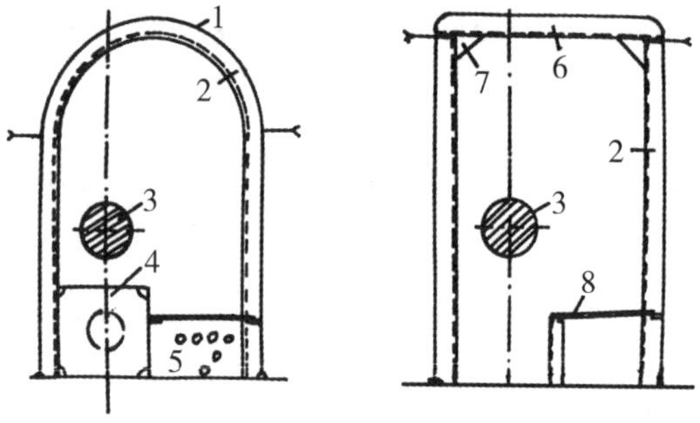

(a) 拱形顶板　　(b) 平顶板

1—拱形顶板(arch top plating)；2—扶强材(stiffener)；3—推进器轴(propeller shaft)；4—轴承基座(stool supporting shaft bearing)；5—管系(piping)；6—平顶板(flat top plating)；7—肘板(bracket)；8—格子板(grating)。

图2-70　轴隧结构后视图

单车船(single-screw ship)的轴隧不对称于中线面，通常偏于船舶右舷。为便于尾轴的安装与拆卸，轴隧的侧壁离尾轴法兰应有足够的间距。在货舱口下的轴隧顶板(top plating)应加厚2 mm，否则应加木铺板(batten ceiling)。轴隧必须水密，在机舱和轴隧间舱壁上应设有符合《规范》规定的滑动式水密门(slid watertight door)。应急通道的围壁应水密，其关闭装置应能两面操纵。图2-70为常见的轴隧横剖面，其中：图2-70(a)为拱形顶板(arch top plating)，图2-70(b)为平顶板(flat top plating)。

2. 舭龙骨

舭龙骨(bilge keel)设在沿船长方向的舭部,用来减轻船舶横摇,故又称减摇龙骨,图2-71为实船舭龙骨。舭龙骨装在船中部,长度约为船长的1/4~1/3,宽度一般为200~1 200 mm,随着船舶尺寸的加大,该宽度也会适当增加,但原则是不能超出船的舷侧外板型线与船底板型线所围成的区域,以免靠离码头或进坞时被碰坏。舭龙骨与外板应尽可能垂直相交,如图2-72所示。

图2-71 实船舭龙骨

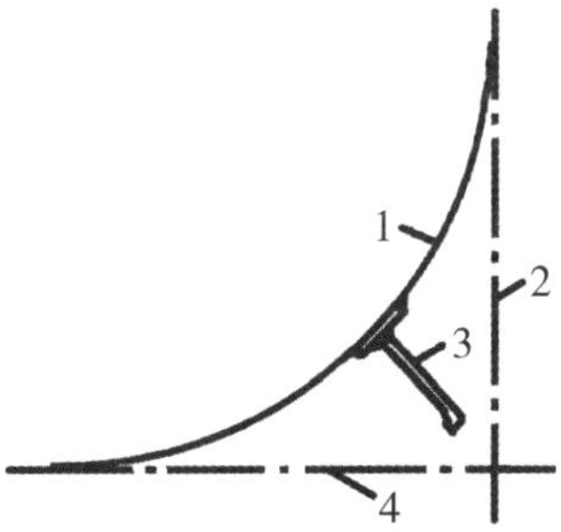

1—舭部外板(bilge plate);
2—舷侧型线(moulded line of side shell);
3—舭龙骨(bilge keel);
4—船底型线(moulded line of bottom shell)。

图2-72 舭龙骨在舭部的位置

为避免因各种原因造成舭龙骨损坏时引起舭部外板受损,舭龙骨应连接在一根连续的扁钢上,此扁钢可焊接在船体上,舭龙骨上的端接缝、扁钢上的端接缝与外板上的端接缝都应相互错开。舭龙骨和扁钢不能突然中断,应逐渐减小,且在端点处的船体内应有适当的内部支持。

舭龙骨使用的结构材料主要有两种:一种为边缘加强型宽扁钢,另一种为扁钢与球扁钢组合型。连续的舭龙骨上往往开有减轻孔(其作用是既可减轻结构质量、减轻横摇,又可避免因舭龙骨受力过大而损坏)。冰区加强型船舶一般将舭龙骨设计成分段的非连续构件,其目的是避免造成连续损坏。舭龙骨不承受船体的总纵强度。

除舭龙骨外,减摇鳍(又称侧舵,有固定式和主/自动收放式两种,如图2-73和图2-74所示)和减摇水舱也能起减摇作用,但由于主动收放式减摇鳍和减摇水舱两类减摇装置的最大共同缺点均是需设置专门的自动控制系统且价格昂贵,减摇水舱还会造成船舶载货能力的明显损失,因此,主动收放式减摇鳍和减摇水舱除被部分特种船舶、极少数高价值的豪华型游船采用外(高价值的小型船舶如游艇等有配置主动收放式减摇鳍),极少被普通运输船舶采用。

图2-73 舭龙骨与固定式减摇鳍

图2-74 自动收放式减摇鳍

3. 船底塞

为便于坞修(dock repair)时能排除舱内积水,一般在双层底舱、首尾尖舱及其他紧靠船

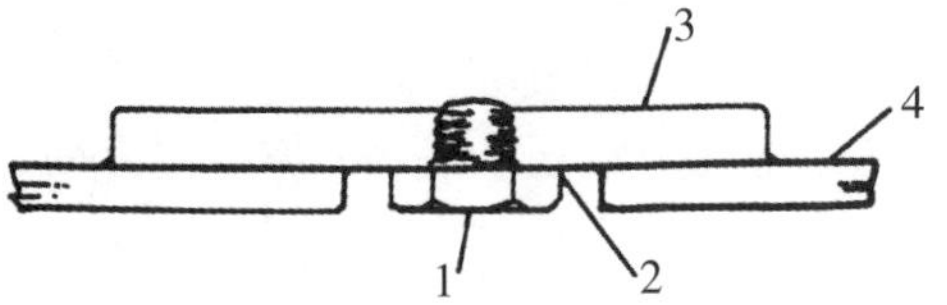

1—船底塞(docking plug);2—垫圈(insertion ring);
3—垫板(pad);4—船底板(bottom plating)。

图2-75 船底塞

底的每个水舱内至少设置有一个船底塞(docking plug),如图2-75所示。

船底塞设置在每一水舱后部的水密肋板前一档肋距处,且在平板龙骨的两侧,并离开舱壁一段距离,以免被坞墩(docking block)堵塞而无法拆装。为防止海水腐蚀及脱落,船底塞一般用锰黄铜(manganese brass)或不锈钢(stainless steel)制成,并应在拆装完成后出坞前在船底塞外面用水泥封涂成一个半球形的水泥包。

4.尾轴架

为能牢固地支撑螺旋桨并保护桨轴,一些双桨船将桨轴伸出船体外部部分用尾轴架(propeller shaft bracket)进行支撑和保护,图2-76为双臂(人字)尾轴架。按《规范》规定,尾轴架可采用铸钢、钢板焊接和分段铸件或锻件焊接构成。尾轴架固定处的船体骨架应予加强,支臂应伸进船体内部,并与肋板、纵桁和外板牢固连接,图2-77为实船尾轴架。

图2-76 双臂(人字)尾轴架

图2-77 实船尾轴架

5. 挂舵臂

挂舵臂(rudder horn)用于支承半悬挂舵。采用钢板焊接或铸钢,挂舵臂应伸入船体,并与加强的主体结构牢固地连接。图2-78为实船挂舵臂。

图2-78 实船挂舵臂

九、冰区加强

对航行于冰区(ice zone)的船舶必须按《规范》的规定进行加强,其加强部位主要包括甲板、船壳外板、舷侧骨架和首尾结构等。加强的方法主要有增加板厚、加大骨架尺寸和缩小骨架间距等,具体细则在《规范》中有详细规定。图2-79为冬季航行于冰区的船舶结冰情况。

1. 冰级

按不同的冰况,航行冰区的加强分为12个冰级标志。

(1) PC1~PC7共7个冰级:适用于除破冰船外极地冰区航行的船舶。

(2) B1*、B1、B2和B3共4个冰级：适用于冬季波罗的海或其他相似冰况海域航行的船舶。B1*、B1、B2和B3冰级(ice class)标志的加强要求分别与2010年《芬兰-瑞典冰级规则》(FSICR)附件I中划分的冰级IA Super、IA、IB和IC的有关规定一一对应。

(3) B冰级：适用于除大块固定冰以外的漂流浮冰海域(如中国北方冬季沿海)。

图2-79　冬季航行于冰区的船舶结冰情况

2. B级冰区加强

B级冰区加强要点：冰带外板厚度至少应为船中部外板厚度的1.25倍，但不必大于25 mm；如设置中间肋骨，则中间肋骨的垂向设置范围为压载水线以下1 000 mm至满载水线以上1 000 mm；如不设置中间肋骨，则肋骨间距应为船中部肋骨间距的60%，但应不大于500 mm；钢板焊接艏柱自满载水线以上600 mm处以下部分的板厚应为规范值的1.1倍，但不必大于25 mm。

第三节　船体水密与抗沉结构

船体水密与抗沉结构主要包括水密横舱壁、双层底、双层舷侧(壳)及各种开口的水密装置(如水密门、窗、水密舱盖与道门盖等)。

一、对船体内水密横舱壁设置的特别要求

水密舱壁除了应满足本章第二节五部分“舱壁结构”对设置道数的要求外，还应满足以下特别要求。

1. 对客船

(1) 应设置首尖舱舱壁或防撞舱壁，该舱壁应水密延伸到舱壁甲板。

(2) 应设置尾尖舱舱壁和将机器处所与前后客、货处所隔开的舱壁，这些舱壁应水密延伸到舱壁甲板。

2. 对货船

(1) 应设置防撞舱壁，该舱壁应水密延伸到干舷甲板。

(2) 应设置舱壁将机器处所与前后客、货处所隔开，该舱壁应水密延伸到干舷甲板。

二、船体开口的关闭设备

1. 水密舱壁上开口的关闭设备

1) 防撞舱壁

防撞舱壁上不准开任何门或人孔、通风管道或任何其他开口。凡穿过防撞舱壁的管子应设有能在舱壁甲板以上操作的截止阀，该阀的阀体应设在首尖舱内的防撞舱壁上，以便在

首部破损时能立即将它关闭。

2) 普通水密舱壁上的水密门

任何动力滑动水密门的操纵装置,不论是动力式还是手动式,均应能在船舶向任一舷横倾至15°的情况下将门关闭。

任一动力滑动水密门应既能从驾驶室遥控关闭,也能用设置的独立手动机械操纵装置从门所在位置的任一边用手开启和关闭。在控制位置(驾驶室内)应装设显示门是开启或关闭的指示器,并且在门关闭时发出声响报警。在主动力失灵时,动力、控制和指示器应能工作。

除所规定的航行中可以开启的门外,所有水密门在航行中应保持关闭。这些门在港口开启的时间和离港前关闭的时间均应被记入航海日志。

3) 客船水密舱壁上的水密门

(1) 结构与遥控操纵要求:每一动力滑动水密门,应为竖动式或横动式,最大净开口宽度一般限制为1.2 m;其动力系统应和任何其他动力系统分开,且其遥控操纵位置设在符合要求的驾驶室内和舱壁甲板以上的手动操纵处。

(2) 操作位置:现场用独立的手动机械装置从门所在舱壁的任一侧用手开启和关闭门,其控制手柄应装设在舱壁两侧地板以上至少1.6 m的高度处,开启与关闭门时手柄的运动方向与门的移动方向一致,并清楚地标明;驾驶室集控台集中遥控关闭所有门(不能从集控台遥控开启任何一扇门);在舱壁甲板上可到达之处用全周旋摇柄转动或主管机关接受的具有同样安全程度的其他动作关闭该门。

(3) 在船舶正浮时应满足的关门时间要求:现场手动机械装置将门完全关闭的时间应不超过90 s;从驾驶室集控室遥控同时关闭所有门的时间应不超过60 s;用动力关闭门时关闭速率应大致均匀,确保从门开始移动至门完全关闭的时间,在任何情况下应不少于20 s或不大于40 s。

(4) 应设置一个与该区域内其他警报器不同的声响警报器。当该门用动力遥控关闭时,这种警报器应在门开始移动前至少5 s但不超过10 s时发出声响,且连续发声报警直至该门完全关闭。在手动遥控操纵的情况下,只要当门移动时音响警报器能发出声响即可。此外,在乘客区域和高环境噪声区域,可以在门上的声响警报器增配一个间歇发光信号器。

(5) 驾驶室内的集控台应设有标明每扇门位置的图,并附有发光指示器,以显示出每扇门的开启或关闭状态。红灯表示一扇门完全开启,绿灯表示一扇门完全关闭。当遥控关闭门时,红灯应以闪烁表示门处于关闭过程中。指示器电路应与每扇门的控制电路分开。

(6) 动力滑动水密门需要的电源应由应急配电板直接提供,或由位于舱壁甲板上方的专用配电板提供。

(7) 在甲板处所之间分隔货舱的水密舱壁上装设的水密门可为铰链式、滚动式或滑动式,但不必是遥控的。它们应装在最高处并尽可能远离外板。此类门应在开航前关妥,并应在航行中保持关闭,其在港内开启的时间和船舶离港前关闭的时间应被记入航海日志。此类门无在60 s内关闭的要求。

4) 货船的水密门和舱盖

(1) 用以保证内部开口的水密完整性。通常在航行时关闭的出入门和舱盖,应在该处和驾驶室装设显示这些门或舱盖是开启还是关闭的设施。这类门或舱盖的使用应经值班驾驶员批准。

(2) 可以装设结构良好的水密门用作大型货物处所的内部分隔,这些门可以是带铰链的、滚动的或滑动的,但不应是遥控操纵的。此类门应在开航前关妥,并应在航行中保持关闭。在港内开启的时间和船舶离港前关闭的时间应被记入航海日志。

2. 船壳板上的关闭设备

在限界线以下的船壳板上的开口越少越好,并应根据用途和位置设置相应的关闭设备。

(1) 在封闭甲板以下处所或封闭的上层建筑处所的舷窗,应装设铰链式可靠的内侧舷窗,其装置应能有效地关闭和保证水密。限界线以下的舷窗采用水密性和抗风浪性强的圆形舷窗并装有可靠的铰链舷窗盖。舷窗主要有永久关闭式舷窗,离港前关闭到港后方可开启的舷窗(启闭时间需被记入航海日志)和航行中由船长决定是否关闭的舷窗3种。

(2) 船壳板上的排水孔都有防止海水意外进入船内的装置。从舱壁甲板以下通到船壳板外的排水孔都配有自动止回阀,并在舱壁甲板上设有可以强制关闭的装置,或者设两个止回阀,其中一个的高度能使其随时可以检查并且是经常关闭型的。

(3) 与机器连通的海水进水孔和排水孔,在管系与外板间或管系与装配在外板上的阀箱之间装设有易于到达且可就地控制的阀,并设有表明阀处于开启或关闭的指示器。

3. 舱壁甲板以上的水密设施

舱壁甲板以上也采取水密措施以保证限界线以上水密的完整性。

(1) 舱壁甲板和舱壁甲板的上一层甲板均不透风雨。露天甲板上的所有开口都可以关闭。

(2) 舱壁甲板以上、第一层甲板以下所有舷窗都有舷窗盖,可以有效地关闭并保证水密。

(3) 露天甲板上设有排水口或排水孔,可以在任何气候情况下将水迅速排出舷外。

第四节 船体主要结构图与总布置图

正确认识、掌握船体主要结构图和船舶总布置图的识图方法,是船舶管理人员尤其是船长和大副必须具备的一项基本功,对正确合理地使用和管理船舶(如货物配载、对船体的维护、保养和修理等)具有十分重要的现实意义。

一、船体主要结构图

船体主要结构图的用途主要表现在3个方面:首先,通过该图可以了解本船船体结构的尺度;其次,该图亦是造船时计算强度和选用构件的依据;最后,修船时可根据图上标明的板材和骨架的厚度与尺寸,用船体允许的蚀耗表算出允许蚀耗,对照实测结果来决定是否需要换新(renew)。常用的船体主要结构图有以下几种:

1. 基本结构图

基本结构图(basic construction plan)体现了船体纵、横构件的布置和结构情况,是全船的结构图样之一,既是绘制其他结构图样的依据,同时又是具体施工时的一张指导性图纸。主要包括纵中剖面结构图、各层甲板图和内底结构图等。

1）纵中剖面结构图

纵中剖面结构图（central fore-and-aft plane construction plan）上注有肋骨尺度和间距、甲板纵桁尺度、各种支柱尺度、纵舱壁厚度及其上的扶强材尺度、上层建筑的高度，以及板的厚度和扶强材尺度等，如图2-80所示。

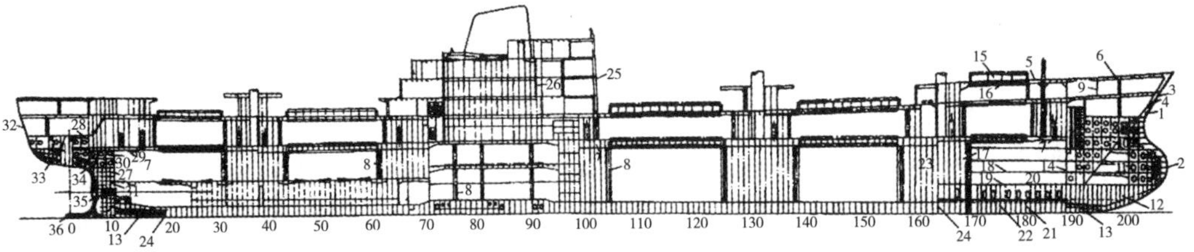

1—艏柱；2—球鼻艏；3—首柱纵向加强筋；4—艏柱水平肘板；5—甲板横梁；6—加强横梁；
7—纵中甲板纵桁；8—支柱；9—舱壁板；10—纵向制荡舱壁；11—强胸横梁；12—艏尖舱高肋板；
13—中内龙骨；14—防撞舱壁；15—舱口围板；16—舱口纵桁；17—纵中舱壁；18—舷侧纵桁；
19—中桁材；20—内底骨材；21—船底骨材；22—横向制荡舱壁；23—水密横舱壁；24—水（油）密肋板；
25—甲板室前端壁板；26—机舱棚前壁板；27—深水舱横舱壁；28—尾尖舱水密横舱壁；
29—深舱内纵中制荡舱壁；30—舷侧纵桁；31—尾尖舱高肋板；32—肋骨；33—肋板；34—艉柱上端；
35—推进器柱；36—艉柱底骨。

图2-80 纵中剖面结构图

2）各层甲板图

各层甲板图（deck plan）上注有甲板板的厚度、甲板纵桁的尺度和间距、横梁尺度、舷边角钢尺度和各开口的位置及尺寸等。

甲板是各层甲板图展示的主要内容。组成甲板的众多块甲板板（deck plating）由认可的船用钢板经焊接组合而成，其中主体部分的甲板板长边沿船长方向布置，首尾相接后形成的长条平行于船体纵中线，但由于紧靠舷边的甲板边板受力大和形成船体线型的需要，在必须保持一定宽度的同时，沿舷边呈折线状布置。此外，在大开口之间及首尾两端区域允许甲板板横向布置，如图2-81所示。

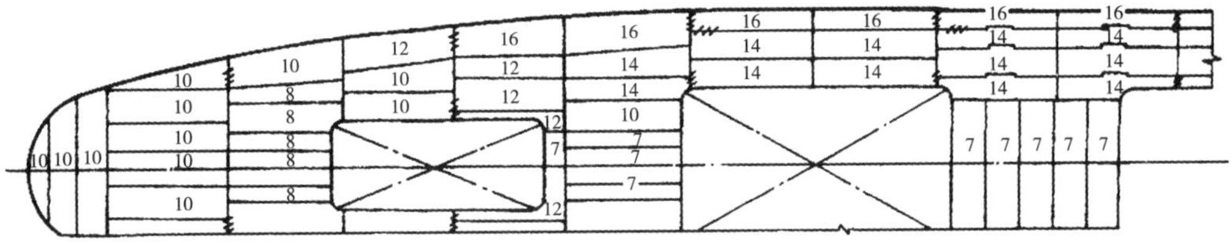

图2-81 各层甲板示意

将甲板板首尾相接形成的长条板命名为“行”，并将位于船舶首尾纵中线上的一行板命名为“A行板”（andante）。

3）内底结构图

内底结构图（inner bottom construction plan）上注有内底板和内底边板的厚度、舭肘板尺度、内底和船底纵骨的尺度、肋板的厚度和尺度、中桁材和旁桁材的厚度和尺度等。该图也称双层底图（double bottom construction plan），如图2-82所示。

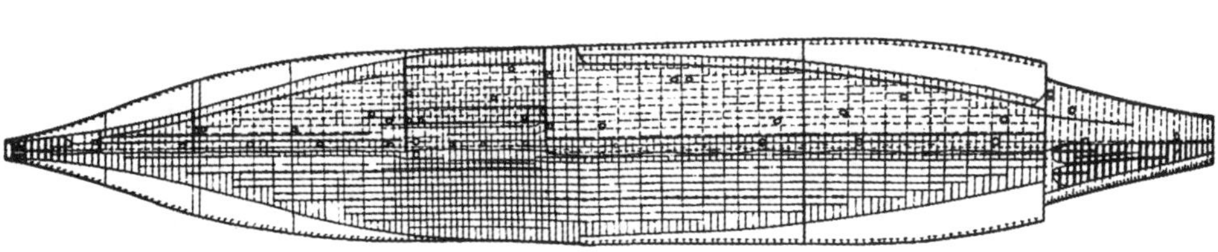

图2-82　内底结构示意

2. 外板展开图

1）外板的组成与名称

外板又称船壳板或船壳外板，是主船体外壳除甲板外的壳体板材部分，由船底板、舭部外板和舷侧外板3部分组成。

船壳外板是由许多块钢板经焊接组合而成的，钢板的长边沿船长方向布置。长边与长边相接叫边接，连接焊缝称边接缝；短边与短边相接叫端接，连接焊缝称端接缝：如图2-83所示。钢板逐块端接而成的连续长条板称为列板(strake)。位于船底平坦部分的各列板称为船底板(bottom plating)，位于船体纵中线的一列船底板称为平板龙骨(flat plate keel)。由船底过渡到舷侧的转圆部分称为舭部(bilge)，该处的列板称为舭列板(bilge strake)。舭列板以上的列板称为舷侧列板(side strake)，其中与上甲板甲板边板(deck stringer)连接的这一列板称为舷顶列板(sheer strake)。在船舶首尾部，因船体瘦削，需将相邻的某两列板合并为一列板，这种合并列板称并板(stealer strake)。组成船壳外板各列板的名称如图2-84所示。

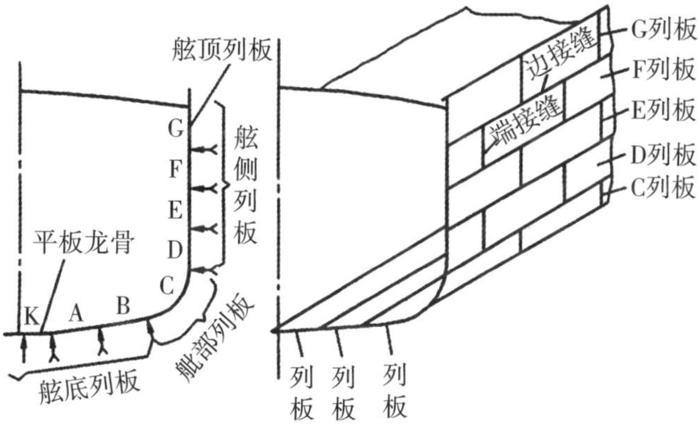

图2-83　外板的排列名称与编号方法

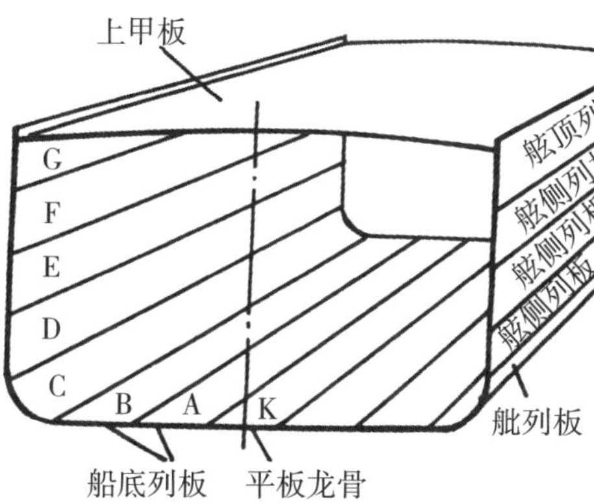

图2-84　外板的名称

2）外板展开图的展开方法与特征

船体以首尾纵中线为基准左右对称布置，因此外板的布置也是左右对称的。外板展开图（shell expansion plan）由船壳外板沿基线（base line）横向展开而成，以表示船壳外板横向曲度展开后的形状，其纵向曲度不加展开，因此，图上每一块钢板的宽度是其实际宽度，而长度却是其在基线上的投影长度，小于或等于其实际尺寸，且实际应用时一般仅绘制右舷的外板展开图，如图2-85所示。

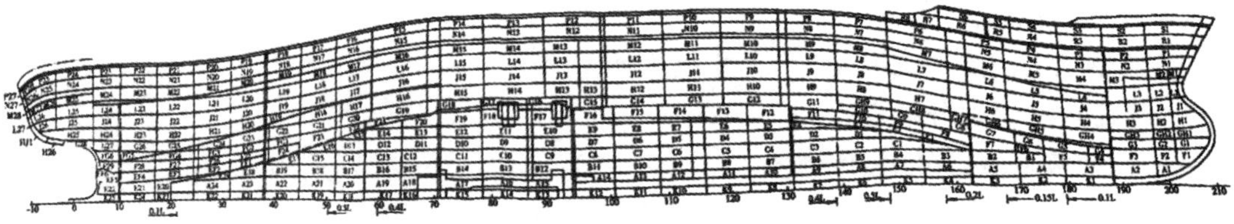

图2-85　外板展开图

3）外板展开图展示的信息与作用

外板展开图上有：全船外板排列的边接缝、端接缝和分段线；钢板的编号、厚度和尺寸；外板上开口与加强覆板的位置、形状和尺寸；各层甲板、内底板、船底纵桁材、舷侧桁材、各道舱壁、肋骨和肋板（即船体纵、横骨架与构件）的位置线等。其作用是造船或修理时确定船体钢板的规格和数量，是申请备料和订货的主要依据。

4）外板的编号方法

组成船壳外板的每块钢板在外板展开图中的确切位置用编号的方式表示，编号由列板与钢板序号两部分组成，并冠以左舷（P）或右舷（S）。对不同列板，以平板龙骨为基准并称其为K列板，与其相邻的列板为A列板，再次的列板为B列板，以此类推，但I、O、Q三个字母不用；而同一列板中每块钢板的排列序号可从船首排起，也可从船尾排起，并用阿拉伯数字表示。如图2-85中船壳外板右舷C列第4块板（从船首算起），可表示为SC4，同样K6则表示平板龙骨第6块板（从船首算起）。

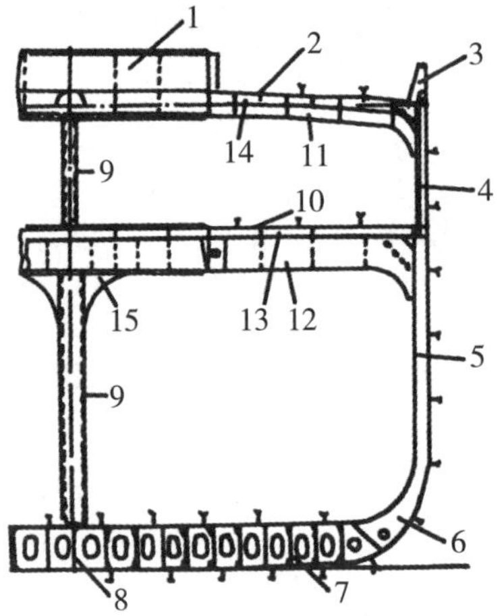

1—舱口围板（hatch coaming）；2—上甲板（upper deck）；3—舷墙扶强材（bulwark stiffener）；4—甲板间肋骨（tween-deck frame）；5—主肋骨（main frame）；6—舭肘板（bilge bracket）；7—实肋板（solid floor）；8—中桁材（center girder）；9—支柱（pillar）；10—下甲板甲板板（lower deck deck plate）；11—舱口端梁（hatch end beam）；12—下甲板舱口端梁（lower deck beam）；13—下甲板横梁（lower deck beam）；14—上甲板横梁（upper deck beam）；15—支柱肘板（pillar bracket）。

图2-86　中横剖面图

3. 横剖面图

横剖面图（transverse section plan）主要包括中横剖面图（midship transverse section plan）、机舱处横剖面图（engine-room transverse section plan）和货舱口处横剖面图（cargo hatch transverse section plan）。其上有一些重要的船舶尺度、横剖面形状和剖面处各构件

的尺度等。图2-86为中横剖面图。

4. 舱壁图

舱壁图(bulkhead plan)上注有舱壁板的排列和厚度、扶强材及其肘板的尺度、水平桁材的尺度等。图2-87为平面舱壁结构图。

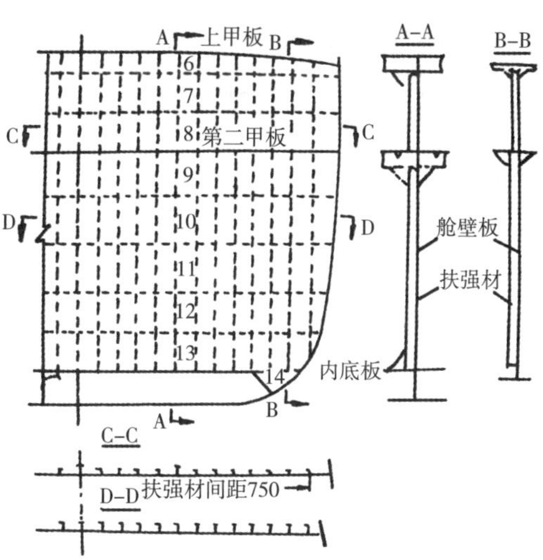

图2-87 平面舱壁结构图

5. 坞墩图

坞墩图(docking plan)又称进坞图,是一张有关船体底部船壳线型的图纸。图上标有船底骨架、航海仪器与海底阀所在位置及坞墩的分布形式与数量。其作用是指明船舶进坞时坞墩的正确排放位置与数量,避免因坞墩排放位置不合适而损坏船体、航海仪器船底装置或堵住海底阀,确保航海仪器船底装置和海底阀能得到及时检修。

二、总布置图

总布置图(general arrangement plan)是船舶各舱室的划分与位置、各种设备及其位置的布置图。该图反映了船舶总的布置情况,比较集中体现了船舶的用途、任务和经济性。

完整的总布置图由船舶的右舷侧视图、货舱正视横剖面图、各层甲板与平台平面图、舱底平面图、船舶主要尺度和技术数据,以及图纸名称、设计单位与日期和批准主管机关等组成,总布置图如图2-88所示。

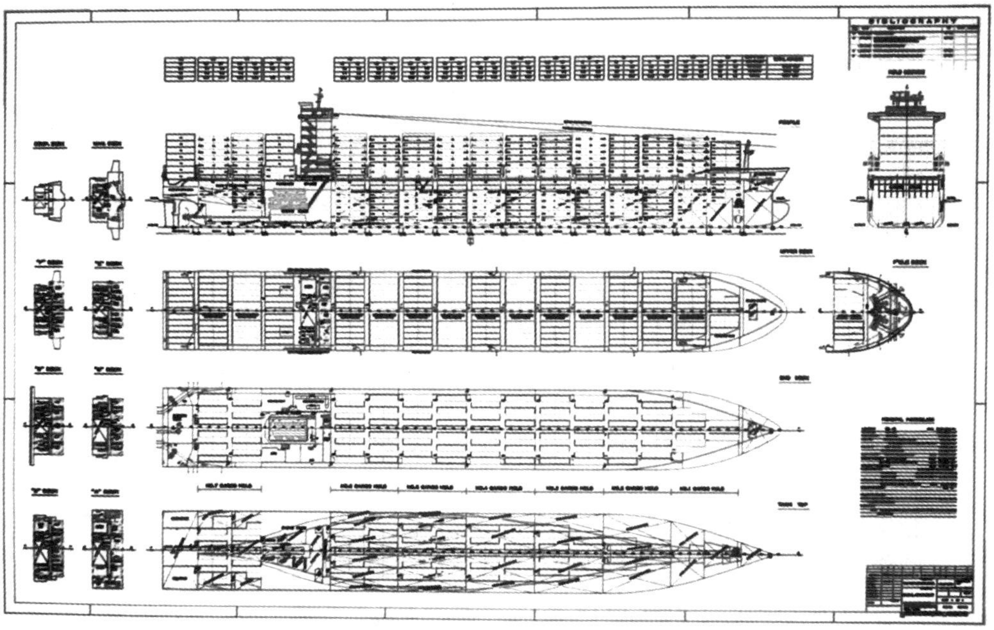

图2-88 总布置图(放大图见书末折页)

1. 右舷侧视图

右舷侧视图(starboard side profile plan)是将船舶的右舷侧面投影在首尾纵中线所在垂直平面上所得到的视图。该图主要包括主船体轮廓、上层建筑位置、层高及形式等全船的侧视概貌、主船体内部机舱位置、货舱分布与数量、横舱壁位置与数量、甲板及平台位置与数量、甲板与救生设备的布置位置与数量等内容。

2. 货舱正视横剖面图

货舱正视横剖面图(hold section plan)是从船首正前方投影船舶货舱所得到的视图。该图主要包括货舱、船底及舷侧的布置形式、上层建筑布置形式与层高等内容。

3. 各层甲板与平台平面图(俯视图)

各层甲板与平台平面图(俯视图)主要包括:

(1) 主船体所具有的各层甲板的俯视图。

(2) 上层建筑(如首楼、尾楼、桥楼及甲板室等)各层甲板及平台的俯视图。

(3) 各层甲板与平台上有关开口、舱室位置及大小。

(4) 各层甲板与平台上有关门、窗、通道、扶梯的位置和方向。

(5) 各层甲板与平台上有关设备、家具及其他用具的具体布置位置。

4. 舱底平面图

舱底平面图(俯视图-tank top view plan)主要包括:

(1) 对单层底而言,体现船底上的布置情况。

(2) 对双层底而言,体现了内底板上有关舱室与设备的布置位置和数量、双层底内部有关舱室的划分位置与数量等。

5. 船舶主要尺度和技术数据

船舶主要尺度和技术数据(principal particulars)主要包括:最大长度、两柱间长(型长)、型宽、型深、设计吃水、服务航速、总吨与净吨、主机型号及功率、续航力、人员定额和船级等。

第五节　SOLAS公约和CSR对散货船的要求

鉴于散货船所载货物的特殊性,为确保营运安全,SOLAS公约第一部分第Ⅻ章和国际船级社协会(IACS)所颁布的CSR(《散货船共同结构规范》)均对散货船提出了附加的安全措施和结构要求。我国《国际航行海船法定检验技术规则》和《钢质海船入级规范》就上述内容也同步对中国籍营运散货海船提出了相同要求。

一、SOLAS公约第一部分第Ⅻ章规定的散货船部分附加安全措施

(1) 船长为150 m及以上,载运密度为1 780 kg/m^{3}及以上的固体散装货物,于1999年7月1日以前建造的单舷侧结构散货船,其最前两个货舱间的水密横舱壁和最前部货舱的双层底应具有足够强度承受最前部货舱进水,并计及舱内进水所产生的动力影响。此项能力被视作为强制性标准。

(2) 船长为150 m及以上，2006年7月1日及以后建造的双舷侧散货船应符合：①双舷侧的主要加强结构未设置在货舱处所内；②双舷侧外壳板和内壳板在任何横剖面处的间距不小于1 000 mm；③双舷侧结构应按有关技术规定设置检查通道。

(3) 除顶边舱（如设有）外，双舷侧处所不得用于载运货物。

(4) 船长为150 m及以上，船龄为10年及以上，于1999年7月1日以前建造的单舷侧结构散货船，除非满足有关条件，否则不得载运密度为1 780 kg/m³及以上的固体散装货物。

(5) 散货船保护涂层系统的维护应包括在全船维护计划中。主管机关或主管机关认可的组织应依据IMO制定的《保护涂层维护和修理指南》，在船舶的使用寿命期间对保护涂层系统的有效性进行验证。

(6) 船长为150 m及以上的散货船均应配备满意的装载仪，该装载仪应能根据IMO《关于装载仪的建议案》提供船体梁的剪力和弯矩资料。

(7) 按规定在有关处所安装有效的进水水位探测器，详见第三章相关内容。

二、《散货船共用结构规范》(CSR)对散货船的部分特殊结构要求

(1) 干舷甲板上应设封闭的首楼。封闭首楼的后舱壁一般应设在最前货舱的前舱壁处或在其后方，如图2-89所示。

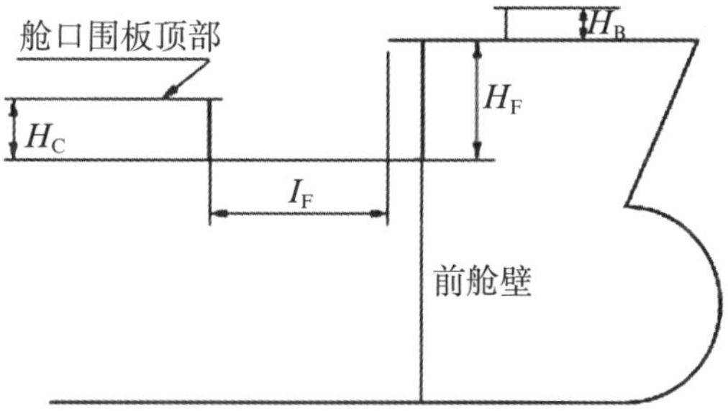

图2-89 散货船首楼布置

(2) 一般不得为保护舱口围板或舱口盖而在首楼甲板装设挡浪板。

(3) 对于船长不小于150 m的船舶，其货舱长度区域内的双舷侧空舱应配备有效的防腐系统。

(4) 舱口围板和舱口盖的所有内、外表面和货舱的所有内表面（不包括内底区域、部分底边舱斜板和底凳斜板）均应选择适合拟装载货物（与货物的相容性）且符合制造厂推荐的环氧树脂或其他等效涂料的有效保护涂层。

(5) 双层底内桁材的间距一般应不大于4.6 m或纵骨间距的5倍，取较小者；肋板间距一般应不大于3.5 m或4个舷侧肋骨间距，取较小者。

(6) 横骨架式单舷侧结构的散货船每个肋位上均应设置肋骨，肋骨应采用具有整体式上、下肘板的对称横剖面结构，并应设有软趾，如图2-90所示。

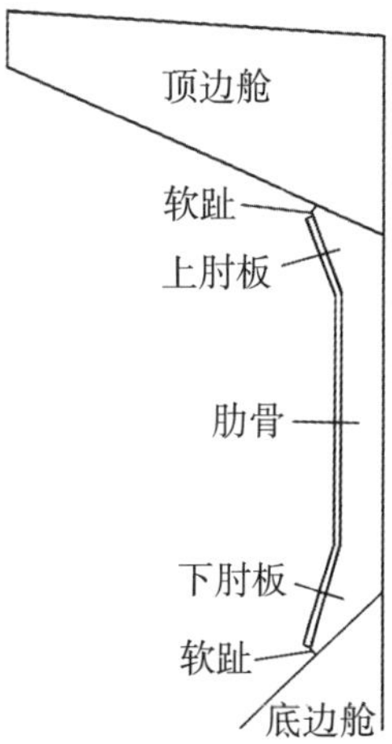

图2-90 上下肘板为对称横剖面结构的整体式肋骨

第六节　船舶管系

船舶管系随船舶种类的不同，种类众多，本节仅介绍舱底水、压载、通风、甲板排水、消防、日用水、卫生排泄系统等几类通用的船舶管系(piping)。

一、舱底水管系

(一) 舱底水管系的作用与应用

舱底水管系又称污水管系(bilge piping system)，主要用于排出因船舶货舱内外温差引起的舱内湿空气形成的冷凝水、船舶水密装置如舱口盖(hatch cover)及货舱出入口(access)等的老化渗漏、清洗舱室水、尾轴与舵杆套筒填料函的老化渗漏、机器与管路的渗漏等最终集聚于货舱与机舱底部而形成的污水(bilge water)。在船舶发生海损事故导致舱室进水时，舱底水管系也可用作辅助排水设备进行排水，以便采取有效的堵漏措施。

为能抽出及排干任何水密舱室中的水，所有船舶除固定用来装载淡水、压载水、燃油或液体货物，以及设有在所有实际可能情况下能够使用的其他有效抽出设施的舱室外，其他水密舱室均设有有效的舱底水管系。

(二) 舱底水管系的组成

舱底水管系主要由以下几部分组成：

1. 污水沟与污水井

污水沟(bilge drainage)或污水井(bilge well)用于积聚舱内污水。

对双层底船而言，污水沟位于舱内舭部，由下倾式内底边板和舭列板围成。凡机舱、炉舱和货舱的内底板延伸至两舷不形成舭部污水沟者(即为其他形式的内底边板结构时)，一般在舱底两舷后部的内底板上各设置1个凹入双层底的污水井，以便积聚污水。按《规范》规定，污水井的容积应不小于0.15 m^3。污水井通常由肋板将其分成前后相通的两部分，且容积前大后小，前后容积比一般为3:1，这样可最大限度地减少污物进入吸口所在的污水井后部区域，降低堵塞污水管路的可能性，如图2-91所示。此外，对装载散装干货的货舱，尚应在装货前将污水井盖用麻布包好，以免散货颗粒掉入污水井内。

图2-91　实船污水井

2. 吸口与舱底水管路

1) 吸口

按《规范》规定，每舷的污水沟或污水井内均应设置1个吸口(suction)，但对内底板向两舷升高及首、尾端狭窄的货舱，则在中纵剖面处设置1个吸口，对仅有1个货舱且该舱长度大于35 m时，则在舱的前后端均应设置1个吸口，如图2-92所示。任何舱室或水密区域内的积

图2-92　吸口种类之一

水，均能通过至少1个吸口予以排出。

因船舶多处于尾倾状态，故吸口布置在各舱后部规定位置的最低处。为防止污物堵塞管路，货舱及除机器处所和轴隧外的其他舱室舱底水吸入管的开口端，应封闭在网孔直径不大于10 mm的滤网箱（strum box）内，滤网箱的通流面积应不小于该舱底水吸入管截面积的2倍，滤网箱应便于拆装和清理。

2）舱底水管路

舱底水管路（bilge pipe）用于排出污水，一般布置在双层底内，也有布置在污水沟内的，具有管隧结构的大型船舶，总管布置在管隧内。为防止水密舱室间、水密舱室与货舱和机器处所间、干燥舱室与海水或舱柜间发生污水倒灌及各舱间相互连通，下列附件上应装设截止止回阀（non-return valve）。

（1）舱底水分配阀箱或舱底水支管。

（2）舱底泵或舱底水总管上舱底水吸入软管的接管。

（3）直通舱底泵吸入管。

（4）舱底泵与舱底水总管之间的连接管。

舱底水管路的布置应能满足船舶在正浮或向任何一舷横倾小于5°时，均能排干污水。

舱底水支管内径一般应不小于50 mm，直通舱底泵的舱底水管内径应不小于该船舱底水总管的内径，轴隧舱底水支管内径一般应不小于65 mm，任何情况下，舱底水总管的内径应不小于最大舱底水支管的内径。连接舱底水总管和分配阀箱的连接管的截面积，应不小于连接于该阀箱的两个最大舱底水支管的规定截面积的总和，也不必大于所规定的舱底水总管的截面积。所有舱底水吸入管路，直至与舱底泵吸入阀箱连接之前，不应与其他管路有任何连接。

3. 舱底泵

当客船舱底泵衡准数大于等于30时，至少应配备四台动力舱底泵（bilge pump），其中三台应为独立动力泵，另一台可由主机带动或仍为独立动力泵；当客船舱底泵衡准数小于30时，至少应配备三台动力舱底泵，其中两台应为独立动力泵，另一台可由主机带动或仍为独立动力泵。除客船外的船舶，当船长大于91.5 m时，至少应配备两台独立的动力舱底泵；当船长小于等于91.5 m时，至少应配备两台动力舱底泵，其中一台可由主机带动或仍为独立动力泵。

所有的动力舱底泵均应为自吸式泵或带自吸装置的泵。每台动力舱底泵应能使流经所需的舱底水总管的水流速度不小于2 m/s。若独立动力的卫生泵、压载泵和总用泵的排量足够且为自吸式泵或带自吸装置的泵并与舱底水管系有适当的连接时，也可作为独立动力的舱底泵。

舱底泵与舱底水管系的连接，应确保当其他舱底泵在拆开检修时，至少有1台泵仍能继续工作。且泵及其管路的布置，应能使所连接的任何泵的工作不受同时工作的其他泵的影响。

4. 阀箱

为便于集中控制与简化管路，一般在机舱里设置若干阀箱（valve casing），当需要将某舱污水排出时，只要将该舱所属的阀门打开，舱底泵开始工作，将污水经舷侧截止止回排水阀（non-return valve）排出。

5. 泥箱和油水分离器

泥箱（mud box）用于过滤污水，使污泥和杂质沉积在泥箱里，以防污物进入管路发生堵塞或损坏泵阀。

油水分离器(oil-water separator)用于分离出污水中的残油,以防污水排出时带出残油而污染海域。

6. 测量管

各舱的污水沟或污水井内均设有一根直通至舱壁甲板以上(一般为主甲板)用来测量其水位的测量管(sounding pipe),又称测深管。该管的上口设有旋塞(faucet)或螺纹盖(thread cap),以防污物进入管内,下口位于水位最深处(吸口附近),为避免测量尺下端的重锤(或棒)频繁撞击船底板而损伤船底板,在下口处的船底板上焊有一圆形垫板,称防击板(striking plate)。

除舱底水管外,所有的液舱、隔离空舱及管隧等均设置有测量管,以便测量液位。测量管的内径不得小于32 mm。

二、压载管系

1. 压载管系的作用与应用

1) 作用

压载管系(ballast system)的作用体现在以下几个方面:

(1) 既可用于向用作压载的舱室(如双层底舱、首尾尖舱、深舱、边舱、上下边舱及顶凳和底凳等)注入或排出压载水(ballast water),也可用于将某一压载舱(ballast tank)内的水调驳到其他压载舱内,以调整船舶的纵倾(吃水差)、横倾和稳性等航海性能及船体强度。

(2) 船舶发生海损事故造成破损进水的部位为压载舱所在区域时,压载管系可用于排出进水。若不对称进水,也可利用压载管系消除横倾。

(3) 特殊船舶如破冰船可利用压载系统实施破冰作业,半潜及潜水船可利用其实现沉、浮作业。

2) 应用

压载管系应用于所有种类的船舶。

2. 压载管系的组成

压载管系主要由以下几部分组成。

1) 压载管路和吸口

压载管路(ballast pipe)用来输送压载水,通向各用于压载的舱室。压载管的布置和各压载舱吸口的数量,应能满足船舶在正常营运条件下处于正浮或倾斜位置时均能将压载水注入或排出各压载舱。在机舱前的各压载支管,布置在内底板以下双层底内或管隧(箱形中桁材)内;机舱里的压载支管布置在内底板上;机舱以后的压载支管布置在轴隧里,为便于集中控制,压载总管布置于机舱内(大型船舶也有布置在专用泵舱内的)。吸口设在各压载舱的后部,但当某压载舱长度超过35 m时,则应在前后端均设置吸口,吸口处还应设过滤器,图2-93为吸口种类之一。

图2-93 吸口种类之一

船上压载管系的布置方式大致有独立式、单总管式、环形总管式、分组形总管式和重力排水式等5种，其中，散货船和矿砂船多采用单总管式，早期散货船也有采用重力排水式的。

2) 调驳阀箱

调驳阀箱(control valve easing)设在机舱或专用泵舱内，与各压载支管、总管和压载泵(ballast pump)相连接。阀门主要有各压载支管的截止阀(stop valve)、排出舷外的舷侧排水阀(为截止止回阀，以防海水倒灌)、海底阀(或称通海阀sea suction valve，为截止阀)。

调驳阀箱用来控制将舷外海水通过海底阀注入所需的压载舱，或将压载舱内的压载水通过舷侧排水阀(overboard discharge valve)排出舷外，以及在各压载舱之间实现调驳。

3) 空气管和测量管

(1) 空气管(air pipe)。空气管一般由空气管头和空气管筒体两部分通过法兰连接组成，空气管头型式有浮筒(浮子)式、浮球式、帽式、鹅颈式和测深兼透气式等，图2-94、图2-95分别为实船浮子式空气管头和空气管。空气管筒体下端与舱柜相通。

图2-94 浮子式空气管头

图2-95 浮子式空气管

按《规范》规定，除污水沟(井)外，所有液舱(水舱、油舱)及隔离空舱和管隧均应装设空气管，必要时，轴隧也应装设空气管，以便液舱在注入或排出液体时，空气能自由地被排出或进入液舱。

空气管应从舱柜的高处引出并远离注入管，即相应舱室空气管的下端口应延伸且刚好穿过该液舱前部最高处的顶板并与之连接，如双层底舱空气管的下端口应延伸且刚好穿过该舱前部角落的内底板并与之连接。

空气管的上口应升高至干舷甲板以上的露天地点(如上甲板、上层建筑甲板等)或舱壁甲板以上，机器处所内较小的舱室空气管终止于机器处所内，其中，双层底舱空气管的上口应升高至舱壁甲板以上。燃油和货油舱柜空气管的管端，装设有耐腐蚀且便于更换的金属防火网。

空气管在干舷甲板上离甲板的高度应不小于760 mm，在上层建筑甲板上的高度应不小于450 mm。无法实现独立布置空气管的船舶(如客船)，则可将贮存同类液体的各舱柜空气管引至舱壁甲板以上后，与空气总管连接，并将该总管引至露天甲板以上，但空气总管的布置一般要有5°左右的斜度，以免管内积存液体。

一般空气管的内径不小于50 mm，轴隧与管隧的空气管内径不小于75 mm，油船空气管内径不小于100 mm，空气管不得兼作测量管。

(2) 测量管(sounding pipe)。各压载舱均设有测量管，其设置要求同舱底水管系。在机舱和轴隧处的测量管上口可升至花纹钢板(diamond plate)以上，并在管口设置自动关闭阀(automatic closing valve)，以免油、水从测量管溢出。

三、通风管系

1. 通风管系的作用与应用

通风管系(ventilating system)用于对货舱、机舱、客舱、船员起居处所和厨房等舱室进行通风，排出废气，补充新鲜空气，调节舱内的温度和湿度，防止承运的货物变质或自燃，改善旅客和船员的居住与工作条件。

2. 通风方式

船上常见的通风方式有自然通风、机械通风和空气调节系统3种。

1）自然通风

自然通风（natural ventilation）是利用空气流动时通风筒内外的压力差，使空气经通风筒排出舱外或进入舱内，或把通风筒对着风向使外界的空气经通风筒进入舱内以达到通风目的的系统。常用的通风筒有以下几种：

（1）烟斗式通风筒（cowl-head ventilator）：图2-96为烟斗式通风筒，该种通风筒又称为风斗。图中风斗套在座管上，风斗上的把手用来转动或取下风斗。这种通风筒主要用于向舱内送入新鲜空气，排出废气的效果不如排风筒。小型船舶的货舱和机舱用得较多，且在大风浪天气时需将风斗取下，用木盖盖住座管口并套上帆布罩扎紧，以防海水浸入舱室。

（2）排风筒（uptake ventilator）：图2-97为排风筒，风斗呈喇叭形，风从小口吹入，气流在座管上方加速而使其压力降低，舱内空气经座管从大口处排出。该种通风筒在小型船舶靠近两舷的舱室中用得较多。

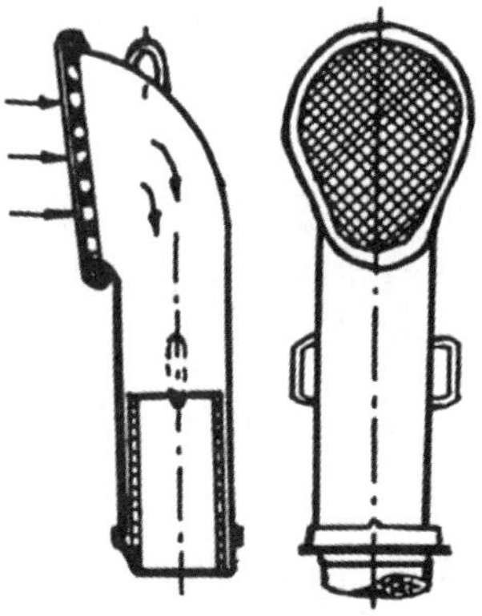

图2-96　烟斗式通风筒

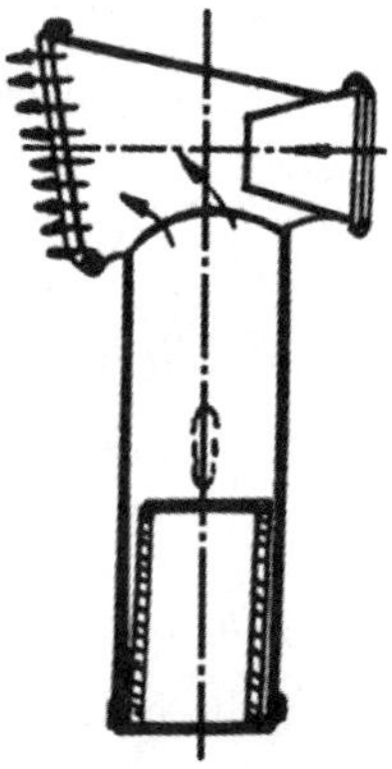

图2-97　排风筒

（3）鹅颈式通风筒（gooseneck ventilator）：鹅颈式通风筒有圆形、矩形和扁圆形3种型式，图2-98和2-99分别为矩形和圆形鹅颈式通风筒，筒口除设有铰链式盖板外，尚设有防鼠网，有的则设计成防浪形。该种通风筒主要用于船舶的物料间、储物间及类似舱室，其中小型船舶用得更多。

图2-98　矩形鹅颈式通风筒

图2-99　圆形鹅颈式通风筒

(4) 菌形通风筒(mushroom ventilator):图2-100所示为菌形(又称蘑菇形)通风筒,它是在座管上设置一形如菌帽的圆盖,这种通风筒在船上被广泛使用。一些杂货船和多用途船则利用其起重设备组成部分中的起重柱(samson post)作为座管,在其上加设固定的菌形帽盖而构成货舱的自然通风筒。用于厨房和起居舱室的通风筒则装有可调节螺杆,只需在室内旋转调节手轮就可达到调节开口大小的目的。为满足一旦通风筒所在舱室发生火灾事故后能在外部将其关闭,菌形通风筒均在菌形帽盖的顶部设置操作手轮或在筒体侧面设置操作手轮或手柄,以用于紧急情况时手动操作关闭通风筒,该类通风筒有的同时配备有风机和金属防火网。图2-101和图2-102为在菌形通风筒外部设置操作手轮的手动操作装置。

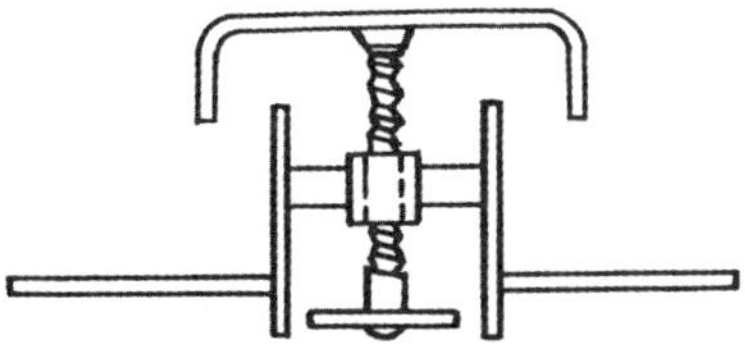

图2-100 菌形通风筒示意

图2-101 筒体侧面设置操作手轮的菌形通风筒

图2-102 盖帽顶设置操作手轮的菌形通风筒

2) 机械通风

机械通风(mechanical ventilation)指用风机(aerator)和管道把新鲜空气鼓入舱内或把舱内空气抽出,以达到通风的目的,主要用于起居舱室和货舱。图2-103为机械通风管系布置示意。为避免在恶劣或潮湿天气时因通风的原因而使湿空气进入货舱引起货物潮湿,甚至发霉变质造成货损,可在普通机械通风机上加置除湿机或除湿剂,从而使输入舱内的新鲜空气变得干燥。

3) 空气调节系统

空气调节系统(air conditioning system)对外界空气进行过滤、加热(或冷却)和加湿(或去湿),并把处理后的空气送至各舱室。其作用是调节舱室内的温度和湿度,制造人工小气候,并最终改善船员和旅客的生活居住条件。

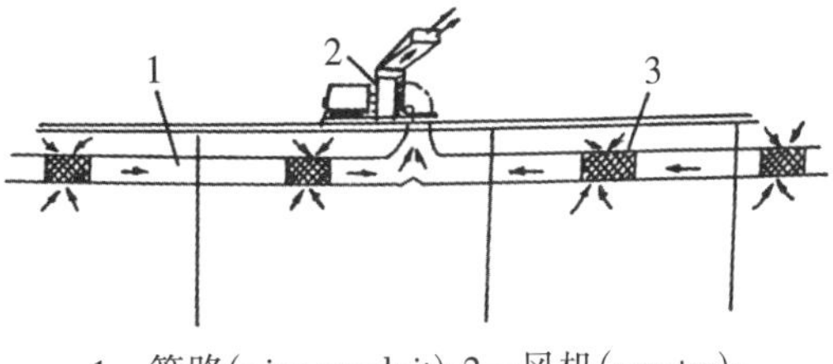

1—管路(pipe conduit);2—风机(aerator);
3—吸口空气滤器(suction air filter)。

图2-103 机械通风管系

船用空调系统一般有下述3种设置形式:

(1) 中央集中式空调装置:中央集中式是在船上设置一个中央空调器,由其集中处理空气,然后利用通风管路将处理过的空气送至各舱室以达到调节舱内温度和湿度的目的。这种形式多见于货船。

(2) 分组集中式空调装置：分组集中式是在船上设置几个中央空调器，分别负担部分舱室，这种形式多见于客船。

(3) 独立式空调装置：独立式是安装在所需舱室的小型空调器，仅对所设置的舱室起空气调节作用。

3. 通风管系的布置要求

(1) 通风帽(筒口)应设在开敞甲板上，并尽量远离排气管口、天窗及升降口等处。

(2) 依据国家海事局颁布实施的《船舶与海上设施法定检验规则》之《国际航行海船法定检验技术规则》的有关规定：当通风筒在位置1(露天的干舷甲板和后升高甲板上，以及位于从首垂线起0.25L以前的露天上层建筑甲板上)时，其在甲板以上的围板高度应至少为900 mm；当通风筒在位置2(位于从首垂线起0.25L以后，且在干舷甲板以上至少一个标准上层建筑高度的露天上层建筑甲板上，以及在位于从首垂线起0.25L以前，且在干舷甲板以上至少两个标准上层建筑高度的露天上层建筑甲板上)时，其在甲板以上的围板高度应至少为760 mm。

(3) 通风筒结构应坚固，并与甲板牢固连接，当任何通风筒的围板高度超过900 mm时，必须有专门的支撑。

(4) 通风管不得穿过舱壁甲板以下的水密舱壁。

(5) 应设有能在外部关闭通风筒的有效装置，以防火灾时能利用其迅速关闭通风筒，进而控制火势。

(6) 必要时通风筒口应设风雨密装置。

四、其他管系

1. 甲板排水管系

1) 作用与组成

甲板排水管系(deck scupper system)是用于排出露天各层甲板或地板积水的系统，主要由甲板排水器(deck scupper)和排水管(deck scupper pipe)组成，如图2-104~2-106所示。

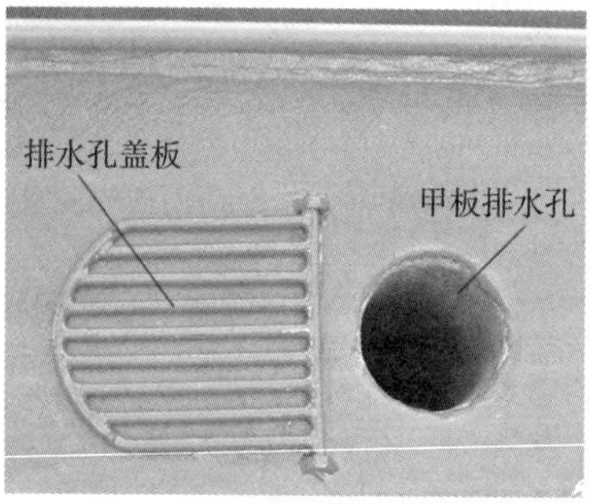

图2-104 甲板排水孔与盖板

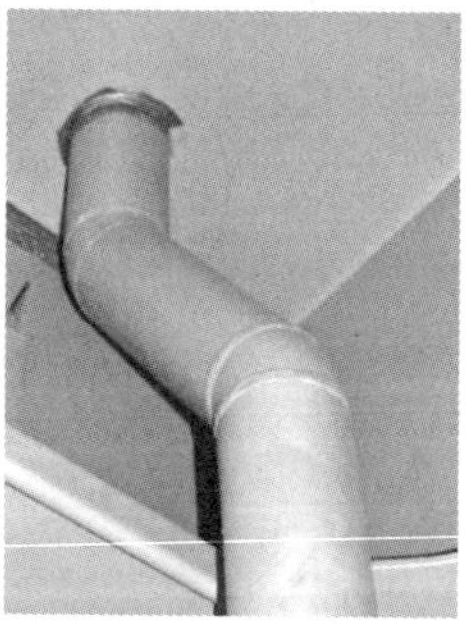
图2-105 甲板排水管

图2-106 舷侧排水孔

2) 应满足的要求

(1) 为防止污物进入排水口而堵塞排水管，在排水口处设有盖板。

(2) 非封闭的上层建筑和甲板室的排水管和泄水管应引至舷外。

(3) 排水孔应避免开在救生艇及舷梯的吊放区域内，否则必须设置挡水罩或其他有效装置。

(4) 穿过外板的排水管和泄水管管壁必须加厚。

(5) 为防止海水倒灌,在所有开口排至舷外的排水管下口处设有止回装置,即起源于非封闭处所的任何水平面上的泄水孔和排水管,不论是在干舷甲板以下大于450 mm处或在夏季载重水线以上小于600 mm处穿过外板,均应在外板处设置止回阀(除满足有关要求者可省略外)。

2. 消防管系

消防管系(fire extinguishing system)是指船舶按规范规定设置的各种固定式灭火系统(fixed fire extinguishing system)。船上常用的固定式灭火系统有水灭火系统(water fire extinguishing system)、气体灭火系统(gas fire extinguishing system)、泡沫灭火系统(foam fire extinguishing system)、水雾灭火系统(water fog fire extinguishing system)、自动喷水系统(automatic sprinkling fire extinguishing system)和惰性气体保护系统(inert gas system)等,有关规范对上述灭火系统均作了非常严格和明确的规定。

在上述各灭火系统中,水灭火系统的甲板管系除主要用于灭火外,平时还可用于起锚时冲洗锚链和锚、冲洗甲板、与手提式泡沫枪装置配套使用、散装货船与可装载散装货的多用途船换装货品前用其对货舱进行初洗等。

3. 日用水管系

日用水管系(domestic water supply system)用于供应船舶管理和船员生活用水。主要有日用淡水系统(domestic fresh water system)、日用热水系统(domestic warm water system)和饮用水系统(potable water system)等。一般有重力水柜(gravity tank)、压力水柜(pressure tank)、循环泵(circulating pump)等3种供水法。

4. 卫生排泄系统

卫生排泄系统(sanitary water system)是船上冲洗卫生设备的系统。为防止造成海洋污染,卫生排泄水必须先经粪便处理系统处理后方可排放入海。

◇◆ 小结 ◆◇

本章包括船用金属材料及连接方法、船体结构、船体水密与抗沉结构、船体主要结构图与总布置图、SOLAS公约、CSR对散货船的要求和船舶管系等6部分内容。

在全面结合《航海技术专业本科培养教学大纲》及《海船船员培训大纲》(2021版)对管理级与支持级船员所要求掌握和了解知识点的基础上,结合CCS《钢质海船入级规范》、《材料与焊接规范》、中华人民共和国海事局《船舶与海上设施法定检验规则》之《国际航行海船法定检验技术规则》、SOLAS公约及国际船级社协会(IACS)有关规定编写而成,内容充分结合了航运发展的新特点和航海新技术在船舶建造中的应用,注重了理论与航海实践相结合的原则。

本章内容是学生学习"船舶维护与修理""船舶入级与检验""船舶货运"必须具备的基础知识。

鉴于本章有相当部分内容(如船体结构部分)比较复杂、抽象且枯燥难懂,故在编写内容时插入了大量简单、直观、易懂的图片。

本章的重点和难点应放在船体结构和船体主要结构图部分。

复习与思考题

1. 简述船用金属材料的种类。
2. 高强度船体结构用钢的特点主要体现在哪些方面？
3. 船用金属材料的应用类型有哪些？
4. 焊接连接的优缺点主要体现在哪些方面？
5. 何谓主要构件与次要构件？请各举5个例子说明。
6. 何谓横骨架式结构？该种骨架具有哪些特点？
7. 何谓纵骨架式结构？该种骨架具有哪些特点？
8. 何谓纵横混合骨架式结构？该种骨架具有哪些特点？
9. 双层底有哪几方面的作用？
10. 简述双层底的主要组成部分。
11. 舷侧结构主要由哪些部分组成？
12. 简述圆弧形舷边的特点、应用要求和应注意的事项。
13. 梁拱和舷弧各有哪些作用？
14. 对称槽形舱壁与平面舱壁相比具有的优、缺点有哪些？
15. 组成主船体的横向构件主要有哪些？
16. 组成主船体的纵向构件主要有哪些？
17. 确保主船体横向强度的板材与构件有哪些？
18. 确保主船体纵向强度的板材与构件有哪些？
19. 简述甲板的主要组成部分。
20. 船体主要结构图有哪些？
21. 简述船舶总布置图的组成部分。
22. 舱底水管系的作用有哪些？
23. 舱底水管系的组成部分包括哪些？
24. 按《规范》规定，舱底泵是如何配备的？
25. 压载管系的作用有哪些？
26. 压载管系的组成部分包括哪些？
27. 压载管系是如何布置的？
28. 船舶通风管系的作用有哪些？通风管系在布置时必须满足的要求有哪些？
29. 布置船舶甲板排水管系时应满足哪些要求？
30. 固定式水灭火系统主要有哪些方面用途？

第三章 货舱、舱盖和压载舱

第一节 舱内设施

干货船舱内设施主要有污水系统的舱内部分、通风系统的舱内部分、火灾探测与灭火系统的舱内部分、舱内水位探测系统、杂货及多用途船的舱底木铺板和舷侧护舷木条(板)等,本节仅介绍舱内水位探测报警系统、舱底木铺板和舷侧护舷木条(板),其余部分请参见相关知识点内容。

一、舱内水位探测报警系统

船舶安装舱内水位探测报警系统(water ingress detection alarm system)的目的是及时了解和准确掌握有关舱室因意外而进水的情况,以便及时采取有效措施,确保海上人命和财产的安全。

1. 规定

500总吨及以上国际航行的所有散货船和除散货船以外的单舱货船,均应在货舱、压载舱和干燥处所安装符合规定要求和型式认可的水位探测器。

2. 要求

(1) 每一货舱内安装的水位探测器,均应能在该舱水位达到或高出货舱内底0.5 m时发出一个听觉和视觉警报,并在水位高度达到不小于货舱深度15%但不超过2 m时也应发出一个听觉和视觉警报。

(2) 对船长150 m及以上,于1997年7月1日以前建造的单舷侧结构散货船,如因货舱结构设计的原因而不能符合SOLAS公约第Ⅻ的相应要求,则只需在舱内安装水位探测器,该探测器能在水位高度达到不小于货舱深度15%但不超过2 m时发出一个听觉和视觉警报。

(3) 对于用作水压载的货舱,可安装一个报警越控设备。

(4) 听觉和视觉报警器应能将每一货舱中探测到的两种不同的水位明显区分开。

(5) 防撞舱壁前方的任一压载舱中,当舱内的液位达到不超过舱容的10%应发出一个听觉和视觉警报。应安装一个报警越控设备以便当使用该舱时,使其水位报警越控。

(6) 除锚链舱以外,任何干燥处所或空舱延伸至首货舱前方的任何部分,在水位高出甲板0.1 m时应发出一个听觉和视觉警报。在容量不超过船舶最大排水量的0.1%的围蔽处所,不必安装此类报警器。

(7) 听觉和视觉报警器应安装在驾驶室。

(8) 探测设备应有适合所有拟装货物的腐蚀保护。探测设备包括安装在货舱和其他处所的传感器和过滤器,以及探测器的保护装置。

(9) 水位探测系统的供电应符合下列要求:

①水位探测系统的供电由两个独立的电源供电。

②从一套电源换至另一电源供电的转换设备不需要组合在水位探测系统中。

③在主电源供电发生故障时应能发出故障报警指示。当另一电源是蓄电池时,则两个电源都应有故障报警。

(10) 对水位探测器的安装要求:

①传感器应安装在货舱后部尽可能靠近中心线或在货舱的左右舷有保护的位置上,该位置应使传感器测出的水位能代表货舱的实际水位:对于2004年7月1日及以后安放龙骨的船舶,传感器的安装位置与船中心线的距离不应超过1个槽距或1个舱壁垂向加强材间距,否则应在货舱的左右两侧都安装传感器;对于2004年7月1日以前安放龙骨的船舶,传感器的安装位置与船中心线的距离不应超过或等于$B/6$(B为船宽),否则应在货舱的左右两侧都安装传感器。

②探测器的安装不应阻碍任何测深管或其他用于测量货舱或其他舱室水位测量器具的使用。

③传感器和设备应安装在便于对其进行检验、维护和修理的地方。

④探测器设有的任何过滤器部件应能在装货之前予以清洗。

⑤安装在货舱内的电缆和任何相关联的设备应加以防护,如装在结构牢固的管道内或有类似防护的位置上,以免其被货物或与散货船操作相关的装卸机械损坏。

二、舱底板与护舷板

在装卸货物时为了保护货舱内的双层底顶板(内底板)和船壳板不被碰撞,以及防止船舶在航行途中因船体出汗对紧贴钢板的货物造成湿损,一般在杂货船及舱内装载杂货的多用途船的货舱内,装有舱底木铺板和舷侧护舷木条(板),如图3-1所示。

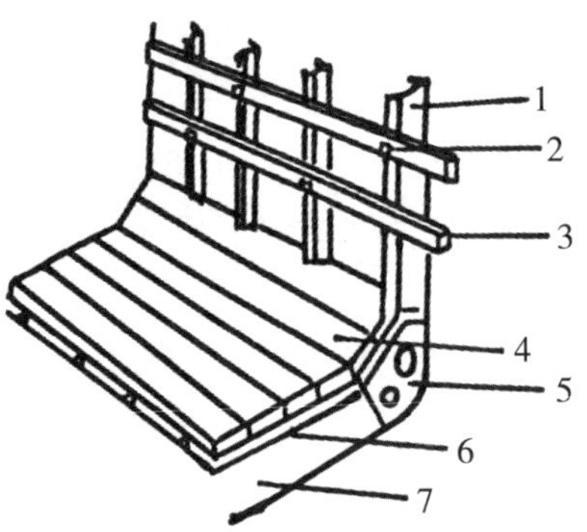

1—肋骨(frame);2—钩(hook);3—护舷板(side board);
4—舱底板(inner bottom board);5—舭肘板(bilge bracket);
6—内底板(inner bottom plating);
7—双层底舱(double bottom tank)。

图3-1 舱内设施

1. 舱底木铺板

在双层底船的舭部污水沟上以及单层底船的肋板、舭肘板上,应铺设遮蔽板并应设有局部的活动铺板,以便对污水沟及双层底进行检查。如果在货舱口下方的内底板上铺设木铺板,则木铺板下面应垫横向木条,该木条的厚度至少应为30 mm。如在双层底舱内不装燃油,则可直接铺设在先涂好一层沥青化合物或其他有效敷料的内底板上。活动铺板间及与舱底板之间的缝隙应塞严密，每次装货前，尤其装谷物时，应检查缝隙情况，以免堵塞舱底水管路吸口处的过滤网。

不论是单层底还是双层底船，如果在货舱内铺设木铺板，则其厚度应根据船长L按下列规定选取：

(1) $L \leqslant 60$ m，木铺板应不小于50 mm。

(2) 60 m$<L\leqslant$90 m，木铺板应不小于55 mm。

(3) $L>90$ m，木铺板应不小于60 mm。

但位于货舱口下方的内底板或轴隧顶板如增厚2 mm，可免铺设木铺板；如使用抓斗或其他类似机械进行装卸，则在货舱口下方的内底板上铺设上述要求的双层木铺板，如内底板已增厚5 mm，则可免铺设木铺板。

货舱内的人孔盖及其附件应尽量不高出内底板或木铺板，如高出内底板，则对每一个人孔应先加钢镶框，再加上木铺板或钢盖板，使其逐渐过渡。

如货舱舱壁的另一侧为深油舱且具有加热设备时，应在货舱一侧铺设木铺板或敷设绝缘材料。如铺设木铺板，其厚度如以上规定。

铺设木铺板的双层底柜顶板或轴隧顶板的外表面，应涂刷沥青溶液或其他有效的涂料；不铺设木铺板的双层底柜顶板或轴隧顶板则应涂刷油漆。

对在舱内设有二层舱或三层舱的，则二层舱或三层舱通常不铺设木铺板。

2. 护舷木板

在装运杂货的舱内，其两舷侧的肋骨上沿船长方向由上向下每隔一定间距焊上朝上的铁钩，护舷木条可直接架在铁钩上。护舷木条边缘之间间距不超过300 mm，其宽度与厚度应根据船长L按下列规定选取。

(1) $L\leqslant 60$ m，护舷木条的宽度应不小于100 mm，厚度应不小于30 mm。

(2) 60 m$<L\leqslant$90 m，护舷木条的宽度应不小于120 mm，厚度应不小于40 mm。

(3) $L>90$ m，护舷木条的宽度应不小于150 mm，厚度应不小于50 mm。

也有在货舱两舷舷侧相邻肋骨间垂向设置护舷木条的，如图3-2所示。护舷木条亦可采用钢质材料。

木铺板及护舷木板经常在装卸货物时被碰断。舱底板受水湿后易腐烂，因此舱内应尽量保持干燥，发现腐烂及折断的木板，应及时更换。

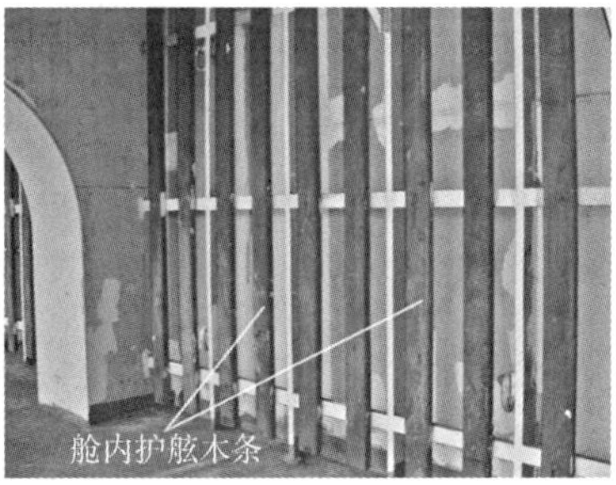

图3-2　舷侧护舷木条

第二节　货舱盖

一、概述

舱口是完成传统货物装卸作业的通道，而货舱盖(hatch cover)是船舶用以封闭货舱口，保证船舶货物安全并使之确保船体水密的一种封闭设备，同时还应具有足够的承受货物压力的能力。此外，货舱盖开启与关闭的机械化、自动化程度高低，也直接影响到船舶货物装卸的效率、质量，以及船员的劳动强度和船舶的停港时间。因此，现代船舶对货舱盖自动化程度的要求也越来越高。货舱盖主要有以下几种分类方法：

（1）按结构型式和开关方式的不同，可将舱盖分为滚动式、折叠式和吊移式3种。

（2）按实现货舱盖开关动力型式的不同，可将货舱盖分为机械牵引式和液压式2种。

（3）按制造材料的不同，可将货舱盖分为木质、钢质、铝质和玻璃钢4种。①木质货舱盖制造简单、质量轻，但开关舱费时，劳动强度大，目前仅偶见于内河和湖泊小型船舶。②铝质和玻璃钢舱盖具有质量轻、耐腐蚀的优点。但铝质舱盖制造复杂，造价昂贵；玻璃钢舱盖的刚度差，容易老化剥蚀，目前只用作某些小船的轻型舱口盖。③钢质舱盖具有较好的强度、刚度和稳定性，制造工艺简单，易于实现水密，成本较低，且较易实现开关舱的机械化。钢质舱盖是目前最为广泛应用的舱盖。

二、滚动式货舱盖

滚动式（rolling type）货舱盖主要有滚翻式、滚移式和滚卷式3种。但除滚移式货舱盖中的横移式外，其他种类基本已被营运船舶淘汰，下面仅介绍滚移式货舱盖。

滚移式货舱盖主要有横移式（又称侧移式）和背载式两大类型。

1. 横移式货舱盖

横移式货舱盖通常由两块舱盖板组成，舱口较小的船也用一块盖板制成，舱口围四周盖板的边缘设有规定数量的盖板压紧装置。每块盖板的四角都安装有行走滚轮，用液压动力驱动。按盖板数量的不同，该类型货舱盖可分为单侧横移式和两侧横移式两种，如图3-3和3-4所示。开舱时，盖板向单侧或分别向舱口两侧平移，并存放在存放轨道上。

图3-3　单侧横移式货舱盖

图3-4　两侧横移式货舱盖

横移式货舱盖具有结构简单，操作方便，便于维修，且不需要翻转或折叠的优点。缺点是其需要较大的存放空间，舱盖打开时易造成人员甲板行走不便。因此，对配备两侧横移式货舱盖的船舶，其舱口宽度不得超过船宽的1/2。

横移式货舱盖被广泛应用于散装货船和油/矿兼运船。

2. 背载式货舱盖

背载式货舱盖与侧移式货舱盖类似，也为横移式，不同点是其两块盖板中有一块带有动力滚轮，另一块不带。开舱时，先利用安装在舱口围板上的四个液压顶杆将不带动力的盖板顶到足够的高度，以便带有动力的盖板滚到其下方，再将不带动力的盖板放置在带有动力盖板之上，两块盖板便可一起移向存放处。如不需将舱口完全打开，则可将盖板存放在舱口的一侧，这样可减少占用甲板的存放空间，该种类型货舱盖船上较少使用。

三、折叠式货舱盖

折叠式货舱盖（又称铰链式货舱盖），按驱动方式的不同可分为液压驱动式（用液压）、直接拉动式（用船上起重机或吊杆）、钢索驱动式（用绞车）。

1. 液压驱动式折叠货舱盖

液压驱动式折叠货舱盖由成对且互相铰接在一起的盖板组成。舱盖开启后，借助固定钩或止动器使盖板保持直立状态存放。图3-5为两页液压折叠式货舱盖，其开舱过程：油缸柱塞伸长，使铰接点上升，两块盖板逐渐翻转折合起来而实现开舱。其中，靠近舱口端的盖板因与铰接臂相连，故而较短，其转轴离舱口也有一定的距离。图3-6为实船两页液压折叠式货舱盖处于开启过程中。

对于大小适中的货舱口，一般均采用两组两页液压铰接盖板实现关舱，并分别收藏在舱口的两端。对货舱较大且舱口也长的船舶，也有采用多页铰接式舱盖的，且为一端收藏。图3-7和3-8分别为四页液压铰链式舱盖和五页液压铰链式舱盖。

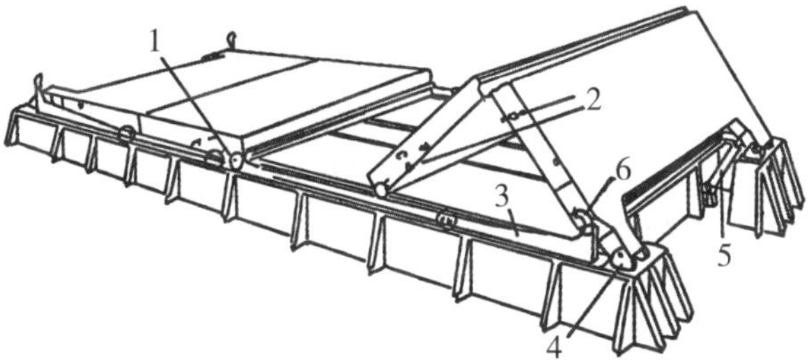

1—滚轮（wheel）；2—压紧器（cleat halves）；3—上升轨（wheel ramp）；4—铰链（slotted hinges）；
5—液压千斤顶（hydraulic cylinder）；6—固定钩（fixed hook）。

图3-5 液压驱动折叠式货舱盖

图3-6 两页液压折叠式货舱盖开启过程中

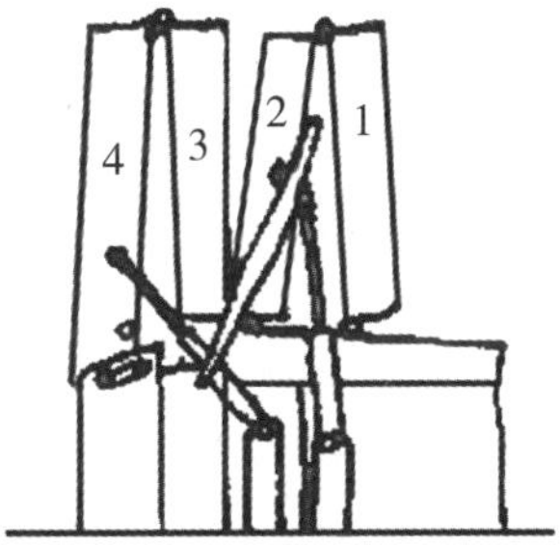

图3-7 四页液压铰链式货舱盖

（a）　（b）　（c）　（d）

图3-8　五页液压铰链式折叠货舱盖的关舱过程

四页液压铰链式货舱盖开关过程的顺序如下：

1）开启过程

第二组盖板（3+4）开始起升，同时拖动第一组盖板（1+2）；第二组盖板起升结束，第一组盖板才开始起升，直至全部开启完毕。当舱盖开启到贮存位置时，收藏钩自动落下，扣住舱盖，达到完好固定。

2）关闭过程

第一组盖板下滑完毕，第二组盖板开始下滑同时推动第一组盖板，第二组盖板下滑结束，全部关闭完毕。

2. 直接拉动式折叠货舱盖

直接拉动式折叠货舱盖由3块铰接的盖板组成。利用船上的起货机械将盖板收藏于舱口端部。钢索穿过铰接于端板上的滑车，再与中间盖板相连接，拉紧（或放松）钢索可开启（关闭）舱口。如图3-9所示，铰接滑车、拖曳眼板置于板宽之中点，其余构件成对地安装在盖板的两边。

直接拉动式舱盖便于采用自动压紧装置，使压紧的操作与关闭舱口的过程同时进行，因而与滚翻式相比操作更为简捷，而与液压折叠式相比价格又较便宜，但必须与船上配备的吊杆（或起重机）配套。

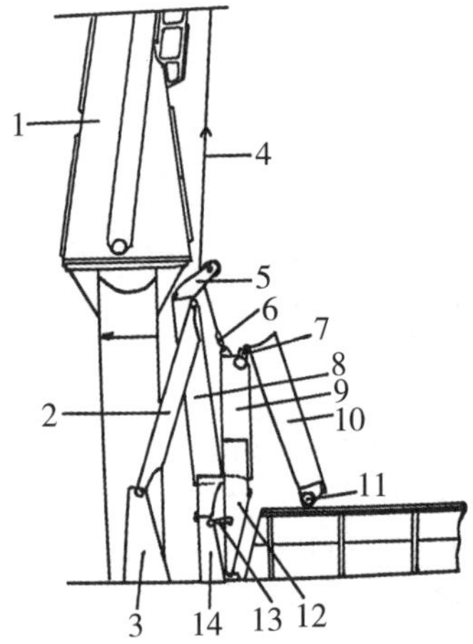

1—起货机（winch）；2—存放臂（stowing arm）；3—存放臂基座（stowing arm pedestal）；4—钢索（wire）；5—铰接滑车（hinged sheave）；6—拖曳眼板（hauling eye-plate）；7—铰链（hinge）；8、9、10—板（panel）；11—滚轮（wheel）；12—关闭臂（closing arm）；13—固定钩（securing hook）；14—关闭臂基座（closing arm pedestal）。

图3-9　直接拉动式折叠舱盖

3. 钢索驱动式折叠货舱盖

钢索驱动式折叠货舱盖在操作时，其动作与液压式完全相同，但由于穿引钢索比较麻烦，因而开关舱所需时间较长，目前已较少被使用。

4. 液压折叠式货舱盖开关舱操作注意事项

（1）如开关舱的液压动力与起重设备共用，则在使用前必须检查换向阀的导向。

（2）开启共用液压动力时，必须先开辅助油泵，过约1 min后再开主油泵，同时检查整个系统的压力状况。

（3）操纵控制手柄的动作特征与人的思维方式相同，即手柄向前关舱，手柄向后开舱，手柄处于中间(直立)位置为停止。

(4) 开舱前必须完全打开所有的压紧装置,并放置到位;关舱后必须将所有压紧装置上紧。

(5) 关舱前必须注意检查轨道上有无障碍物或其他杂物,并及时清除。

(6) 当滚轮接近斜轨时,应减慢速度,以防盖板碰撞压弯活塞杆。

(7) 盖板完全开启后用固定钩将盖板固定,使其在收藏处保持直立状态。

(8) 当盖板将要闭合时,同样应放慢速度,直至盖板完全关好。

(9) 操作过程中,如发现液压系统或其他部分有任何不正常声音或现象时,应立即停止操作,直到排除故障为止。

四、吊移式货舱盖

吊移式货舱盖又称箱形货舱盖。该种货舱盖由箱形骨架与面板焊接组合而成,其盖板平面内设有若干埋置吊环,或根据所配备的船舶种类特征配备同类型的吊放装置(如集装箱船,该种盖板需配备配套的底座)。图3-10为集装箱船配备的吊移式货舱盖。

图3-10 吊移式货舱盖

吊移式货舱盖本身不设置专用的驱动装置,而是由港口或船上的起货机械来进行吊移。开舱时,可将盖板堆放在码头边(绝大多数船都是将盖板堆放在码头边)或甲板上。

吊移式货舱盖具有结构简单、操作方便、结构强度大及可满足在盖板上堆装大量货物等优点,且可获得最大的甲板开口面积,因此,该种货舱盖被集装箱船广泛使用,可装载集装箱的多用途船也有使用。

第三节 货舱、舱盖及压载舱的检查、评估与报告

为应对日益严格、范围更广和更频繁的港口国监督(PSC)检查程序,针对船舶货舱、舱盖及压载舱进行有效检查、评估和报告是十分必要的,以免因被滞留而导致船期延误,甚至严重影响船公司和船旗国声誉。中国籍船舶按《中华人民共和国船舶安全检查规则》由中华人民共和国海事局对船舶实施“船旗国监督检查(FSC)”,检查结束后,检查人员(FSCO)应当签发《船旗国监督检查记录簿》,并应在《船旗国监督检查记录簿》中标明缺陷及处理意见,同时签名并加盖船舶安全检查专用章。对于缺陷处理意见为滞留的,检查人员应当在《船旗国监督检查记录簿》中注明理由。详细内容见《船舶管理》有关内容。

一、港口国监督(PSC)检查的一般过程

舱盖和货舱等部分状况不仅是检查官员形成对船舶最初印象的重要内容,也是SOLAS

公约中关于船舶稳性与结构等具体要求的重要内容。

港口国监督检查官员(PSCO)在登船前,一般首先要观察船舶外观的总体状况,以获得对船舶的最初印象。然后检查证书、巡视各层甲板及有关舱室、设备等,从而获得对船舶的实际总体印象。如未发现明显缺陷依据,则结束检查;如怀疑船舶可能存在严重缺陷,则进行详细检查。对在详细检查中发现的严重缺陷,且足以构成滞留的,便采取滞留船舶的措施。当然,在初步检查过程也可能发现严重的可滞留缺陷,从而滞留船舶。

船舶纠正缺陷后,可申请复查,经港口国监督检查官员复查合格后,解除船舶滞留。对一般缺陷,港口国监督检查官员给出处理意见,如需复查,经复查合格后,船舶可以开航,港口国监督检查基本流程如图3-11所示。

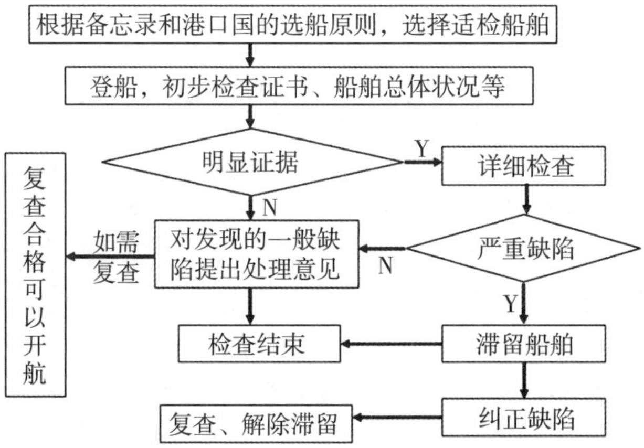

图3-11　港口国监督检查基本流程

二、货舱、舱盖和压载舱PSC检查现状分析

有关船舶货舱、舱盖和压载舱部分的滞留缺陷类别主要分布在航行安全、载重线、稳性结构,以及与MARPOL、SOLAS、STCW公约和ISM规则等相关领域和其他方面,其中,涉及船体结构和载重线两个方面的缺陷如下:

1. 涉及船体结构方面的主要缺陷

(1) 甲板、舱口围板和甲板纵骨、横梁、防倾肘板、加强筋等加强结构。

(2) 船壳板、货舱内舱壁板及其上各方向连接骨架与肘板。

(3) 压载舱、货舱内等的结构腐蚀、肋骨等骨架脱焊和顶边舱框架腐蚀渗漏等。

2. 涉及载重线方面的主要缺陷

(1) 货舱盖严重锈蚀甚至烂穿,其锁紧和压紧装置失灵或损坏、水密压条老化等。

(2) 通风筒、空气管等风雨密关闭装置损坏或严重锈蚀或其基座严重锈蚀烂穿,以致不能保证水密完整性。

(3) 风雨密门、各种进出舱(含管隧结构)道门等因结构变形、严重锈蚀或水密压条老化等。

(4) 上甲板人孔盖及测量管管口旋塞或螺纹盖丢失或严重锈蚀。

(5) 舱口围板尤其是其结构死角处严重锈蚀甚至烂穿,上部面板处导轨严重锈蚀或变形。

(6) 载重线标志不清,以致无法准确识别运用。

三、货舱、舱盖和压载舱的自我检查与报告

1. 自查与报告

针对货舱、舱盖和压载舱的PSC检查，船舶应有的自查是必须的。

船体和甲板基本养护状况的优劣程度是PSCO对船体结构好坏认定的第一印象，尤其是船壳板、舱盖及舱口、梯道、栏杆和管路盖板的锈蚀程度与损坏情况将直接影响到检查官员是否需要进行“更详细检查”的重要依据，因此，优秀的保养状态、良好的船容船貌是顺利通过船体结构检查的首要因素。

船舶抵港前，船方应结合PSC针对“货舱、舱盖与压载舱部分的PSC检查项目内容”进行有针对性的全面自查，并完整填写如表3-1所示的船舶抵港前货舱、舱盖与压载舱部分PSC自查项目与报告表。

表3-1 船舶抵港前货舱、舱盖与压载舱部分PSC自查项目与报告表

类别	检查项目	检查内容	自查结果与缺陷说明
文件	维护计划	船舶结构与设备的维护保养已按计划进行，状况良好，无明显缺陷或缺陷已经按照程序要求上报公司。	
与载重线有关的结构与设备	通风筒	通风筒的围壁、支撑结构（特别是其根部和不易除锈保养的部位）状况良好，无明显锈迹和破损烂穿或其他临时性修理措施（如粘贴胶布等）。	
		通风挡板完整、活络、无破损烂穿。	
		风雨密关闭装置结构完好，开关活络，能有效开启和关闭，“开”“关”方向和舱名标志清晰。	
	空气管	空气管及管头结构（特别是管子根部和背部不易保养的部位）良好，无明显锈迹和破损烂穿。浮球活络水密，工作正常，防火网无破损。	
	载重线标志	甲板线、所有载重线标志清晰、准确且与背景颜色反差明显。	
	货舱舱口	舱口盖、舱口围板及附连的肘板结构良好，无明显锈蚀、裂纹、破损烂穿和变形。	
		舱口盖关闭正常，水密橡皮胶条完整且有弹性，表面无油漆，无明显漏水痕迹。	
		开关装置的滚轮、导轨、铰链状态正常，无过度腐蚀，液压管路无泄漏，系固螺栓完好且无过度腐蚀，舱口盖上的卡扣、舱口围下的止回泄水阀状况良好。	
	干舷甲板上除货舱舱口外的各种开口	盖板、围板及附连的加强结构良好，无明显锈迹、破损烂穿和变形。	
		盖板关闭正常，橡皮胶条完整且有弹性，表面无油漆，无明显漏水痕迹。	
		各种人孔、小导门、测量管结构良好，无明显锈迹、破损烂穿和变形。测量管上口的旋塞或螺纹盖完好无缺。	
		各种标识清晰。	

表3-1（续表）

类别	检查项目	检查内容	自查结果与缺陷说明
船体结构	船壳板	水线上船壳板无开裂、洞穿、严重变形(每档肋距范围内不超过8 mm)，无漏水现象。	
	压载舱	压载舱液位无异常变化，其周围处所无进水发生，压载舱道门状况良好，无严重锈蚀、螺栓丢失。	
		压载舱内构件无严重腐蚀、裂纹或烂穿。	
	货舱	货舱污水井液位无异常变化，具备条件时进入货舱对货舱内部构件进行目视检查，无明显锈蚀、烂穿、裂纹和严重变形(每档肋距范围内不超过8 mm)，无明显渗水痕迹。	
	水密门	水密门结构状况良好，能有效关闭，就地开关和遥控操纵关门功能正常，声光报警正常，液压系统无渗漏痕迹。	
	甲板	主甲板结构良好，无明显破损、烂穿、裂纹和严重变形(每档肋距范围内不超过8 mm)，无明显渗水痕迹。	
其他	散货船舱内水位探测系统	散货船货舱、压载舱、干隔舱进水报警系统试验正常。	

2. 平时维护保养和自查时应注意的事项

（1）船体结构因锈蚀或受损而造成的穿孔、裂口、裂缝等应进行永久性修复。

（2）舱口围板及舱口盖、通风筒、水密门、货舱道门都要保持良好水密性能与封闭功能。

（3）测量孔盖应齐全有效。

（4）压载舱空气管应透气正常。

（5）确保载重线标志、水尺标志、船名、船籍港标志及其他有关标志清晰。

（6）货物积载应满足船体总纵强度和局部强度要求，不得超载且要保证船舶具有适航的稳性值和浮态(适当纵倾)。

（7）散货船要特别注意各横舱壁、上边舱的纵桁、横框架、斜底板等处是否有扭曲变形现象。

（8）对老旧船，应重点检查船体结构、压载舱、货舱涂层及平板机械状况，特别是腐蚀和裂纹情况。

（9）压载舱应按检查提纲进行检查，风暴压载舱必查。

（10）对压载舱、货舱和空舱的检查，通常按5年自检计划周期进行。

3. 其他应注意的事项

（1）针对货舱，除规定的自查项目外，还应结合船舶种类、船龄和航线等情况，注意定期检查如受力大的船体构件焊缝状况、舱底板的结构变形情况、进出货舱的梯子包括扶手的锈蚀及与船体焊接连接的状况。

（2）每次关舱前，应注意彻底检查货舱盖导轨情况，并及时清除盖板导轨上的所有杂物。

（3）注意检查货舱盖盖板密封胶条是否有老化、机械损伤或永久变形情况。

（4）如必须更换老化变形的盖板密封胶条，则在条件具备时，应首先拆除原密封胶条，彻底清除胶条固定槽，并用对胶条无损伤的防腐油漆进行涂刷后，再用制造商提供的专用胶黏剂粘贴入槽。

(5) 确保盖板水密与稳固的所有压紧与锁紧装置操作灵活并可靠。

4. 风暴压载舱概要

(1) 概念：能使用压载系统压进和排出压载水的货舱。

(2) 设置位置：大型散装货船船中部货舱。该货舱舱底角落有专门的污水井，在其内部设置吸排口，为保证货舱水密，污水井平时用盲板密封。

(3) 作用：

①在大风浪等恶劣天气条件下，通过使用风暴舱压载，进一步增加船舶的吃水和排水量，提高船舶操纵性能和降低主机飞车风险；

②某些较老式的码头装卸货机械的高度满足不了大型化船舶发展的需求，有时不得不使用风暴舱压载以降低船舶干舷和舱口围的净空高度，实现正常装卸货作业。

(4) 必须使用时应注意的事项：

①每次使用前应确保将该舱清扫干净，无残货，尤其不能有绳子破布等杂物；

②打开密封盲板，确保压载系统畅通；

③使用后应将吸排口附近清洁干净，封妥盲板；

④一旦使用应将其压满，至少应压至舱口围，以减少自由液面影响。拧紧舱盖专用的压紧螺丝，货舱通风筒应保持开启状态，情况允许时可将舱盖轻度开启，以消除气压差。

◇◆ 小结 ◆◇

本章知识点主要包括舱内水位探测报警系统，舱底木铺板和护舷板，各种类型船舶货舱盖，货舱、舱盖和压载舱的检查、评估与报告等内容。

本章内容全面涵盖了《航海技术专业本科培养教学大纲》和交通运输部海事局发布的《海船船员培训大纲》(2021版)要求适任船员应了解和掌握的知识点，充分体现了《钢质海船入级规范》、《海船法定检验技术规则》和SOLAS公约2010马尼拉修正案有关新规定和新要求，内容充分结合了航运发展的新特点和航海新技术在船舶建造中的应用，注重理论与航海实践相结合的原则。

本章内容是学生学习“船舶维护与修理”“船舶入级与检验”“船舶货运”必须具备的基础知识。

复习与思考题

1. 船舶安装舱内水位探测报警系统的目的是什么？
2. 什么吨位、何种船舶必须按规定在何处安装合格的舱内水位探测系统？
3. 试述舱内设施的作用与种类。
4. 货舱盖的种类有哪些？它们各自的结构特点是什么？
5. 简述货舱盖的作用及钢质货舱盖的主要优点。
6. 试述四页液压铰链式货舱盖的开关舱特点。
7. 吊移式货舱盖有何特点，是如何实现开关舱动作的？
8. 简述液压折叠式货舱盖开关舱操作的注意事项。
9. 涉及船体结构的缺陷主要有哪些？
10. 涉及船舶载重线的缺陷主要有哪些？

第四章 起重设备

起重设备是指安装于船上或海上设施上的吊杆装置、吊杆式起重机、起重机，以及升降机和跳板等，并用于吊运或载运货物、设备、物品及人员等的设备。

除滚装船、自卸船及不配备起重设备的船舶外，船用起重设备(又称装卸设备)主要指起重机、吊杆式起重机及吊杆装置等。其中：起重机中的回转式起重机由于具有十分突出的优点，在船上得到了最为广泛的应用；而吊杆式起重机及吊杆装置则是货船传统的装卸设备，它们虽具有结构简单可靠、成本低廉、维修方便的优点，但效率低下的致命缺点是其被现代船舶逐渐淘汰的重要原因。

中国船级社(CCS)《船舶与海上设施起重设备规范》规定，经正确安装的起重设备在设计作业工况下，证明能吊起的最大静载荷称为起重设备的安全工作负荷(Safe Working Load，SWL)。

第一节 常用索具

配合绳索使用的配件统称为索具。船舶常用索具主要有滑车、卸扣、钩、眼板、眼环、紧索夹、心环、索头环和花篮螺丝(又称松紧螺旋扣)等。绳索在使用中，根据工作需要，必须配置以上不同的索具，才能发挥它的作用。例如，用钢丝绳作为大桅支索来稳定大桅时，需要在甲板上和桅上安装眼板或眼环，钢丝绳的两端插接成带心环的琵琶头，然后用卸扣把它们连接起来，再用松紧螺旋扣达到收紧的目的。

在起重设备系统中，将非永久性附连于起重设备上的零部件称为可卸零部件，如链条、三角眼板、吊钩、滑车、卸扣、转环、钢索索节、有节定位索和花篮螺丝等。吊梁、吊架、吊框和类似设备亦称为可卸零部件。可卸零部件的安全工作负荷为可卸零部件经设计和试验证明能承受的最大载荷，此最大载荷应不小于起重设备在安全工作负荷下可卸零部件会受到的最大负荷。

一、滑车与绞辘

滑车与绞辘是起重设备中的重要装置，也是船上许多工作的必备工具。它既可以改变用力的方向，也可以达到省力的目的。为保证工作顺利进行，必须掌握它们的构造、性能及其使用和保养的方法，这不仅有助于延长滑车与绞辘的使用寿命，而且也可以防止事故的发生。

1. 滑车

1) 船用滑车(block)的种类

(1) 按材质的不同分类：有钢质和木质两种，如图4-1所示。钢质滑车(steel block)起重量较大，一般与钢丝绳配套使用。起重设备中使用的吊货滑车、千斤索导向滑车、吊货导向滑车等均为钢质滑车。木滑车(wooden block)的滑车壳是木制的，其车带有铁带和索箍带两种，木滑车主要与纤维绳配套使用。

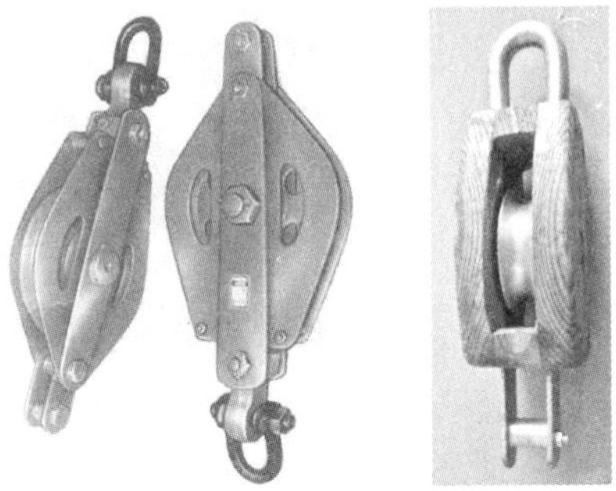

(a) 铁质滑车　(b) 木滑车

图4-1　铁滑车和木滑车

(2) 按滑轮数的不同分类：有单轮滑车(图4-1)、双轮滑车和多轮滑车(图4-2)。

(3) 按车壳与车带结构的不同分类：有闭式滑车和开口滑车两种，图4-3为单轮铁质开口滑车。开口滑车均为单轮的钢质滑车或木滑车，用来引导绳索改变拉力方向，而无须穿引绳头。起重设备系统中不允许使用开口滑车。

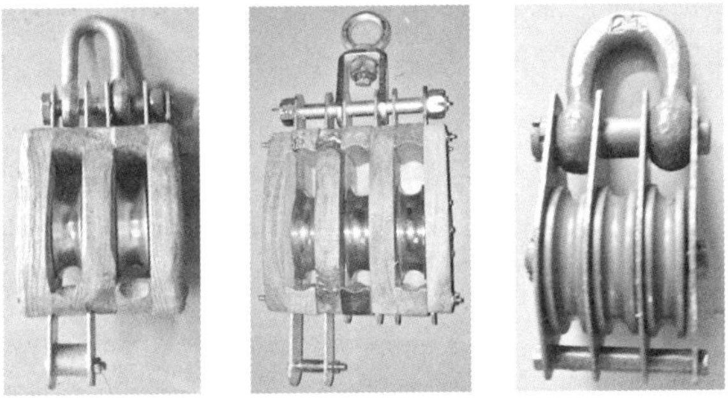

(a)　(b)　(c)

图4-2　双滑轮和多滑轮滑车

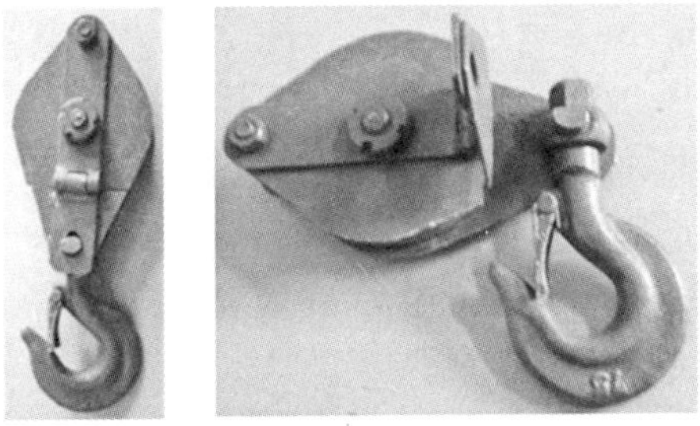

图4-3　单轮铁质开口滑车

2) 滑车的组成

不同种类的滑车，其组成结构基本是相同的，主要包括挂头、车壳和隔板、车带、制动板、轴承、轴、滑轮和车尾，图4-4为单轮滑车的组成。

(1) 挂头(oval eye)。滑车挂头的形式很多，有钩子、眼环、旋转环和卸扣等，可根据工作需要来选取。滑车的强度以挂头的强度为准。

(2) 车壳(steel side plate)和隔板(division plate)。车壳有铁质和木质两种，用以保护滑轮和防止绳索滑脱。多轮滑车的滑轮之间需

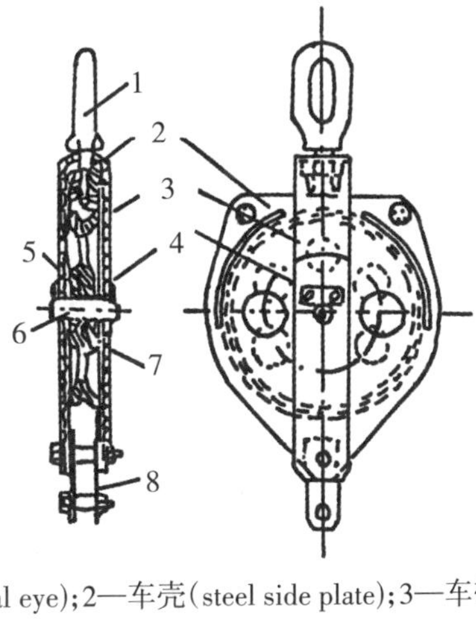

1—挂头(oval eye)；2—车壳(steel side plate)；3—车带(tail strop)；4—制动板(stopping plate)；5—轴承(bearing)；6—轴(spindle)；7—滑轮(cast-iron sheave)；8—车尾(tail)。

图4-4　滑车的组成

要用隔板隔开。

(3) 车带(tail strop)。车带直接连在车壳上,滑轮轴上的力由车带来承受,然后传递到挂头上。

(4) 轴(spindle)。轴用钢制成,它穿过滑轮后固定在车带上。可采用单头螺丝、双头螺丝或压板固定,受力大的滑车轴一般采用压板固定。

(5) 滑轮(cast-iron sheave)和轴承(bearing)。钢质滑车的滑轮用钢制成,木滑车的滑轮材质有铁、铜和硬木等。滑轮中心为轴承,由铜、合金钢或滚珠制成。轴穿过轴承,滑轮在轴上能自由转动。

3) 滑车应满足的基本要求

(1) 滑车的构造应使滑轮与外壳及隔板之间保持较小的间隙,其中,钢质滑车滑轮与外壳及隔板之间的间隙不得超过3 mm,以免卡住绳索。

(2) 滑车应具有有效的润滑,在不被拆卸的情况下,所有的轴承及头部吊环可以被加注润滑剂。

4) 滑车的规格

滑车的大小规格是以索槽底部的滑轮直径(mm)来表示的。起重设备中使用的滑车规格还以其起重量(kN或t)来表示,有的木滑车也以车壳的长度(车头至车尾的长度,单位为in)来表示。

5) 使用滑车时应注意的事项

使用滑车前应注意检查车壳、滑轮等有无裂缝;滑车使用过程中如发现有异常声音,则可能是轴承损坏或是滑轮缺油而转动不灵,应及时调换或加油;滑车的使用强度不应超过其允许的安全工作负荷。

2. 绞辘

滑车与绳索配合在一起使用称绞辘(tackle)。

1) 绞辘的组成

图4-5为绞辘各组成部分的名称。

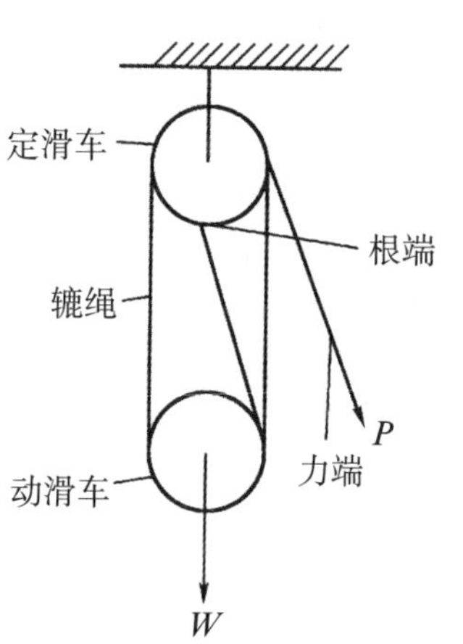

图4-5 绞辘各组成部分的名称

辘绳(tackle-fall):贯穿在滑车上的绳索。

力端(running end):辘绳用力拉的一端。

根端(standing end):辘绳固定在滑车上的一端。

定滑车(fixed block):固定在某处不动的滑车。

动滑车(movable block):吊重受力时移动的滑车。

2) 绞辘的种类

(1) 单绞辘。单绞辘由一个单轮滑车和一根辘绳组合而成,如图4-6(a)所示。

(2) 复绞辘。复绞辘由一个定滑车和一个动滑车与辘绳组合而成,又称滑车组。复绞辘的命名是根据定滑车和动滑车所具有的滑轮数来确定的。如图4-6(b)所示,由定滑车和动滑车组成的绞辘依次为1-1绞辘、2-1绞辘、2-2绞辘和3-2绞辘等,其中前一位数表示定滑车及其所具有的滑轮个数,后一位数表示动滑车及其所具有的滑轮个数。当定滑车与动滑车具有的滑轮数不同时，一般将滑轮数多的滑车用作定滑车。

按1-1、2-2、3-3……的顺序将绞辘的辘绳根端固定在定滑车尾眼上，按2-1、3-2、4-3……的顺序将绞辘的辘绳根端固定在动滑车尾眼上。

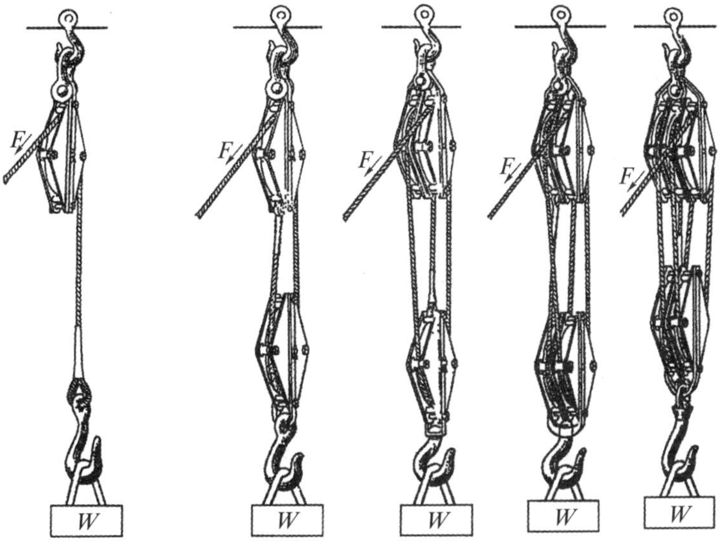

（a）单绞辘　　（b）复绞辘（1-1、2-1、2-2、3-2绞辘）

图4-6 绞辘

(3) 机械差动绞辘。机械差动绞辘(differential pulley purchase)又称差动滑车、机械滑车、神仙葫芦，它是利用齿轮传动比来达到省力目的的。具有结构坚固、省力大、占地小及使用方便等优点，适宜于在狭小的地方进行起重作业，但缺点是工作速度较慢且吊升高度有限。其起重能力有0.5 t、1 t、3 t和5 t等，分别标记在滑车本体上。

3) 绞辘的省力计算

绞辘省力的近似计算公式为

$$P=\frac{W\ (1+f\times n)}{m}\times 9.8$$

式中：P为绞辘力端的拉力，N；W为吊起的货重，kg；n为绞辘穿过的滑轮数；m为动滑车上的绳索根数；f为每一滑轮的摩擦系数。

钢索通过钢质滑车滑轮时，应考虑滑轮的摩擦系数和钢索的僵性损失，此数值对滑动轴承来说取5%，对滚动轴承来说取2%，此要求适用于所有起重设备。如木滑车使用的是硬木滑轮，则其滑轮的摩擦系数可取10%。

4) 使用绞辘时应注意的事项

(1) 必须按规定正确选配辘绳，以免造成滑车或辘绳过度磨损。

(2) 辘绳穿法应正确，应确保滑车受力平衡、辘绳不相互摩擦，以及绞辘工作平稳、安全省力。

(3) 确定绞辘安全工作负荷时，不仅要考虑滑车和辘绳的强度，同时还应考虑固定滑车和吊挂重物的连接构件的强度，应以系统中最薄弱构件的安全工作负荷作为绞辘使用的强度标准，不允许超负荷使用。

3. 滑车与辘绳的配置

滑车的大小与所配置的辘绳有一定的比例关系，根据《船舶与海上设施起重设备规范》规定，滑轮直径与绳索直径之比应不小于表4-1的规定值。

表4-1　滑轮直径与绳索直径之比

滑轮用途		滑轮直径/绳索直径	
		动索	静索
钢索	吊杆装置（包括吊杆式起重机）	13	8
	起重机、潜水器吊放系统	19	8
纤维索		6	

二、卸扣

卸扣（shackle）是连接各种绳头眼环和链索的可拆卸的环形金属构件，如图4-7所示。卸扣是船上最广泛使用的索具之一，由横销和本体两部分组成。横销有直插销和螺丝销两种，横销插入本体后，要用细钢丝扎牢或用开口销锁住，以防横销脱落。按卸扣本体形状的不同，有直形卸扣（straight shackle，又称“U”形卸扣）和圆形卸扣（circular shackle，又称马蹄形卸扣）两种。卸扣大小以其本体的直径来表示，并且本体上标有其安全工作负荷，如没有安全工作负荷标记，则可根据卸扣本体直径估算其许用负荷。

$$\begin{cases}\text{直形卸扣许用负荷}=4.5D^2\ \text{kgf}=44.1\ D^2\ \text{N}\\ \text{圆形卸扣许用负荷}=3.7D^2\ \text{kgf}=36.26\ D^2\ \text{N}\end{cases}$$

式中：D为卸扣本体直径，mm。

（a）　　（b）　　（c）

图4-7　卸扣

三、钩

钩（hook）是船上常用索具之一，钩的种类较多，船上使用最广的是普通钩，如图4-8所示。钩使用方便，但它的强度比较小，其强度为同尺寸的卸扣1/4。钩的本体上应标记有安全工作负荷，如没有，则可按下式进行估算：

$$\text{圆背钩许用负荷}=1.0D^2\ \text{kgf}=9.8\ D^2\ \text{N}$$

式中：D为圆背钩钩背直径，mm。

钩的强度比卸扣小，使用时，应使钩背受力，以防钩子被拉直或变形。为防止使用时脱落，可在钩尖与钩背之间用绳子缠住。当钩斜钩在甲板、舷墙等处的活动眼环上时，应使钩尖朝上以防钩受力滑动使钩尖滑脱，如图4-9所示。当钩尖开口部分的间距超过原尺寸的15%时，应换新。

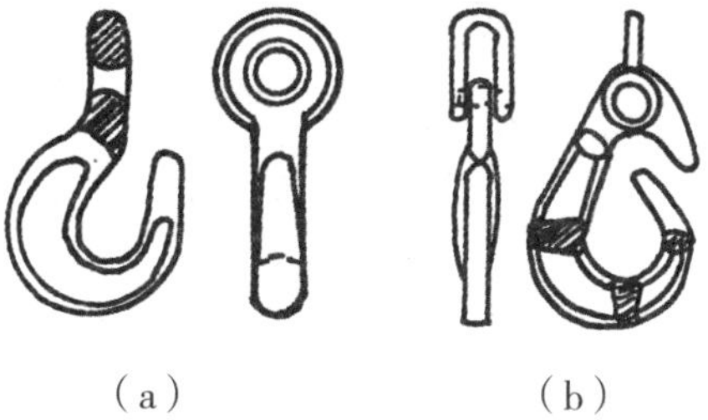

图4-8 圆背钩

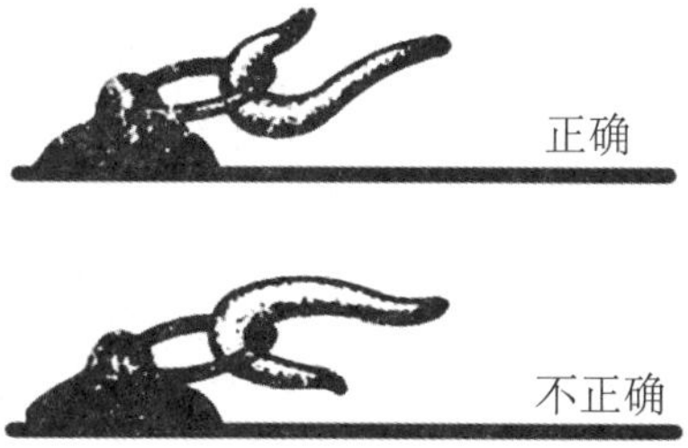

图4-9 钩在活动眼环上的正确钩法

四、眼板

眼板(eye plate)是一块带眼的钢板，如图4-10、4-11所示。三角形眼板供拴系两吊货索及吊货钩。焊接在舷墙或甲板上的眼板，供拴系稳索或支索。眼板应有安全工作负荷标记，如没有，则可按下式进行估算：

$$眼板许用负荷 = 7.7D^2\ \mathrm{kgf} = 75.46\ D^2\ \mathrm{N}$$

式中：D为眼板的厚度，mm。

眼板强度的衡量标准是眼板的厚度。

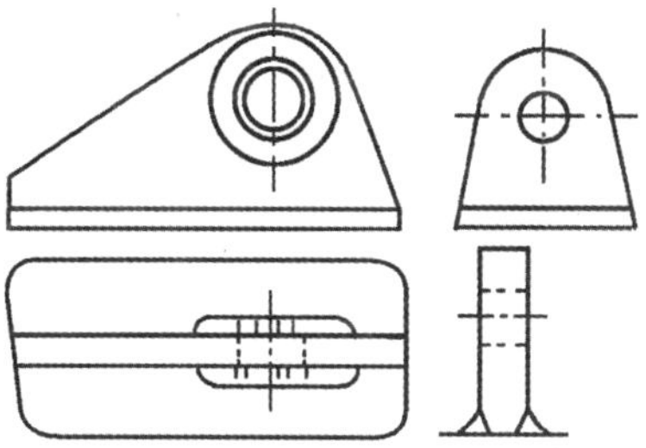

图4-10 眼板

图4-11 眼板实物

五、眼环

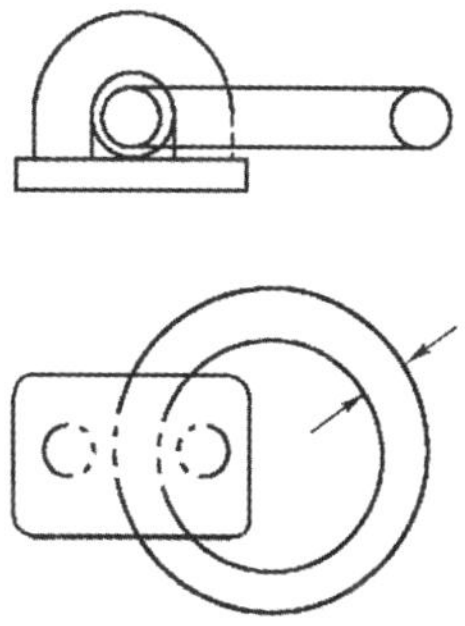

图4-12 眼环

眼环(ring plate)由一个固定环和一个活动环组成，如图4-12所示。用以钩挂各种绳索，如千斤索、稳索等，其强度小于眼板。眼环应有安全工作负荷标记，如没有，则可按下式进行估算：

$$眼环的许用负荷 = 29.4\ D^2\ \mathrm{N}$$

式中：D为眼环的直径，m。

六、心环

心环(thimble)又称嵌环，是一种钢制的环，有心形和圆形两种，其中：心形嵌环多用于钢丝绳，也可用于纤维绳；圆形嵌环则用于纤维绳，如图4–13所示。绳索在插接眼环时，将心环固紧在眼环内，可避免绳索受力时的急折，并可减少绳索内缘的磨损。

心环的大小以其内圆的直径为准，配绳时应使心环的槽宽比绳索的直径大1.5~2.0 mm，较大的心环上标有型号和强度。

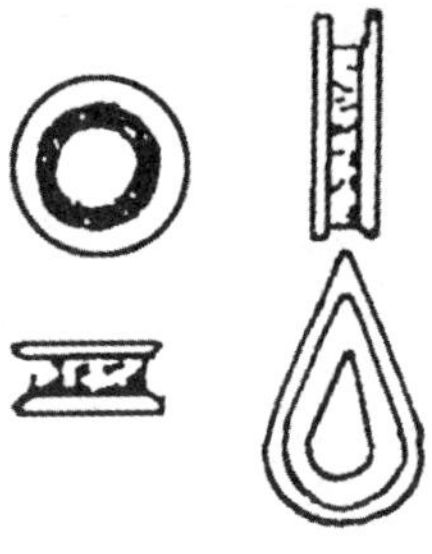
(a)

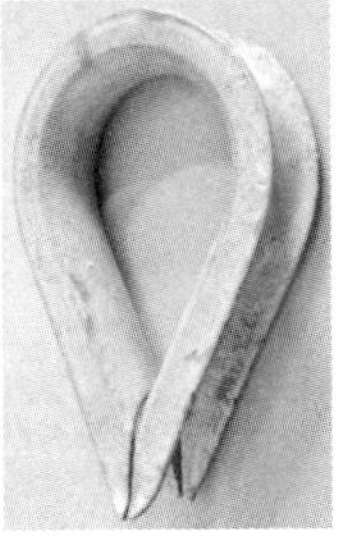
(b)

图4–13 心环

七、紧索夹

紧索夹(clamp)又称绳头卸扣或钢丝夹头，由“U”形螺栓、螺帽和夹座组成，如图4–14所示。紧索夹将钢丝绳的绳端和其绳干扎紧形成一个绳环(琵琶头)，以便拴系在眼环、眼板、地令上或与花篮螺丝相连，也可利用紧索夹将两根直径相近的钢丝绳临时连接在一起。紧索夹经常用于支索端固定和货物的系固，使用方便，拆装迅速，且省去了插接所需的大量时间，缺点是易使钢丝绳变形。

紧索夹的大小以“U”形螺栓的开档来衡量，单位为mm。选用时，开档的尺寸应与钢丝绳的直径相匹配。使用个数应与钢丝绳的直径成正比，数量至少为3个，钢丝绳越粗，使用数量越多，相邻紧索夹之间的间隔约为钢丝绳直径的6倍。使用时，其圆头应朝向绳头活端，“U”形螺栓上的两只螺帽应逐渐、交替拧紧，以防夹座倾斜损伤螺纹，如图4–15所示。

平时应注意检查紧索夹的螺纹部分并定期加油润滑，以防螺纹损坏或生锈咬死，同时还应注意检查“U”形螺栓有无压损变形现象，以免无法拆装。

图4–14 紧索夹

图4–15 紧索夹的正确使用方法

八、索头环

索头环(rigging screw)有叉头和环头两种，如图4–16所示。环的下部设有上大下小的锥形圆孔，上部为叉头横销或环部，锥形圆孔的下部内径与钢丝绳的直径相同。使用时将钢丝绳绳头由下部小孔穿入，散开绳头后将铅锌金属熔化后注入，待冷却后即可使钢丝绳与环连成一体。环部或横销可与卸扣等索具相连，常用于桅支索等强度要求大的静索上。索头环的强度以环部或横销的强度来衡量。

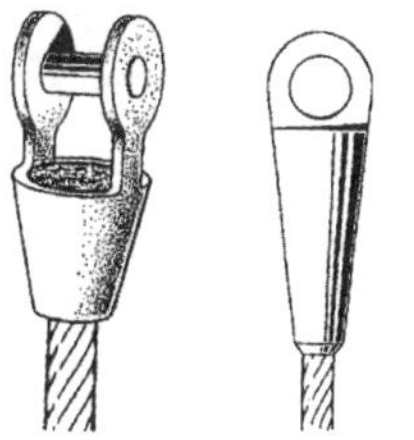
(a)　(b)

图4-16　索头环

九、花篮螺丝

花篮螺丝(turnbuckle)又称松紧螺旋扣(rigging screw)，有闭式和开式两种，主体由两根带正倒螺纹的螺杆和一个螺纹筒(套)组成，螺杆端部有与其锻成整体的钩头、眼环或卸扣等，如图4-17所示。

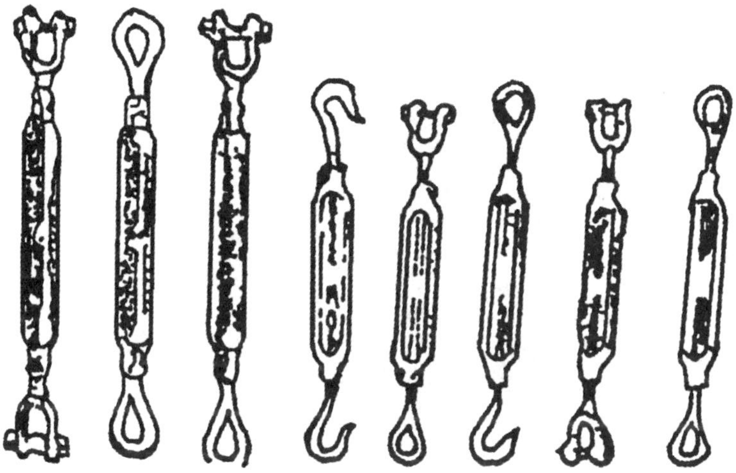
(a)　(b)　(c)　(d)　(e)　(f)　(g)　(h)

图4-17　花篮螺丝

花篮螺丝是用于收紧钢丝绳、链索和绑扎杆的专用索具，但起重设备系统中不得使用带钩子的花篮螺丝。使用时转动螺纹筒(套)，使2根带正倒螺纹的螺杆伸长或缩短。为防止因受力或震动引起的自由转动，除设有制止自由转动装置的闭式花篮螺丝外，其他不具备此功能的花篮螺丝可在螺纹筒(套)及螺杆间嵌入制止块。花篮螺丝的大小以整个螺旋扣的最大与最小长度和螺杆的直径来表示。使用时，以其螺杆上的钩、卸扣或环的强度为依据，一般均有安全工作负荷标记和配套的证书。

平时应注意检查花篮螺丝的螺纹部分并定期加油润滑，以防螺纹损坏或生锈咬死，保证其转动灵活。用于露天静索上的花篮螺丝应先涂油后再用帆布包扎，以防生锈。

第二节　起重机

起重机是船舶应用最为广泛的一种起重设备。起重机于20世纪60年代开始在船上被使用，具有占地面积小、工作面积大、结构紧凑、操纵灵活方便、装卸作业前后准备工作和收检索具工作少、装卸效率高等优点，但起重机也具有结构复杂、投资高、故障修复难度较大等缺点。

一、起重机的种类

船用起重机按动力源的不同，有电动和液压两种，其中电动式应用最为广泛。如按其使用方式的不同，可分为回转式、悬臂式和组合式3种。

1. 回转式起重机

回转式起重机(whirley crane)又称克令吊、甲板起重机，除具有起重机的所有优点外，还具有定点着放能力强的突出优点。

1）主要组成部分与基本参数

回转式起重机主要由基座、回转塔架、吊臂、操纵控制室和操纵装置等组成，如图4-18和4-19所示。

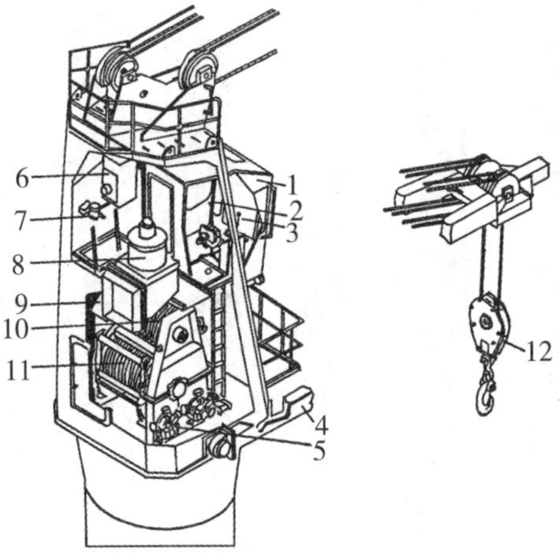

1—控制室(cabin)；2—变幅/旋转操纵杆(control lever for slewing/luffing)；
3—起货操纵杆(control lever for hoisting)；4—吊臂(jib)；5—油马达(oil motor)；6—上油柜(head tank)；
7—过滤器(oil strainer)；8—冷却器(oil cooler)；9—限位器箱(differential limit switch box)；
10—变幅绞车(luffing winch)；11—起货绞车(hoisting winch)；12—吊货滑车(falling block)。

图4-18 回转式起重机

图4-19 实船回转式起重机

基座下端穿过主甲板与船体主结构(纵横主要构件)进行有效连接,以确保其具有足够强度,上端设有上、下座圈和外围支承板等旋转支承,以及电动机、小齿轮和大齿轮等旋转机构。回转塔架位于基座上端,包括上下2层,上层为操纵控制室,下层装有3部电动机,分别控制吊货索升降、吊臂的变幅和回转塔架旋转。吊臂根部固定在回转塔架底部,可绕根部支点上下仰俯,其头部设有两套滑车组供吊货索和千斤索使用。

起重机基本参数随起重机使用方式的不同而有所不同,一般包括起重量、起升速度、旋转速度、变幅时间、工作幅度、回转角度和船舶倾角要求等基本参数。

2) 起重机的操作主令

在起重机操纵控制室内的座椅两侧分别装有3部电机的运转控制器。

位于座椅右侧的控制器为单主令控制手柄,用于控制吊货索的升降,由操作人员的右手控制。操作动作与人的思维一致,即手柄向前,吊钩下降;手柄向后,吊钩上升。

位于座椅左侧的控制器为双主令控制手柄,用于控制吊臂的变幅和回转塔架的旋转,由操作人员的左手控制。操作动作同样与人的思维一致,即手柄向前,吊臂幅度增大,仰角减小;手柄向后,吊臂幅度减小,仰角增大;手柄向左,回转塔架左转;手柄向右,回转塔架右转。应注意的是当旋转手柄在"0"位时是空挡,此时刹车合上,电机定子断电,电机转子处于自由状态。以上3个动作可单独,也可两两组合,甚至3个动作同时进行。

2. 悬臂式起重机

悬臂式起重机(cantilever crane)是一种比较新型的甲板起重机,如图4-20所示。主要用于集装箱船或可装载集装箱的多用途船装卸集装箱,它利用伸出舷外的水平悬臂和在悬臂上行走的滑车组小车来完成装卸货作业。

悬臂式起重机与回转式起重机相比,具有结构简单、装卸效率高、维修方便等特点。

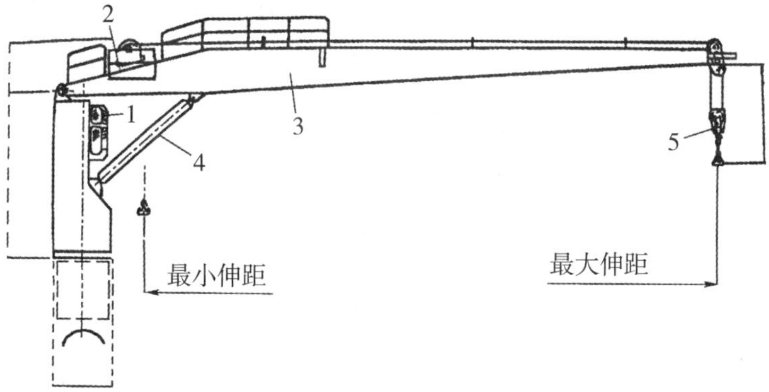

1—控制室(cabin);2—起货机(hoisting winch);3—吊臂(jib);
4—液压千斤顶(bydraulic cylinder);5—吊货滑车(falling block)。

图4-20 悬臂式起重机

3. 组合式起重机

组合式起重机(combination crane)又称双联回转式起重机,由两台单回转式起重机装于同一个转动平台(公共大转盘)上组合而成,两台单回转式起重机可绕各自的小转盘旋转并实现单独作业,也可以合并在一起使用,一般情况下合并使用时的起重量为单独使用时的2倍。组合式起重机主要设置在集装箱船或可装载集装箱的多用途船上,如图4-21和图4-22所示。

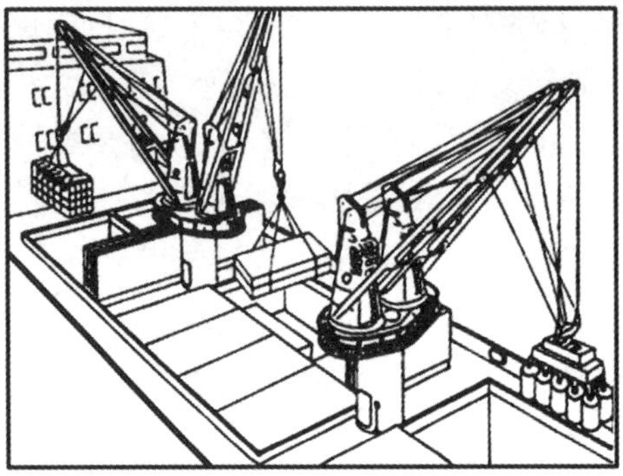
图4-21 组合式起重机

图4-22 实船组合式起重机

当两台起重机单独作业时，应将操纵控制室内的转换开关置于“单吊”位置，此时安装在公共大转盘上的两台起重机相互独立，可分别绕各自的小转盘旋转，最大旋转角度为220°左右（各自在相反的方向上起算），这样若两台起重机同时作业于相邻的两个舱，回转时可能互相干涉。为有效防止两台起重机相互碰撞，设置了相应的安全装置，即在140°的范围内设置相应的限位开关（回转角度限位器），当一台起重机进入干涉区时，限位开关起作用，使另一台起重机不能超越140°的范围。

当需起吊重量超出单台起重机安全工作负荷的货物时，可将两台起重机的吊货钩通过一吊货横梁连接起来，并将操纵控制室内的转换开关置于“双吊”位置，此时两台起重机相互联锁组合，共同绕公共大转盘一起转动，回转角度正反360°无限制。组合后的起重机有主吊（master crane）和副吊（slave crane）之分，操纵时由主吊操纵控制室内的控制手柄进行主、副吊合吊操纵。为保证合吊操纵时的安全和平稳，主、副吊设有吊货索起升同步装置和两吊臂变幅同步装置。

目前，由计算机控制的组合式起重机已在船上得到使用，可使组合后的起重机实现起升、变幅和回转3个自由度上的同步作业，整个操纵只需一人在操纵控制室内即可完成，也可实现遥控操作。

二、起重机的控制与保安装置

1. 起重机的控制装置

（1）应设有起升、回转、变幅和行走（如适用时）机构的控制系统。

（2）如果起重机某机构需要越过限位器所限制的位置（如需将臂架放倒），则可设置停止限位器动作的越控开关，此开关应适当保护，以防发生意外动作。

行走式起重机与行走式吊车在行程限位器后应设有缓冲器与缓冲挡座。

（3）应设有超负荷保护或负荷指示器，超负荷保护应在不超过110%安全工作负荷时动作。

（4）不同安全工作负荷对应不同臂幅的起重机，应设有在给定臂幅能自动显示最大安全工作负荷的载荷指示器，并在载荷到达95%安全工作负荷时发出警报，到达110%安全工作负荷时能自动切断运转动力。

（5）各机构应设有制动器。起升与变幅机构的制动器应为常闭式，并应具有应急释放的装置以使任何载荷能安全下降并就位，制动器的安全系数（制动力矩与额定力矩之比）应不小于1.5。

(6) 行走式起重机应装有夹轨装置，以防止起重机在风力或船倾作用下自动滑行。

(7) 行走式起重机应设有锚定装置，以供起重机停用时予以固定。

(8) 应设有声光信号装置，行走式起重机在轨道上行走时，应同时发出声光信号。

(9) 不同安全工作负荷对应不同臂幅的起重机，应设有臂幅指示器。

2. 起重机的保安装置

1) 起升高度限位器

限制吊钩组合进入吊臂头部由差动型限位装置限制。不管吊臂在什么位置，当吊钩组合向吊臂头部接近约剩2 m时，起升的上升方向与变幅的下降方向自动停止，但吊钩能放下，吊臂能上仰。

2) 最大与最小臂幅限位器

起重机工作幅度（臂幅）的限制由装在塔架转台侧面，受吊臂脚撞触的限位开关来实现。当吊臂臂幅达到最小工作臂幅时，由安装在塔架头上的两个缓冲器顶住吊臂的横档，使其不再减小。当吊臂需要放在支架上时，只需脚踏转换开关（越控开关），吊臂就能落下。

3) 回转角度限位器

适用于回转角度有限制的起重机。

4) 行程限位器

适用于行走式起重机与桥式起重机的行走吊车。行程限位器动作后，应发出报警、切断运转动力并应能将吊运的载荷与起重机保持在限位器动作时的位置上，辅助起重机（如食品吊等）除外。

5) 绞车

(1) 绞车卷筒上的钢索应能排列整齐，必要时应设置排绳器。

(2) 绞车卷筒上的钢索长度应适合于设计范围内的任何位置使用（确保吊钩能放到舱内最远位置），并且在卷筒上留存的钢索在任何情况下不少于3圈。

(3) 当所需收进的钢索全部绕上卷筒后，绞车卷筒凸缘应高出最上层钢索不小于2.5倍的钢索直径。

(4) 动力绞车应设置制动器，在运转动力故障时，应能使载荷保持位置不变。绞车制动器的有效制动力矩应不小于绞车额定值的1.5倍。

三、起重机的操作注意事项

以回转式起重机为例：

1. 使用前的准备

(1) 打开水密门以便检查和通风，天热时须启动轴流风机。

(2) 检查卷筒上的钢丝绳排列是否正常。

(3) 升起吊臂，使其处于工作臂幅范围内。

(4) 检查刹车及安全装置的可靠性。

2. 运转要点

(1) 禁止横向斜拉货物。

(2) 保持平稳操作，避免急速起动或停止，以使起重机震动达到最低程度，延长起重机的使用寿命。

(3) 注意吊钩位置，在吊钩着地后不得再松钢丝绳，也不得在地上拖吊钩。

(4) 传动失灵时，可小心、慢慢地松开电机刹车，将货物放在地上并将吊臂放下。

(5) 切记避免吊货钢丝绳在舱口摩擦，平时应加强检查。

(6) 发生危急情况时，按紧急开关使各动作停止。

(7) 船舶横倾角较大(接近5°)和刮大风时，应避免在最大工作臂幅处旋转。

(8) 吊着货物时，操作者不能离开。

3. 放置

先将吊臂转到支架上方，再把旋转手柄放在空挡，然后脚踏转换开关(越控开关)，缓缓将吊臂落到支架上，再将旋转手柄回到零位。此时，变幅钢丝绳稍有收紧，切忌很紧或很松，以免钢丝绳在卷筒上松脱或乱绕，然后关闭各门窗。图4-23为已放置到位并固定好的回转式起重机。

图4-23　已放置到位并固定好的回转式起重机

第三节　轻型吊杆

轻型吊杆(light derrick)是指安全工作负荷等于和小于98 kN的吊杆装置和吊杆式起重机。

一、轻型吊杆的组成

轻型吊杆主要由起重柱(桅)、吊杆装置和起重设备动力机械(起货机)三大部分组成，如图4-24所示。

图4-24　实船轻型双杆

1. 起重柱(桅)

起重柱(桅)(derrick post)是起重设备的主要组成部分之一。柱的下部设置吊杆承座，用以支持吊杆左右旋转、变幅和承受吊杆在作业时的作用力，柱的上部设置千斤索导向滑车眼板座，用以连接千斤索导向滑车并承受吊杆作业时千斤索的拉力。

起重柱(桅)一般为空心钢管，为确保其具有足够的强度，应至少有两层甲板作为支点，并与船体主结构进行有效连接，具有足够强度的甲板室甲板可作为一个支点，连接处的船体结构或甲板室甲板应做加强。对起重柱(桅)上受集中载荷的部位，如吊杆承座、千斤索导向滑车眼板和桅支索眼板等部位，均应做适当加强(加厚)。

起重柱(桅)的结构形式较多，常见的有单桅起重柱(samson post)、门式起重柱(goal post)和人字形起重柱(bipod mast)。

2. 吊杆装置

吊杆装置(boom device)由吊杆、绳索及索具等组成。

1) 吊杆

钢质吊杆(boom)用以支撑吊货滑车。吊杆是具有在全长范围内直径与厚度保持不变的圆筒形等截面的杆件，或是中段直径与厚度在一定长度范围内保持不变，向两端直径逐渐减小的变截面杆件。任何情况下钢质吊杆的壁厚不得小于4 mm。

吊杆头部设有吊杆环眼箍，作为该部位的加强，并用以连接千斤索眼板、吊货滑车眼板和稳索眼板等。吊杆根部由叉头状眼板通过吊杆转轴(俗称鹅颈头，goose neck)与固定在桅或起重柱上的吊杆承座相连接，以实现吊杆左右回转和上下变幅。

2) 绳索与索具

吊杆装置中所使用的绳索与索具(rope & rigging)主要有：千斤索、吊货索、稳索等绳索；吊货与吊货导向滑车、千斤索与千斤索导向滑车、稳索用滑车、有节定位索、三角眼板、卸扣及吊货钩等索具。本书仅介绍各类绳索。

(1) 千斤索(topping lift)是承受吊杆载荷，并控制吊杆俯仰和/或回转的钢索。千斤索一端通过千斤索滑车组的千斤索滑车与吊杆环眼箍或眼板相连，另一端穿过千斤索导向滑车后垂直向下通至千斤索绞车，利用千斤索绞车的绞收或松放来控制千斤索的长度，实现调整吊杆仰角和/或左右回转(双千斤索无稳索吊杆)。

(2) 吊货索(cargo fall)是吊放货物，控制货物起升或降落的钢索。吊货索的一端与吊货钩相连(采用吊货滑车组的，吊货索通过吊货动滑车与吊货钩相连)，双杆联合作业时，通过三角眼板将两根吊货索与吊货钩相连；另一端经吊杆头部的吊货滑车、中部的过桥滑车和吊杆根部的吊货导向滑车后引至起货绞车。由于吊货索动作频繁，故是最易磨损的绳索。

(3) 稳索(guy)是用于调整和固定吊杆位置的钢索和/或纤维索。稳索的一端连接在吊杆头部吊杆环眼箍的两侧或该处两侧的眼板上，另一端引至稳索绞车或系固在舷墙地令(或眼板)上。稳索的种类随轻型吊杆使用形式的不同而不同。

对采用单千斤索单杆操作的轻型吊杆来说，稳索的另一端引至稳索绞车，并由绞车操作，此时的稳索称摆动稳索(又称牵索，slewing guy)，摆动稳索通常在吊杆头部左右各设一根，通过绞车一绞一松，即可实现单杆的左右回转动作。

对采用双杆联合作业的轻型吊杆来说，每根吊杆头部的外侧设两根稳索，称边稳索(俗称边盖，side guy)，其中一根称调整稳索(俗称软盖，adjustable guy)，一般由钢索与纤维索绞辘组合而成，其中绞辘中的定滑车通过卸扣与舷墙地令(或眼板)相连，人员手握辘绳力端。调整稳索仅用于吊杆的布置与调整，吊杆工作过程中基本不受力；另一根为保险稳索（俗称老盖，insurance guy），一般用有节定位索或钢索制成，其一端与舷墙专用装置相连。保险稳索用于固定吊杆工作时的位置，并承受吊货时吊货索的水平张力，保险稳索是受力最大的绳索；两吊杆头部内侧间由一纤维索绞辘相连，称中稳索（俗称中盖，mid guy），辘绳力端通过设在起重柱（桅）桅肩上的导向滑车引至起重柱（桅）下部，并挽在专用羊角上固定，中稳索用于吊杆的布置、调整，以及防止吊杆在工作过程中的外张与晃动，中稳索受力最小。

3. 起重设备动力机械

起重设备动力机械（起货机）是布置起重设备与装卸货物的动力源。

1）起货机的种类和特点

船用起货机（cargo winch）主要分电动起货机（electric cargo winch）和电动液压起货机（hydraulic cargo winch）两大类。

电动起货机线路比较复杂，需要较高的管理维护水平，但具有操作简单，运转平稳等优点，船上应用较为广泛。

电动液压起货机与电动起货机相比具有质量轻、体积小，操作方便，工作平稳等优点，并具有良好的制动能力，但制造安装较复杂，维护管理要求高，若使用或维护不当，高压油管接头及油管本身易爆裂造成漏油。随着制造技术的日渐成熟，电动液压起货机已在船上被广泛应用，并越发显示出其独特的优越性。

2）起货机的一般性能要求

（1）起货机的离合器和刹车应灵活可靠。

（2）制动器（刹车）的有效制动力矩应不小于其额定值的1.5倍。

（3）在电源中断或管路失压时，应设有防止货物落下的制动装置。

（4）应设有过载保护装置。

（5）操纵手柄的动作方向应与吊货钩的动作方向一致。

3）电动起货机的操作步骤与使用注意事项

（1）操作步骤：

①通知机舱供电。

②接通控制箱上的电源开关。

③扳动操纵手柄至需要的位置，即可获得相应的转动方向和回转速度。

④使用完毕后断开控制箱上的电源开关，并通知机舱停止供电。

（2）使用注意事项：

①使用前应顺、倒车空转片刻，以确认起货机是否正常，同时检查刹车的可靠性。

②在增加运转速度时，应逐渐缓慢加速，以防因负荷突然加大而烧毁电机。顺、倒车换挡时，应先将操纵手柄在断电点零位（空挡）处略停片刻，随后才可变换操纵方向。

③装卸货作业时，起货机副卷筒也同步转动，但严禁同时使用主、副卷筒以防过载而发生事故。

④如电动机升温过高或减速箱内的油温超过规定值，应立即停止工作并请轮机人员检查。

4）液压起货机的操作步骤与使用注意事项

（1）操作步骤：

①通知机舱供电，合上电动机电源开关，开启高压油泵阀门。

②检查高压油泵的压力是否正常，如不正常，须调节至适当压力。

③启动控制箱上的油泵开关时，应先按辅助油泵开关，过1 min后再按主油泵开关，并检查压力表指针是否正常。

④扳动操纵手柄，即可控制油马达的转动方向和回转速度。

⑤使用结束后，应先关主油泵，再关辅助油泵，并通知机舱停止供电，最后关闭高压油泵阀门。

（2）使用注意事项：

①使用前应顺、倒车空转片刻，以确认起货机是否正常，同时检查刹车的可靠性。

②操纵时应缓慢加大油压，以防因油压突增造成油管接头爆裂而导致漏油。

③装卸货作业时，起货机副卷筒也同步转动，但严禁同时使用主、副卷筒以防过载而发生事故。

④使用过程中如发现升降速度不一致时，可进行零位调整：第一步，扳动操纵手柄使零位指示灯亮；第二步，开启手柄旁的小阀；第三步，将手柄置于中间位置；第四步，关闭小阀。

二、轻型吊杆的种类与操作

1. 轻型吊杆的种类

轻型吊杆的种类主要有单千斤索轻型单吊杆、双千斤索轻型单吊杆和单千斤索轻型双吊杆，除此之外，还有液压传动式单吊杆等。目前，除双千斤索轻型单吊杆外，其他几种吊杆已很少在营运船舶上被使用。

2. 轻型吊杆的操作

1）单千斤索轻型单吊杆

单千斤索轻型单吊杆的作业特点是吊杆头部转动带动货物移动，如图4-25所示。

单千斤索轻型单吊杆是吊杆头部设有一根千斤索和两根摆动稳索的轻型单吊杆。千斤索通过千斤索导向滑车后被引向千斤索绞车，吊杆的俯仰由千斤索绞车控制。吊杆头部两侧的摆动稳索通过相应的导向滑车，最终被引至同一起货机（绞车），并由该起货机进行同步控制，实现控制吊杆的左右摆动。

图4-25　单千斤索双摆动稳索轻型单吊杆

装卸货作业时，吊杆的俯仰由千斤索绞车控制，由摆动稳索绞车控制两根摆动稳索以同一速度一松一绞，配合使用吊货起货机完成货物装卸作业。

2）双千斤索轻型单吊杆

双千斤索轻型单吊杆在带载情况下仅由一人即可完成回转和变幅操作，故又称吊杆式起重机。

该吊杆由左右分开的两套千斤索来操纵，无摆动稳索（牵索），如图4-26所示。双千斤索单吊杆的两台千斤索绞车均为双卷筒式，能控制吊杆的俯仰和回转。当两台千斤索绞车以相同的转速同步绞进千斤索时，吊杆仰角就增大；若以相同的转速同步松出千斤索时，吊杆仰角就减小；当操纵一台起货机绞收一侧的千斤索，而另一台起货机以相同速度松出另一侧的千斤索时，则可控制吊杆向绞收一侧转出。

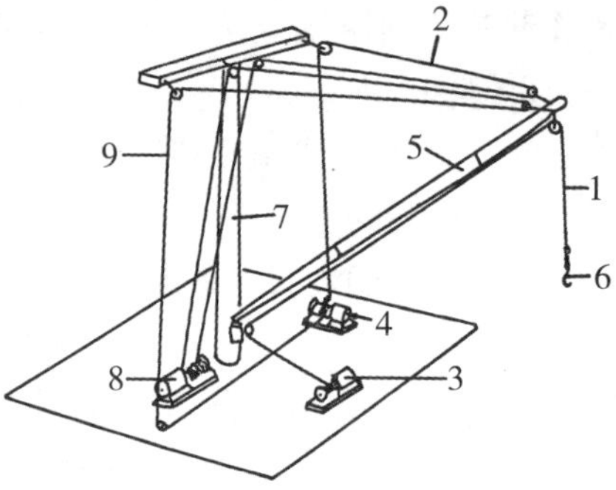

1—吊货索(cargo fall)；2—千斤索(topping lift)；3—起货机(cargo winch)；4—千斤索绞车(topping lift winch)；5—吊杆(boom)；6—吊货钩(cargo hook)；7—起重柱(samson post, SP)；8—千斤索绞车(topping lift winch)；9—千斤索(topping lift)。

图4-26 双千斤索轻型单吊杆

3）单千斤索轻型双吊杆

单千斤索轻型双吊杆由两套单千斤索单吊杆通过一定的方式联合起来形成了双杆联合(union purchase)操作系统，其布置如图4-27所示。

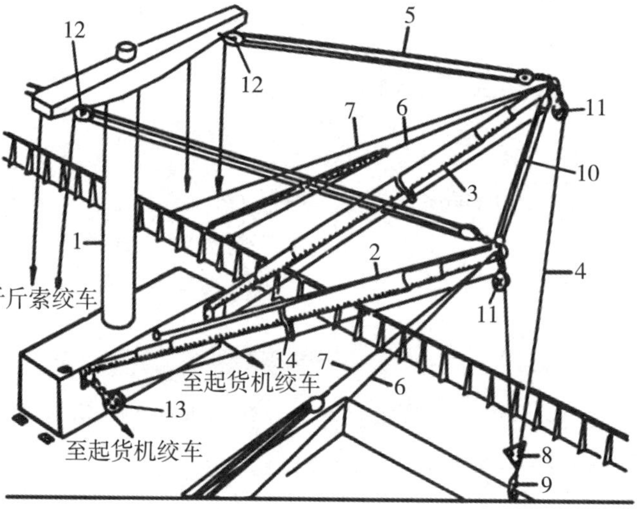

1—起重柱(samson post, SP)；2—舷内吊杆(inside boom)；3—舷外吊杆(outside boom)；4—吊货索(cargo fall)；5—千斤索(topping lift)；6—调整稳索(adjustable guy)；7—保险稳索(insurance guy)；8—三角眼板(triangle eye-plate)；9—吊货钩(cargo hook)；10—中稳索(mid guy)；11—吊货滑车(cargo block)；12—千斤索导向滑车(topping lift guiding block)；13—吊货导向滑车(cargo guiding block)；14—过桥滑车(carrier block)。

图4-27 轻型双杆

每根吊杆头部均设有千斤索、吊货索、保险稳索、调整稳索和中稳索。两千斤索控制各自吊杆的俯仰角度；各吊杆吊货索的首端通过三角眼板连接，另一端通过吊货滑车、过桥滑车和吊货导向滑车后被引至各自的起货机；保险稳索（老盖）起到减少吊杆受力的作用；吊杆左右位置的调整通过调整稳索（软盖）来完成；中稳索（内牵索或中盖）连接两根吊杆头部内侧，调整两吊杆的张角。

采用双杆联合操作时，布置在舷外的一根吊杆称舷外吊杆（俗称小关，outside boom），另一根布置在舱口上方的吊杆称舷内吊杆（俗称大关，inside boom）。利用千斤索、调整稳索和中稳索将两吊杆调整到各自所需的位置后，挽牢调整稳索、中稳索和保险稳索，完成吊杆的布置。

卸货时，利用舷内吊杆的起货机绞进吊货索，当绞收吊货索把货物吊起至超过舱口上沿后，再用舷外吊杆的起货机绞进吊货索，同时松出舷内吊杆的吊货索，将货物吊出舷外，最后，同时松出两根吊货索，将货物卸至指定的位置。装货时操作顺序相反。

三、轻型双杆联合作业时的布置要领及操作注意事项

1. 双杆联合作业时的布置要领

1）舷内吊杆（大关）

吊杆仰角：为避免千斤索张力降为0或为负值，最大仰角应小于75°，以防翻关。

保险稳索：尽量使其水平投影与吊杆水平投影成90°，以减小吊杆的水平分力，其下端应尽量布置在舷墙眼板或地令上（使其仰角越小越好），以减小其张力。如吊杆的仰角较大，其下端可略向前布置（下端系结点接近舱口中部或中部略偏前），这样可增大稳索与吊杆的夹角。

2）舷外吊杆（小关）

吊杆仰角：仰角应大于15°，一般为45°左右，仰角太小会导致千斤索张力太大。吊杆与船舶纵中线的水平投影夹角宜保持在45°~65°，这样既可保证吊杆在舷外有一定的跨距，又可防止两吊杆头部的距离过大，同时可避免两吊货索受力过大。

保险稳索：其根部应尽量向后并系结得高一些，即应系结在舷墙上专用于系固舷外吊杆保险稳索根部的眼板或地令上，使其水平投影与吊杆的水平投影夹角不小于20°，以达到减小其对吊杆的作用力及不影响装卸货的目的。

舷外吊杆的跨距：应保证达3.5 m及以上。

3）应注意的事项

（1）正确合理地选择舷墙上专用于系固保险稳索根部的眼板或地令，是双杆联合作业时的布置重点。

（2）双杆操作时，在轴向压力相同的条件下，其SWL约为单杆操作的40%~60%，必须引起足够的重视。

2. 起落吊杆操作及应注意的事项

吊杆的起落操作应在水手长的指挥下进行（如认为有必要，也可以由值班驾驶员亲自指挥），起落吊杆可按下列步骤进行：

1）起吊杆

（1）打开吊杆支架铁箍，将稳索、吊货索、千斤索整理清楚，检查各个卸扣插销、细铁丝有无松动、脱落，再将吊货索松出适当长度，将吊钩从地令脱出。

（2）由一人将调整稳索绞辘一端扣结在舷墙面板地令或眼板上，再将辘绳在羊角上挽一道，握住力端，以便起吊杆时作适当松紧，使吊杆不左右摆动。由另一人控制中稳索并作

适当松放。

(3) 操纵千斤索升降机(绞车)使吊杆升起,同时同步松出调整稳索与中稳索,当吊杆升至需要高度时,按止动开关使升降机停住,插上保险销子。

(4) 调整好吊杆位置,收紧挽住调整稳索与中稳索,然后将保险稳索系妥,收紧扣住。

2) 落吊杆

(1) 解开保险稳索,利用调整稳索与中稳索将舷外吊杆拉入舷内。

(2) 拔出千斤索升降机的保险销子,脱开制动铁舌,启动升降机反转,松落吊杆。

(3) 在吊杆接近支架时,由于吊杆下垂力非常大,必须特别缓慢细心操作,以免发生事故。

(4) 支架受力后,扣上铁箍,将稳索、吊货索等整理清楚,检查保险销子、制动铁舌是否放好。

(5) 将吊货钩钩在专用地令上,并适当收紧吊货索,以便固定吊杆和防止吊货钢丝绳卷筒上的钢丝松乱。

3) 起落吊杆时应注意的事项

(1) 操作前应将参与人数、人员分工、操作要点和注意事项交代清楚,并试转起货机。

(2) 操作人员要集中精力,注意指挥者的指挥,不要左顾右盼。

(3) 指挥者应站在适当而安全的位置,使作业人员能清楚地看到其指挥动作,以便作业人员可以正确执行其命令。

(4) 吊杆下方禁止站人。

(5) 应根据人员的技术水平与熟练程度情况,配备足够的作业人员,如人员不足,应一根一根地起落吊杆,以确保安全。

(6) 双杆同时起落时,操纵起货机者应相互配合好。

(7) 起落过程中如发现滑车或起货机的转动有不正常的声音时,应暂时停止工作,进行详细检查,以防发生事故。

(8) 一切绳索必须整理清楚,以防在吊杆的起落过程中有攀住或钩住他物的情况发生。

四、轻型吊杆作业时应遵循的操作注意事项

(1) 严禁超关、拖关、游关和摔关。

(2) 双杆操作时,两吊货索的水平分力是影响吊杆、稳索、千斤索受力的主要因素。当两吊货索夹角达120°时,每根吊货索的张力将达到所吊货物的重量。因此,货物不应吊起太高(以能过舱口围板和舷墙为准),以防两吊货索之间的夹角超过120°,使吊货索的水平分力、稳索与顶攀的受力剧增而导致严重后果。

(3) 装卸货时应避免突然换向或急刹车。

(4) 作业中如发现有异常情况或异常声响时,应立即停止工作,待检查并消除故障后再继续工作。

(5) 双杆作业过程中是否对吊杆的布置进行调整由值班驾驶员决定,装卸工人不得任意改变吊杆的布置状态。

(6) 装卸货过程中,吊杆下方禁止站人(图4-28),人员也不得从内档甲板通行。暂不工作时,吊货索应收绞起来,使吊货钩不碰到人头,吊货索不应盘在甲板上。

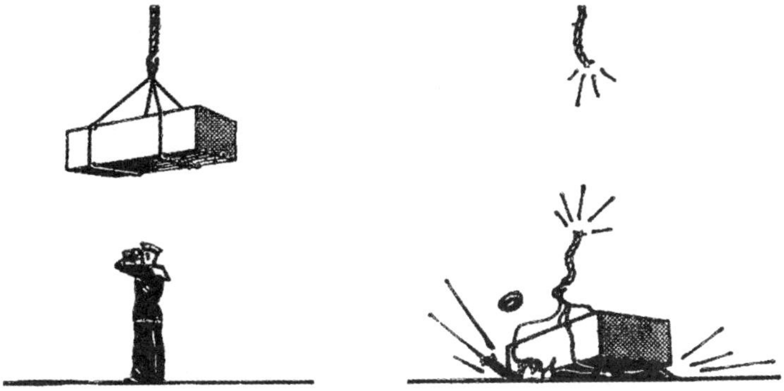

（a）　（b）

图4-28　吊杆下方严禁站人

五、起重设备有关绳索安全系数的规定

钢索和纤维索破断负荷的安全系数n应不小于表4-2所列的值。

表4-2　安全系数

绳索种类与用途			安全系数n
钢索	动索	吊货索、千斤索、摆动稳索	$3\leq n\leq 5$
	静索	保险稳索	4
		桅支索	$3\leq n\leq 3.5$
纤维索			8

第四节　重型吊杆

为满足装运重大件货物的需要，一些杂货多用途船和专用重大件船除设置了轻型吊杆外，还在中间舱口或重点货舱口配备了重型吊杆。

重型吊杆是指安全工作负荷（SWL）大于98 kN的吊杆装置和吊杆式起重机。

一、重型吊杆的特点和种类

（一）重型吊杆的特点

由于重型吊杆（heavy derrick）的起重量大，其结构装置与轻型吊杆有所不同，主要表现在吊杆的根部、头部和绳索与索具3个方面，如图4-29所示。

（1）吊杆根部承座通常不设在桅或起重柱的下部，而是直接安装在甲板或专用平台上，承座所在的甲板或平台下面设有支撑等加强结构，以承受巨大的吊杆轴向压力，减轻桅或起重柱的受力。

（2）有的吊杆头部设有一嵌入式滑车（普通型和哈列恩型），其作用是改变吊货索的走向，减小吊杆所受的轴向压力和千斤索张力。

(3) 重型吊杆的千斤索和吊货索均采用多饼滑轮组，以减小起货机的负荷。

(4) 为了提高重吊的利用率，有的重吊通过舱口倒换可供相邻的两个货舱使用(如V型重吊)。

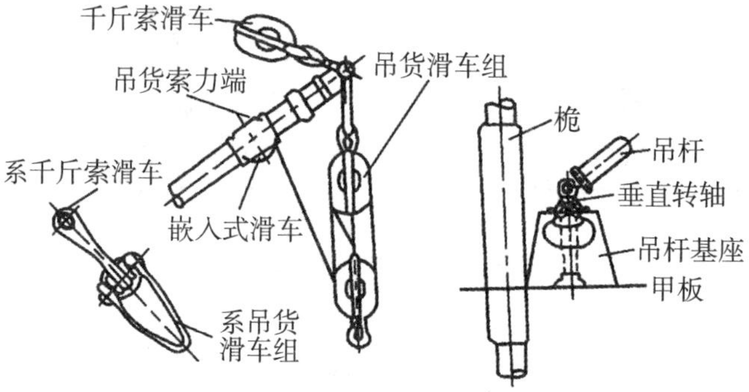

图4-29　重型吊杆结构特点示意

(二) 重型吊杆的种类与组成特点

目前，船舶常用的重型吊杆主要有普通型重吊、V型重吊和哈列恩式重吊等。

1. 普通型重吊

普通型重吊又称带嵌入滑车式重型吊杆，结构如图4-30所示。

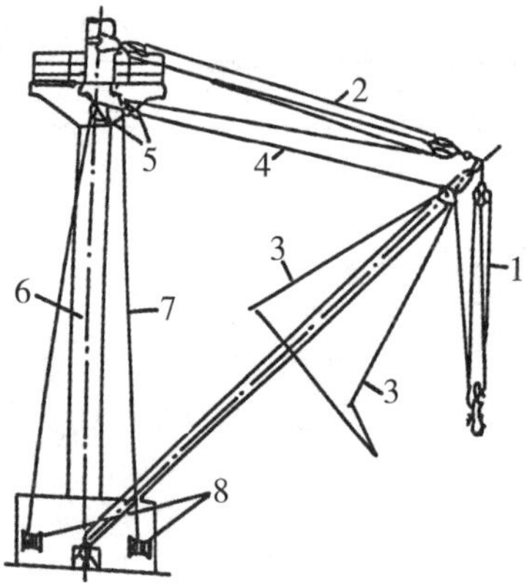

1—吊货索滑车组(cargo fall tackle)；2—千斤索滑车组(topping lift tackle)；3—稳索(guy)；4—吊货索(cargo fall)；5—导向滑车(leading block)；6—桅柱(mast)；7—千斤索(topping lift)；8—起货机(winch)。

图4-30　普通型重型吊杆

普通型重型吊杆的吊杆头部设有一个嵌入式滑车，吊货索的力端从吊货索滑车组的下部引出，经嵌入滑车和设在桅肩上的吊货导向滑车后引向起货机，这样通过嵌入滑车的设置改变了吊货索的走向，从而减小了吊杆所受的轴向压力和千斤索张力。千斤索也采用多饼滑车组，其动端从吊杆头部的千斤索滑车引出，穿过在桅肩上的千斤索导向滑车后引向千斤索绞车。设在吊杆头部左右的两根摆动稳索(牵索)则通过设在甲板上的导向滑车，由相邻货舱口上的两台起货机来操纵，吊杆的左右摆动由收绞一边的牵索和松放另一边的牵索来完成。该种重型吊杆共有4台起货机。

2. V型重吊

1) 组成及特点

V型重吊又称施特尔根(Stulken)重吊，它不仅改善了普通型重吊的操纵使用性能，而且起重量大，安全工作负荷(SWL)一般为120~ 500 t，最大可达750 t，其结构如图4-31所示。

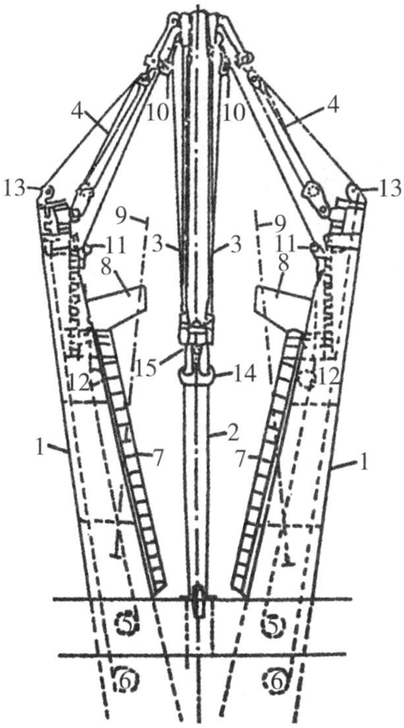

1—起重柱(samson post, SP);2—重型吊杆(heavy derrick);3—吊货索滑车组(cargo fall tackle);
4—千斤索滑车组(top- ping lift tackle);5—起重绞车(winch);6—千斤索绞车(topping lift winche);
7—梯(ladder);8—控制台(control desk);9—轻型吊杆(derrick);
10、11、12—吊货索导向滑车(cargo fall leading blocks);13—千斤索导向滑车(topping lift leading blocks);
14—山字吊货钩(Flemish hook);15—连接横杆(connecting traverse)。

图4-31 V型重吊

V型重吊主要由两根呈“V”形布置的起重柱(V-type derrick post)、一根重型吊杆、两台起货绞车和两台千斤索绞车(共4台起货机)、左右两套千斤索及索具和适用于相邻两舱的吊货索及索具等组成。起重柱布置成“V”形的主要目的是能实现操作平稳和增大舷外跨距。

V型重吊无稳索装置,吊杆头部由两套千斤索滑车组引导,每套滑车组由一个起货机带动,吊杆的变幅与旋转通过收绞或松放两根千斤索完成。以同一速度同时收绞或松放千斤索可使吊杆仰起或俯下,单独收绞一舷的千斤索将使吊杆向同一舷旋转并慢慢仰起,单独松放一舷的千斤索将使吊杆向另一舷旋转并慢慢俯下。如果以同一速度收绞一舷的千斤索并松放另一舷的千斤索将使吊杆以大约同样的高度向绞收一舷做较快的旋转。如果两千斤索以不同的速度收绞,吊杆将向收绞速度较快的方向旋转,如果以不同的速度松放,吊杆将背向松出速度较快的方向旋转。

吊货滑车组采用无端法穿引,由两个上部吊货滑车和两个下部吊货滑车组合而成。滑车组钢丝绳的每一端先引向对应转动头滑车支座上的导向滑车,再引向吊货绞车。吊货滑车组由两部绞车来绞动。若只开动其中一部绞车,吊货钩升降速度减半。

使用双吊货滑车组时,两个下部吊货滑车并接于一个连接横杆,并通过其与“山”字形吊货钩相连,能吊起全部安全负荷。若仅使用单滑车组则不需要连接横杆,“山”字形吊钩与作

图4-32　实船V型重型吊杆及起重柱上配备的轻型吊杆

业的滑车组相连接，只能吊起安全负荷的一半。

V型重吊通常在其起重柱(桅)上同时配备有轻型吊杆，当V型重吊在一舱工作时，安装在起重柱上的轻型吊杆可同时在另一舱工作，从而大大提高装卸货效率，如图4-32所示。

2) V型重吊的倒换舱口操作

V型重吊的最大优点是可通过倒换舱口来实现供相邻的两个货舱使用，从而大大提高了重吊的利用率。倒换舱口时应特别谨慎小心，尤其是当船舶纵倾较大，且重吊由低的一端向高的一端倒换时。因此，操作前应严格按操作使用说明书允许的纵倾(吃水差)角度要求进行。如果实际情况超过限度，应先调整纵倾后，再进行倒换操作。倒换舱口有如下两种方法：

(1) 利用吊货滑车组倒换舱口：以同速度同时绞收双千斤索(应控制绞收速度)，使吊杆仰角缓慢达到86°~88°；将吊货钩及连接梁从下部滑车拆下，将其中一个滑车用绳套或直接用螺栓固定在吊杆根部的眼板上，吊货钩装在另一滑车上；将连接横杆用绳套与吊货钩连接，用另一绳套把吊货钩挂在为倒换舱口而设的眼板上；用起货机绞收吊货索，当吊货钩、吊货滑车和横杆被拉至一定高度时吊杆即可倒换至另一舱口，如图4-33所示。

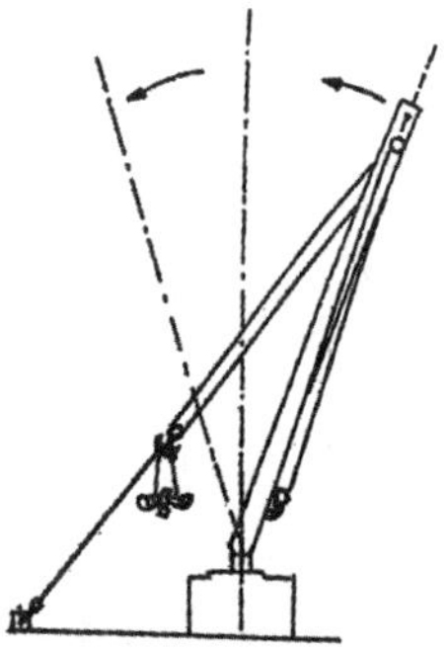

图4-33　利用吊货滑车组倒换舱口

(2) 利用短拉索绞收倒换舱口：图4-34为利用短拉索绞收倒换舱口操作过程示意，具体方法：以同一速度慢绞双千斤索，使吊杆仰角缓慢上升至约85°时停止；拆掉连接横杆，再根据倒换方向将向前、向后的短拉索引至绞车，绞收需倒换舱口一侧短拉索，松放另一侧短拉索，同时配合使用双千斤索的绞收，使吊杆仰角逐渐增大至90°(死点位置)，此时一定要注意使各绳索均匀受力，以防吊杆晃动；待吊杆被拉过死点后，同时慢慢松放双千斤索滑车组，完成倒换舱口操作，最后装复连接横杆。当船舶有足够纵倾且可利用时，即可在吊杆越过死点后，利用吊杆自身重量完成倒换操作，而无须再用短拉索来绞收。

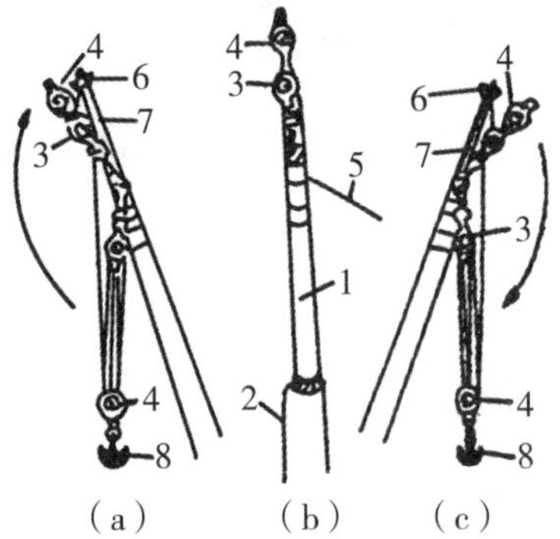

1—吊杆(boom)；2—起重柱(samson post, SP)；
3、4—吊货滑车组(cargo fall tackle)；5—拉索(pull guy)；
6—吊货索(cargo fall)；7—吊杆端部叉头(outrigger)；
8—山字吊货钩(Flemish hook)。

图4-34　利用短拉索绞收倒换舱口过程示意

3) V型重吊的固定

重型吊杆使用完毕开航前必须加以固定，以免航行途中因风浪和船舶摇摆引起吊杆晃动时损坏吊杆、绳索及索具，甚至影响航行安全。V型重吊的固定如图4-35所示。

(1) 以同样的速度缓慢绞收两套千斤

索滑车组，使吊杆竖起并与垂线夹角约成8°。

(2) 拆下吊货钩并放在专用槽架中，不必拆下连接横梁，但需将其固定在支架上。

(3) 绞紧全部吊货索和千斤索滑车组达到固定吊杆目的。

如果航行时间较长，还应再加两副系紧滑车组，并用起货机绞紧两副系紧滑车组。

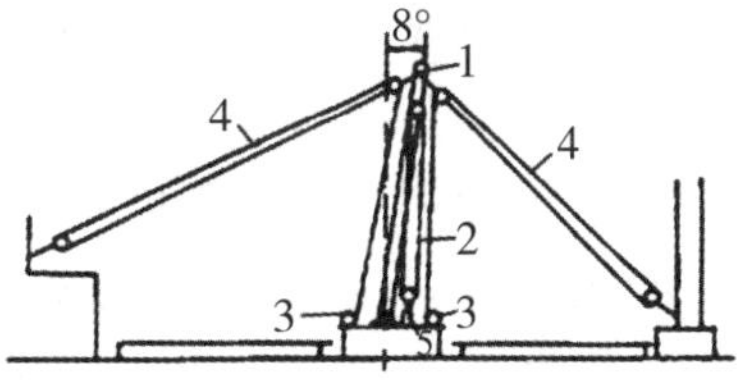

1—吊杆(boom)；2—吊货滑车组(cargo fall tackle)；3—起货机(cargo winch)；4—系紧滑车组(securing tackle)；5—连接横杆支架(connecting traverse bracket)。

图4-35 V型重吊的固定

3. 哈列恩式重型吊杆

哈列恩式(Hallen)重型吊杆与双千斤索轻型吊杆的结构大致相同，不同点(也是最大的改进)是哈列恩式重型吊杆在左右桅肩上各设有一个水平臂杆。水平臂杆设垂向和外侧牵索各一根，以确保臂杆与桅肩垂直，并可在横向方向上从与桅肩垂直状态各自向外侧转动90°。而千斤索滑车组的定滑车系在臂杆上，千斤索的力端经过导向滑车后引向千斤索绞车。这样，当吊杆向任一一舷回转至最大角度时，两根千斤索均能维持一定的夹角并受力，从而确保吊杆的稳定并可随时被转回至舷内。吊货索采用滑车组，其力端经吊杆头部的嵌入式滑车和桅肩上的导向滑车后引向起货机。

哈列恩式重型吊杆无稳索，共有3台起货机，吊杆装卸货的所有动作均由两根千斤索完成，即当双千斤索以同一速度松放或绞收时，吊杆仅作仰角改变；当双千斤索以同一速度一松一绞时，吊杆仅作左右回转；当双千斤索以不同的速度一松一绞时，吊杆在向绞收一侧回转的同时，仰角改变(绞收速度大于松放速度时，仰角增大，反之减小)。

二、重型吊杆的受力特点与操作使用注意事项

1. 重型吊杆受力特点

(1) 普通型重型吊杆采用嵌入式滑车，改变了吊货索力端的牵引力方向，从而使吊杆所受的轴向压力及千斤索受力均减小。

(2) 吊货索滑车组在轻型吊杆装置中，对吊杆所受的轴向压力有影响，对千斤索所受的张力没有影响。但在重型吊杆装置中正好相反，当吊重一定时，滑车组对吊杆所受的轴向压力无影响，对千斤索所受的张力有影响，即可以使千斤索所受的张力减小，但减小的幅度与滑车组动滑车所具有的滑轮数关系密切：滑轮数越多，减小的幅度相对减少；滑轮数越少，减小的幅度相对增大。

(3) 吊货索与千斤索在到达绞车之前均要经过若干导向滑车，因滑轮摩擦力的作用使其张力逐渐增大，故应按最后的末端张力来选取吊货索及千斤索的强度。

(4) 重型吊杆稳索受力与轻型单杆类似，但要充分估计到因吊举重大物件引起船舶横倾所产生的惯性力及吊杆支承转轴转动时的摩擦力。

2. 重型吊杆操作使用注意事项

重型吊杆的使用方法与轻型吊杆类似，但由于重型吊杆起重量大，且需要较大的舷外跨距，因此，除了应按轻型单吊杆的操作方法使用外，还必须注意以下几个方面的事项：

(1) 大副、水手长应亲自到现场检查，并负责指挥操作。

(2) 根据重吊布置及本次所要装卸的重件货特点，必要时应在作业前装好桅支索，以分散桅或起重柱所受的应力，增加其强度，防止吊重作业时大桅摇晃。

(3) 整理好所有绳索与索具，对滑车及转动部件事先进行检查并加油润滑，所选用的绳索与索具应有足够的强度。

(4) 为防止吊货滑车组扭绞及货物在吊运过程中转动，应在货物两端系上牵索。

(5) 作业前，大副应核算在装或卸重大件货物过程中船舶的稳性和可能产生的横倾角。如无法准确确定船舶稳性，则应在货物吊运过程中停止数次，以便观测船舶的横倾情况。

(6) 压载舱应注满，调整好油水柜，不允许有自由液面存在；船身力求正浮，不要有横倾和纵倾，以增加船舶稳性力矩。如果不可能，则应在重吊着力时尽可能慢，并在旋转操作时断续进行，以使舱内液体有时间随船舶状态的改变而流动，待船舶静止后确定其横倾角，一般情况下横倾角不宜超过8°。

(7) 起货机操作应力求平稳；起吊时，吊货钩应在货物上方；货物起吊后应仔细检查吊杆、绳索及索具情况，确认可靠后再吊起；货物吊离甲板不宜过高；吊杆旋转时要慢，且在旋转过程中要停下几次，仔细观察稳性情况，尤其是向舷外旋转时更应缓慢，以免增大船舶横倾。

(8) 重吊作业时的仰角一般控制在25°~75°，双千斤索重吊回转角不大于60°，其他重吊不大于80°，作业时必须充分重视仰角和回转角。

(9) 船舶受风摇摆时，不宜进行重大件货物装卸作业。

第五节　起重设备的检查、保养和试验

一、起重设备的检查和保养

1. 检查和保养

起重设备的检查和保养一般按航次、季度和半年3个时间段进行，是一个由简单、容易和表面逐渐过渡到复杂、困难和彻底全面的过程。检查和保养必须充分结合本船的营运特点，事实上有些船舶的航次时间比一个季度并不少多少，甚至超过一个季度，对此，必须要有清醒的认识，以便制订一个切实、有效、可行的检查保养计划。

在各时间段的检查中，如发现起重设备有不允许存在的缺陷（显著磨损或锈蚀超过规定），则应立即换新或停止使用，以免发生事故。对用于固定保险稳索根部的眼板或地令，因其位置是设计部门经过计算后确定的，除非经过核算证明，否则不应随意变动其焊接位置。

1）航次检查

（1）对与吊杆头部眼环箍相连的卸扣、环和滑车等进行外部检查，并用小锤轻敲，听是否有碎声。

（2）给吊货与吊货导向滑车、卸扣、转环等加油润滑。注意观察绑扎卸扣销子的细钢丝，如已锈断要及时换新。

（3）发现钢丝绳有断丝时，每月至少检查一次，一旦发现超过断丝数量，应立即换新。

（4）检查起货机与千斤索绞车制动装置的可靠性及钢丝绳在卷筒上的排列是否整齐。

（5）应特别注意检查绑扎卸扣销子的细钢丝，如果发现已脱落、锈蚀严重或断裂，应及时换新。

2）季度检查

（1）拆装吊货与吊货导向滑车，对其进行检查、清洁和加油，并记录滑车轴、衬套等的磨损情况。

（2）检查吊杆头部眼板和眼箍的磨损情况。

（3）检查稳索的眼板（环）和其他转环、索眼、卸扣、吊货钩等磨损情况。

3）半年检查

（1）拆装千斤索及千斤索导向滑车，对其进行检查、清洁和加油，并记录滑车轴、衬套及转环等受力部分的磨损情况。

（2）检查千斤索攀头竖销、横销的磨损情况，并记录。

（3）对千斤索进行清洁、除锈和加油，查看有无断丝和眼环插接处的锈蚀情况。

（4）检查稳索及稳索上的滑车，并保证其清洁。对保险稳索还应进行除锈和加油，查看有无断丝和眼环插接处的锈蚀情况。

（5）拆装鹅颈头，对其进行清洁、检查和加油润滑，测量并记录颈径和颈座内径及青铜垫片的磨损情况。

（6）检查吊杆承座横销磨损情况。

（7）在甲板或舷墙上用于固结保险稳索的眼板，其位置是设计部门经过计算后确定的，除非经过核算证明，否则不应随意变动眼板位置。

2. 起重设备零部件不允许存在的缺陷

（1）吊货杆、臂架、桅柱等金属结构件的焊缝表面应均匀，不得有裂纹、焊瘤、咬口、气孔、夹渣及未填满的凹陷存在。

（2）吊货杆轴线的挠度不应超过其长度的1/1 500，臂架轴线挠度不应超过其长度的1/1 000。

（3）起重设备的金属结构件和固定零部件的最大蚀耗超过原尺寸的10%，或有裂纹、显著变形者，不允许继续使用（绞车基座及周围构件的腐蚀极限为25%）。

（4）可卸零部件的耳环、链条环、环栓、拉板与吊钩等的最大蚀耗超过原尺寸的10%，销轴的最大蚀耗超过原直径的6%，或有裂纹、显著残余变形者，以及滑轮轮缘有裂纹或折断者，不允许继续使用。

（5）吊货钩钩尖开口部分的伸长超过原有间距的15%或有裂纹时，必须换新。

（6）在转环或转钩的环栓上发现有显著变形或不能保证转动时，必须换新。

（7）钢丝绳有过度磨损、严重腐蚀及其他显著损坏，或在其10倍直径长度内发现超过5%的钢丝断裂时，必须换新。

（8）起重设备制动器衬垫有显著磨损，且摩擦面露出固定衬垫的铆钉时，必须换新。

（9）滑车的滑轮衬套或轮毂有显著磨损，轮缘折断或裂纹，滑车轴及耳环弯曲或显著磨损时，不许继续使用。

（10）电动起货机传动齿轮上有牙齿损坏或轮缘、轮辐和轮壳上有裂纹时，不允许继续使用。

3. 吊货钢丝绳长度的确定及调换方法

1）吊货钢丝绳长度的确定方法

吊杆仰角升至正常使用时的最大仰角位置，将钢丝绳的一端在吊货卷筒上至少绕3卷（实际使用时增加至5卷），钢丝绳的另一端经吊货及吊货导向滑车后，再将其拖至舱底最远处。

2）吊货钢丝绳的调换方法

（1）选择长度足够并与旧钢丝绳同规格型号的新钢丝绳，并敲压新钢丝绳一端的索环，以便其穿过滑车。

（2）松放旧吊货钢丝绳吊货钩端至甲板，拆下吊货钩等索具，用一段细铁丝将新、旧钢丝绳端部的索环顶头绑牢。

（3）绞收旧吊货钢丝绳，同时引导新吊货钢丝绳穿过各滑车至起货机卷筒时停止。绞收过程中，吊杆下方禁止站人。

（4）解开细铁丝，将新吊货钢丝绳索环临时套在羊角上。

（5）倒转起货机，将旧吊货钢丝绳全部倒出后，再把新吊货钢丝绳的绳端固定在卷筒的专用固定位置处，绞进新钢丝绳，直至最上层至卷筒凸缘边距离不少于2.5倍钢丝绳直径时为止。

（6）截去钢丝绳另一端的多余部分，并将吊货钩等索具与该端绳头连接妥，完成更换操作。

二、起重设备的试验

1. 试验的一般规定

（1）起重设备首次使用前应进行试验，投入使用后应定期地进行重复试验。

（2）起重设备投入使用后，如有影响强度的部件进行了更换或修理，应按规定进行重复试验。

（3）可卸零部件在首次使用前，以及进行更换或修理影响其强度的部件后，应按规定进行验证试验。

（4）作为试验负荷的试验机（测力机）应由法定单位进行计量，误差应在2%以内，计量周期不超过2年。如用重物作为试验负荷，则此重物应经计量，其正确度应在±2%以内。

（5）在各项试验中，如发现起重设备有不符合规范规定或技术状况不良时，应停止该设备的继续使用或试验。

2. 可卸零部件的试验

(1) 每个可卸零部件应进行验证试验，验证负荷应符合表4-3的要求，验证负荷可用试验机或悬重法进行，保持验证负荷的时间应不少于5 min。

(2) 可卸零部件验证试验后，应进行全面检查，不允许存在残余变形、裂纹或其他缺陷；对能转动的部件，应检查其是否能自由转动。

(3) “山”字形吊钩的验证试验可按图4-36(a)或(b)所示方法进行，但当采用图4-36(b)所示方法时，还应按图4-36(c)所示方法做附加试验，此时试验负荷为验证负荷的一半。

(4) 链条(长环或短环)除按规定进行验证试验外，还应进行破断试验，一般每55 m长的链条割取5环试样做破断试验，破断负荷应不小于4倍链条的安全工作负荷。

表4-3　可卸零部件的验证负荷　　单位：kN

序号	可卸零部件名称	安全负荷SWL	验证负荷
1	卸扣、吊货钩、环、转环、链条等	SWL≤245 SWL>245	2×SWL 1.22×SWL+196
2	吊梁、吊架、吊框和类似设备	SWL≤98 98<SWL≤1 568 SWL>1 568	2×SWL 1.04×SWL+94 1.1×SWL
3	单饼滑车(SWL应取吊环载荷的1/2)	SWL≤122.5 SWL>122.5	4×SWL 2.44×SWL+196
4	多饼滑车(SWL应取吊环载荷)	SWL≤245 245<SWL≤1 568 SWL>1 568	2×SWL 0.933×SWL+265 1.1×SWL

图4-36　“山”字形吊钩的验证试验方法

3. 吊杆装置与吊杆式起重机的试验

(1) 每根吊杆应按表4-3规定的试验负荷进行试验，试验程序应经同意。吊货杆应放置在经审查批准的设计图纸所规定的仰角位置(轻型15°、重型25°，特殊情况：轻型≤30°、重型≤45°)。试验应将具有质量证明的重物悬挂于吊钩或吊具上进行。重物吊离甲板后保持悬挂时间应不少于5 min。

(2) 保持悬挂试验合格后，还应慢速升降重物，并进行绞车的制动试验。

(3) 吊杆应向左右两舷摆动，并尽可能使摆幅增大。

(4) 吊杆装置或吊杆式起重机有负荷指示器或超负荷保护器时，应进行校核或动作试验。对绞车应做紧急制动试验，以检查重物是否能保持在原来位置。

（5）用作双杆操作的吊杆装置经规定的试验后，应进行双杆试验，试验负荷见表4-4。试验时应检查两根吊货索连接点的净空高度、吊货索夹角、保险稳索位置是否符合经批准的图纸要求。

表4-4　起重设备的试验负荷　　单位：kN

安全工作负荷*SWL*	试验负荷
$SWL \leqslant 196$	$1.25 \times SWL$
$196 < SWL \leqslant 490$	$SWL + 49$
$SWL > 490$	$1.1 \times SWL$

（6）吊杆式起重机还应连同试验负荷进行慢速变幅与回转试验。变幅角度按设计的工作角度，回转试验应在最小设计变幅角度下进行，回转极限角度以批准的设计图纸为准。

（7）吊杆装置或吊杆式起重机经规定的试验后，应进行全面检查，核实是否有变形或其他缺陷存在。

4.起重机试验

（1）每台起重机应按表4-4规定的试验负荷进行试验，臂架应放置在经批准的设计图纸所规定的最大臂幅位置处。试验应将具有质量证明的重物悬挂于吊钩或吊具上进行。重物吊离甲板后保持悬挂时间应不少于5 min。

（2）试验时，起重机应在试验负荷下进行慢速起升、回转与变幅试验，同时还应进行起升、回转与变幅机构的制动试验。可行走的起重机还应在试验负荷下进行慢速全程行走试验。

（3）不同臂幅对应不同安全工作负荷的起重机，应在各个不同臂幅对应的试验负荷下进行试验，对要求减少中间臂幅试验负荷的试验，将予以特别考虑。

（4）对超负荷、超力矩保护装置应进行动作试验。

（5）当液力起重机无法起升全部试验负荷时，可减少试验负荷进行试验，但在任何情况下所采用的试验负荷，应不少于1.1倍安全工作负荷。

（6）起重机经超负荷试验后，应在安全工作负荷下进行起升、回转和变幅的各挡运转速度的操作试验，以验证其运转情况、超负荷效能，以及负荷指示器与限位器等是否处于良好的工作状态。

（7）起重机试验完毕后应进行全面检查，核实是否有变形或其他缺陷存在。

第六节　起重设备的检验与发证

一、检验

1. 一般要求

（1）起重设备在投入使用前应进行初次检验；投入使用后应进行定期试验和检验。

(2) 起重设备可卸零部件在首次使用前，以及在使用中更换或修理影响其强度的部件后，应进行验证试验和全面检查。

(3) 当起重设备发生重大事故或发现重大缺陷，更换或修理影响其强度的部件时，船长或船东应及时报告入级的船级社（如CCS），以便能及时对起重设备进行检验。

(4) 可卸零部件和钢索在每次使用前，应由船上职能人员进行检查，但在最近3个月内通过检查者除外。对发现有断丝的钢索，每月至少应检查一次。

2. 起重设备的检验种类

1) 初次检验

初次检验应包括：

(1) 申请单位应按规定提供图纸资料一式三份供批准和备查。

(2) 核查已经批准的起重设备设计图纸和技术文件。

(3) 对起重设备主要结构件、尺寸、装置、布置、材料、焊接和制造工艺的检查。

(4) 逐个检查起重设备的零件，并检查证件，核对标记。

(5) 起重设备在安装过程中应进行全面检查，安装完毕后，应按要求进行试验，确认整个设备能有效、安全地工作，任何停车、控制和类似装置的功能应正确。试验后，装置及其支承结构均应经检验确保无变形或扭曲。

起重机的产品出厂试验不能代替船上安装后的试验。

初次检验合格后应签发相应的证书，并在“起重和起货设备检验簿”上作签署。

2) 年度检验

在初次检验或换证检验后，应按《船舶与海上设施起重设备规范》规定的检查项目和内容进行下列项目的年度检验，年度检验的时间间隔不超过12个月。

(1) 吊杆装置的吊货杆和附连于吊货杆、桅或起重柱和甲板上的固定零部件应进行外部检查。

(2) 可卸零部件应进行全面检查。

(3) 钢索应进行外部检查。

(4) 绞车和起重机应进行全面检查。

(5) 检查起重机械、绞车等的使用、保养和修理记录，以确认其处于正常的维护保养状态。

年度检验合格后应在“起重和起货设备检验簿”上作签署。

3) 换证检验

在初次检验或换证检验后，每隔4周年，应按《船舶与海上设施起重设备规范》规定的检查项目和内容进行下列项目的换证检验。

(1) 吊杆装置的吊货杆和附连于吊货杆、桅或起重柱和甲板上的固定零部件应进行全面检查，吊杆装置应按要求进行负荷试验。

(2) 起重机及可卸零部件应进行全面检查，起重机应按要求做负荷试验，确认在试验负荷下操作状况是满意的，超负荷和负荷指示器和限位开关工作有效。

换证检验合格后应签发起重设备检验与试验证书或双杆检验与试验证书（如适用时），并在“起重和起货设备检验簿”上作相应的签署。

4）损坏和修理检验

起重设备的损坏和修理，应及时通知入级的船级社（如CCS）进行检验，其检验范围应为验船师能查明的损坏程度和原因所必需的范围。

起重设备检验时，如发现显著磨损或锈蚀超过以下规定时，应立即予以更换或修理。

（1）金属结构件和固定零部件的最大蚀耗超过原尺寸10%以上或有裂纹、显著残余变形者。

（2）可卸零部件的耳环、链环、环栓、拉板与吊钩等的最大蚀耗超过原尺寸10%以上，销轴的最大蚀耗超过原直径6%以上，或有裂纹、显著残余变形者，以及滑轮轮缘有裂纹或折断者。

（3）钢索有过度磨损、严重腐蚀或钢索在其10倍直径长度内有5%的钢丝折断者。

（4）起重设备的制动器衬垫有显著磨损，在摩擦面露出固定衬垫的铆钉者。

（5）传动齿轮牙齿损坏或轮缘、轮辐与轮壳上有裂纹者。

修理中更换的零件应附有试验证明，更换的零件材料应与原材料相当。

修理完成后应按规定进行负荷试验，合格后签发起重设备试验与检验证书，并在“起重和起货设备检验簿”上签署，尚未完成修理的设备应签注，该设备在完成修理和试验合格前不能被使用。

损坏和修理检验完成后，可签发检验情况报告，其内容应清楚地阐明：出席损坏检验人员、说明损坏原因（附船方海事报告）、发现的损坏程度和特征、进行过修理的范围和性质及是否修复、试验负荷。

5）展期检验

因船舶营运的原因，不能按期进行换证检验时，主管机关应船东申请，可推迟进行换证检验，但两次换证检验的间隔期不超过5年，且应得到船旗国当局同意并授权船级社进行。

展期检验范围应不少于规定的年度检验范围，以确认其适合于预定用途并处于正常工作状态。

展期检验合格后应在“起重和起货设备检验簿”上作相应的签署。

6）其他

若起重设备搁置或修理时间为12个月以上时，在重新投入使用前应进行一次检查。试验和检验的范围根据搁置和修理期间应进行的检验种类而定。例如，换证检验和负荷试验到期，则应按规定完成试验和检验，并签发证书，新的换证检验周期应从此次试验和检验完成的日期开始。

二、发证

1. 签发证书的种类与格式

CCS签发的起重设备证书格式是以国际劳工组织（ILO）认可的国际标准证书格式为基础制定的，是国际上公认的证书，主要种类与格式如下：

（1）起重和起货设备检验簿（简称检验簿），格式：RLA-2。

（2）起重设备试验和检验证书，格式：CLA-2。

（3）双杆试验和检验证书，格式：CUD-2。

(4) 可卸零部件试验和检验证书,格式:CLG-2。

(5) 铁制可卸零部件热处理证书,格式:CHT-2。

(6) 钢索试验和检验证书,格式:CWR-2。

(7) 起重设备检验报告,格式:CG。

(8) 起重设备入级附加标志:Lifting Appliace。

2. 起重和起货设备检验簿的签发和签署

起重设备在初次检验中满足所有发证要求后,应签发检验簿、起重设备试验和检验证书,以及相应的主管当局格式的证书(如适用时)。各类可卸零部件、绳索和设备的试验证书应附在检验簿上。

(1) 检验簿第一部分:适用于吊杆装置的换证试验(即4年度全面检验)和年度检验完成后的签署。

(2) 检验簿第二部分:适用于吊杆装置的绞车和起重机的年度全面检验完成后的签署。起重机每隔4年1次的负荷试验展期时也在此栏签署。

(3) 检验簿第三部分:适用于钢制可卸零部件的年度全面检验完成后的签署。

(4) 检验簿第四部分:适用于铁制可卸零部件的热处理完成后的签署。

(5) 由船东申请停止使用起重设备时,应在检验簿第一部分或第二部分备注栏内说明停用设备的位置和编号,并作签署。

(6) 在检验中,如发现某些结构、设备和布置影响起重设备安全工作时,应在检验簿相应部分的备注栏内简要写出建议和要求,并作签署。

3. 船舶应配备的起重设备资料和证书

为了对船舶起重设备进行检验和维修,船舶应配备以下资料和证书:

(1) 全船起货设备布置图。

(2) 起货设备主要金属结构图。

(3) 起货设备计算说明书。

(4) 起重机总图和机构图。

(5) 起重和起货设备检验簿。

三、起重设备的标记

1. 可卸零部件的标记

(1) 按CCS《船舶与海上设施起重设备规范》规定进行试验与检查合格的可卸零部件,应由制造厂或试验单位打上标记并提供试验证明书。

(2) 标记应包括:①可卸零部件的安全工作负荷,KN;②试验年月;③可卸零部件的编号;④制造厂或试验单位(CCS)的标记。

(3) 标记应打在明显的部位,以便检查,但应避免打在高应力区或应力集中的部位。标记的部位规定:①吊钩打在吊钩本体宽阔处,但不打在弯曲处;②滑车打在滑车的拉条或夹板上;③卸扣打在销孔附近的侧臂上;④转环打在耳环的两个侧面上;⑤链条打在链条两端的链环两侧;⑥有节定位索打在每个定位节上。

对小尺寸的可卸零部件，当打标记的位置受限制时，零件编号与日期可以不打。

2. 起重设备的标记

(1) CCS《船舶与海上设施起重设备规范》规定：起重设备经初次试验与检验完毕后，应在吊货杆、臂架或相应的部件上离根部约50 cm处打上试验标记。营运中的起重设备经改建或变更安全工作负荷，并经试验与检查完毕后，应在上述位置打上新的标记。

(2) 标记应包括：①安全工作负荷，kN；②试验年月；③试验时吊货杆与水平所成的仰角或臂架幅度；④检验单位（如CCS）钢印标记。

(3) 吊杆装置与起重机标记格式如图4-37和图4-38所示。

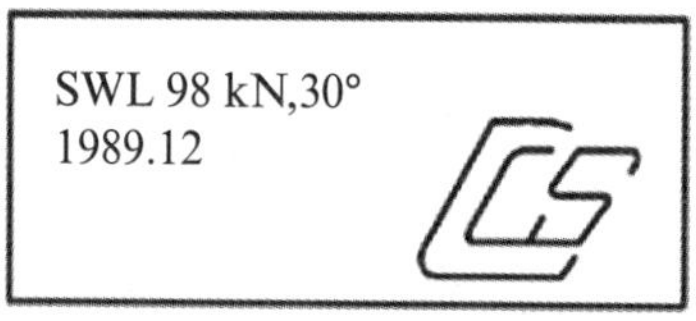

图4-37　吊杆装置CCS标记格式

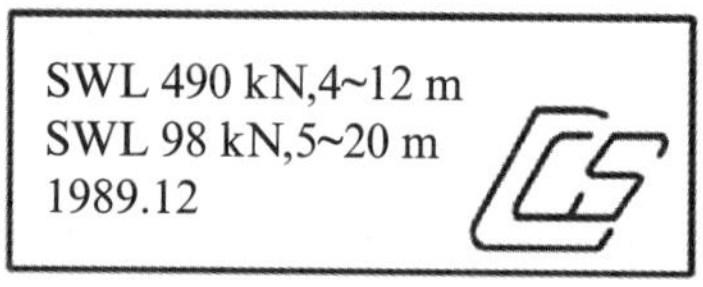

图4-38　起重机CCS标记格式

(4) 除上述标记外，还应将安全工作负荷(SWL)及仰角或臂幅用色漆写在吊货杆或臂架的醒目处。例如：①单杆安全工作负荷为98 kN、仰角为30°，色漆标记为SWL 98 kN(30°)；②起重机安全工作负荷主钩为490 kN，副钩为98 kN，臂幅主钩为4~12 m，副钩为5~20 m，色漆标记为SWL 490 kN(4~12 m)/SWL 98 kN(5~20 m)；③相同臂幅情况下使用不同吊具时的安全工作负荷标记，如图4-39所示。

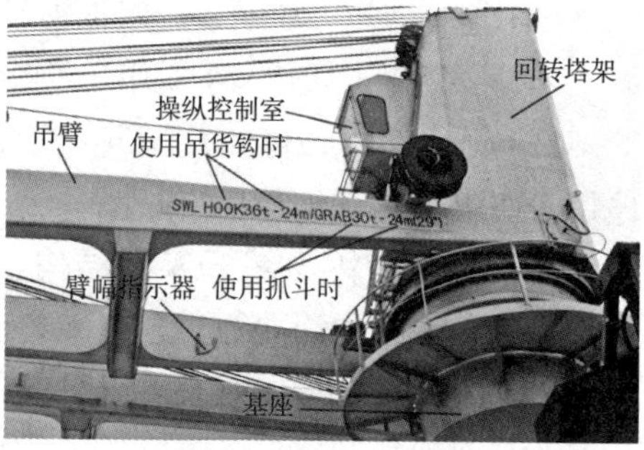

图4-39　在相同臂幅情况下起重机分别使用吊货钩和抓斗时的SWL

◇◆ 小结 ◆◇

本章包括船用索具、起重机、轻型吊杆、重型吊杆、起重设备的检查、保养、试验和起重设备的检验与发证等内容。

本章在全面考量《航海技术专业本科培养教学大纲》及《海船船员培训大纲》(2021版)对高级船员所要求了解和掌握知识点的基础上，依据CCS《船舶与海上设施起重设备规范》《钢质海船入级规范》有关规定编写而成。内容充分结合了航运发展的新特点和航海新技术在船舶建造中的应用，注重了理论与航海实践相结合的原则。

起重机相较于吊杆装置和吊杆式起重机在操作使用和起重能力方面有显著优势，因此有可能替代吊杆装置和吊杆式起重机。鉴于此，本章针对轻型与重型吊杆部分内容作了较大幅度的删减，仅对其组成、操作方法及操作使用注意事项作较为详细的描述，目的是让学生做到既能了解吊杆装置及吊杆式起重机的基本要求和操作方法，又能在实际的装卸货作业过程中对安全操作给予充分的注意。

本章内容中的难点是轻型吊杆和重型吊杆部分，对航海技术本科生及二、三副来说，应重点掌握索具、起重机、轻型吊杆的组成和双千斤索轻型吊杆等内容；对大副来说，应重点掌握起重机、重型吊杆的组成及操作注意事项，起重设备的检查、保养与试验等内容。

复习与思考题

1. 试述绞辘各部分的名称及复绞辘是如何命名的。
2. 何谓船用索具？船用索具主要有哪些种类及它们的作用是什么？
3. 简述船用起重机的主要优缺点。
4. 试述起重机的种类。
5. 简述回转式起重机的基本组成及各部分组成特点。
6. 简述回转式起重机的操作主令及相应操作特点。
7. 简述回转式起重机使用前应做的准备工作。
8. 简述组合式起重机的组成及操作特点。
9. 试述回转式起重机在装卸货期间的操作注意事项。
10. 试述轻型吊杆的操作使用注意事项。
11. 试述电动起货机的特点及使用注意事项。
12. 试述液压起货机的特点及使用注意事项。
13. 重型吊杆的特点有哪些？
14. 试述使用重型吊杆时应注意的事项。
15. 简述对起重设备进行检查和保养的种类与基本特点。
16. 简述起重设备航次检查保养的要点。
17. 简述起重设备季度检查保养的要点。
18. 简述起重设备半年检查保养的要点。
19. 简述起重设备试验的一般规定。
20. 起重设备的试验负荷是如何确定的？
21. 起重设备应接受的正常检验种类有几种？
22. 简述主管机关对起重设备进行“展期检验”的前提及检验要求。
23. 简述经主管机关检验合格后的可卸零部件标记内容及标记部位。
24. 简述经主管机构检验合格后的起重设备标记内容及标记部位。

第五章 船舶系固设备

《1974年国际海上人命安全公约》(SOLAS公约)1994年修正案第Ⅵ/5和Ⅶ/6规定,除移动平台、渔船、满足IMO《国际高速船安全规则》的高速船外,所有国际航行的船舶均应在装载货物单元时随船配备经批准的《货物系固手册》(cargo securing manual,CSM)。非国际航行的船舶可参照有关要求,但非强制性规定。

本章专门介绍《货物系固手册》的核心组成部分——货物系固设备。

第一节 定义

1. 货物单元

货物单元(cargo units)是指车辆(如公路车辆、滚装拖车)、铁路车辆、集装箱、板材、托盘、便携式容器、可拆集装箱构件、包装单元、成组货,以及其他货物运输单元如船运箱盒、件杂货(如线材卷)、重货(如火车头和变压器)。另外,不是永久固定在船上的船舶自用抓斗、叉车和铲车等装卸设备或其他专用设备,也被视作货物单元。图5-1和图5-2分别是船舶自用抓斗和叉车。

图5-1 船舶自用抓斗

图5-2 船舶自用叉车

2. 标准货

标准货(standardized cargo)是指已根据货物单元的特定形式在船上设置了经批准的系固系统的货物(如集装箱)。

3. 半标准货

半标准货(semi-standardized cargo)是指在船上设置的系固系统仅适应货物单元的有限变化的货物,如车辆(包括公路车辆、滚装拖车及铁路车辆)等。

4. 非标准货

非标准货(non-standardized cargo)是指需要专门积载和系固的货物,如普通件杂货等。

5. 货物系固设备

货物系固设备(cargo securing devices)是指所有用于系固(secure)和支撑(support)货物单元的设备,有固定式和便携式两种。

6. 最大系固负荷

最大系固负荷(maximum securing load,MSL)是指船上系固设备的许用负荷。当能提供等同或较高的强度时,可用安全工作负荷(SWL)代替MSL。

7. 固定式系固设备

固定式系固设备(fixed securing device)是指焊接在船体结构内部(主要指货舱)及外部甲板、舱盖和支柱上的货物系固点及其支撑结构。

8. 便携式系固设备

便携式系固设备(portable securing device)是指用于货物单元系固和支撑的移动式设备。

第二节　标准货系固设备

根据标准货的定义,用于固定集装箱船和多用途船(适用时)在装载集装箱时所用的设备即为标准货系固设备。该类系固设备均是经批准的专用设备。

一、固定式系固设备

标准货固定式系固设备主要包括底座、固定锥、可折地令、眼板、导轨系统、支撑底座、集装箱绑扎桥等。

1. 底座

底座(foundation)直接焊接在舱底、甲板、支柱及舱盖上,相互之间的间距按集装箱四角角件孔的尺寸设计,并通过安放在其上的扭锁、底座扭锁或定位锥来对集装箱进行定位和固定。底座的种类主要有以下几种:

1) 突出式底座

突出式底座(foundation)主要用于舱盖、支柱和甲板上,其主体部分突出于所在部位结构的表面,用于安放并固定扭锁。有突出式单式、突出式横向双连和突出式纵向双连3种形式,如图5-3和图5-4所示。

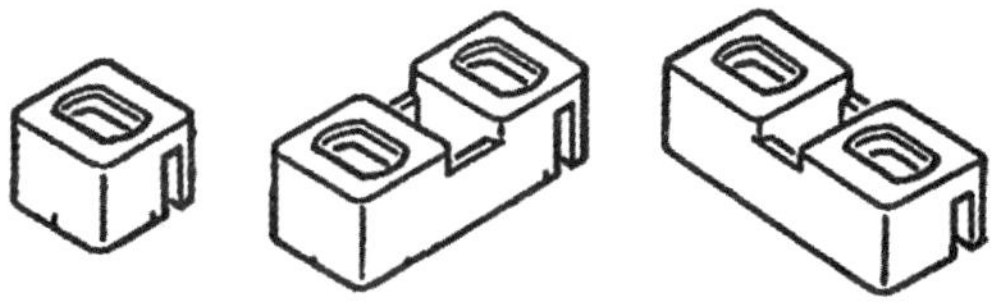

(a)　(b)　(c)

图5-3　突出式底座

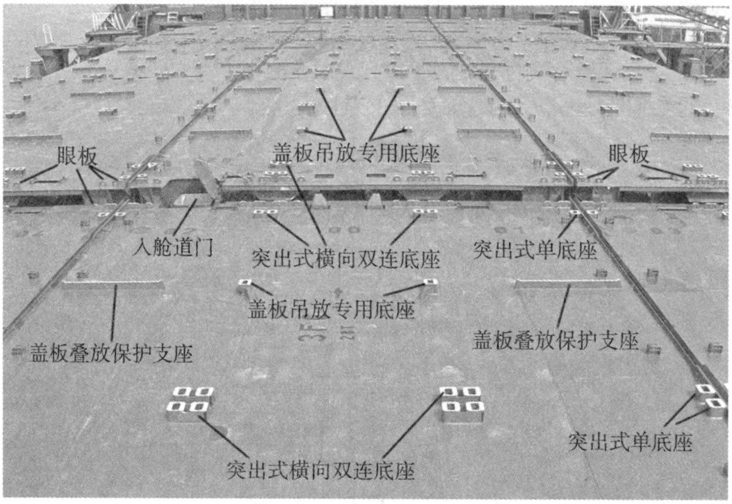

图5-4　实船突出式底座及其他

2）突出式滑移底座

突出式滑移底座（sliding foundation）焊接位置与作用同突出式底座，但该种底座允许在一定方向和距离内适当调整底座间的间距，以满足装载尺寸在长度或宽度上有一定变化的集装箱装载需求。有横向单滑移式、纵向单滑移式、横向双连纵向单滑移式和纵向双连横向双滑移式4种形式，如图5-5所示。

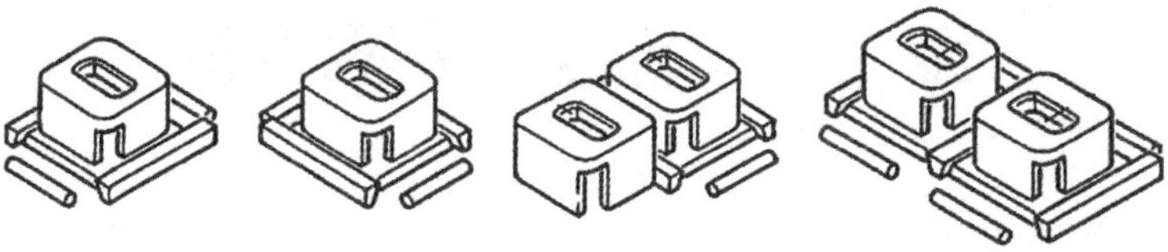

（a）横向单滑移式　（b）纵向单滑移式　（c）横向双连纵向单滑移式　（d）纵向双连横向双滑移式

图5-5　突出式滑移底座

3）埋入式底座

埋入式底座（imbed foundation）主要用于舱底，也有用于舱盖上的，其结构表面略高于所在部位的结构表面，用于安放并固定扭锁。有单式、横向双式、纵向双式和四连式4种，如图5-6和5-7所示。

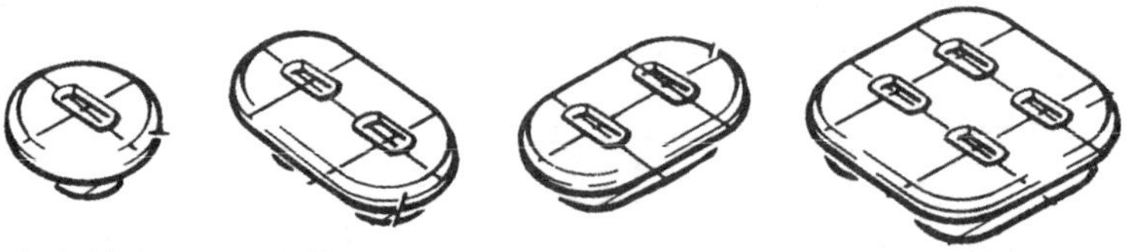

（a）单式　（b）横向双式　（c）纵向双式　（d）四连式

图5-6　埋入式底座

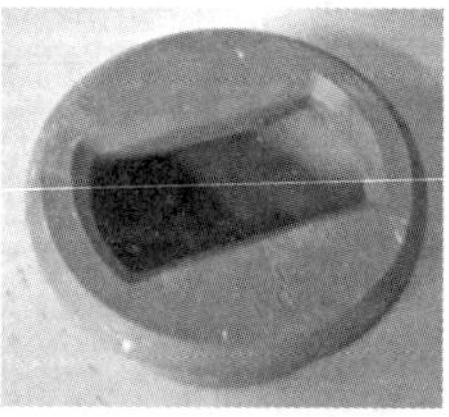

图5-7　埋入式单底座实物

4）燕尾底座

燕尾底座（dovetail foundation）又称燕尾槽，主要用于早期集装箱船舱盖和甲板支柱上，并与底座扭锁配套使用，有单式和横向双式两种（图5-8），目前，新造集装箱船不再使用燕尾底座。

5）板式底座

板式底座（doubling plate foundation）主要用于舱底，并与堆锥配套使用，如图5-9所示。

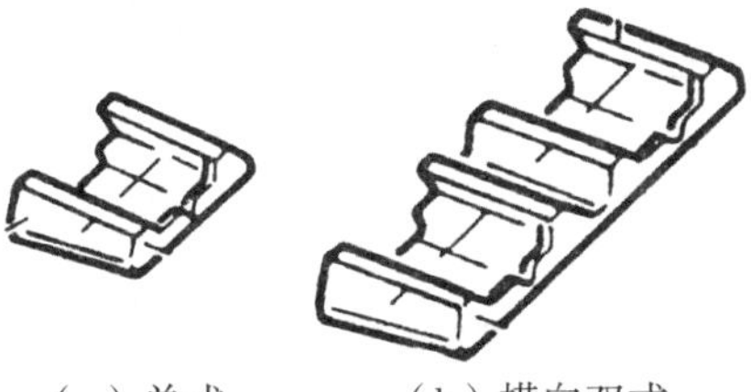

（a）单式　（b）横向双式

图5-8　燕尾底座

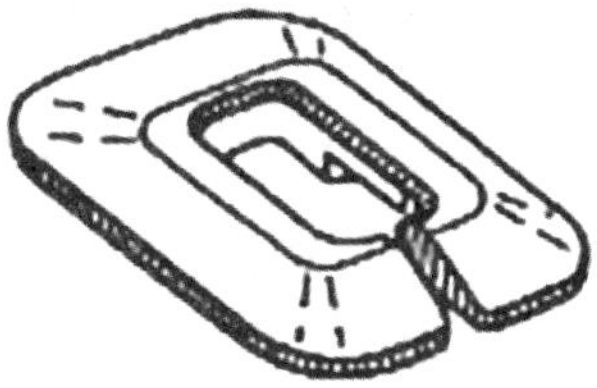

图5-9　板式底座

6）插座

插座（socket）用于舱内，并与底座堆锥配套使用。插座的结构形式有单式、横向双式、纵向双式和四连式等4种，如图8-10所示。

（a）单式　（b）横向双式　（c）纵向双式　（d）四连式

图5-10　插座

2. 固定锥

固定锥（welding cone）通过一覆板直接焊接在舱底前后端导轨底脚的覆板上，用于固定舱内最底层集装箱（固定锥插入集装箱的角件孔内），如图5-11和5-12所示。

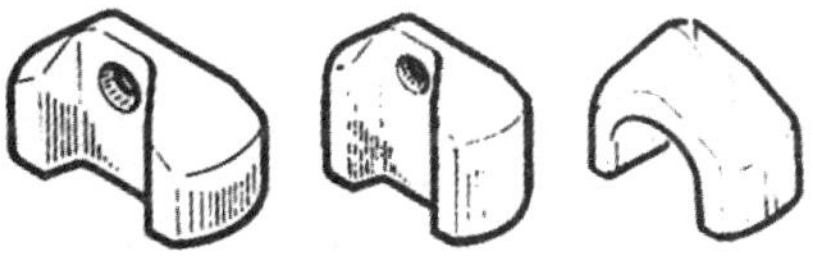

（a）　（b）　（c）

图5-11　固定锥

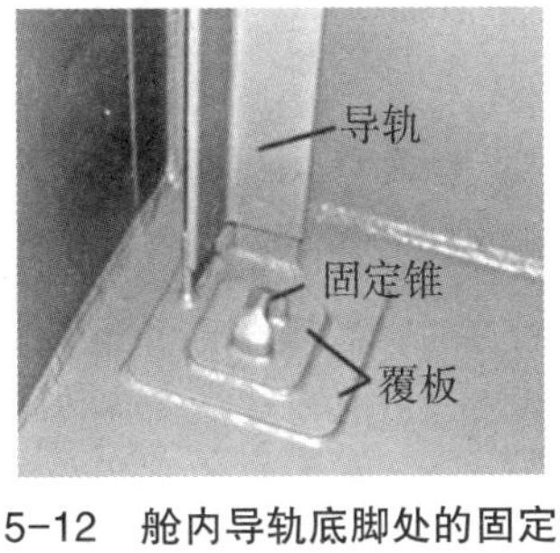

图5-12　舱内导轨底脚处的固定锥

3. 可折地令

可折地令（lashing eye，D-ring）又称D形环，主要用在舱盖、甲板、集装箱支柱和绑扎桥上，多用途船也将其用于舱底。主要作用是作为一个系固点与花篮螺丝、绑扎杆等组成系固系统固定集装箱，可拆地令如图5-13所示。

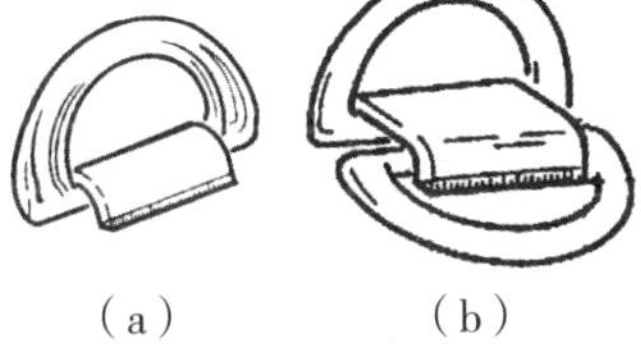

（a）　（b）

图5-13　可折地令

4. 眼板

眼板(lashing plate)使用位置与作用同地令,但一般不用于舱内。眼板的结构形式有单眼、双眼、三眼和四眼等4种,如图5-4和图5-14所示。

(a)单眼 (b)双眼 (c)三眼 (d)四眼

图5-14 眼板

5. 导轨系统

导轨系统(cellguide system)用于控制集装箱的歪斜、倾覆和滑移。导轨系统分为两类:一类是传统意义上的导轨系统;另一类则是目前船舶广泛应用的导轨系统。

1)传统的导轨系统

传统的导轨系统又可称之为箱格导轨系统(图5-15)。一般由钢板和型钢构成,主要组成部分包括导轨(cellguide)、横撑材(transverse prop)、导箱构件(container guide member)等。导轨从内底延伸至导箱构件的下缘,安装在导轨顶部的导箱构件是引导集装箱进入箱格导轨系统的重要构件。该种导轨系统由于在货舱的中间区域均设置有导轨,且导轨与导轨之间由横撑材连接,极大地限制了集装箱船舱内装载集装箱的灵活性,使集装箱船舱内适装能力下降,影响经济效益。

传统的导轨系统一般设置于舱内,也有设置于甲板上无舱口的位置,目前已较少被采用。图5-16为设置于船尾的传统箱格导轨系统。

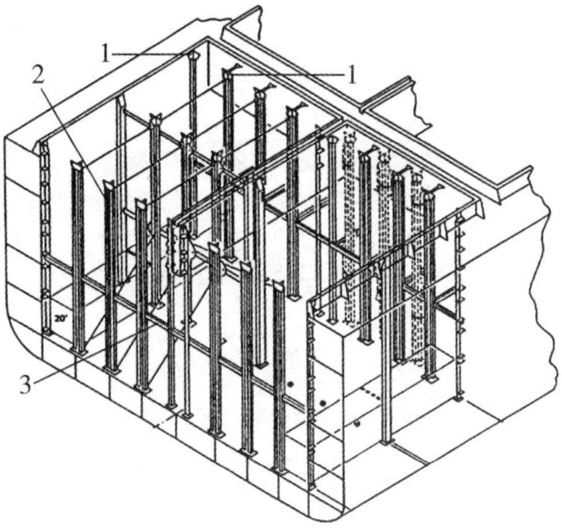

1—导箱构件(container guide member);
2—导轨(cellguide);3—横撑材(transverse prop)。

图5-15 箱格导轨系统

图5-16 实船设置的传统箱格导轨系统

2)船舶广泛应用的导轨系统

目前船舶广泛应用的导轨系统,是传统导轨系统的本质改进型,其设置方法是仅在舱内前后舱壁和两舷舷侧处设置导轨,有的甚至仅在前后舱壁处设置,导轨底脚处同时配备固定锥，舱内区域在20英尺位置处用高约10 cm的导板(guide fitting)代替导轨。这样，在免去导轨与横撑材设置的基础上，满足了舱内装载20英尺或40英尺或同时装载20英尺和40英尺集装箱的需求，最大限度地提高了船舶对航运市场需求的适应性。图5-17和5-18为导板，图5-19为实船在横舱壁处设置的导轨。

(a)　(b)　(c)

图5-17　导板

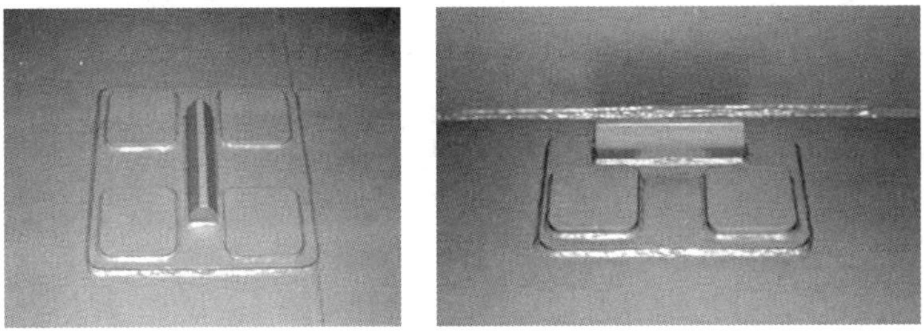
(a)　(b)

图5-18　实船舱底使用的导板

3）相关规定

CCS《钢质海船入级规范》规定，专用集装箱船导轨系统应满足：

(1) 不应与船体构件形成整体结构，且应不受船体主应力的影响。

(2) 应能将因船舶运动时产生的集装箱负荷传递到船体结构，并能承受由集装箱装卸时产生的负荷，以及阻止集装箱移动。

(3) 为确保顺利吊装集装箱，每只集装箱与导轨之间的横向间隙之和应不超过25 mm，纵向间隙之和应不超过40 mm。

图5-19　实船横舱壁处设置的导轨及其他

6. 横向支撑底座

横向支撑底座(lateral support foundation)一般设置于多用途船舱内两舷舷侧，其作用是与横向支撑装置组成一支撑系统，以控制舱内上层集装箱因船舶运动可能产生的横向歪斜、倾覆、移动。横向支撑底座如图5-20所示。

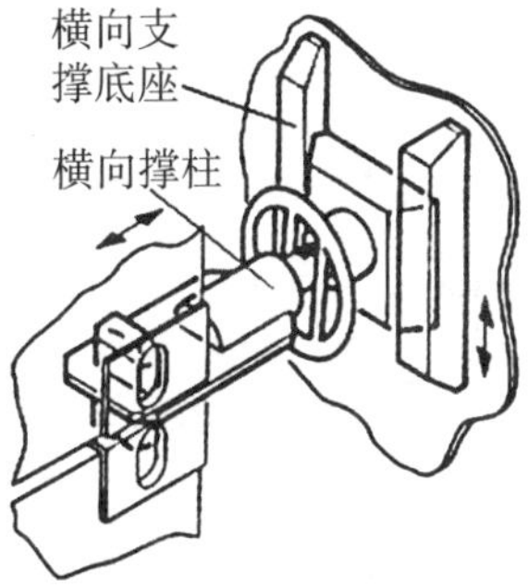

图5-20　横向支撑底座

7. 集装箱绑扎桥

集装箱绑扎桥(lashing bridge)设置于大型集装箱船甲板上相邻的舱口之间，为横向布置，绑扎桥上部设有眼板、D形环或可左右转动的眼板，专用于系固甲板上的高层集装箱。为便于人员安全行走及操作，其上设有宽敞、安全的人行通道。集装箱绑扎桥及桥上可左右转动的眼板如图5-21~5-23所示。

图5-21　实船绑扎桥局部

1—可左右转动的眼板。

图5-22　集装箱绑扎桥

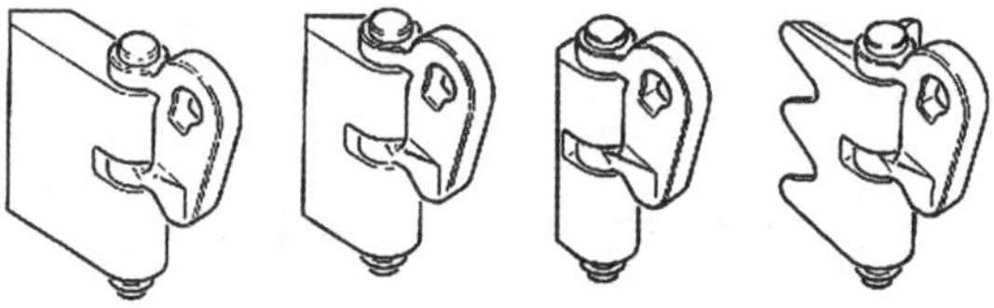

(a)　(b)　(c)　(d)

图5-23　可左右转动的眼板

二、便携式系固设备

(一) 扭锁

扭锁(twistlock)按结构特点、功能及操作方式的不同,可分为普通扭锁、半自动扭锁和全自动扭锁3种。全自动扭锁由于未能达到满意的技术效果,因此,实船应用相对较少,本书仅介绍普通扭锁和半自动扭锁。

1. 普通扭锁

普通扭锁主要有手柄式扭锁和底座扭锁两种。

1) 手柄式扭锁

手柄式扭锁是船舶最早使用的一种锁紧装置。主要用于甲板上上下层集装箱之间的连接锁紧或底层集装箱与突出式底座之间的连接锁紧,以防集装箱发生倾覆与滑移。

手柄式普通扭锁分左旋锁紧式和右旋锁紧式两种,图5-24为左旋锁紧式普通扭锁,也是目前船舶主要使用的一种扭锁,图中手柄位置为扭锁处于打开(非锁紧)状态,如将图中操作手柄从右向左旋转至极限位置时,扭锁达到锁紧状态。

使用时应首先将操作手柄置于非锁紧状态并将其放置到下层集装箱顶部的角件孔或突出式底座内,待上层集装箱全部堆放妥后,利用扭锁操作杆(operating rod)转动操作手柄,即可将箱与箱或箱与底座连接起来。卸箱前应首先用扭锁操作杆将操作手柄转至扭锁处于非锁紧位置,方可卸箱。

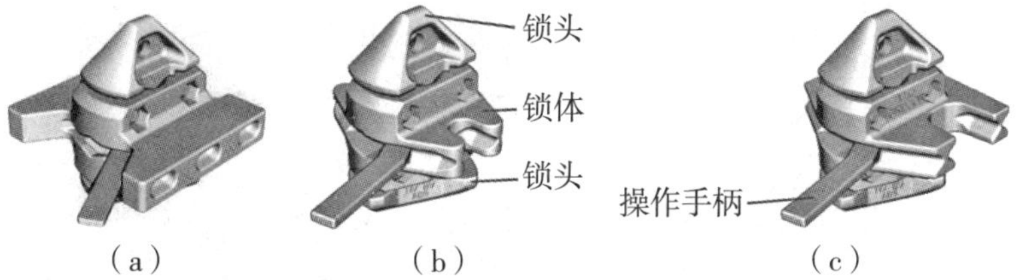

图5-24 左旋锁紧式普通扭锁

该种扭锁的最大缺点是装卸箱货时扭锁的安装或取下,必须由装卸工人爬到集装箱上去完成,从而大大增加了装卸工人因需上高作业带来的风险。此外,手柄式扭锁还会因装卸工人的野蛮操作(如直接从高处将扭锁扔下)而造成损坏或丢失,如手柄被摔弯甚至摔断而失去功能及扭锁掉入水中等。随着船舶系固设备的不断更新升级及对装卸工人作业安全要求的提高,该种扭锁将会被逐渐淘汰。

2) 底座扭锁

底座扭锁(bottom twistlock)如图5-25和图5-26所示,仅与燕尾底座配套使用。其作用是将底层集装箱与燕尾底座连接并锁紧。操作方法是由装卸工人先将底座扭锁插入燕尾底座并使其手柄处于右侧非锁紧位置,待装货完毕,再用专用工具将手柄转至左侧极限位置使其锁紧。

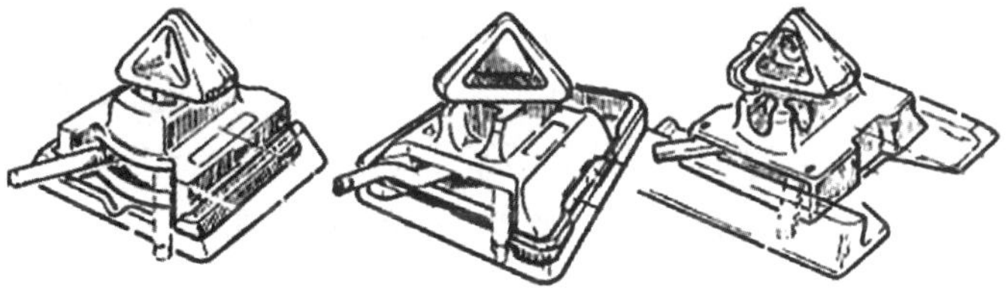

图5-25 底座扭锁

图5-26 底座扭锁与燕尾底座实物

2. 半自动扭锁

目前,集装箱船使用的半自动扭锁主要有钢索单拉柄式、锁销式和双拉式3种。由于双拉式半自动扭锁(图8-27)使用较少,故不做介绍。下面仅重点介绍普遍使用的钢索单拉柄式和锁销式两种半自动扭锁。

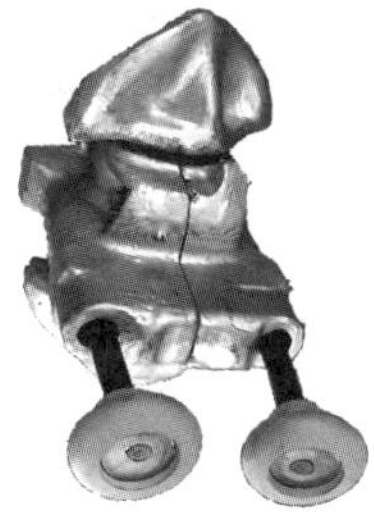

图5-27 双拉式半自动扭锁

1) 钢索单拉柄式半自动扭锁

钢索单拉柄式半自动扭锁是近几年得到船舶广泛使用的一种扭锁,如图5-28所示,其结构特征是上下锁头的同步转动由带弹簧的钢索拉柄完成,当拉出钢索并将其定位结压入卡口内时,扭锁处于非锁紧状态,如图5-29(a)所示;反之,拉出钢索并使其定位结脱开卡口时,钢索拉柄弹回,扭锁处于锁紧状态,如图5-29(b)所示。

钢索单拉柄式半自动扭锁的主要特点为:不需要装卸工人爬到集装箱上将其安装和取下,故能最大限度地降低工人上高作业的风险,从而保证人员安全;扭锁价格相比较适中;该种扭锁装货时能自动锁紧,但卸货前仍需人工借助专用工具解锁。

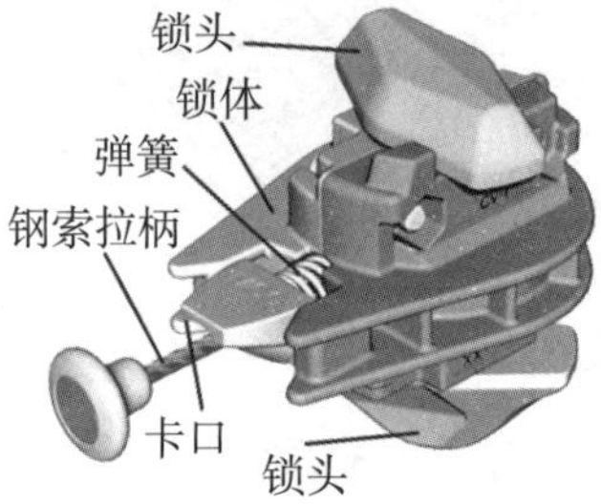

图5-28 钢索单拉柄式扭锁

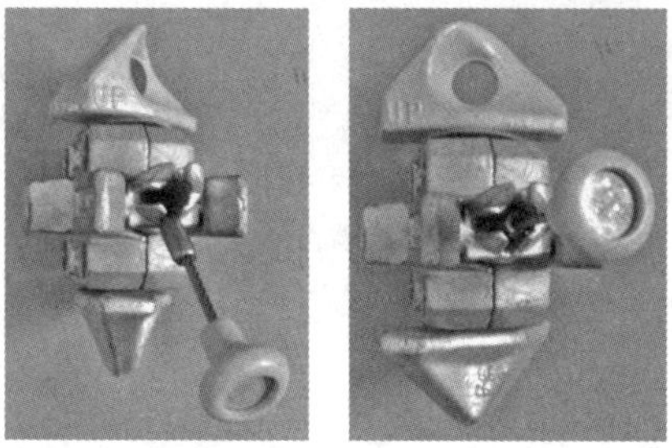

图5-29 钢索单拉柄式扭锁实物

钢索单拉柄式扭锁的操作方法如下：

(1) 装货时，在码头上当集装箱起重机将集装箱吊起至人手臂举起的高度时，由装卸工人在码头上将处于非锁紧状态的扭锁从下向上插入集装箱角件孔内，待集装箱被吊上船并对准突出式底座或另一集装箱角件孔被放下时，扭锁的弹簧钢索拉柄在集装箱重力作用下自动脱开卡口，实现自动锁紧，直至全部装货完毕。

(2) 卸货前，应首先由装卸工人借助扭锁专用操作工具将弹簧钢索拉柄拉出并卡在卡口上解锁，再由集装箱起重机将集装箱吊至码头上，由人工将其卸下。

2) 锁销式半自动扭锁

锁销式半自动扭锁(semi automatic twistlock)如图5-30所示，其作用同前述扭锁。锁销式半自动扭锁与钢索拉柄式半自动扭锁相同，除具有不需要装卸工人爬到集装箱上将其安装和取下，最大限度地降低工人上高作业的风险，保证安全这一优点外，也具有在装货时实现自动锁紧的功能，因而，既省去了装货后由人工锁紧的环节，又大大缩短了船舶在港的停港时间。因此，该种扭锁同样得到了大力的推广和应用。

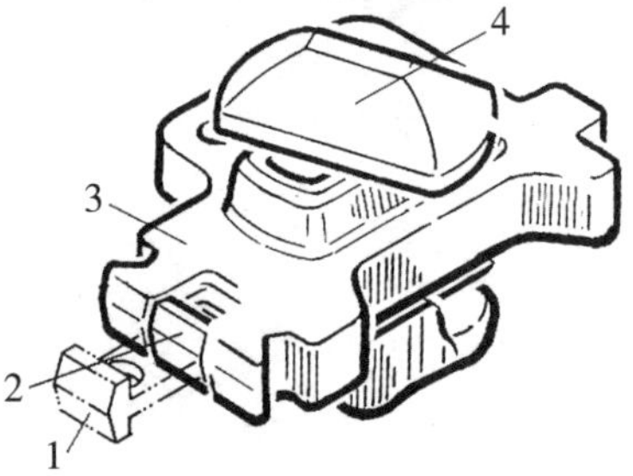

1—锁销拉出(开锁)；2—锁销复位(锁紧)；
3—锁体；4—锁锥。

图5-30 锁销式半自动扭锁

锁销式半自动扭锁的操作使用方法总体和钢索拉柄式扭锁相似：装货时，在码头上当集装箱起重机将集装箱吊起至人手臂举起的高度时，由装卸工人在码头上将处于非锁紧状态的锁销式半自动扭锁从下向上插入集装箱角件孔内，待集装箱被吊上船并对准突出式底座或另一集装箱角件孔被放下时，该锁的自动装置即起作用并转动锁锥将箱与底座或箱与箱连接锁紧。

卸箱时，应首先由装卸工人借助扭锁操作杆(operating rod)将锁销(locking pin)拉出，从而打开扭锁与突出式底座或另一集装箱顶部角件孔的连接，再由集装箱起重机将集装箱吊至码头上，由人工将其卸下。

(二) 堆锥

堆锥(stacking cone)按使用位置及功能的不同，可将其分为以下4种：

1. 中间堆锥

中间堆锥(inter bridge stacking cone)上下锥头固定，垂向方向无锁紧功能，仅用于舱内箱与箱之间的连接，有单头堆锥和双头堆锥两种。中间堆锥和单头底座堆锥如图5–31所示。

（a）单头堆锥　　（b）横向双头堆锥　　（c）单头底座堆锥

图5–31　中间堆锥和单头底座堆锥

2. 底座堆锥

底座堆锥（bottom stacking cone）之一又称可移动锥板（removable cone plate），如图5–32所示，其结构特点是上为锥头下为插杆，仅与舱底的固定式系固设备插座配套使用，有单头、横向双头、纵向双头和四连式4种。另一种底座堆锥为单头，但上下均为锥头，如图5–31（c）所示，这种堆锥与板式底座配套使用。

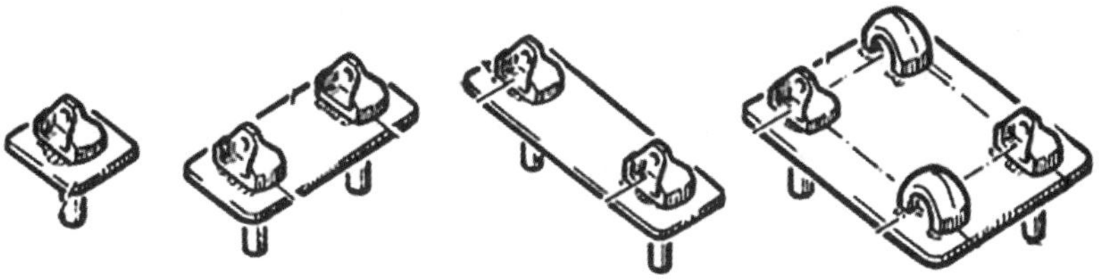

（a）单头　（b）横向双头　（c）纵向双头　（d）四连式

图5–32　可移动锥板

3. 自动定位锥（automatic fixing cone）

图5–33为自动定位锥，为全自动型，也是由装卸工人在码头上完成将其插入和取出集装箱角件孔这一过程。用于固定在甲板上40英尺箱位处装20英尺集装箱时处于中间的集装箱角件孔，并与半自动扭锁配合使用。例如，在40英尺箱位处改装20英尺集装箱，则在40英尺箱位的前后两端用半自动扭锁，中间20英尺处用自动定位锥，这样不仅可起到半自动扭锁的作用，同时也弥补了40英尺箱位因中间空间狭窄而无法进行固定操作的缺陷。自动定位锥目前已得到广泛应用，并且是发达国家港口当局强制要求配备的一种设备。

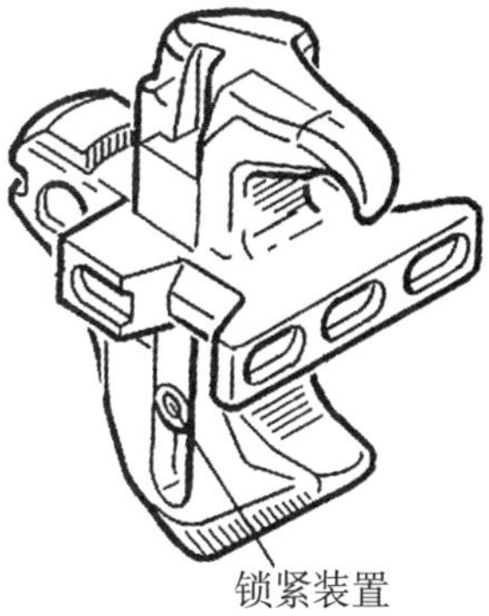

图5–33　自动定位锥

自动定位锥的使用方法与半自动扭锁相似，所不同的是它不存在在卸箱时必须先由人工将锁销拉出这一过程，而是靠锁紧装置（locking device）自动将定位锥转换成非锁紧状态，即首先将20英尺集装箱一端的半自动扭锁由人工将锁销拉出，使之转为非锁紧状态，然后用集装箱起重机将集装箱缓慢吊起，此时在起重机的拉力作用下，自动定位锥的锁紧装置动作并解锁，从而完成卸箱工作。

4. 调整堆锥

调整堆锥（levelling stacking cone）又称高度补偿锥，用于在装载某些非标准高度的集装箱时调整其高度至标准高度。调整堆锥如图5–34所示。

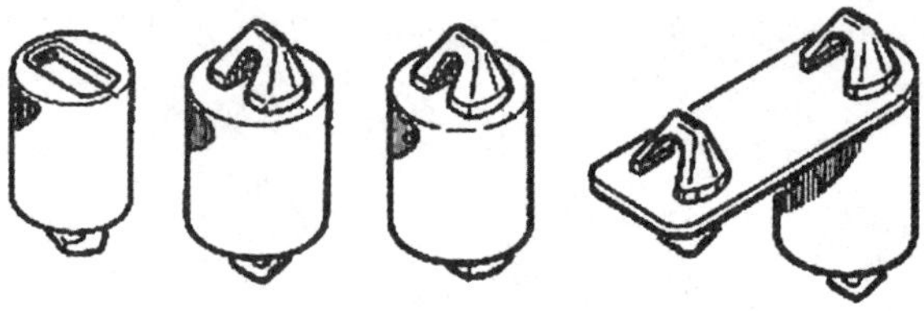

图5-34 调整堆锥

(三)桥锁

图5-35为桥锁(bridge fitting),用于对相邻两列最上层集装箱的顶部进行横向锁紧连接,以分散主系固系统的负荷。桥锁的使用方法较简单,只需将桥锁的两个锁钩(头)分别插入相邻两集装箱的角件孔中,再旋转调节螺母,即可把集装箱连接拉紧。

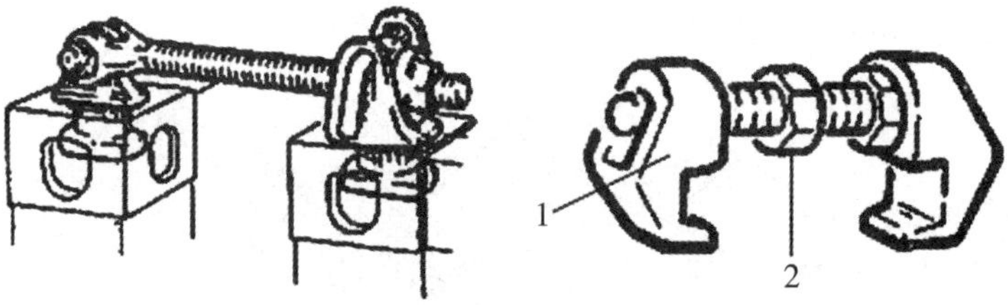

1—锁钩(头);2—调节螺母。

图5-35 桥锁

目前,桥锁仅在一些使用强度较小的扭锁的船舶甲板上或可装载集装箱的多用途船舱内和甲板上使用。在恶劣天气时,此种横向锁紧的连接方式,有时甚至会对船舶安全产生负面影响。随着强度较大的钢索拉柄式扭锁、半自动扭锁及自动定位锥的进一步推广使用,桥锁在甲板顶层集装箱上的使用将会最终被淘汰。

(四)花篮螺丝与绑扎杆

花篮螺丝(turnbuckle,又称松紧螺旋扣)与绑扎杆(又称绑扎棒,lashing bar)如图5-36和图5-37所示,该两种设备通常需组合成一个整体后,方可达到系固集装箱的目的。

有时在利用上述系固系统系固时,因绑扎杆长度的原因,或有特殊系固要求,需加长绑扎杆,为此需使用加长钩(lengthening hook),以满足系固需求。图5-38为加长钩。

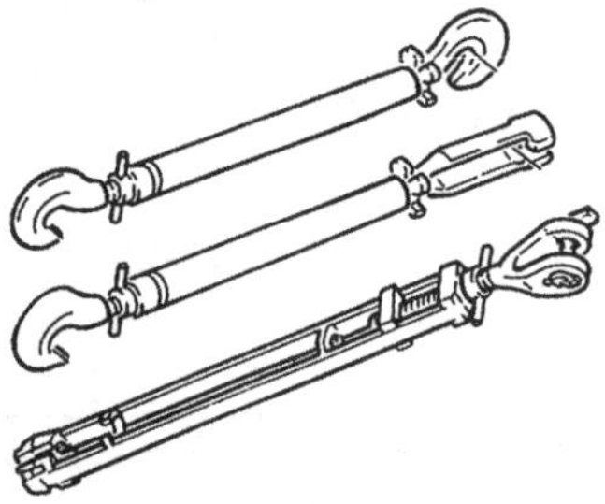

图5-36 花篮螺丝

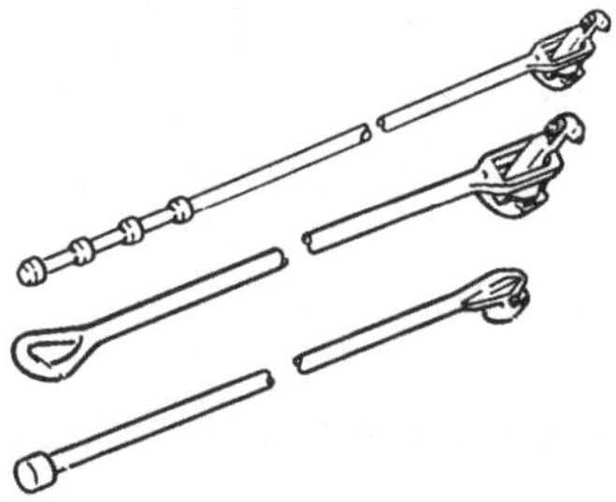

图5-37 绑扎杆

图5-38 加长钩

图5-39为利用花篮螺丝与绑扎杆组合后系固集装箱的示意,其操作方法是首先将绑扎杆与集装箱角件孔连接的一端插入集装箱的角件孔内,另一头与花篮螺丝相连,再将花篮螺丝与固定式系固设备地令或眼板相连,最后调整花篮螺丝,使整个系固系统紧固。

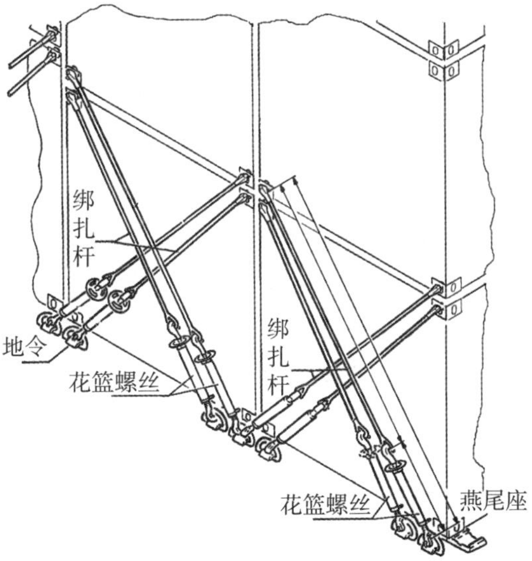

图5-39 花篮螺丝与绑扎杆组合后系固集装箱的示意

(五)横向撑柱

横向撑柱(lateral support element)如图5-20所示,用于舱内无导轨或多用途船舱内装载集装箱时,对舱内紧靠两舷舷侧的最上层集装箱进行支撑,以防集装箱的歪斜、倾覆或横移。使用时,将横向撑柱的一端插入与其配套的专用底座内,另一端插入紧邻的集装箱角件孔内,再利用调整装置使其拉紧受力。

(六)辅助工具

便携式系固设备所用的辅助工具(accessory appliances)主要有两类:一类是扭锁操作杆(twistlock operating rods),如图5-40所示;另一类是花篮螺丝操作工具(turnbuckle operating tools),如图5-41所示。

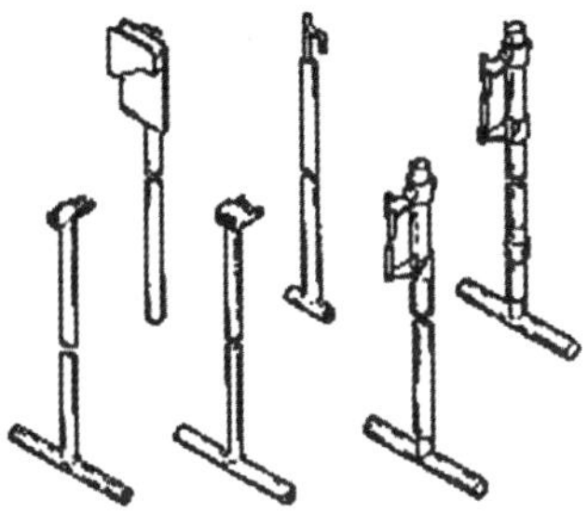

图5-40 各种扭锁操作杆

图5-41 各种花篮螺丝操作工具

扭锁操作杆的作用是控制扭锁的手柄或锁销,达到解锁的目的;花篮螺丝操作工具的作用是将花篮螺丝收紧或松开。

第三节　非标准货与半标准货系固设备

一、非标准货系固设备

依据非标准货的定义，用于固定干货船、多用途船、滚装船、装载货物单元的散装货船和客船，以及近海供应船、电缆铺设和管道铺设专用船等在装载集装箱（无专用系固设备）、钢卷、重件货、普通件杂货、木材等时所用的设备即为非标准货物系固设备。非标准货物系固设备按其性质的不同，分固定式系固设备和便携式系固设备两种。

1. 固定式系固设备

非标准货的固定式系固设备直接焊接在船体的舱壁、舷侧强肋骨、支柱和甲板上，必要时也可直接焊接在舱底和舱盖上。其主要类型有以下几种：

1）眼板

眼板（pad eye，eye plate）为一带眼的钢板，如图5-42所示。

2）眼环

眼环（ring plate）由一固定环和一活动眼环组成，如图5-43所示。

3）地令

地令（lashing ring）为一固定焊接眼环，如图5-44所示。

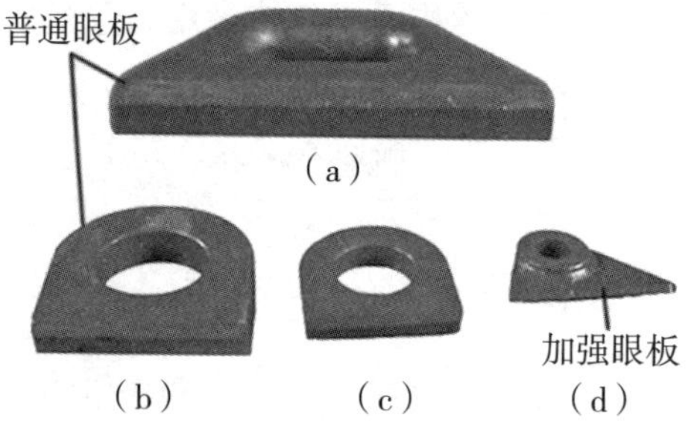

图5-42　眼板

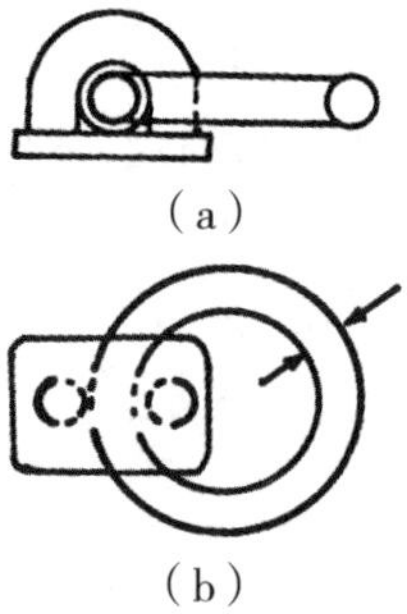

图5-43　眼环

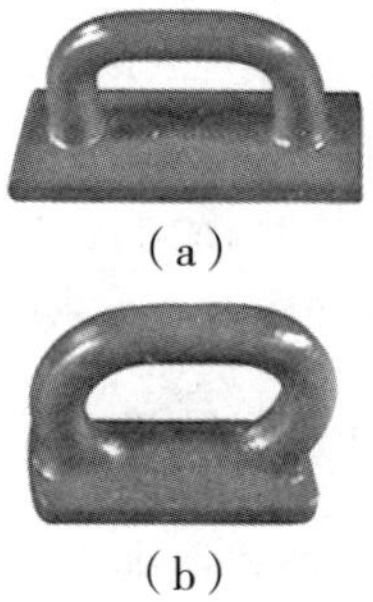

图5-44　地令

2. 便携式系固设备

非标准货所用的便携式系固设备种类主要有：

（1）系固链条（lashing chain）及紧链器（tension lever）如图5-45所示。

（2）钢丝绳（lashing wire rope）。

（3）系固钢带（lashing steel band）。

（4）卸扣（shackle），如图5-46所示。

（5）花篮螺丝（turnbuckle），如图5-47所示。

（6）紧索夹（clamp），如图5-48所示。

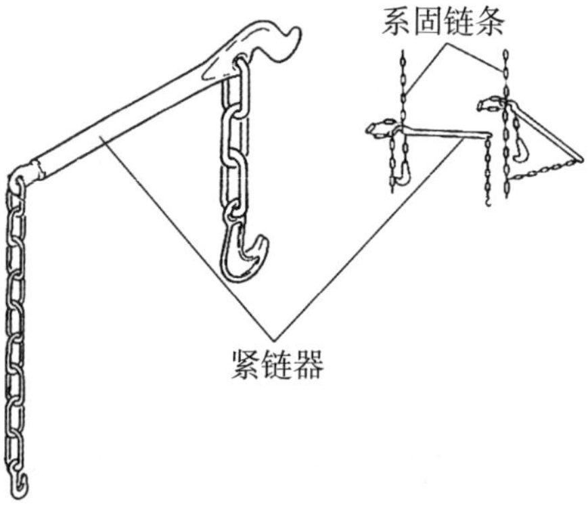

图5-45　系固链条及紧链器

3. 便携式系固设备的配套使用

非标准货便携式系固设备的种类较多，且具有着各自的特点，因此，实际使用时必须紧密结合各自的特点与要求配套使用。例如：钢丝绳必须与紧索夹、花篮螺丝配套或与紧索夹、花篮螺丝和卸扣配套；系固链条只有在利用紧链器的情况下，方可系紧货物。

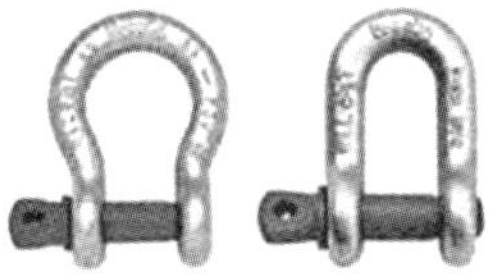
（a） （b）

图5-46 卸扣

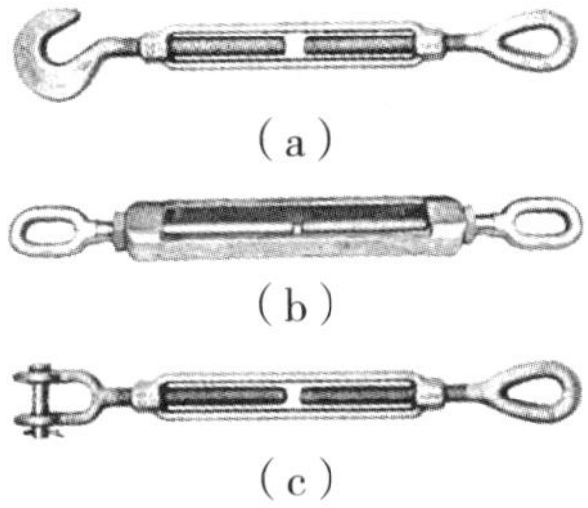

图5-47 花篮螺丝

图5-48 紧索夹

二、半标准货物系固设备

依据半标准货的定义，用于固定滚装船和滚装客船在装载车辆（包括公路车辆、滚装拖车和铁路车辆）时所用的设备即为半标准货物系固设备。半标准货物系固设备按其性质的不同，分固定式系固设备和便携式系固设备两种。

1. 固定式系固设备

（1）系固槽座（lashing pot），如图5-49所示。

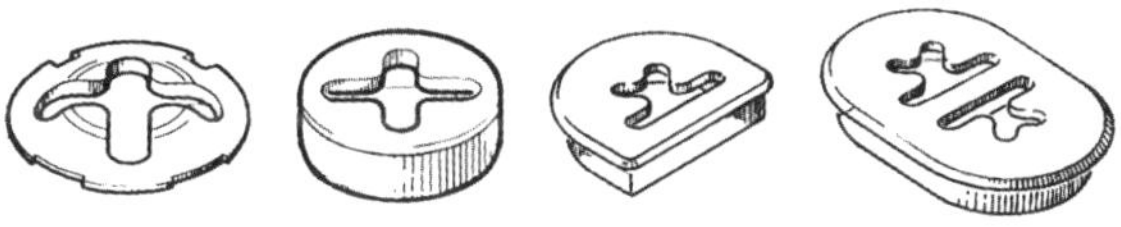
（a） （b） （c） （d）

图5-49 系固槽座

（2）可折地令（lashing eye），如图5-50所示。

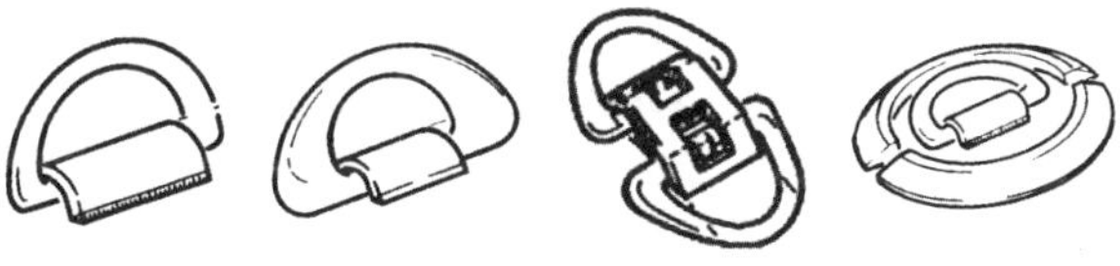
（a） （b） （c） （d）

图5-50 可折地令

2. 便携式系固设备

（1）系固链条和紧链器，如图5-51和图5-52所示。

（2）绑扎带（lashing band）：是系固车辆和滚装拖车的专用设备，如图5-53所示。

（3）象脚（elephant feet）：插入槽座并通过其与其他便携式系固设备相连，如图5-54所示。

（4）拖车支架（trailer trestle）：用作拖车支架并固定拖车，如图5-55所示。

（5）拖车千斤顶（trailer support jack）：用于拖车有轮端，并起一定支撑作用，以降低车轮滚动的风险，如图5-56所示。

（6）轮楔（wheel chock）：固定车轮用，以增大摩擦力，如图5-57所示。

图5-51　系固链条

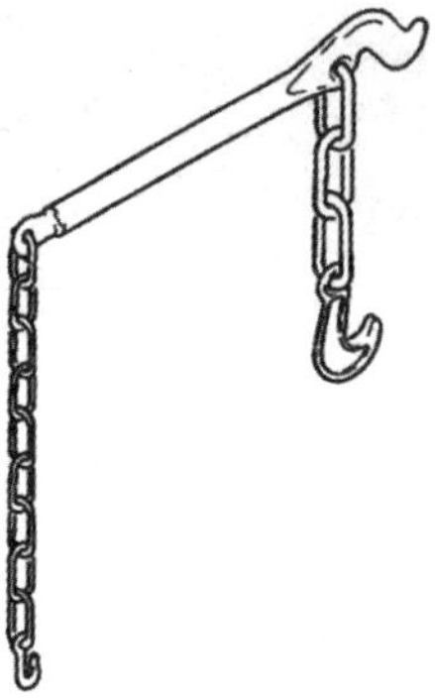

图5-52　紧链器

图5-53　绑扎带

（a）　（b）

图5-54　象脚及其使用

图5-55　拖车支架

图5-56　拖车千斤顶

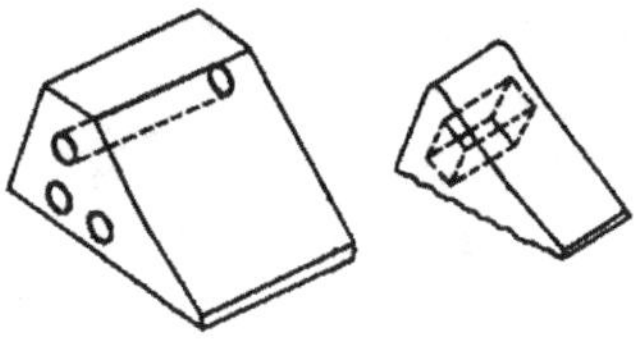

（a）　（b）

图5-57　轮楔

（7）系固钢丝(lashing wire)，如图5-58所示。

（8）快速释放紧索器(quick release lashing)：用于收紧并可快速释放系固钢丝，如图5-59所示。

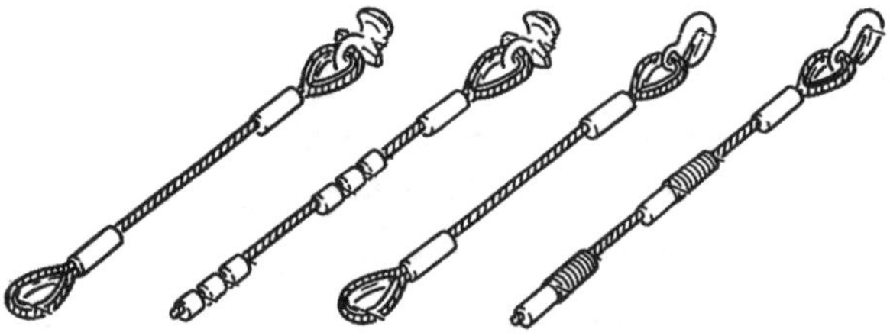

（a）　（b）　（c）　（d）

图5-58　系固钢丝

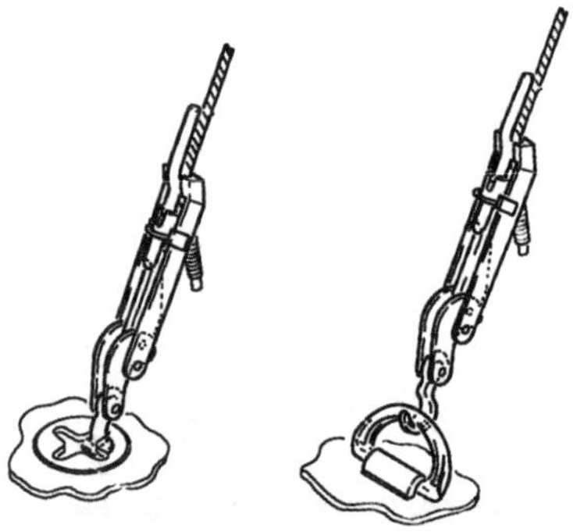

（a）　（b）

图5-59　快速释放紧索器

(9) 花篮螺丝(turnbuckle):用于收紧系固钢丝或系固链条。

3. 便携式系固设备的配套使用方法与系固

便携式系固设备的配套使用方法如图5-60所示,其中:图5-60(a)为系固链条与紧链器配套使用的情形,并利用紧链器收紧系固链条;图5-60(b)为系固钢丝、花篮螺丝与象脚配套使用的情形;图5-60(c)为系固链条、花篮螺丝与象脚配套使用的情形;图5-60(d)为系固钢丝与快速释放紧索器及象脚配套使用的情形,并利用快速释放紧索器收紧系固钢丝。

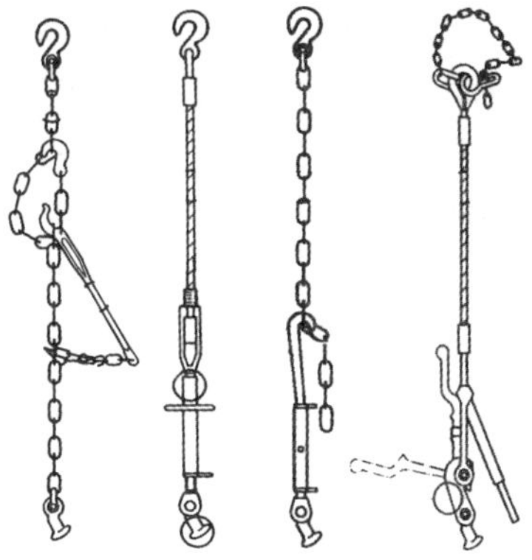

图5-60　便携式系固设备的配套使用方法

典型半标准货的系固方法如图5-61和图5-62所示。

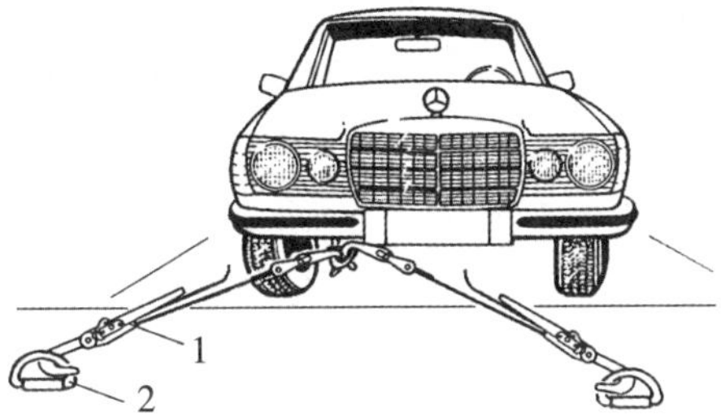

1—绑扎带;2—可折地令。

图5-61　汽车系固

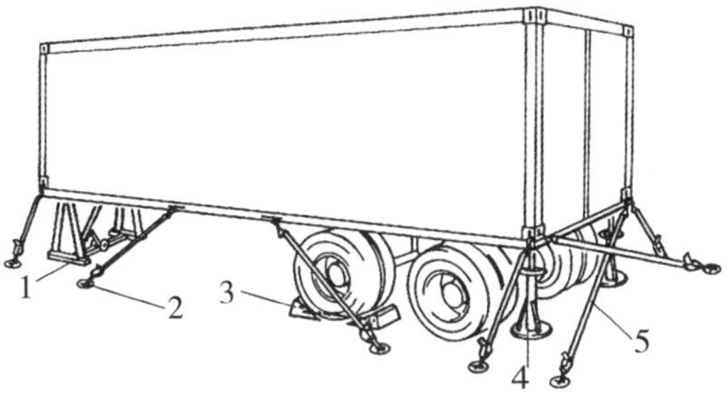

1—拖车支架;2—系固槽座;3—轮楔;4—拖车千斤顶;5—绑扎带。

图5-62　拖车系固

第四节　系固原则、检查保养与使用注意事项

一、系固设备的系固原则

(1) 船长必须关注系固方案的制定、作业计划的安排与实施及监督工作,且均应事先作出计划,具体有以下几个要点:

①系固方案是否有效且可靠,有无考虑船舶航行中可能遇到的最恶劣天气的影响。

②能否确保货物单元在被系固后所受应力分布均匀,如有疑问,应对系固方案进行核对计算。

③船上系固设备是否适用于所载货物单元,是否保养充分得当且具有足够的强度。

④系固设备是否足够,是否备有“系固手册”所规定的总数10%的系固设备备品。

⑤参与系固作业的人员是否具有相应的资质和经验,并充分了解有关作业原则。

⑥所用的系固钢索应长短适中。

⑦应确保在船舶离港前完成系固作业。

(2) 如认为有必要,应要求货方提供货物单元的装载与系固声明,说明其货物单元在集装箱和车辆中的包装、堆装、绑扎和系固方法均符合国际海事组织和国际劳工组织的《集装箱和车辆货物装载指南》(Guidelines for Packing Cargo in Freight Containers or Vehicles)的有关规定。

(3) 系固布置应确保货物单元不会发生危及船舶安全的移动。应采取措施避免因货物单元变形和收缩致使系固系统松动。对摩擦系数较小的货物单元,应在横向上紧密积载以防止其在航行中滑动,必要时可用软质木板或类似垫料加以衬垫,以增加摩擦力。

(4) 应确保系固通道畅通无阻,以便对货物单元进行系固和在航行中对系固的有效性作进一步检查。

(5) 船舶靠泊结束前,未经船长许可,不得破坏系固系统的完整性。

二、系固设备的检查与保养

船上系固设备应在船长负责下进行定期的检查和维修保养,这些检查和维修保养至少应包括:

1. 对所有零部件的日常外观检查和保养

(1) 所有固定式系固设备,在使用完以后,应立即进行受损检查。重新使用前,对已损坏或怀疑受损部件应进行修复并进行适当的强度测试。

(2) 所有便携式系固设备在使用完以后及再次使用前应由专门人员负责损坏检查。种类不同的设备、已检查和尚未检查过的设备、常用和备用的设备均应分类整齐地存放。每隔3个月,应对所有便携式系固设备进行一次详细检查和加油活络。

(3) 上述检查和维修保养在经历了恶劣天气、海况以后和特别加固用途以前应更加严格。

(4) 标准货系固设备中的花篮螺丝、绑扎杆等的外观目视检查一般每10个月进行一次,维护保养周期一般为6~12个月;双功能扭锁、半自动扭锁、半自动定位锥和自动定位锥等的外观目视检查一般每10个月进行一次,维护保养周期一般为18~24个月。各类设备具体的外观目视检查与维护保养周期应参照厂家的产品说明书、所用材料及实际使用情况来确定,不同的生产厂家所生产的产品质量是有所不同的,因此不能一概而论。

(5) 应按主管机关的规定接受授权的验船师对系固设备进行各项检查与检验。

(6) 清点船上现有系固设备及备品数量,应满足规定要求。

(7) 对不同种类系固设备检查和维修保养要求如下:

应对每一设备的损坏和磨损情况进行检查,以发现影响设备正常、安全地发挥其设计性能,以及可能导致人身伤害的缺陷。如果系固设备用于特殊目的,使用前应对其进行检查,以确定其强度和功效是否适用。

所有系固设备磨损、锈蚀后的尺寸一般应不小于原有尺寸的90%,便携式系固设备内部转动部分允许的磨损、锈蚀一般应不超过原有尺寸的6%。

1) 各种底座、系固眼板、地令、固定锥、槽座及集装箱导轨系统

(1) 应检查这些固定式系固设备与船体结构的焊接部位,如有缺陷和裂缝,则应开槽后覆焊。如船体本身有缺陷(如不平整),则应先将该设备需要重新焊接处的船体部分用合适

的方式予以修复。该船体部分包括舱底、横舱壁、舱盖、舷侧、集装箱支柱和甲板等。

(2) 应检查其磨损、变形和其他缺陷。如该设备缺陷轻微且不影响其功能,可暂不修理。如有较严重的缺陷,则应用至少同等强度的设备进行更换(同型或其他型号),该设备重新附着船体的焊接操作应由持有相应证书的电焊工进行,并严格按焊接工艺操作,特别是靠近油舱的焊接操作。

(3) 在使用该设备前,应将该设备处的灰尘、碎石,以及前几航次的残留物清除干净。

(4) 集装箱导轨系统应定期检查,以防止因其变形、损坏而影响装卸货及货运安全,对变形或损坏的部分应及时修复。

(5) 正常的除锈、油漆保养工作。

2) 花篮螺丝与绑扎杆

(1) 花篮螺丝应经常加油活络,防止因腐蚀而咬死无法转动。

(2) 应检查花篮螺丝的螺纹损坏情况,防止由于错咬而无法转动,当螺纹损坏严重时应予换新。

(3) 应检查与绑扎杆连接端的磨损情况,如磨损严重应予换新,同时应检查卸扣端弹簧栓的状况。

(4) 绑扎杆除应注意检查本体外,还应注意检查两头的磨损状况,若磨损严重或不能有效地绑扎时,应予换新。

(5) 上述本体如有裂纹出现,则应立即更换。

3) 扭锁、桥锁、堆锥(包括自动定位锥)及横向撑柱

(1) 在使用前,应检查其变形、损坏情况,如发现扭锁转不动、手柄断裂,应予修复,使其恢复功能,对损坏严重以致影响其功能的,应予换新。这里应特别注意半自动扭锁及自动定位锥的自动功能,如功能失效,则应及时修复,无法修复的换新。

(2) 桥锁及横向撑柱应经常加油活络,并检查螺纹情况。

(3) 如发现上述本体有裂纹,则应立即更换。

(4) 在集装箱的装卸、系固和拆系过程中,上述设备容易受到损坏,特别是在提升和放落这些设备时应避免因野蛮操作而造成设备损坏。

(5) 该类设备应及时被收集在专用的箱子内,以防丢失。

4) 系固钢丝、系固链条、快速释放紧索器及紧链器

(1) 应检查系固钢丝(包括一般系固用钢丝绳)是否有永久性拧节、压扁、油麻芯或纤维芯干枯和外露,如有发现应予更换。

(2) 在系固钢丝的整个长度范围内,若发现在其10倍直径的任何长度内有超过5%的钢丝断裂、磨损或严重锈蚀,则应予换新。

(3) 系固钢丝应定期涂钢丝油,以防因锈蚀而缩短使用寿命。

(4) 存放于露天甲板的系固钢丝应用帆布罩罩好。

(5) 必须注意检查快速释放紧索器,以保证其操作灵活、可靠。

(6) 检查系固链条和紧链器,如发现严重锈蚀或损坏,则应予换新。

(7) 应仔细检查系固链条和紧链器每一链环的状况,若发现本体有裂纹出现,则应立即换新。如仅为轻微变形、磨损、腐蚀但不影响其强度和功能,则无须更换。

5）卸扣和紧索夹

（1）应经常加油活络，防止因腐蚀而咬死无法转动。

（2）本体如有裂纹出现，则应立即更换。

（3）应检查螺纹损坏情况，防止由于错咬而无法转动，当螺纹损坏严重时应予换新。

2. 系固设备检查、维修保养和更新记录簿

《系固设备检查、维修保养和更新记录簿》是船舶《货物系固手册》的重要附件之一，用于船上对系固设备进行检查、保养、维修和更新记录之用，以证明船舶对系固设备进行检查和维修保养所采取的行动，其中："检查、维修保养"部分记录内容至少应包括检查的日期、检查项目的名称、保养和维修情况及检查者；"更新"部分记录内容至少应包括系固设备名称（种类）、型号、数量及负荷等，并有由主管机关授权的验船师签发的与实物产品一致的合格证书。

3. 其他

《系固设备检查、维修保养和更新记录簿》随船舶《货物系固手册》一并由大副负责记录和保管。

三、系固设备的使用注意事项

为保证系固的可靠性，确保航行安全，使用系固设备时必须注意下列事项：

（1）所有系固设备必须具有由主管机关签发的证书，且证书上所标注的型号与负荷应与实物上钢印标记的型号与负荷一致，如图5-63所示。对正在使用但又无相应主管机关签发证书的现有系固设备，使用前务必确认其系固的可靠性，如无法确认，则应弃之不用。

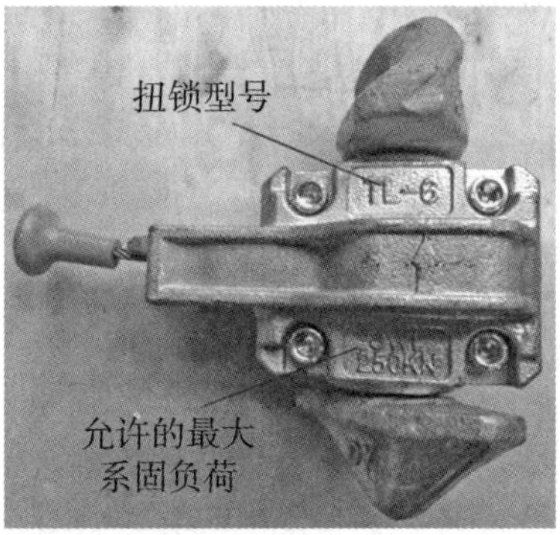

图5-63　系固设备本体的钢印标记

（2）配套使用系固设备时，必须注重考虑各自最大系固负荷（MSL）的协调性，且应以系固系统中最小的MSL作为整个系固系统的MSL。

（3）某些系固设备MSL的确认方法见表5-1。

（4）补充或更新手柄式扭锁时，应注意新上扭锁与现有扭锁的转锁方向，必须使其保持一致，否则将会给装箱后的系固带来极大麻烦。

（5）补充或更新系固设备的最大系固负荷应不低于原有的同类设备。

表5-1　由破断负荷确定MSL

系固设备	MSL
卸扣、环、甲板孔、低碳钢花篮螺丝	50%破断强度
纤维绳	33%破断强度
纤维网状绑扎件	70%破断强度
钢丝绳（一次性使用）	80%破断强度

表 5-1（续表）

系固设备	MSL
钢丝绳（可重复使用）	30% 破断强度
钢带（一次性使用）	70% 破断强度
链	50% 破断强度

第五节　系固设备的检验

根据 CCS《钢质海船入级规范》的规定，船舶系固设备应接受的检验种类与船舶应接受的检验种类相同，具体规定如下：

一、入级检验

对系固设备的入级检验与对船舶的入级检验同时进行。

（1）拟申请“配备集装箱系固设备”附加标志的船舶，应将下列图纸资料提交批准：①集装箱排列和重量布置图；②导轨结构图（如有时）；③非箱格导轨集装箱系固设备布置图；④系固设备和配件详图；⑤集装箱系固手册（船上应配有经主管机关批准的集装箱系固手册）。

（2）建造中检验时，应对系固设备的材料、工艺及其布置作全面的检验。

（3）船上应备有随时可查的系固手册，其内容至少应包括：①系固设备简图；②系固设备名称；③系固设备制造厂标志或代号；④系固设备的破断负荷；⑤各系固设备的数量；⑥原型试验证书的编号及日期；⑦船用产品检验证书；⑧集装箱堆装和布置图；⑨系固设备布置图。

二、年度检验

系固设备的年度检验与船舶的年度检验同时进行，目的是对系固设备进行一般性检查，以确认其是否处于有效的技术状态。年度检验主要包括：

（1）确认系固设备和系固手册的有效性。

（2）检查焊接在船体结构或货舱盖上的集装箱底座，核查是否存在裂纹和变形情况。

（3）检查导轨和相关构件是否存在裂纹、变形或腐蚀情况。

三、中间检验

系固设备的中间检验与船舶的中间检验同时进行，其要求与年度检验的要求相同。

四、特别检验

系固设备的特别检验与船舶的特别检验同时进行，检验项目有：

（1）对导轨结构作全面检查，特别是垂直导轨与横撑材间的连接节点，导向构件与导轨应处于良好的技术状态。

（2）全面检查可拆卸式框架或其他约束装置。

（3）检查固定在船体结构上的配件，对位于液舱区域的配件，其四周应无泄漏。

（4）对照船舶系固手册全面检查所有的便携式系固设备。

（5）若发现系固钢丝绳在等于其直径10倍的任何长度内有超过5%的钢丝断裂、磨损或腐蚀，则应予换新，若发现钢链发生蚀耗或损坏，也应予换新。

（6）如需更新系固设备，则新的系固设备应为获得认可的型式和产品。如无试验证书，则应按有关要求对新的系固设备进行相应的试验。

◇◆ 小结 ◆◇

本章包括系固设备的定义、标准货系固设备、非标准货与半标准货系固设备、系固设备的系固原则、检查、维护保养与使用注意事项及应接受的检验几部分内容。

本章在全面考量《航海技术专业本科培养教学大纲》及《海船船员培训大纲》(2021版)对高级船员所要求了解和掌握知识点的基础上，依据SOLAS公约1994年修正案第Ⅵ/5和Ⅶ/6的要求、CCS《钢质海船入级规范》及《船舶系固手册编制指南》有关规定编写而成。内容充分结合了航运发展的新特点和航海新技术在船舶建造中的应用，注重了理论与航海实践相结合的原则。

本章知识点内容对航海技术本科生及二、三副来说，应重点掌握系固设备的定义、标准货系固设备、半标准和非标准货系固设备及系固设备使用注意事项等内容；对大副来说，应重点掌握系固设备的系固原则、检查、维护保养与使用注意事项及系固设备应接受的检验等内容。

复习与思考题

1. 何为货物单元？
2. 货物系固设备与最大系固负荷是如何定义的？
3. 何为标准货、非标准货与半标准货？
4. 系固设备的种类有哪些，又是如何定义的？
5. 半标准货物固定式系固设备的种类主要有哪些？
6. 标准货物固定系固设备的种类主要有哪些？
7. 简述导轨系统的组成与应满足的要求。
8. 简述半自动扭锁的操作使用方法。
9. 简述自动定位锥的使用特点与方法。
10. 系固设备的使用注意事项有哪些？
11. 系固设备应接受的检验种类有哪些？

第六章 舵设备

第一节 舵设备的组成和转船力矩

舵设备是操纵船舶的主要设备，其作用是使在航船舶保持所需航向、改变原来航向或进行旋回运动。

一、舵设备的组成

舵设备主要由舵、操舵装置（舵机及其转舵装置）、操舵装置控制系统及其他附属装置等组成，如图6-1所示。

1）舵

按操舵转船原理，舵宜远离船的回转中心，因此，舵安装在船尾后部最下端的螺旋桨后面，以承受水流的作用，产生转船力矩使船回转。

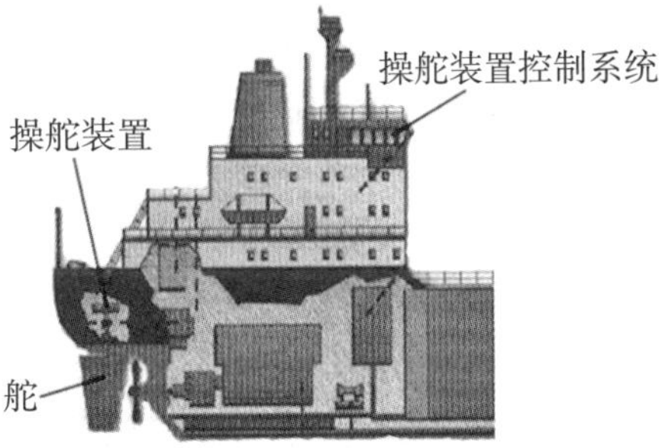

图6-1 舵设备各组成部分及所在位置

2）舵机及其转舵装置

安装在船尾舵机间（舵机舱内）的甲板平台上。舵机为转舵的动力源，通过转舵装置（也称传动机构）将力矩传给舵杆，以带动舵叶转动。舵机和转舵装置统称为操舵装置。

3）操舵装置控制系统

主要部件设于驾驶室内，将舵令通过电力或液压控制系统由驾驶室传递给舵机，以控制其动作。

二、转船基本原理

在船舶保持正舵直进情况下，如果围绕船体的水流是左右对称的，则作用于船舶首尾线左右的力也是平衡的，船将继续做直进运动。当舵叶向任一舷转动并与船舶首尾线成一角度δ（δ称为舵角）时，船相对水的运动和螺旋桨排出流的共同作用，使舵叶两侧的相对水流速度产生差异，其中迎水流一面的压力增加，相应背水流一面的压力减小，两者的压力差值即为舵的垂直压力P_δ。同时，水流与舵面产生摩擦阻力r。把垂直压力与摩擦阻力的合力称为舵力R_δ。由于舵力R_δ作用在舵叶迎流面上，从而产生了一个绕船舶重心的旋回力矩，使船舶开始偏转，如图6-2所示。

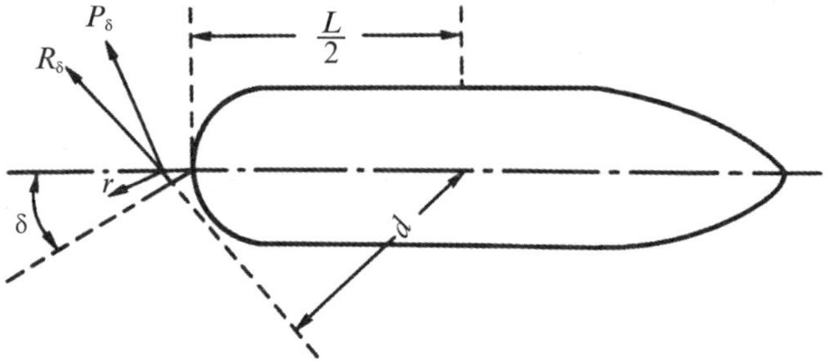

图6-2 转船原理示意

三、转船力矩与舵角

1. 转船力矩

舵力的大小与舵角δ、舵叶面积、舵的前进速度和舵的断面形状等因素有关。普通舵的舵力常用乔塞尔(Joessel)公式估算，即

$$R_\delta = \frac{107.23 A_R V_R^2 \sin\delta}{0.195 + 0.305\sin\delta}$$

式中：R_δ为舵力，N；A_R为舵叶浸水面积，m²；V_R为舵速，m/s；δ为舵角，(°)。

如图4-2所示，假设船舶重心位于船中，舵力作用中心距尾垂线的距离与船长相比很小，因此，可以近似地认为舵力作用中心位于尾垂线，则转船力矩为

$$M_\delta = R_\delta \cdot d = \frac{L}{2} R_\delta \cdot \cos\delta$$

即

$$M_\delta = \frac{107.23 A_R V_R^2 \sin\delta\cos\delta}{2(0.195 + 0.305\sin\delta)} \times L$$

式中：M_δ为转船力矩，N·m；L为船长，m；d为转船力臂，m。

2. 舵角

理论和实验证明：舵的进速增大，舵力也就明显增大；在舵速V_R一定的条件下，转船力矩M_δ随舵角δ而变，当舵角δ约等于35°时，转船力矩M_δ达到最大值。若继续增大舵角δ，转船力矩M_δ反而开始下降。

当舵角处于25°~32°时，舵效最好。因此，船舶的最大有效舵角一般为32°~35°，并把35°舵角称为使用极限舵角，船舶的几何极限舵角一般为35°~38°。超大型船舶的使用极限舵角一般为35°~40°。

第二节 舵的种类和结构

一、舵的种类

舵是舵设备中承受水动力以产生转船力矩的构件，一般安装在船尾螺旋桨后面。舵的种类较多，一般按以下几种方法分类：

1. 按舵叶的剖面形状分

1）平板舵

平板舵（flat-plate rudder）舵叶剖面呈平板状，其主体为一单板，故也称单板舵（single-plate rudder）。舵叶两侧设有交替的横向加强筋的舵臂，以增加其强度。这种舵阻力较大，其舵效随着舵角的增大而变差，失速现象发生得早，因此仅用于非自航船、帆船和其他小型船舶。图6-3为平板舵示意。

2）流线型舵

流线型舵（steamline rudder）又称复板舵，这种舵是在流线型骨架的外围用复板覆盖而成的，强度高，舵叶剖面呈流线型；因内部空心和水密，从而产生一定浮力，减少舵承上的压力。流线型舵具有水动力性能好、舵的升力系数大、阻力小和舵效高等优点，虽构造比较复杂，但仍被广泛采用。图6-4所示为流线型舵，图6-5和6-6为实船使用的流线型舵。

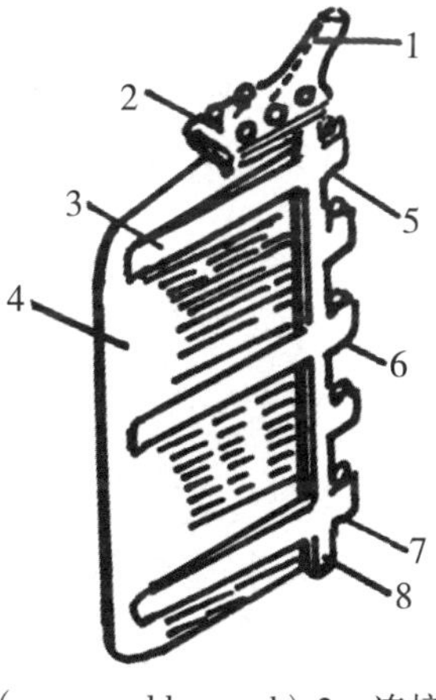

1—上舵杆（upper rudder stock）；2—连接法兰（coupling flange）；3—舵臂（rudder stay）；4—舵板（rudder plate）；5—上舵销（upper rudder pin）；6—中间舵销（mid rudder pin）；7—下舵销（lower rudder pin）；8—下舵杆（lower rudder stock）。

图6-3 平板舵

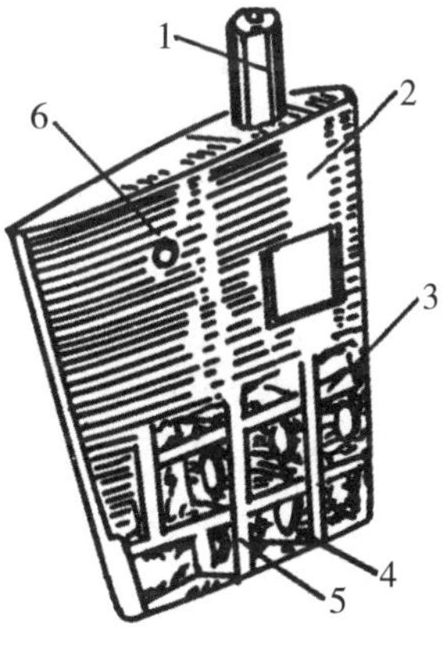

1—舵杆（rudder stock）；2—舵板（rudder plate）；3—水平加强筋（horizontal stiffener）；4—焊接衬板（welding bracket）；5—垂直加强筋（vertical stiffener）；6—吊舵孔（lifting rudder tube）。

图6-4 流线型舵

图6-5 实船使用的流线型双支承平衡舵

图6-6 实船使用的流线型半平衡半悬挂式舵

2. 按舵杆轴线所在的位置分

1）不平衡舵

不平衡舵（unbalanced rudder）又称普通舵，其舵叶全部位于舵杆轴线之后，舵钮支点较多，舵杆强度容易得到保证。但这种舵的水压力中心离转动轴较远，转舵时需要较大的转舵力矩，只适用于小型船舶，图6-7（a）为不平衡舵示意。

2）平衡舵

平衡舵（balanced rudder）舵杆轴线位于舵叶的前后缘之间，其中，舵杆轴线之前的舵叶是起平衡作用，这部分面积与舵叶全部面积之比称为平衡比度或平衡系数，一般为0.2~0.3（20%~30%）。

平衡舵减小了舵绕轴回转的力矩，所需舵机功率相应可以减小，是海船广泛应用的一种舵，图6-5和图6-7（b）、（d）、（e）为平衡舵。

3）半平衡舵

半平衡舵（semi-balanced rudder）的下半部为平衡舵，上半部为不平衡舵，平衡比度介于平衡舵和不平衡舵之间，即0.2（20%）以下。该种舵得到了（包括尾柱形状比较复杂）船舶的广泛应用，图6-6和图6-7（c）为半平衡舵实物与主要种类示意。

3. 按舵的支承方式分

1）支承舵

支承舵（bearing rudder）有多支承舵和双支承舵两种。

多支承舵（multi-pintle rudder）指与船体尾柱连接有3个及以上支承点的舵。其支承点可分为舵承、舵钮和舵托等。这种舵的重量由船体内的支承和舵托来支承，如图6-7（a）所示。

双支承舵（double bearing rudder）指除上支承外，在舵根处还设有一个下支承的舵，如图6-5和图6-7（b）所示。

2）悬挂舵

悬挂舵（underhung rudder）只有上支承而无下支承，其舵叶全部悬挂在船体外的舵杆上，如图6-7（d）所示。

3）半悬挂舵

半悬挂舵（partially underhung rudder）指下支承的位置设在舵叶中间的舵，如图6-6和图6-7（c）所示。

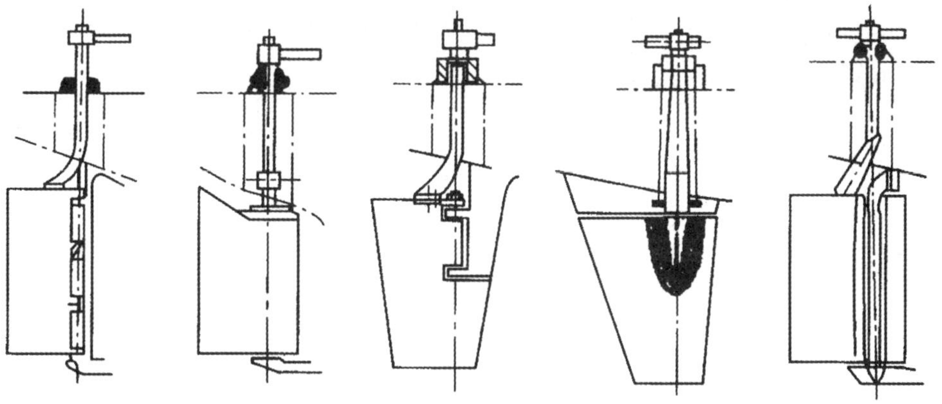

（a）不平衡舵　（b）平衡舵　（c）半平衡舵　（d）悬挂舵　（e）穿心舵轴平衡舵

图6-7 舵的主要种类

4. 特种舵

某些船舶为满足其操纵上的特殊要求，如增加舵效，提高推进效率，减小旋回直径和改善大型船舶在低速航行时的操纵性能等，常采用一些特种舵。常见的特种舵主要有反应舵、主动舵、整流帽舵、襟叶舵、导流管舵、鱼尾、组合舵、侧推器和螺旋桨舵等。

1）反应舵

反应舵（reaction rudder）以螺旋桨轴线为界，将舵叶前缘正对螺旋桨轴线的上、下部分分别向左、右舷相反方向扭曲一个角度，其扭曲的偏度沿导边在螺旋桨轴线处最大，向后及向上、下两端逐渐减小，至设计位置后桨叶剖面恢复至对称流线型。

反应舵扭曲区域迎着螺旋桨排出的旋状水流，相当于一个导流叶，从而使尾流中的轴向诱导速度增大，起到了减小阻力、提高螺旋桨推进效率（增加推力）、提高船速的作用。此外，反应舵还具有高效节能（节能效果可达3%~6%）、减少气泡腐蚀和安装维修费用低等优点。反应舵也称迎流舵，图6-8和图6-9分别为反应舵和实船使用的反应舵。

图6-8 反应舵稳

图6-9 实船使用的流线型半平衡半悬挂式反应舵

2）主动舵

主动舵（active rudder）在舵叶的后端装有一个导管，导管内安装一个由设置在舵叶内电动机驱动的小螺旋桨，如图6-10所示。转舵时，电动机同步工作并驱动小螺旋桨转动发出推力，进而增加了转船力矩。因此，即使在船舶低速甚至主机停车的情况下，操作这种舵也

图6-10　主动舵

能获得转船力矩，从而大大提高了船舶（如大型船舶）的操纵性。对回转性要求高和离靠码头频繁的小船（如巡逻艇、领港船、渡船等）也多有采用。由于舵上的螺旋桨也可用作微速推进器，故在有些科学考察船上也有应用。

3）整流帽舵

整流帽舵（bulb rudder）在普通流线型舵的正对螺旋桨轴线部位，装设一个圆锥形的流线型体，俗称整流帽。其作用是改善螺旋桨排出流的乱流状态，从而提高螺旋桨的推力，改善船尾的振动情况，图6-11和图6-12分别为整流帽舵示意和实船使用的整流帽舵。

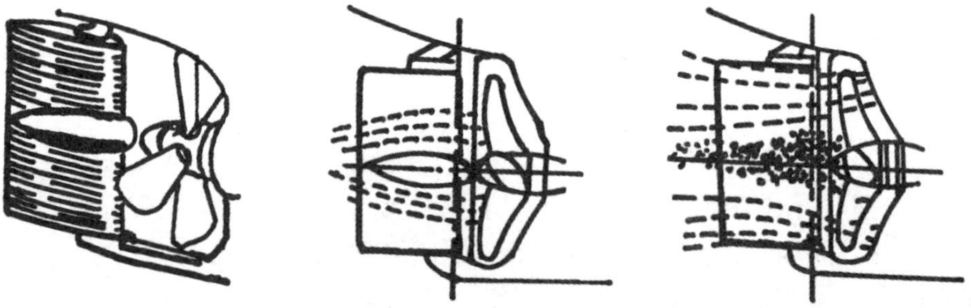

（a）整流帽舵　（b）整流帽舵的排出流情况　（c）不带整流帽舵的排出流情况

图6-11　整流帽舵示意

4）襟翼舵

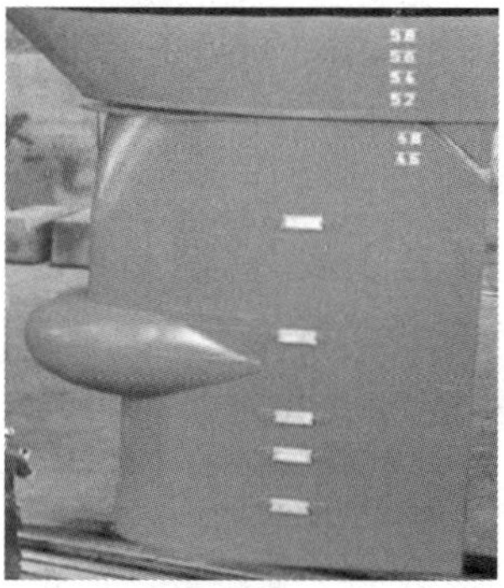

图6-12　整流帽舵的实船应用

襟翼舵（flettner rudder或flap rudder）又称高效舵，这种舵由主舵和副舵两叶组成，即在普通主舵叶后缘装上一个称为襟翼的副舵叶，当主舵叶在操舵装置带动下转动一个δ角时，副舵叶在随主舵叶转动的同时又在传动机构带动下绕主舵叶的后缘向同一舷转出一个β角度，从而使副舵叶的转动角度比主舵的转角大，这就相当于增加了舵剖面的拱度，使舵产生更大的流体动力（大大提高了升力系数），进而有效提高了舵效和增大转船力矩，明显改善了船舶的操纵性能，尤其是在船舶处于低速小舵角时也能获得较好的舵效。由于襟翼舵的流体动力特性在小舵角时特佳，与飞机的襟翼作用相同，这也是襟翼舵名称的由来。

襟翼舵与同面积的常规流线型平衡舵相比具有以下明显特点：

（1）平衡比度为0.38~0.45，所需转舵力矩较小，可相应减小舵机功率。

（2）舵的升力系数是常规舵的1.5~1.8倍（高50%~80%）。

（3）船舶的应舵性和回转性更好，应舵速度比常规舵提高约40%。

（4）在船舶低速和小舵角时较常规舵有更好的舵效。

（5）结构比较复杂。

襟翼舵按其支承方式的不同可分为流线型悬挂舵和双支点平衡舵；按襟翼传动机构的不同可分为齿轮式、导杆式和曲柄连杆式等，其中，内河船较多采用齿轮式，海船较多采用导杆式和曲柄连杆式。除导杆式襟翼舵外，现多数襟翼舵的传动机构都设置在舵叶顶部的密封保护罩内，以避免海(江)水对传动机构的腐蚀和泥沙磨损，其中，曲柄连杆式的密封保护罩可以按照标准舵叶流线型进行设计，且其结构相对轻巧。图6-13~6-16分别为齿轮式、导杆式、曲柄连杆式和传动机构密封于保护罩内的曲柄连杆式襟翼舵。

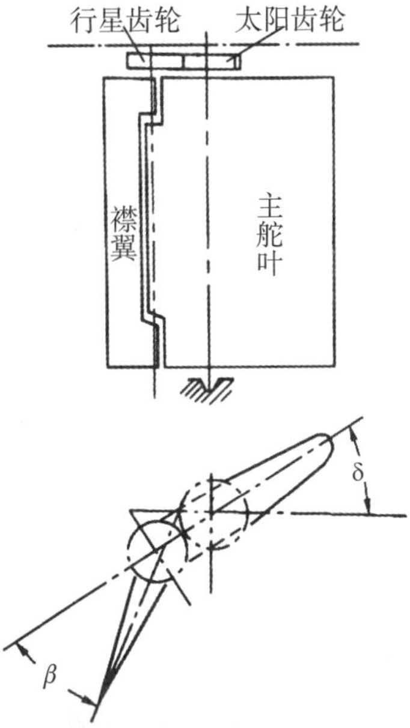

图6-13 齿轮式襟翼舵

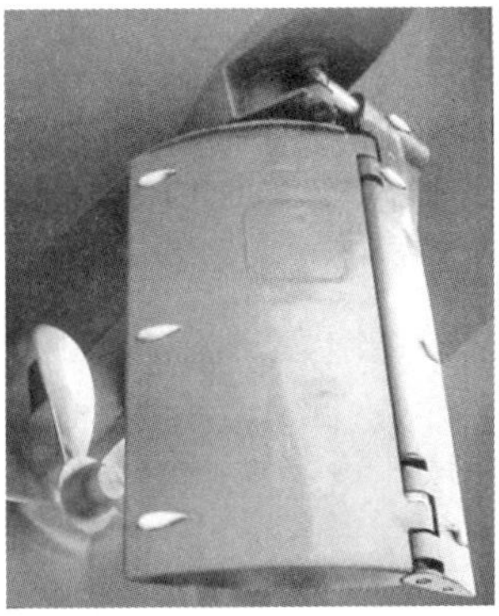

图6-14 导杆式襟翼舵

图6-15 曲柄连杆式襟翼舵

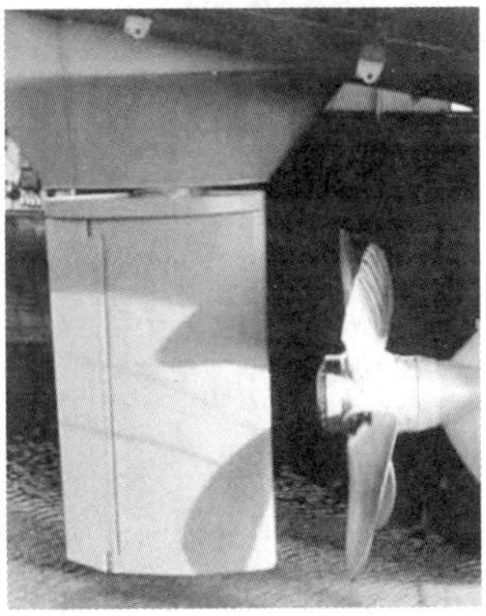

图6-16 具有密封保护罩的襟翼舵

5) 科特导流管舵

科特导流管舵(Kort nozzle rudder)指拖船等船舶为了增加推进效率，在其螺旋桨外围套装一导流管并在其后端处装一舵叶。这类舵主要有两种形式：一种是用焊接法将导流管固定在船尾骨架上，导流管不动但舵叶可转动，故又称固定式导流管舵，如图6-17所示；另一种是导流管与舵叶可在允许的角度内一起转动，又称转动式导流管舵，如图6-18所示。导流管舵除可增加推进效率外，还可以起到保护螺旋桨，防止绳索缠入等作用。

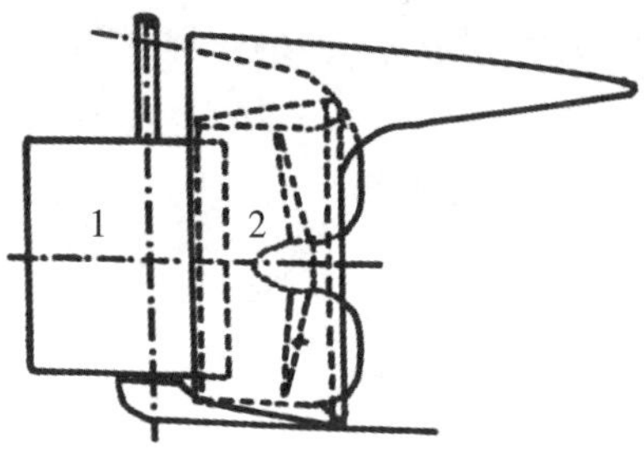

1—舵叶(rudder blade);2—固定导流管(fixed nozzle)。

图6-17　固定式导流管舵

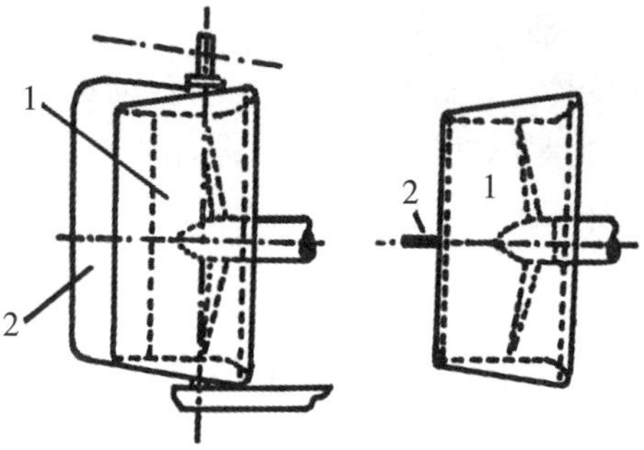

1—可转动导流管(movable nozzle);2—翼片(fin)。

图6-18　转动式导流管舵

6）鱼尾舵

鱼尾舵(fishtail rudder)又称麦柯里针型舵，如图6-19所示。这种舵是在流线型舵叶的末端加装了楔形整流尾，最终使其剖面形状似鱼形，这也是鱼尾舵名称的由来。鱼尾舵的平衡比度可达40%，其结构能增大流线的拱度和速度环量，因此，与不加整流尾而具有相同展弦比的舵相比，舵效可增大20%左右。此种舵用于船速较低的船舶时，在水流流过舵叶尾部时摩擦力增加，使舵像一个尾部的侧推器，有助于提高船舶的操纵性能。

图6-19　鱼尾舵的实船应用

7）组合舵

组合舵(unit rudder)是在鱼尾舵的基础上经改建而成的。具体方法是在鱼尾舵的上下两端各加装一块制流板，以实现减少舵叶上下两端绕流损失，进一步改善舵的流体性能的目的，这种舵也称希林舵(Schilling rudder)或工字型舵。

组合舵舵叶的肥大部分占弦长的20%，并逐渐过渡至窄小的腰部和较宽的尾部，上下两端的制流板有效控制了舵叶两侧的水流，减少了舵叶上下两端的绕流损失，提高了舵压力，进一步改善了舵的流体性能，当把舵杆中心线设计在距导边40%弦长的位置时，其能更好地控制尾流。

组合舵同时具有低航速时操纵性好，浅水中舵效无显著下降的优点，且其舵角可在±75°范围内使用。特别适用于内河、运河和限制航道水域船舶的小展弦比的舵型（舵高h与舵宽b的比值称为展弦比）。图6-20和图6-21分别为组合舵示意及其实船应用。

8）其他

一些对船舶操纵性能要求高的船舶（如海警船、海洋调查和科考船等）或为了在靠离码头时增加船舶的操纵性能的船舶（如大型集装箱船、液化气体船、滚装船和滚装客船等）均在其船首或艏艉的水线下安装侧推器(thruster)，其中，位于船首的称为艏侧推器(bow thruster)，位于船尾的称为艉侧推器(stern thruster)，图6-22和图6-23分别为侧推器和侧推器横剖面视图。

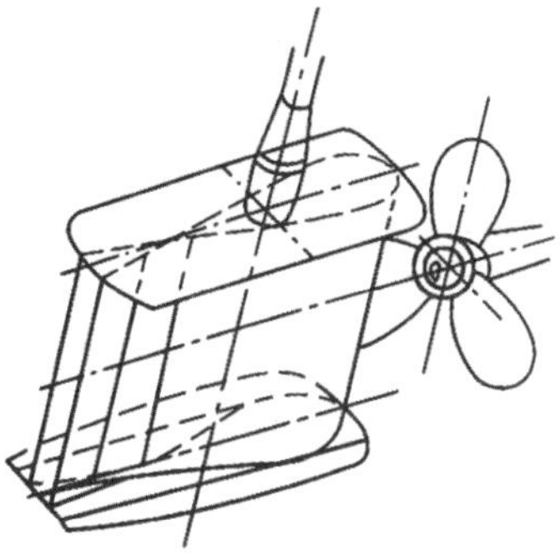

图6-20 组合舵示意

图6-21 实船流线型半平衡半悬挂组合舵

图6-22 雪龙2号艏侧推器

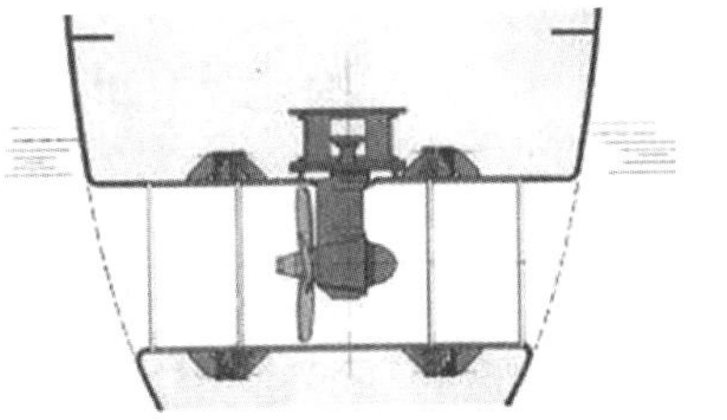

图6-23 侧推器横剖面视图

图6-24为大功率港作拖船普遍安装的舵和螺旋桨功能合二为一的螺旋桨舵(rudder propeller);有些船舶采用吊舱式推进器(Podded Propulsor,如雪龙2号)和可转动式双螺旋桨舵等,如图6-25和6-26所示。

图6-24 舵桨合一的螺旋桨舵

图6-25 吊舱式推进器

图6-26 可转动式双螺旋桨舵

二、舵的结构

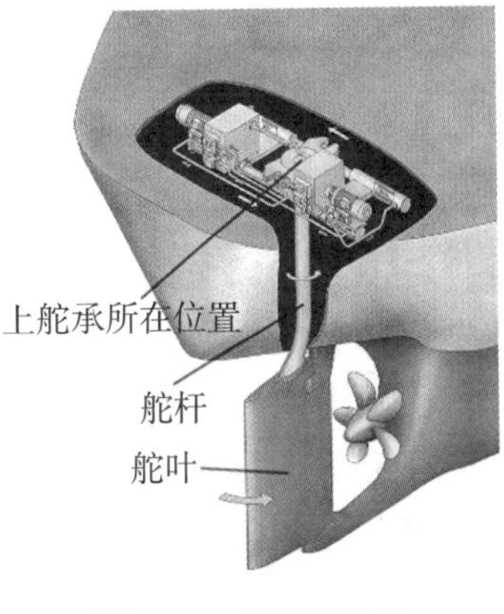

图6-27 舵装置布置

舵的类型不同,其结构也有所不同。以流线型平衡舵结构为例,其构成主要包括舵叶、舵杆和舵承三大部分,如图6-27所示。

1. 舵叶

为保证舵叶(rudder blade)的强度和线型,用水平隔板和垂直隔板按线型组成骨架,再将两块流线型的外壳板直接焊接在骨架外面,如图6-4和图6-28所示。

根据《规范》规定,舵叶焊成或修复后,均应按规定进行密性试验。密性试验前应将舵叶表面清洁干净,焊缝应清除氧化皮及焊渣。试验前，水密焊缝处不得涂刷保护涂层。密性试验合格后，通常应在舵叶内灌涂防腐沥青，以防舵叶内部锈蚀。为了便于密性试验和填充防腐沥青等防腐材料，通常在舵叶上部和下部开有小孔，并配有不锈金属(通常为黄铜)制成的栓塞，称为舵底塞。

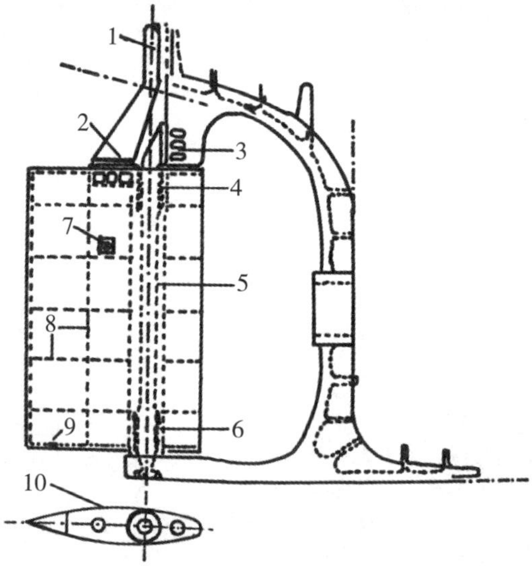

1—舵杆(rudder stock)；2—水平法兰连接(horizontal coupling joint)；
3—垂直法兰连接(vertical coupling joint)；4—上轴承(upper bearing)；
5—舵轴(rudder axle)；6—下轴承(lower bearing)；7—吊舵孔(tube hole)；
8—骨架肋板(webs)；9—舵底塞(drain plug)；10—舵板(rudder plate)。

图6-28 舵轴双支点流线型舵叶结构

为便于舵叶的安装或拆卸，早期主要通过在舵叶上开设由钢管构成的绳孔，或在舵叶尾端开凹槽实现。现代主要通过在舵叶面上临时焊接眼板，等安装或拆卸任务完成后，再将眼板割除磨光即可，如图6-29所示。

图6-29 舵叶安装或拆卸用眼板

2. 舵杆

舵杆(rudder stock)是舵叶转动的轴，用以承受和传递作用在舵叶上的力及舵给予转舵装置的力，其下部与舵叶连接，上部与转舵装置相连，如图6-27和图6-28所示。

为便于舵的拆装，上舵杆顶端(亦称舵头)装有一只吊环，其下端装有法兰接头与舵叶上的法兰连接。目前，普遍采用水平法兰接头。此外，还有垂直法兰连接、垂直嵌接等连接形式。当舵杆和舵叶各转到相反舷的最大舵角时，上下法兰边缘之间有30 mm的间隙，可以不必拆卸舵杆而将舵卸下。法兰连接时，一般用6只螺栓，为保证法兰螺母脱落时螺栓不滑落，安装时螺母应朝下，并加有防止螺母松动的保护装置，而且用水泥封搪。作为一种备用手段，在法兰间还需装设前后方向的键块。

舵杆摩擦处应装上衬套（一般为青铜或其他铜质材料），以防磨损。

3. 舵承

舵承（rudder carrier）是用来支承舵杆和舵的重量及保证船体水密的。按其装设的位置不同，可分为上舵承和下舵承两种。

上舵承装在舵机间甲板上，其构造如图6-30所示。它由侧推滚珠轴承和垂直滑动轴承所组成，滚珠轴承承受舵的重量，垂直轴承则承受侧向力。

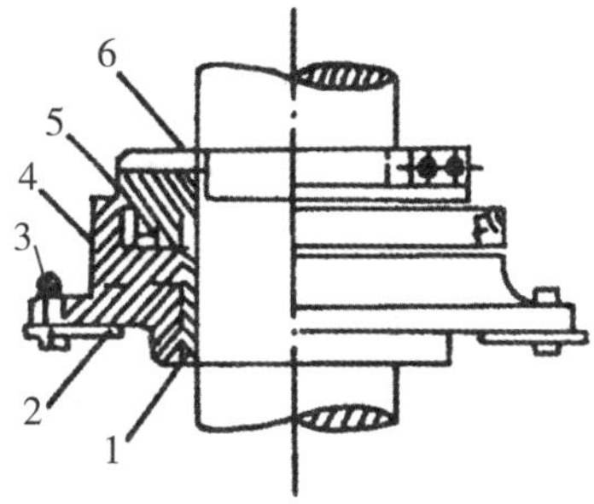

1—衬套（cylinder liner）；2—止推滚珠轴承（non-return ball bearing）；3—舵承体（rudder bearing frame）；4—螺栓（bolt）；5—填料（packing）；6—舵承盖（rudder bearer cover）。

图6-30 上舵承

下舵承一般安装在舵杆筒口或舵杆筒内，其结构如图6-31所示，它是一个垂直滑动轴承，承受侧向力，并设有填料函以保证水密。悬挂舵都采用上、下两个舵承。

早期大型船舶较多采用只设上舵承的结构，且全部重量和力由上舵承承担，此种舵承结构如图6-32所示。

这种舵叶中往往装有可拆舵轴（穿心舵轴），可拆舵轴的上端用法兰固定在船尾，其下端穿过尾柱承座，用螺母固定（图6-28）。可拆舵轴所通过的焊接管的上下端装有铁梨木或青铜轴承，可拆舵轴轴承接触处有铜衬套，以防舵轴磨损。转舵时，舵叶绕可拆舵轴转动，小型船舶的舵除设上舵承外，在舵叶的下部装一个舵针（舵销），安装舵针的舵叶处有一个可拆小门，以便于舵针的拆装。舵针的另一端插入尾柱承座的垂直滑动轴承中，可以自由转动。

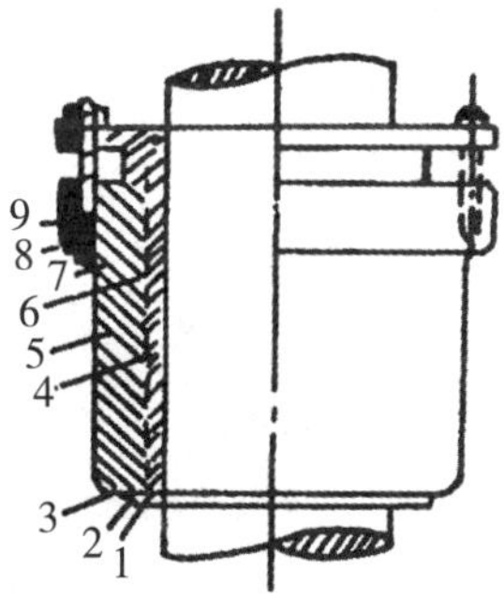

1—挡板（shield）；2—水密填料（watertight packing）；3—螺钉（screw）；4—舵杆衬套（stock bushing）；5—衬套（cylinder liner）6-填料（packing）；7—本体（rudder body）；8—压盖（screw cover）；9—螺栓（bolt）。

图6-31 下舵承

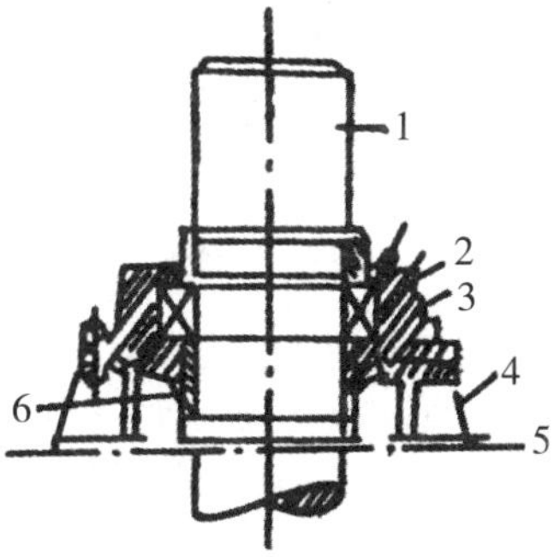

1—舵杆（rudder stock）；2—滚珠轴承（ball bearing）；3—水密填料（watertight packing）；4—底座（bed plate）；5—甲板（deck）；6—衬套（cylinder liner）。

图6-32 大型船舶上舵承

第三节 操舵装置

能够使舵转动的装置称为操舵装置（steering gear），通常指安装在舵机舱内的舵机和传动机构。根据动力源的不同,操舵装置可分为电动操舵装置和液压操舵装置等;根据有关公约和规范,操舵装置又分主操舵装置和辅助操舵装置。

IMO《1974年国际海上人命安全公约》(SOLAS公约)和中国船级社(CCS)颁布实施的《钢质海船入级规范》对船舶的主、辅操舵装置作了明确的定义,具体如下:

主操舵装置(main steering gear):指在正常情况下为操纵船舶而使舵产生动作所必需的机械、舵执行器、操舵动力设备(如设有),以及附属设备和对舵杆施加扭矩的设施(如舵柄或舵扇)。主操舵装置应在驾驶室和舵机室都设有控制器。

辅助操舵装置(auxiliary steering gear):指当主操舵装置失效时操纵船舶所必需的设备,这些设备不属于主操舵装置的任何部分,但不包括舵柄、舵扇或作同样用途的部件。

转舵机构:指将液压动力转变为机械动作并转动舵的部件。舵机装置动力设备:①如为电动舵机,是指电动机及辅助设备;②如为电动液压舵机,是指电动机及辅助的电气设备,以及与电动机相连的泵;③如为其他液压舵机,是指驱动机器及其相连的泵。

动力转舵系统:指提供动力转动舵杆的液压设备,由1个或几个舵机装置动力设备及辅助管路和附件,以及转舵机构组成。各个动力转舵系统可共用一些机械部件,如舵柄、舵扇和舵杆或作同样用途的部件。

一、电动操舵装置

电动操舵装置(electric steering gear)主要指电动舵机,由电动机、蜗轮、小齿轮、舵扇、缓冲弹簧和舵柄等组成,如图6-33所示。

当由驾驶室操舵装置控制系统遥控电动机转动时,通过蜗杆、蜗轮、小齿轮带动松套在舵杆上的舵扇旋转,舵扇再通过缓冲弹簧推动嵌套在舵杆上的舵柄,从而使舵杆和舵偏转。

采用蜗杆蜗轮的传动方式主要是为了获得较大的减速比,以增大转矩;同时,可以利用其机械传动中的自锁作用,防止舵叶在受外界冲击作用下发生逆转现象,从而起到保护电动机的作用。

缓冲弹簧的硬度较大,平时在正常大小的力作用下,弹簧不发生变形的同时能顺利地传递转舵力矩;当舵叶受到外界巨大的冲击力作用时,弹簧能吸引冲击能量,起保护舵机的作用。

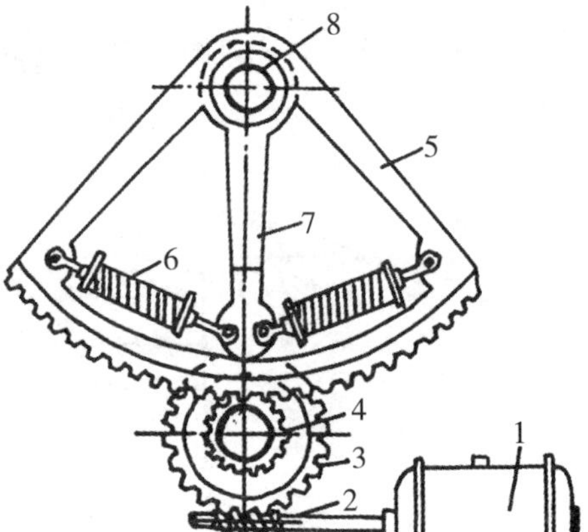

1—电动机(electric motor);2—蜗杆(worm);3—蜗轮(worm wheel);4—小齿轮(small gear);5—舵扇(rudder quadrant);6—缓冲弹簧(buffer spring);7—舵柄(tiller);8—舵杆(rudder stock)。

图6-33 电动舵机

电动舵机具有结构简单、操作方便、传动可靠、维修方便等优点,但噪声大、占用甲板面积大,故仅被中小型船舶使用。

二、液压操舵装置

液压操舵装置(hydraulic steering gear)主要指液压舵机,液压舵机也称电动液压舵机或电液舵机。它是利用电动机带动主油泵运转,收到操舵信号时,主油泵开始排吸油,产生的高压油通过管路系统进入转舵油缸,推动油缸中的柱塞或叶片运动,从而带动舵杆、舵叶转动;当舵转至要求的角度后通过反馈系统使油泵停止排吸油,舵就停在所需的舵角上。

电动液压舵机具有噪声小、体积小、质量轻、转矩大、传动平稳、能实现无级调速、易于遥控和容易管理、操作方便和在操舵次数频繁时仍有较高可靠性等优点,被现代船舶广泛采用。

常见的电动液压舵机有柱塞式和转叶式两大类。

1. 柱塞式液压舵机

柱塞式液压舵机(hydraulic ram steering gear)又称拨叉式或往复式液压舵机。目前,船上常用的有两缸双柱塞拨叉式液压舵机和四缸四柱塞拨叉式液压舵机。图6-34为两缸双柱塞拨叉式液压舵机示意,图6-35为四缸四柱塞拨叉式液压舵机。

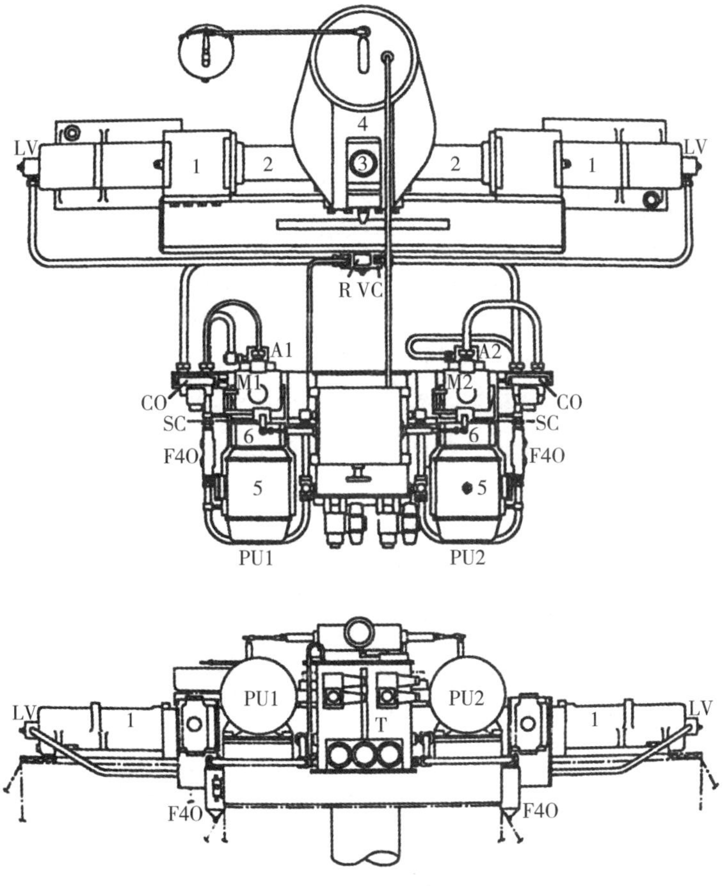

1—液缸(hydraulic cylinders);2—柱塞(rams);3—滑块(cod piece);4—舵柄(tiller);5—电动机(motors);6—油泵(variable delivery pump);M1,M2—油泵;PU1,PU2—动力装置(power units);CO—换向阀(change-over valves);RV—溢流阀(relief valve);LV—锁紧阀(locking valve);VC—阀门箱(valve chest);SC—伺服控制(servo control);A1,A2—辅助泵(auxiliary pump);F40—过滤器(filters);T-舵柄(tiller)。

图6-34 两缸双柱塞拨叉式液压舵机示意

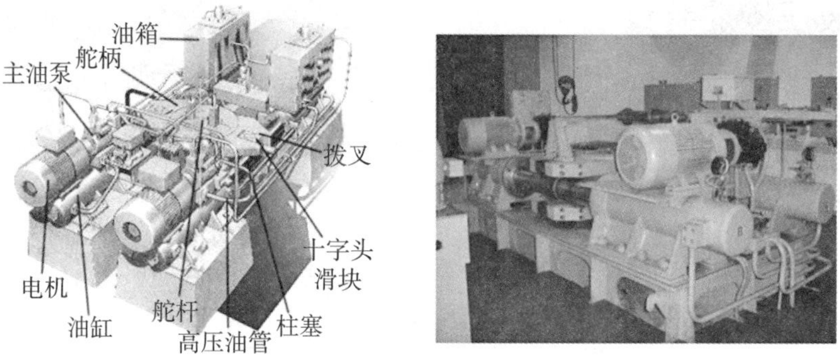

（a）　　（b）

图6-35　四缸四柱塞拨叉式液压舵机

柱塞式液压舵机一般由动力源、转舵机构和操纵追随机构三大部分组成。

动力源由电动机、主油泵、辅助油泵和控制阀箱等组成。电动机带动主、辅油泵供给工作需要的各种压力油，安全控制阀起保护作用并承担对压力油的分配。

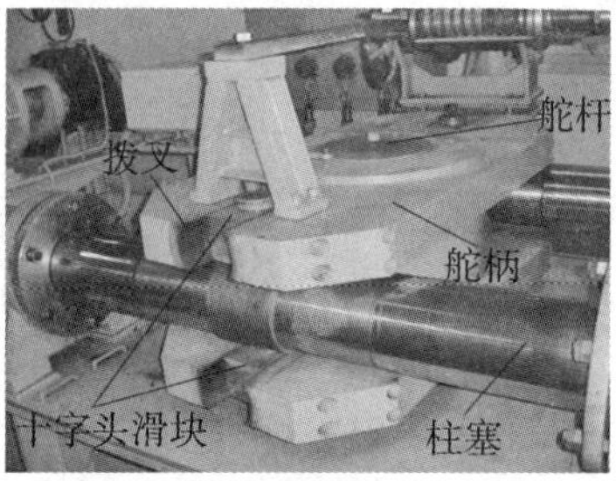

图6-36　滑式转换方式

转舵机构由油缸、柱塞和舵柄等组成。当操舵装置控制系统启动电机带动主油泵（主变量泵）时，主油泵从一对（或一个）油缸中抽油，同时向另一对（或一个）油缸输油，从而推动柱塞直线运动并使舵柄绕舵杆做旋转运动，产生舵角。当主油泵改变输油方向时，舵就反向转动。转舵机构将柱塞的直线运动转换为舵柄绕舵杆做圆周运动的方式主要有滑式（十字头式）、滚轮式和摆缸式3种，其中滑式被广泛应用于大中型船舶，图6-36为滑式转换方式。

操纵追随机构由减速器、螺杆、滑块、操纵杆、连杆（也称浮动杆）、反馈杆（也称追随杆）等一系列拉杆组成，其主要作用是控制主油泵的工作状态。在通常采用的液压三点杠杆式追随机构中，在转动舵柄舵叶给出舵角的同时经反馈追随杆拉动操纵杆复位，使主油泵停止排吸油，控制舵叶停止在所需的舵角位置上。

2. 转叶式液压舵机

转叶式液压舵机（hydraulic rotary vane steering gear）由转舵机构和动力源两大部分组成。图6-37为转叶式液压舵机实船配备情况。

转舵机构由油缸、回转体组成。按设计和功率大小的不同，油缸内一般有2片（互成180°）、3片（互成120°）和4片（互成90°）定叶，相应形成2个、3个和4个腔室。中间为一回转体并通过销键与舵杆相连接，回转体上相对应的也有2片（叶片较宽，夹角小于180°）、3片（互成120°）和4片（互成90°）动叶。这样，原来的2个、3个和4个腔室最终形成4个、6个和8个小腔室，且相互间隔的2个、3个和4个小腔室连通在一起，分别与2条油路相连并通至油泵。当一条油路进油而另一条油路出油时，回转体就会由动叶带动而转舵。改变2条油路进出油的方向，就会改变舵叶转动的方向；控制

图6-37　转叶式液压舵机的实船配备

进油量的大小就可控制转舵角度的大小。

动力源由电动机、主油泵、辅油泵和安全控制阀箱等组成。

图6-38为由3片定叶和3片动叶组成的6腔室转叶式电动液压舵机原理，图6-39和图6-40分别为4腔室和8腔室转叶式电动液压舵机。

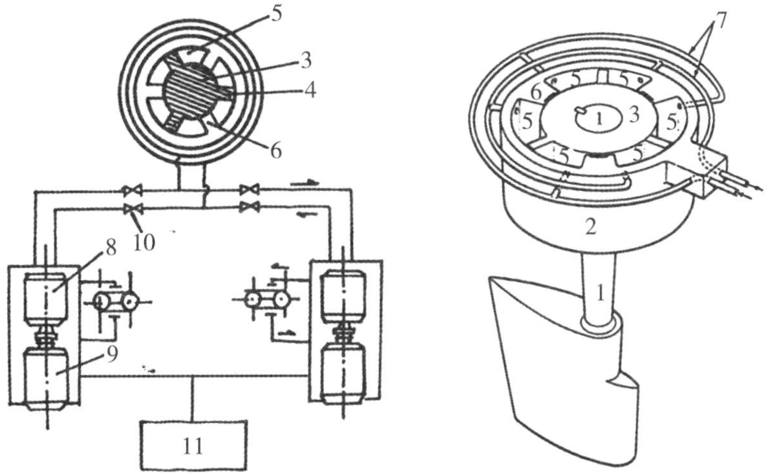

1—舵杆(rudder stock)；2—固定体(stator)；3—回转体(rotor)；4—动叶(movable vanes)；
5—压力腔室(pressure chamber)；6—定叶(fixed vanes)；7—油路管(manifolds)；8—油泵(oil pump)；
9—电动机(electric motor)；10—截止阀(stop valve)；11—储油箱(oil tank)。

图6-38 6腔室转叶式液压舵机原理

图6-39 4腔室转叶式电动液压舵机

图6-40 8腔室转叶式电动液压舵机

三、舵角限位器

为了防止操舵时实际舵角超过最大有效舵角，不论是电动舵机还是液压舵机均在操舵装置的有关部位设置舵角限位器(rudder angle stopper)。舵角限位器的种类有机械、电动和角铁架式等。机械舵角限位器一般设在舵叶上侧、下舵杆与舵柱的上部、舵柄两侧极限舵角位置处。舵角限位器的限制角：一般流线型舵为32°，平板舵为35°。

四、操舵装置的基本性能和要求

SOLAS公约与我国《钢质海船入级规范》对操舵装置的基本性能要求作了如下规定：

1. 基本性能

(1) 除非主操舵装置符合有关规定，否则每艘船舶均应设置1套主操舵装置和1套辅助操舵装置。主操舵装置和辅助操舵装置的布置应确保当其中1套发生故障时不引起另1套的失效。

(2) 主操舵装置和舵杆应满足以下要求：

①具有足够的强度并能在船舶最大航海吃水和最大营运前进航速时进行操舵，使舵自任一舷的35°，转至另一舷的35°，并且于相同条件下自一舷的35°转至另一舷的30°所需时间不超过28 s。

②为满足上款的要求，当舵柄处的舵杆直径（不包括航行冰区的加强）大于120 mm时，该操舵装置应为动力操作。

③当船舶以最大速度后退时不致损坏。但这一设计要求不需要以试航中的最大后退速度和最大舵角进行验证。

(3) 辅助操舵装置应满足以下要求：

①具有足够的强度和足以在可驾驶的航速下操纵船舶，并能在应急情况下迅速投入工作。

②应能在船舶最大航海吃水和以最大营运前进航速的一半但不小于7 kn时进行操舵，使舵自一舷的15°转至另一舷的15°，且所需时间不超过60 s。

③为满足②所述的要求，以及在任何情况下当舵柄处的舵杆直径（不包括航行冰区的加强）大于230 mm时，该操舵装置应为动力操作。

(4) 人力操舵装置只有当其操作力在正常情况下不超过160 N，且确保其结构不致对操舵手轮产生破坏性的反冲作用时，方可装船使用。

(5) 主、辅操舵装置动力设备的布置应满足以下要求：

①当动力源发生故障失效后又恢复输送时，能自动再起动。

②能从驾驶室控制使其投入工作。

③任一台操舵装置动力设备的动力源发生故障时，应在驾驶室发出视觉和听觉警报。

(6) 如主操舵装置具有2台或2台以上相同的动力设备，则在下列条件下可不设置辅助操舵装置：

①对于客船，当任一台动力设备不工作时，主操舵装置仍能按(2)①所述的规定进行操舵。

②对于货船，当所有动力设备都工作时，主操舵装置能按(2)①所述的规定进行操舵。

③主操舵装置应布置成当其管系或一台动力设备发生单项故障时，此缺陷能被隔离，使操舵能力能够保持或迅速恢复。

(7) 非液压型式的操舵装置，应达到等效的标准。

(8) 操舵装置应设有有效的舵角限位器。以动力转舵的操舵装置，应装设限位开关或类似设备，使舵在到达舵角限位器前停住。装设的限位开关或类似设备应该与转舵机构本身同步，而不应与舵机的控制相同步。

(9) 操舵装置应有保持舵位不动的制动装置。

2. 要求

(1) 操舵装置的所有部件和舵杆应具有足够的强度和可靠的结构。对任何不是双套配置的重要部件,如适用,应采用抗磨轴承,如能持久润滑或备有润滑附件的滚珠轴承、滚柱轴承或套筒轴承。

(2) 对于内部承受液压的管路和操舵装置的其他部件,在确定其尺寸时,计算所用的设计压力应至少等于下列两值中的较大值:

①1.25倍的最大工作压力。

②安全阀的调定值。

(3) 安全阀:能被隔断的液压系统的任何部分,以及由于动力源或外力作用能产生压力的任何部分,均应设置安全阀。安全阀应调整在不大于设计压力时开启。这些阀应具有足够大的通径,以防止压力的升高超过设计压力。安全阀应满足下列要求:

①安全阀开启压力应不小于1.25倍最大工作压力。

②安全阀最小排量应不低于可能通过这些阀排放的所有泵总容量的110%,压力的升高应不超过调定压力的10%。

(4) 供电和控制系统。

①应按下列要求布置操舵装置的控制系统。a. 对于主操舵装置,应在驾驶室和舵机室两处都设有控制器。b. 当主操舵装置具有2台或2台以上相同的动力设备时,应设置两套独立的控制系统,且每套系统均应能在驾驶室控制。但这并不要求设双套操舵手轮或手柄。如果控制系统是由液压遥控传动装置组成的,则除10 000总吨及以上的油船、化学品船或气体运输船外,不必设置第二套独立控制系统。c. 应在舵机室对辅助操舵装置进行控制,如辅助操舵装置是用动力操纵的,则也应能在驾驶室对其进行控制,并应独立于主操舵装置的控制系统。

②能从驾驶室操作的主、辅助操舵装置的控制系统应符合下列要求。a. 在舵机舱应设有能将驾驶室操纵的任何控制系统从正在运转的操舵装置上断开的设施。b. 此控制系统应能被设置在驾驶室某一位置。

③舵角位置应满足以下要求。a. 如主操舵装置为动力操纵,则应在驾驶室显示舵角。舵角的显示装置应独立于操舵装置的控制系统。b. 在舵机室内能看到舵角的指示。

④电源及线路敷设应满足以下要求。a. 对于电动或电动液压操舵装置,应在驾驶室和适当的主要机械控制位置处装设指示电动机正在运转的设备。b. 由一台或多台动力设备组成的每一电动或电动液压操舵装置,至少应由主配电板设二路独立馈电线直接供电,其中的一路可以由应急配电板供电。符合要求的电动或电动液压主操舵装置中的每一动力设备,应由主配电板设一路独立馈电线直接供电,其中一路可以由应急配电板供电。

⑤对于舵柄处舵杆直径大于230 mm(不包括航行冰区加强)的所有船舶,应设有能在45 s内向操舵装置自动提供的替代动力源。这种动力源,应为应急电源或位于舵机室内的独立动力源,其容量至少满足为符合要求的操舵装置的一台动力设备及与其联用的控制系统和舵角指示器提供足够的能源。此独立动力源仅应专用于上述目的。在10 000总吨及以上的每艘船舶上,其替代动力源应具有足够供应操舵装置至少连续工作30 min的能量,而在任何其他船舶上则至少为10 min。

(5) 监测和报警应满足以下要求：

①操舵装置发生故障时，应在驾驶室内进行报警，并应符合报警系统的相应规定。

②电路及电动机应设置短路保护和过载报警装置，如设有包括启动电流在内的过电流保护，则应不小于所保护电路或电动机满载电流的2倍。当采用三相供电时，则应设置能指示任一相断开的报警装置。警报须为视觉和听觉警报，并应位于主机处所或正常控制主机的控制室内的明显位置上，在驾驶室内也应设置视觉和听觉报警装置。

③能够从驾驶室进行操纵的主操舵装置和辅助操舵装置，当其控制系统的电源供应发生故障，或当这些操舵装置中任何一台操舵装置的动力设备发生动力故障时，均应在驾驶室内发出视觉和听觉警报。

(6) 附加要求：

①10 000总吨及以上的每艘油船、化学品船、液化气体运输船和70 000总吨及以上的其他每艘船舶，其主操舵装置应设有2台或2台以上符合规定的相同的动力设备。

②10 000总吨及以上的每艘油船、化学品船、液化气体运输船，除应满足(6)③所述的规定外，其操舵装置应符合下列规定。a.主操舵装置设置：由于主操舵装置的一套动力转舵系统的任何部分(但除舵柄、舵扇或为同样目的服务的部件或因转舵机构卡住以外)发生单项故障以致丧失操舵能力时，应在45 s内能够重新获得操舵能力。b.主操舵装置应包括下列两者之一：两个满足转舵周期要求的独立和分开的动力转舵系统；至少有两套相同的动力转舵系统，在正常运行中同时工作能满足转舵周期的要求，当需要符合此要求时，各个液压动力转舵系统应相互连接。任一系统中液压流体丧失时应能被发现，有缺陷的系统应能自动隔离，以使其他动力转舵系统保持安全运行。c.非液压型式的操舵装置应能达到同等的标准。

③对10 000总吨及以上但小于100 000载重吨的油船、化学品船、液化气体运输船的操舵装置，如能达到同等的安全衡准和符合下列规定时，可采用不同于(6)②所述的办法，即对1个或几个动力转舵系统不必应用单项故障标准。a.当管路或1台动力设备的任何部分发生单项故障而丧失操舵能力时，能在45 s内恢复操舵能力。b.如操舵装置只具有单一的动力转舵系统，则应提交设计时的应力分析，包括疲劳分析与断裂力学分析(如适合时)和对所使用的材料、密封装置的安装、试验、检查，以及有效的维护规定等。

④如舵机制造厂欲使其产品符合《10 000总吨及以上但小于100 000载重吨的油船、化学品船和液化气体运输船的非双套转舵系统的验收准则》的要求，则应提供相应的资料经CCS批准。

(7) 舵机室应满足以下要求：

①易于到达，并尽可能与机器处所分开。

②布置适当：一方面保证有通向操舵机械和控制器的工作通道；另一方面保证一旦液压流体发生泄漏，工作人员有适宜的工作条件。这些布置包括扶手、栏杆和格木栅板或其他防滑地板。

(8) 驾驶室和舵机舱内应设有永久性框图显示牌，以指明操舵装置控制系统和转舵系统转换过程的正确操作程序。

(9) 驾驶室与舵机室之间应设有通信设施。

(10) 液压动力操舵装置应满足以下要求：

①考虑到液压系统的型式和设计特点，应具有保持液压流体清洁的设备。

②每一液压系统的循环油箱应设低位报警器，以尽早地指示液体的泄漏，并在驾驶室和机器处所内易于观察的地方发出视觉和听觉警报。

③当主操舵装置要求动力操纵时，应设有一个固定储油箱，其容量至少足以使一个动力转舵系统包括循环油箱进行再充液。储油箱应用管路固定连接，使液压系统能在舵机室内便于充液，并应设有液位计。

第四节 电力操舵装置控制系统

操舵装置控制系统（steering gear control system）是指将舵令由驾驶室传至舵机装置动力设备之间的一系列设备，由发送器、接收器、液压控制泵及电动机、电动机控制器、管路和电缆等组成。目前，海船主要采用电力操舵装置控制系统。

电力操舵装置控制系统的优点主要有：轻便灵敏，便于遥控和操舵自动化，线路易于布置，不受温度变化和船体变形的影响，工作可靠，维修管理方便。

根据操船的实际需要，采用电力操舵装置控制系统的海船都可实现自动、随动和应急3种操舵功能，其中，海船配备随动操舵控制系统和应急操舵控制系统是强制要求，且这两套系统的线路必须独立布置，以确保当一套操舵系统发生故障时，可立即转换使用另一套操舵系统。

一、随动操舵控制系统

将设有舵角反馈装置，并能进行追随控制的操舵系统称为随动操舵控制系统（follow-up control system）。海船常用的有液压舵机的随动操舵控制系统和电动舵机的随动操舵控制系统。

1. 液压舵机的随动操舵控制系统

当操舵台的舵轮转出一舵角信号并停止在θ角后，该舵角信号被放大器放大处理后输送至力矩马达，随后，力矩马达驱动机械伺服电机工作并使油泵内的倾斜盘倾斜一个角度，随之打破油泵的内循环状态，开始排出相应的液压油。在液压油的作用下，柱塞开始直线运动，并通过舵柄带动舵叶开始转动，而来自舵柄处并与操舵电信号极性相反的反馈信号发送至操舵台并逐渐缩小与舵令信号的电位差，在这一过程中，力矩马达也驱动机械伺服电机逐渐回到中间位置（0°），直至电位差为0。此时，油泵倾斜盘也返回到非倾斜位置，吸油和排油停止。这时，舵叶就停在舵轮所给出的指令舵角上。图6-41为液压舵机的电

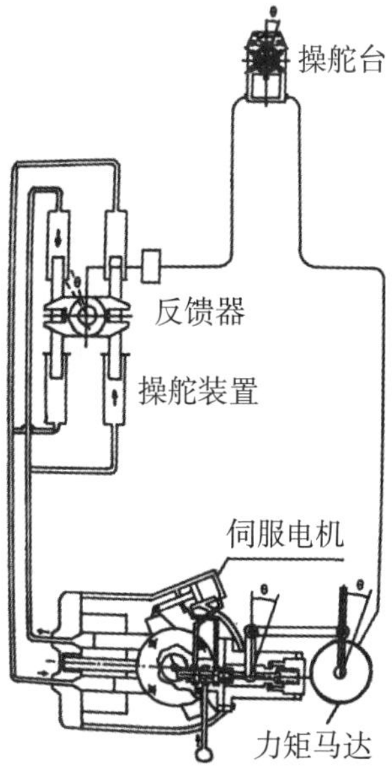

图6-41 液压舵机的电力随动操舵系统控制原理

力随动操舵系统控制原理。

2. 电动舵机的随动操舵控制系统

电动舵机的随动操舵控制系统包括由均值电阻r_1和r_2组成的电桥、放大器、继电器和舵角反馈装置等。电动舵机随动操舵控制工作原理如图6-42所示。

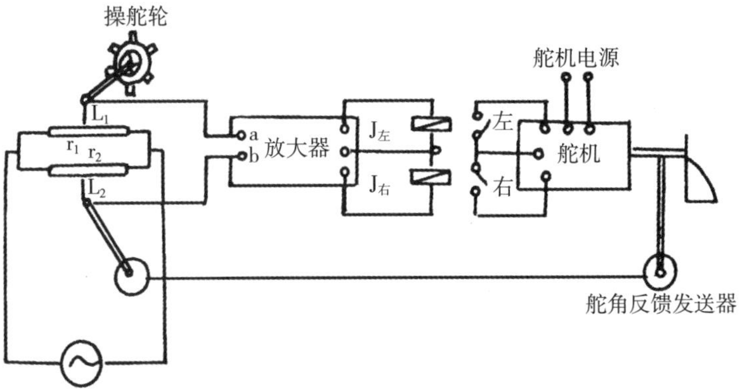

图6-42　电动舵机随动操舵控制工作原理

由舵轮控制电阻滑动触臂L_1在电桥电阻r_1上移动，电阻r_1和r_2组成电桥，由交流船电供电。电阻滑动触臂L_2由舵角反馈发送器控制，也可在电桥电阻r_2上移动。当L_1与L_2分别位于电阻中点时，由L_1与L_2分别引入的放大器接线端a与b两点的电压为0，舵机不工作。若转动舵轮，滑动触臂L_1在电阻r_1上移动后使电桥失去平衡，导致在放大器的a、b两点存在电位差，即输出操舵信号电压，经放大整流输出直流控制电压至继电器。根据舵轮转动的方向不同，输出电压分别控制继电器$J_左$或$J_右$工作。与此同时，舵机启动开始工作，转出相应的舵角。通过机械连接使舵角反馈发送器转动，并通过电路使舵角反馈接收器也同步转动，带动电阻滑动触臂L_2在r_2上移动。直到L_2与L_1同位，电桥恢复平衡状态，输入放大器信号电压为0，舵机停止工作。这时，舵叶便处在舵轮所给出的指令舵角上。回舵时，反向将舵轮转回零位，舵机也反向转动，使舵回到正中位置。

二、手柄操舵控制系统

手柄操舵控制系统(non-follow-up control system)，也称直接控制系统或应急控制系统。该系统在自动和随动操舵装置发生故障时使用。其电源独立，可通过操作手柄、开关或按钮直接控制继电器或其他相应装置来控制舵机工作，系统无反馈装置，转动手柄(或合上开关或按下按钮)舵机转舵，即手柄左转(左开关合上)操左舵船舶左转，手柄右转(右开关合上)操右舵船舶右转，松开手柄(开关脱开)舵机停止转舵。一般应急操舵装置在驾驶室和舵机间各设有一套应急操舵的开关或手柄。

图6-43为手柄操舵控制系统工作原理，当操舵手柄位于中间位置或按钮处于松开位置时为断电位置，舵机不工作；手柄向左或按下左按钮(左按钮为红色，右按钮为绿色)，继电器J_1接通，使左舵触点闭合，舵机电源经左舵触点控制舵机转出左舵角。松开手柄或按钮，舵机停止转舵，舵角保持不变。若需加大舵角，重复上述操作。若需回舵，应将手柄向右或按下右按钮，使继电器J_2接通，使舵向右回转。

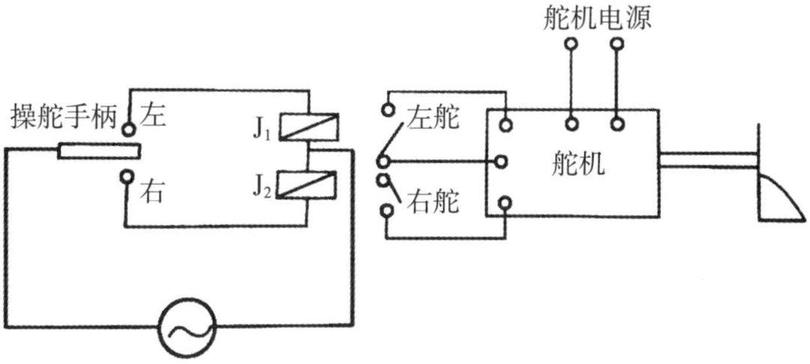

图6-43 手柄操舵控制系统工作原理

使用直接控制系统操舵时,应注意以下两点:

(1) 若按舵角操舵:达到目标舵角及时松开手柄。

(2) 若按航向操舵:应结合航向改向大小和船舶的回转惯性,合理使用舵角,及时断电,才能使船舶准确到达所需的航向。

第五节 自动舵

船舶自动操舵装置控制系统(automatic course-keeping control system,简称自动操舵装置或自动舵)具有减轻舵工劳动强度、及时纠正船舶偏航、能使船舶较长时间准确地保持在指定航向上航行的优点,从而相应缩短航程和航次时间,节约了燃料,提高船舶的营运经济效益。

一、自动舵的种类

影响船舶在海上航行质量的要素主要有船舶偏航、偏航后惯性(角速度),以及风流或螺旋桨不对称排出流等产生的恒值干扰。传统自动舵按调节影响船舶航行质量要素分为以下3类:

1. 比例舵

比例舵是按船舶偏航角φ的大小来调节偏舵角β的,其偏航角与偏舵角之间的关系为

$$\beta = -K_1\varphi$$

式中:K_1为比例系数;负号表示偏舵的方向与偏航方向相反,即用以消除偏航。

这种类型自动舵的偏舵角β和偏航角φ成正比,比例系数K_1根据船舶类型、海况、装载情况加以选择和调整。这种自动舵仅考虑了船舶偏航,没有考虑偏航角速度即船舶偏航惯性的影响,也没有考虑风流等原因产生的恒值干扰的影响。因此,船舶使用这种舵时,航迹容易呈"S"形曲线。此种第一代自动舵已经被淘汰。

2. 比例-微分舵

比例-微分舵是根据船舶偏航角的大小和偏航角速度的大小来调节偏舵角的。其偏舵角β和偏航角φ之间的关系为

$$\beta = -(K_1\varphi + K_2 d\varphi/dt)$$

式中：K_2为微分系数。

此类舵的偏舵角β与偏航角φ和偏航角速度$d\varphi/dt$成正比，比例系数K_1和微分系数K_2根据船舶种类、装载和偏航惯性等进行选择和调整。

由于增加了航向变化率$d\varphi/dt$，因而加快了给舵速度，能更好地克服船舶的回转惯性，并大大提高了维持航向的精确度。目前，仍有一部分船龄比较老的船舶使用这种类型的自动舵，国产红旗5型自动舵属于这一类型。

比例-微分自动舵考虑了船舶偏航惯性的影响，因此比较接近人工操舵，其纠正偏航的过程如图6-44所示。

船舶航行中由于外界因素的影响使船舶向右偏航，当达到图中b位时，所给出的偏舵角为$\beta_2=-(K_1\varphi_2+K_2 d\varphi_2/dt)$，这时$\varphi_2>0$，$d\varphi_2/dt>0$。

之后，尽管船首继续右偏，但在偏舵角β_2作用下，偏航惯性减小，当船在c处时，偏航角φ_3最大，但偏航惯性为0，则$K_2 d\varphi_2/dt=0$，此时，$\beta_3=-K_1\varphi_3$。因此，β_3并非整个过程中最大的偏舵角。

当船舶在偏舵角β_3的作用下开始回航到达d位时，给出的偏舵角$\beta_4=-(K_1\varphi_4+K_2 d\varphi_4/dt)$，这时，$\varphi_4>0$，但$d\varphi_4/dt<0$，所以$\beta_4<\beta_3$。因而，船舶在尚未回到原定航向时，偏舵角已归回0，如图中e位置所示。

在船舶回到原定航向之前（图中f处），将产生一足够大小的反向偏舵角，$\beta_6=-K_2 d\varphi_6/dt$（因为$d\varphi_6/dt<0$，所以$\beta_6>0$）。这对克服船舶惯性引起的向另一侧偏摆是很有利的，它能使船舶较快地稳定在原定航向上。

可以看出，比例-微分舵的控制效果较好，但该种自动舵仍未考虑风流或螺旋桨不对称排出流等产生的恒值干扰，所以配备这种自动舵的船舶增加了一个压舵功能，用以克服风流或螺旋桨不对称排出流等产生的恒值干扰。

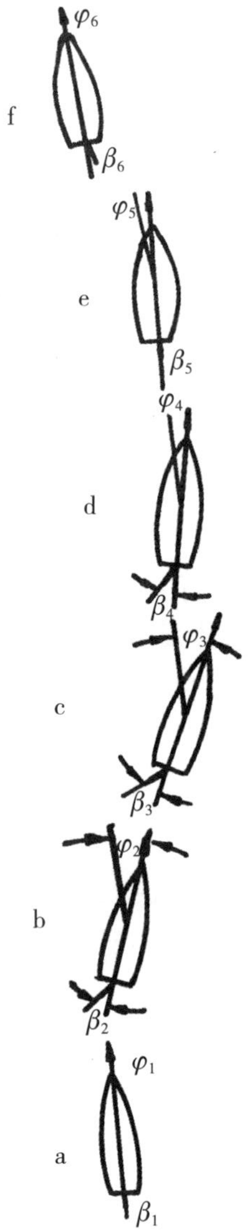

图6-44 纠正偏航的过程

3. 比例-微分-积分舵

比例-微分-积分舵是在比例-微分舵的基础上经改进而成的。由于风流或螺旋桨不对称排出流等产生了恒值干扰，使船舶不能行驶在既定的航线上，总是存在一个较小的偏差。而上述两种自动舵装置都不能解决这个偏差。为此，在这种类型自动舵的调节规律中增加与偏航角成积分关系的积分功能，这就是比例-微分-积分控制系统。偏舵角β与偏航角φ之间的关系为

$$\beta = -(K_1\varphi + K_2 d\varphi/dt + K_3\int\varphi dt)$$

式中：K_3为积分系数。

按这种规律调节的自动舵，其偏舵角β与偏航角φ、偏航角速度$d\varphi/dt$和偏航角积分$\int\varphi dt$成正比。

由于增加了积分调节，这种舵能将风流或螺旋桨不对称排出流等原因产生的恒值干扰影响积累起来，并以此信号控制舵叶，施反向舵角，从而以这一反向舵角所产生的转船力矩来平衡恒值干扰力矩，使船舶稳定在指定的航向上航行，进一步提高船舶航行质量。目前，此种自动舵在海船上被广泛应用，国产红旗7型、航舵5L型属于此类舵。

二、自动舵的工作原理

自动舵基本上由自动检测航向偏离、信号比较、信号放大、执行机构和反馈等主要机构组成。图6-45为目前船舶使用的电气元件调节自动舵的工作原理。

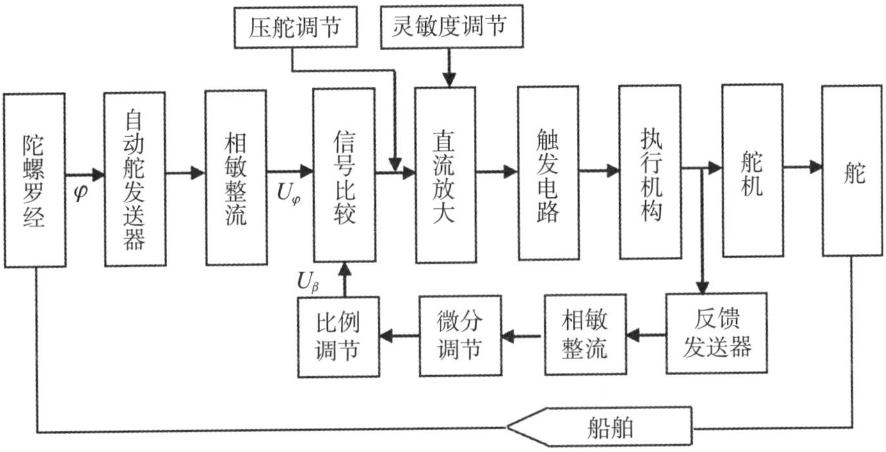

图6-45　电气元件调节自动舵的工作原理

当船舶在自动操舵状态下，各种类型的自动舵都由陀螺罗经检测船舶是否偏离航向。一旦船舶偏离航向，陀螺罗经就能检测出偏航角φ，并带动自动舵发送器输出与偏航角成正比的交流电压，再经相敏整流变成不同极性的直流电压U_φ；该电压信号进入比较电路，再经放大器放大，使开关电路（触发电路）导通，又使执行电机运转，从而使舵机工作，转出左舵或右舵。

在转舵的同时，执行机构通过机械传动带动反馈发送器，输出一个相位与偏航信号相反、大小与偏航信号成正比的反馈交流电压，经相敏整流电路整流并经过微分电路和比例电路后产生一个反馈直流电压U_β；将U_β输入比较电路与U_φ进行比较，由于U_β与U_φ的极性相反，当两者的电压值大小相等时，比较电路内的偏差信号为0，放大器无输入，执行机构停止工作，舵叶就停止在所需的舵角上。

船舶在该舵角作用下开始回转，偏航角φ随之减少，U_φ也随之减少，这时$U_\beta>U_\varphi$，比较电路又出现偏差信号，其极性服从于U_β，此时舵机开始反转而回舵。

三、自动舵的操作使用

1. 自动舵的操舵传动方式

每一台自动舵一般均有3种不同的操舵传动方式，即随动操舵、自动操舵和应急操舵。

1）随动操舵

随动操舵通常称人工操舵，由舵工根据舵令操舵，转动舵轮，舵叶随之转动，当舵叶转至所操舵角时停止。这种操舵方式用于船舶进出港、靠离码头、航行于狭水道等航区复杂水域、雾航和避让等时机。

2）自动操舵

自动操舵自动仿效人工操舵，用于船舶航行在较长时间的直航向，且障碍物、过往船舶少的开阔水域。可减轻舵工劳动强度、提高操舵精度和船舶航速、缩短航程、节约燃料。

3）应急操舵

在自动操舵和随动操舵系统发生故障时，应立即使用应急操舵。先将操舵仪上的操舵方式开关转入“手柄(non-follow-up)”位置，然后操作手柄开关。有的自动舵操舵台上没有单独专设手柄开关，在这种情况下，只要将手轮轴销拔出，旋转90°后置于凹槽内固定就可将舵轮当手柄进行操舵。

2. 自动舵调节旋钮的使用

自动舵面板上的主要调节旋钮(数字键或开关)有以下几种：

1）转入自动开关

自动操舵一般都是由随动操舵转换过来的。从随动转换为自动时，应注意先把压舵旋钮和自动改向调节旋钮归至零位，同时把船舶稳定在指定的航向上。当处于正舵时，将选择开关从随动转至自动位置上，船舶就进入自动操舵状态。然后，根据船舶载重情况和海况，调节主操舵台面板上的有关旋钮。

2）比例旋钮

比例旋钮(rudder adjust)也称舵角调节旋钮，用以调节纠正偏航的舵角。刻度的档次越高，比例系数越大，比例大，偏舵角也较大，即可获得的转船力矩也大。所以，船舶重载或空载，以及舵叶露出水面或海况恶劣时，比例旋钮一般应调大些。

3）微分旋钮

微分旋钮(rate adjust)也称反舵角调节旋钮或速率调节旋钮，是根据偏航惯性来调节的。重载时船舶的转动惯量大，则其偏航惯性也大，微分旋钮应调大一些，而轻载时应调小一些。

4）灵敏度旋钮

灵敏度旋钮(weather adjust)也称天气调节旋钮或航摆角(yawing)调节，是调节放大器的放大倍数。在天气好时，为了使船舶航行得更直一些，即当出现较小偏航角时，就使舵机工作产生舵角，纠正偏航，可将灵敏度调高一些；风浪大时，航向偏摆频繁，为了防止舵机频繁起动，应将灵敏度调低些，这样在偏航较小时，舵机不起动工作，从而避免舵机因工作过于频繁而受损。

5）压舵旋钮

比例-微分舵设有此功能键，用以调节压舵的舵角大小。当船舶受到风流等恒值外力干扰而向单侧方向偏转时，可用此旋钮向相反方向压一舵角，以抵消单侧偏航作用。压舵的舵角大小可以根据船舶偏转情况来选定，与操作人员实际操舵经验关系密切。

6）自动改向旋钮

使用自动改向旋钮（course adjust）改向时，应把比例旋钮调至最小位置，而且每次只能进行小角度改向，若需大角度改向，则应分几次进行，一般每次不超过10°。操作方法通常为：先按下旋钮，然后转动指针至改向的度数，船舶转到给定航向时指针自动回零，不必人工复位。

此外，还有用于修正自动舵分罗经与主罗经同步误差的零位修正调节旋钮等。

3. 使用自动操舵仪（自动舵）的注意事项

（1）船舶在大风浪中航行时，为保护自动舵应改用人工操舵。

（2）在能见度受限制的情况下，以及在所有其他航行危险的情况下，如船舶在避让、改向、过转向点，航行于狭水道、渔区、礁区、航道复杂水域，进出港和靠离泊位等时，应立即改为人工操舵。

（3）在上述情况下，应为值班驾驶员安排一位合格的舵工，该舵工应随时准备接手操舵工作。

（4）从自动操舵状态转换为人工操舵状态，以及相反的从人工操舵状态转换为自动操舵状态，应由一位负责的值班驾驶员操作或在其监督下由舵工进行操作。

（5）在长期使用自动操舵仪后，以及在进入需要特别谨慎航行的区域前，均应进行人工操舵试验。通常在使用自动舵航行时，每一航行班次（即每4 h）至少应检查一次随动操舵装置是否正常。

（6）在随动操舵状态下，与自动操舵有关的各调节旋钮不起作用，但当由随动操舵状态转入自动操舵状态时，应先将压舵旋钮和自动改向旋钮调至零位。

第六节 自适应舵与自动驾驶仪

一、自适应舵

采用一般自动舵，可以自动纠正偏航角，大大减轻舵工的劳动强度，在很大程度上提高了航向精度和航速。但是，自动操舵仪上的各调节旋钮仍然是根据船员的经验用手动方式进行调节和修正的。例如，根据比例-微分-积分舵的偏舵角β与偏航角φ的关系式

$$\beta = -\left(K_1\varphi + K_2\mathrm{d}\varphi + K_3\int\varphi\mathrm{d}t\right)$$

其比例系数和微分系数的调节量必须由经验来确定，因此直接影响舵角β的精确度。同时，往往自动操舵次数较多，会增加船舶阻力。转舵后船舶阻力增大，加大了主机负荷，导致主机转速下降。为防止转速下降，调速器将开始工作，即增加了燃油消耗量。显然，从节能的角度来看，上述一般自动舵仍有不足之处。

为减少转舵次数和因转舵而增加的阻力，保持船舶沿原航向行驶，以节省油耗，船舶采用了具有自动适应控制功能的自动舵(adaptive autopilot)，简称自适应舵。这种舵的优点主要体现在能适应船舶运动特性和海况的变化，自动地确定各项系数，从而可以进行最佳控制，减少操舵次数，减小舵角，最终弥补了一般自动舵存在的不足，其工作原理如图6-46所示。

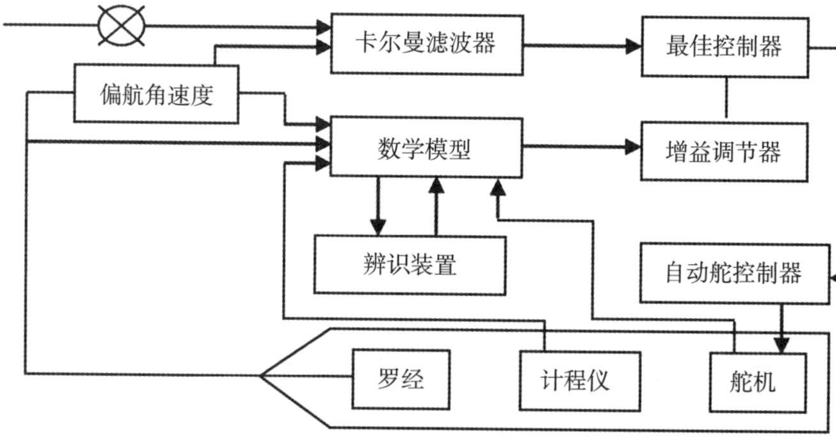

图6-46 自适应舵基本原理

自适应舵的主要组成部分及各组成部分的作用如下：

1. 一般自动舵

自适应舵包含了自动舵控制器、舵机和反馈装置等一般自动舵的部件和功能。

2. 数学模型

自适应舵实际上是一般自动舵加上微机控制。微机内贮存着供计算、比较、鉴别之用的船舶运动特性的数学模型。

3. 辨识装置

由于船舶运动特性的数学模型是随着载重量、吃水差、船速和海况等而变化的，因此，当上述因素有变化时必须建立最新的数学模型。这种检测出模型的变化并形成新模型的过程称为“辨识”。这种辨识在当船舶离港用手动操舵和自动舵时就已开始，并在操纵过程中不断更新模型。

4. 卡尔曼滤波器

卡尔曼滤波器的功能是有效地滤除罗经输出信号中所包含的不规则噪声成分，并估算出船舶在某一舵角下何时开始转向，用统计方法处理新模型输出的船舶偏航角与由罗经所观测的偏航角之间的差值，从而估算出转舵时船舶的偏航角。

5. 最佳控制器

将卡尔曼滤波器检出的偏航角输入最佳控制器，经其处理后，产生使船舶回到原航向的舵角指令。因此，偏航角、偏航角速度和上述性能指标可以在有些自适应舵上被自动确定，而不需要像一般自动舵那样凭经验进行人工手动设定。

6. 增益调节器

当海况恶劣、波浪等噪声增大时，噪声对船舶转向的影响也随之增大，会导致卡尔曼滤波检测的精度下降。为减少这种影响并改善操纵性能，需设置增益调节器来调整增益参数。由于船舶运动特性模型和噪声模型事先已存入微型计算机，因此，检测出海况的变化后，可通过软件自动选择节能方式和保向方式。当海况恶劣到一定程度、操纵性能变差时，则可自动转到保向方式上运行。自适应舵还有报警、电源和舵轮等其他部件。自适应舵的型号较多，但基本操作步骤相似。以下是横河北辰PT200型自适应舵的使用的基本步骤：

1）准备

（1）开启NO.1或NO.2舵机电源（进出港时同时开两台舵机，正常航行时开一台舵机）。

（2）将操舵控制方式选择开关放在“HAND”位置。

（3）将系统选择开关分别放在“FU—1”、“FU—2”和“NFU”位置，左右转动操舵手轮，验证操舵仪所显示的舵角与舵角指示器和舵机上的实际转角的一致性（“FU—1”“FU—2”为两个正常的操舵系统；“NFU”为应急操舵系统，由应急手柄控制）。

2）有关设置

（1）偏航报警设置。

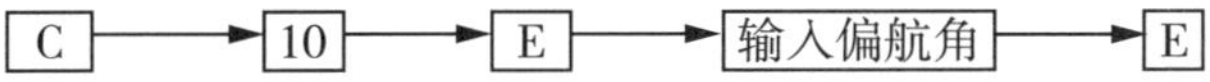

（2）自动舵舵角限制设置。

（3）手动速度的设置。

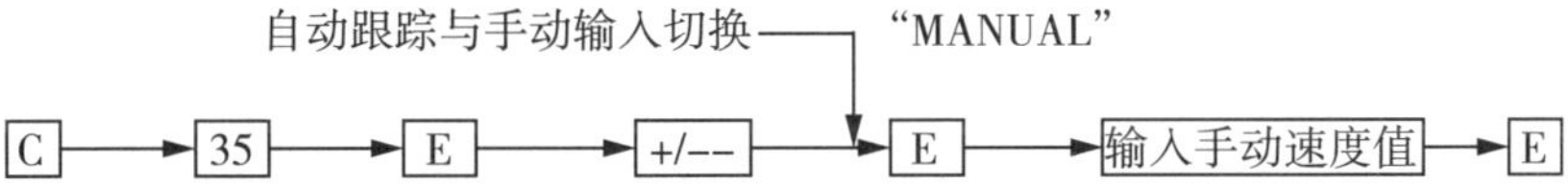

3）手动操舵

无论何时，均可将操舵控制方式开关转到“HAND”位置，实现手动操舵。

4）自动舵的使用

（1）手操舵稳定在计划航向上，按航向设定（COURSE）上的“◀▶”或“H”键，将自动控制航向使其在计划值上。

（2）将操舵控制开关放在“AUTO”位置，AUTO指示灯亮，自动舵开始工作。

（3）根据气象好（C1）、坏（EC）或狭水道（C2）及空载（B）、半载（M）或满载（F）情况，调整“OPN MODE”和“DRAFT”键。

二、自动驾驶仪

自动驾驶仪（automatic navigation 或 automatic pilot / autopilot）是以自动舵为基础，以计算机为核心，并连接综合导航仪或船位接收机的一个自动航行控制系统，也称航迹舵。其主要作用：当初始人工输入相关航路数据后，能使船舶自动沿着计划航线航行，并能在预定的转向点上自动转向，从而实现船舶驾驶的高度自动化。实际上，目前船上所使用的自适应自动舵基本含有这些功能。

1. 基本工作原理

自动航行控制系统实际上是通过一台微处理器，将人工输入的转向点经纬度与通过定位传感器得到的实时船位等数据进行计算、比较分析和处理，并得到一个可供自动舵执行的航向（也称指标航向Cs）。在执行过程中，由于船舶受风流压的影响，船位还会偏离计划航线，此时，全自动驾驶仪就立刻给出一个新的指标航向，因此，指标航向是一连串且变化的，一般过15~30 min进行一次风流压修正计算。通常指标航向修正量的小数点位处理原则：0.1~0.5取0.5，0.6~0.9取1.0；确定转向时刻并均匀地改变指标航向，达到自动保持在航迹带内所需航向和在转向点自动转向的目的。自动驾驶仪的工作原理如图6-47所示。

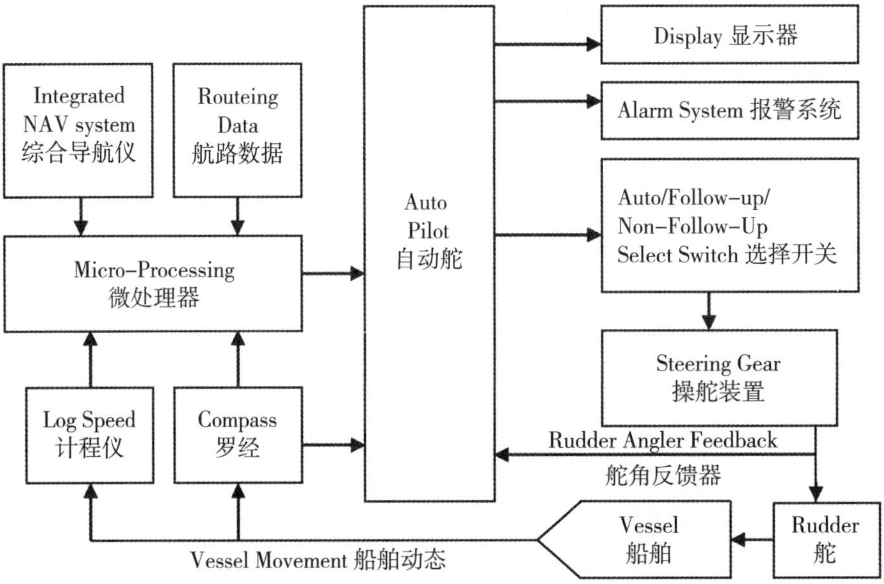

图6-47　自动驾驶仪工作原理

1）计划航向的确定

计划航线（navigation plan）一旦被确定，即可向全自动驾驶仪输入各转向点的经纬度，微处理器便能计算出各转向点之间的恒向线航法（RL）的计划航向（predetermined course），若采用大圆航法（great circle），则可确定在某一段时间内认为是不变的计划航向。

2）实时船位的获取

实时船位（也称现时船位）一般由GPS等船舶定位仪获得，其定位连续性好，精度较高。当微处理器收到船位信号后，还要进行坐标系统误差的修正、船位数据的滤波处理和较大误差的剔除处理，从而得到更精确的船位。

3）航迹带宽度的设置

当得到计划航向和实时船位数据后，微处理器将二者进行比较，并计算出船舶到下一转向点应行驶的航向。然而，由于罗经精度和自动舵保持航向的误差等因素的影响，如果采用实时船位连续不断地去修正或改变航向并使船舶保持在计划航向上是极其困难的。例如，到下一转向点的航程为500 n mile，实时船位距计划航线的垂直距离（位置偏移量）为1 n mile，则航向的偏差仅为0.1°，而用这样小的偏差角度去修正自动舵的执行航向，使船保持在计划航线上是难以实现的。

因此，在实际操作中，驾驶人员需要根据海况等因素，设定一个允许在计划航线附近一定距离范围内的位置偏移量d_0与这个偏移量的限制值d_{max}，如图6-48所示。

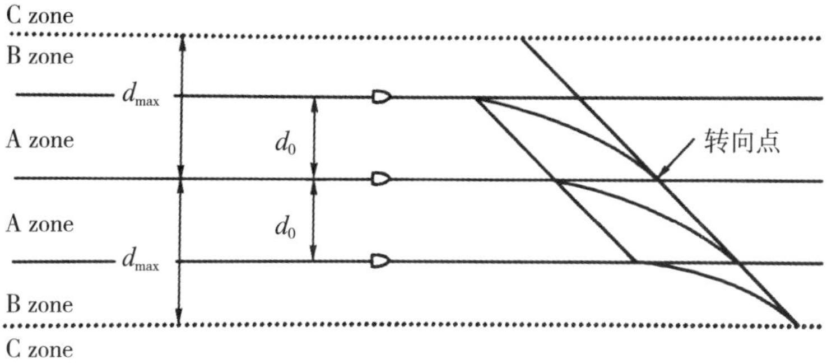

图6-48 航迹带宽度示意

这里的位置偏移量d_0的计算是以计划航线为基准的，$\pm d_{max}$称为航迹带宽度。当船舶航行在$\pm d_0$范围时，就认为船舶基本保持在计划航线上，当船舶出现偏移且在计划航线的$\pm(d_{max}-d_0)$区域航行时，微处理器计算出风流压差，操舵装置开始工作，修正C_s，使船回到$\pm d_0$内。如果船舶不能保持在计划航线的$\pm d_{max}$之内航行时，则认为不能自动保持航迹，需要驾驶员进行人工处理。

自动驾驶仪还能根据转向点的位置、当时航速、航向改变量和转向允许的速率，自动确定提前开始转向的距离或时间，从而自动转到下一个计划航向上。

2. 使用注意事项

(1) 自动驾驶仪是否正常工作的关键在于连续输入精确的船位数据。因此，应经常检查综合导航仪或船位接收仪是否工作正常，并确认操舵仪上的RC ready等指示灯亮。如较长时间无船位数据或其他情况时，应及时提醒驾驶员转到其他操舵方式。

(2) 与普通自动舵一样，在遇大风浪、避让等情况时，也不能使用自动驾驶仪。当避让等操纵结束，需要重新使用这一系统时，应确认下一个转向点的正确性和下一个计划航向的度数，必要时调整船舶的航向，使航向基本对准下一个转向点。

(3) 驾驶人员必须充分了解周围的海域、船位、使用的航迹带宽度，以及转向前后的海面状况等情况。只有在确认安全的情况下，才可自动转向。

三、主机、舵机和侧推器综合控制装置

目前，在有些自动化程度高的大型船舶上安装了主机、舵机和侧推器综合控制装置。

通常装有主机、舵机和艏艉侧推器的船舶，其几个操作系统要分开操作。而安装了主机、舵机和侧推器综合控制装置后，这几个操作系统可通过主驾驶室里的一个单手控制柄进行操作，因此该综合控制装置也称单手柄操作系统或操纵杆控制系统(joystick control system)。

图6-49 单手柄操作系统的控制柄

如某万吨级渡船装有2台四冲程柴油推进调距桨、2个船舵和3个侧推器(艏部设2台侧推装置、艉部设1台侧推装置)。以往这7个操作系统要分开操作，即船要向某一个方向调整，最少要使用7个手柄配合操作。但安装了该综合控制装置后，在主驾驶室只通过1个单手控制柄就可实现这7个操作系统的全部操作，十分方便。如图6-49所

示,该单手柄操作系统由英国劳斯莱斯公司提供。它利用计算机自动配置动力,只用一个手柄就将2台主机、2台舵机、3台侧推装置的力合成,因此驾驶大型船舶如同开自动挡汽车一样轻松,操作简便、灵活,自动化程度高,适应能力强。

第七节　舵设备的检查、保养和试验

在开航前要仔细检查舵设备,平时也要注意检查保养,使其随时处于良好的工作状态。舵设备被安装或修理后,也应按规范要求进行试验。

一、检查与保养

舵设备应处于随时可用的良好技术状态,以确保船舶航行和靠离泊的安全。船舶驾驶人员和船公司有关人员必须对舵设备进行日常与定期的检查保养,并按规范要求进行试验。

1. 日常检查保养

1) 平时

(1) 舵机间应保持清洁干燥,不准放置杂物,切忌电机受潮。舵机间内的备件等物品应绑扎固定好,以防船舶摇摆时移动。

(2) 卸货后利用干舷的条件查看舵叶、舵杆和连接法兰的情况。经过大风浪或冰区航行、搁浅或其他海事后,更要仔细检查,特别要注意法兰上的水泥包是否完好。

(3) 驾驶室和舵机室内,应永久展示操舵装置控制系统和操舵装置动力装置转换程序的简单操作说明,并附简单易懂的方框图。

2) 开航前

开航前1 h之内,驾驶员应会同轮机部职能人员对操舵装置的工作情况进行校核。一般应包括以下具体项目:

(1) 轮机部要事先做好对舵的准备工作,如液压舵机系统中的油箱油位是否正常,油位不足时应及时补足,并检查系统有无漏油现象。

(2) 甲板部要派值班水手去船尾观察舵叶周围有无障碍物,将舷梯绞至安全高度,确认首尾缆绳受力均衡;核对主罗经与分罗经误差和舵轮与舵角指示器的一致性;确认驾驶室和舵机间各通信设备功能是否正常;起动操舵装置,会同轮机部人员进行检查和对舵。

(3) 对舵方法如下:

①操舵人员在驾驶室转动舵轮或扳动手柄,使电动舵角指示器的指针指向“0”,观察舵机间的实际舵角是否在正舵位置。

②慢速将舵轮向左(右)转至满舵,检查操舵台上舵轮的舵角指示器与舵机间的实际舵角是否一致。

③用同样方法向右(左)操满舵快速活舵一次后,再回至正舵。

④分别连续操左(右)5°、15°、25°及满舵和回舵,其间观察操舵装置、操舵装置控制系统、舵角指示器和其他工作系统的运行情况是否正常。规定电动舵角指示器在正舵位置时应无

误差,在其他舵角位置时误差不应超过±1°。

⑤对配有两套相同动力系统,并配有两套操舵装置控制系统的主操舵装置,应分别进行试舵。

⑥随动操舵对舵完毕后,还应进行应急操舵的核对,方法是从正舵开始,向右(左)满舵操一次舵,再回到正舵即可。应急舵对舵完毕后,操舵人员应及时把操舵转换开关转换到随动操舵位置。

3) 航行中

值班驾驶员应经常检查舵机的工作状况是否正常,切忌"跑舵"。遇大风浪时,应检查舵机间可移动物体是否绑扎好,必要时予以加固。

4) 停靠后

关闭电源,防止无关人员进入驾驶台和舵机室随便扳动舵轮、操舵仪上的各种开关旋钮及损坏舵机房内的设备。

应将上述校核和试验日期,以及进行应急操舵演习的日期和详细内容记入主管机关规定的航海日志内等。

所有与操舵装置的操作和/或维护保养有关的船舶驾驶员,应熟悉船上所装的操舵系统的操作,以及从一个系统转换到另一系统的程序。

2. 定期检查保养

每3个月应对舵设备进行一次全面的检查和保养。主要内容如下:

(1) 查看舵杆、舵叶各部分的磨损及损坏情况,做好记录。舵杆(销)一般在下舵承处(或舵销处)的轴颈轴径应大于非工作部分的轴颈轴径,否则应进行修理或换新。工作轴颈表面允许存在少量分散的锈蚀斑点,但深度不超过舵杆(销)直径的1%,舵杆非工作轴颈允许减少量为原设计直径的7%。舵杆轴颈上不允许存在任何横向裂纹。此外,舵钮与舵钮或舵叶与舵托平面的极限间隙一般为安装间隙的50%。

(2) 检查电操舵装置的绝缘和触点情况,用不带毛头的细布揩拭清洁。检查自动部分的灵敏度。

(3) 检查转舵装置电动机的运转及损耗情况,加以清洁,并做好记录。

(4) 检查液压舵机的管路有否存在泄漏情况及液压油质量,以便及时修复并补充液压油。

除上述常规的核查和试验外,至少还应每3个月进行1次应急操舵演习,以便熟练应急舵操作程序和检验应急操舵设备是否处于良好的工作状态。应急操舵演习应包括人员就位的快速性、在舵机室内的直接控制、与驾驶室的通信程序,以及(如适用时)转换操舵动力的操作等。

每6个月检查备用操舵装置(如有)的活络部分,加以润滑,除锈涂油,并做转换操作试验,保证其性能良好。液压操舵系统(如有)每年或检修后应将整个系统彻底清洗一次,清除锈垢等,以免影响效用。

坞内检验时,将舵轴或舵销原地顶高或将舵杆拆下,检查舵轴、舵销和舵承的磨损及腐蚀情况,测量舵承间隙及舵的下沉量,检查舵杆、舵轴法兰盘及其连接螺栓与螺母,检查舵销螺母的止动装置。

对舵叶进行外部检验时，检查舵叶是否有腐蚀和裂缝，必要时对舵叶做测厚检查，对舵叶水密性有怀疑时或修理后，应按规定对舵叶做密性试验。

二、舵设备的试验

舵设备被安装或修理后，一般要进行系泊试验和航行试验。

1. 系泊试验

试验前应检查舵叶密性试验报告、各零部件材料检查报告、舵机整体装配验收报告、操舵设备及传动装置的安装质量及完整性检查验收报告等，然后进行下列各项试验：

(1) 对于电动或电动液压舵机，舵机的每套电动机组至少连续进行30 min的操舵试验，以检查舵设备的可靠性。

(2) 检查主操舵装置和辅操舵装置转换是否迅速简便，任何舵位的转换时间应不超过2 min。

(3) 舵角指示器指示舵叶位置误差不应大于±1°，而且在正舵时，应无误差。

(4) 舵角限位器位置应安装正确，舵机限位器应能在转舵至满舵时自动停止，舵角限位器的角度应比舵机限位器的大1.5°。

(5) 检查舵制动装置的工作可靠性。

2. 航行试验

系泊试验合格后可进行下列试验内容：

(1) 转舵周期：主操舵在最深航海吃水、以最大营运航速前进时，自一舷的35°转至另一舷的30°的时间应不超过28 s；辅助操舵装置在最大前进营运航速的一半或7 kn(取其大者)前进时，自一舷的15°转至另一舷的15°的时间应不超过60 s。

(2) 记录在满载全速前进和后退时，向两舷转舵的速度和工作的可靠性。

(3) 主、辅操舵装置之间的转换是否符合要求。

(4) 检查保持舵位不动的制动装置是否有效。

(5) 试验自动舵的性能。

(6) 记录自动操舵装置灵敏度和航向超出允许偏差时自动报警的可靠性。

(7) 记录“Z”字试验中舵角、旋回角速度、航向变化等曲线。

(8) 主驾驶室和应急驾驶室间通信联系的可靠性。

第八节　舵令及操舵基本方法

一、标准舵令

所有发出的舵令应由舵工复诵，并且值班驾驶员应保证这些舵令被正确、立即执行。所有舵令应一直保持到被撤销。如果舵失灵，舵工应立即报告。当发现舵工有疏忽时，应向其提出询问：

“What is your course？”“航向多少？”

舵工应该答复：

“My course … degrees .”“我的航向……度。”

舵令及其含义见表6-1。

表6-1　舵令及其含义

序号	ORDER	舵令	含义
1	Midships	正舵	舵保持在船首尾线位置上。
2	Port five	左舵五	操左舵5°。
3	Port ten	左舵十	操左舵10°。
4	Port fifteen	左舵十五	操左舵15°。
5	Port twenty	左舵二十	操左舵20°。
6	Port twenty-five	左舵二十五	操左舵25°。
7	Hard-a-port	左满舵	操舵至最左位置。
8	Starboard five	右舵五	操右舵5°。
9	Starboard ten	右舵十	操右舵10°。
10	Starboard fifteen	右舵十五	操右舵15°。
11	Starboard twenty	右舵二十	操右舵20°。
12	Starboard twenty- five	右舵二十五	操右舵25°。
13	Hard-a-starboard	右满舵	操舵至最右位置。
14	Ease to five	回到五	把舵角回到5°并保持5°。
15	Ease to ten	回到十	把舵角回到10°并保持10°。
16	Ease to fifteen	回到十五	把舵角回到15°并保持15°。
17	Ease to twenty	回到二十	把舵角回到20°并保持20°。
18	Steady	把定	尽快减少船舶偏转。
19	Keep buoy/mark/beacon /…on port/ starboard side		把浮标/标志/立标/……放在左/右舷。
20	Steady as she goes	照直走	将舵把定在叫舵令时罗经所指的船首向，舵工须复诵口令并报告受令时的罗经航向。当船舶把定在该船首向时，舵工须报告“steady on…(把定在……)”。
21	Report if she does not answer wheel.		如果舵失灵，即刻报告。
22	Finish with wheel.		完舵。

当值班驾驶员要求按罗经航向来操舵时，他/她应该说出转舵的方向。随后，分别说出每个数字，包括0。例如：

(1) 口令“Port, steer one eight two”，即 “左舵，操182°”。

(2) 口令“Starboard, steer zero eight two”，即 “右舵，操082°”。

(3) 口令“Port, steer three zero five”，即“左舵，操305°”。

接到操舵令后，如182°，舵工应复诵该舵令并使船舶平稳地转到所命令的航向上，而后，舵工应报告：

"Steady on one eight two.""把定在182°。"

发令人应对舵工的报告给予确认。如果要求对着选定的物标操舵，应该命令舵工：

"Steer on …buoy/…mark/…beacon""对着……浮标/……物标/……立标行驶"

发令人应对舵工的报告予以确认。

二、操舵工作要领和基本方法

船舶在航行中，驾驶人员根据航行的需要，对舵工下达舵令，舵工根据口令进行操舵，以控制船舶的航行方向。

驾驶人员在下达舵令时，应考虑到船舶在各种不同情况下的应舵性能和舵工的操舵水平。所下达的舵令应确切、明了和清楚。舵工在操舵时应有高度的责任感，思想集中、动作准确。当听到驾驶人员下达舵令后，应立即复诵并执行以防听错。如遇舵工复诵口令错误或操作不当，驾驶人员应立即加以纠正。舵工在未听清口令或不理解驾驶人员下达的口令时，可要求重复一遍。操舵的基本方法如下：

1. 按舵角操舵

舵工在听到驾驶人员下达舵角口令后，应立即复诵并迅速、准确地把舵轮转到所命令的位置上，注意查看舵角指示器所指示的舵叶实际偏转情况和角度，当舵叶到达所要求的角度时，应及时报告。在驾驶人员下达新的舵令前，不得任意变动舵的位置。

船舶在进出港和靠离泊时通常采用按舵角操舵。

2. 按罗经操舵

船舶在海上航行时，大都采用按罗经操舵，使其保持在所需的航向上。

当船舶需要改变航向，驾驶人员可直接下达新航向的口令，舵工复诵并将新航向与原航向作比较，从罗经刻度上可清楚地判断出新航向在原航向的哪一边，从而决定采取左舵或右舵。舵工应根据转向角的大小、本船的旋回性能和海况等情况，决定所用舵角的大小。在一般情况下，如转向角超过30°，可用10°~15°舵角；如转向角小于30°，则宜用5°~10°舵角。操舵后船舶开始转向，此时可根据罗经基线和刻度盘的相对转动情况，掌握船舶回转时的角速度。当船舶逐渐接近新航向时，应根据船舶惯性和回转角速度的大小，按经验提前回舵并可向反方向压一舵角，以防止船舶回转过头，这样船舶就能较快地进入并稳定在新航向上。

在船舶按预定航向航行时，由于受到各种因素的影响，经常会出现偏离预定航向的情况。为此，舵工应注视罗经刻度盘的动向，发现偏离或有偏离的倾向时，应及时采用小舵角（一般为3°~5°）进行纠偏，以保持航向。例如，当罗经基线偏在原定航向刻度的左边时，这表示船首已偏到原航向的左边，应操相反方向的小舵角（右舵，3°~5°即可），使船首（罗经基线）返回原航向。纠偏时要求反应快、用舵快和回舵快。

当发现船首总是向固定一侧偏转时（通常是船舶受单侧风浪、潮流或由于积载不当，或由于船型、推进器不对称等恒值干扰力矩的影响所引起），应采用一适当的反向舵角，来消除这种偏转，习惯称为"压舵"。所用舵角大小，可通过实践的方法来确定，通常先操正舵，查看船首向哪一边偏转，然后操一反向舵角，如所用舵角太小，船首仍将偏向原来的一侧；舵角太大，则反之。反复调试所采取的舵角，直至能将船首较稳定地保持在预定航向上。

3. 按导标操舵

在近岸航行时，特别是在狭水道或进出港时，经常利用船首对准某个导标航行。舵工根据驾驶人员所指定的导标，操舵使船首对准该目标，并记下航向度数，报告给驾驶人员。如发现偏离，立即进行纠正，并注意检查航向有无变化，如有变化，舵工应及时提醒驾驶人员是否存在风流压。

4. 大风浪中操舵

由于船舶在大风浪天气下左右前后摇摆颠簸剧烈，航向很难稳定。此时，应由有经验的人员操舵，应细心观察风流影响的综合结果，要提前回舵或压舵。

为便于指挥和操舵，无论采用哪种操舵方法，驾驶人员和舵工都应掌握船舶在不同装载、不同风浪水流和水深、不同航速等情况下舵的性能，熟悉舵设备各开关和旋钮(功能键)的作用。

◇◆ 小结 ◆◇

本章包括舵设备的组成与转船力矩、舵的种类与结构、操舵装置、电力操舵装置控制系统、自动舵、自适应舵与自动驾驶仪、舵设备的检查保养与试验、舵令及操舵基本方法等内容。

本章在全面考量《航海技术专业本科培养教学大纲》及《海船船员培训大纲》(2021版)对高级船员所要求了解和掌握知识点的基础上，依据CCS《钢质海船入级规范》等有关规定编写而成。内容充分结合了航运发展的新特点和航海新技术在船舶建造中的应用，注重了理论与航海实践相结合的原则。

对航海技术本科生及二、三副来说，应重点掌握本章知识点内容中舵设备的组成与转船力矩、舵的种类与结构、操舵装置、电力操舵装置控制系统、自动舵、自适应舵与自动驾驶仪、舵设备的检查保养与试验、舵令及操舵基本方法等内容；大副应重点掌握锚设备的配备、试验、检查和保养和锚设备的操作等内容。

复习与思考题

1. 舵设备由哪些组成部分，其各自的作用是什么？
2. 舵是如何分类的，何谓平衡比度？
3. 试述流线型舵的结构与试验方法。
4. 试述电动舵机的工作原理及其保护装置的作用。
5. 试述液压舵机的种类及其工作原理。
6. 舵机的基本要求是什么？
7. 试述一般操舵仪的3种操舵方式与使用时机。
8. 简述自动舵面板上各旋钮的作用与使用注意事项。
9. 舵设备是如何检查与保养的？
10. 试述自适应舵和自动驾驶仪的使用注意事项。

第七章 锚设备

锚设备是船舶重要的甲板设备之一，可用于船舶进行锚泊作业、狭水道航行或靠离码头作业时辅助操纵船舶、紧急情况下刹减船舶和搁浅后辅助船舶脱浅等。

第一节 锚设备的组成

锚设备由锚、锚链、锚链筒、制链器、锚机、锚链管、锚链舱、弃链器等组成，图7-1为锚设备组成示意。

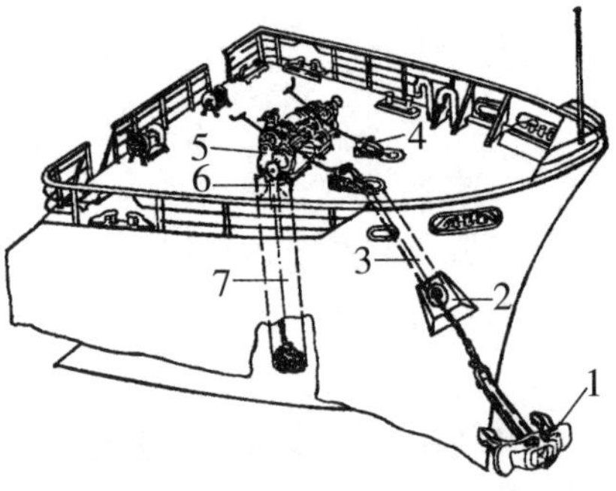

1—锚(anchor)；2—锚穴(anchor recess)；
3—锚链筒(hawse pipe)；4—制链器(chain stopper)；
5—锚机(windlass)；6—锚链管(chain pipe)；
7—锚链舱(chain locker)。

图7-1 锚设备组成示意

1. 锚

锚(anchor)是产生抓驻力的重要设备。按锚结构的不同可将其分为有杆锚和无杆锚两类；按锚用途的不同可将其分为普通船用锚、大抓力锚和特种锚3类。

2. 锚链

锚链(chain cable)用来连接锚和船体，传递锚产生的抓驻力。锚泊时，较长的卧躺海底部分的锚链因与海底底质接触摩擦而产生辅助抓驻力。

3. 锚链筒

锚链筒(hawse pipe)是锚链进出及收藏锚干的孔道，其直径约为链径的10倍。锚链筒由甲板链孔、舷边链孔和筒体3部分组成。锚链筒的上下口一般均设有锚唇，分别称为上锚唇和下锚唇(用钢板或铸钢制成的锚唇外缘的圆弧半径一般应不小于锚链直径的12倍)，其作用是减少锚链与上下口的磨损。筒体内设有冲水装置，用于在起锚时冲洗锚链和锚，图7-2为锚链筒及筒内冲水装置。

在甲板链孔处设有可移动式非水密盖板，该盖板在确保工作人员安全的同时，也可减少从锚链筒涌上甲板的海水。此外，为避免锚链与甲板链孔(锚链筒上口)的摩擦，新造船一般均在靠近甲板链孔处设置导链轮（有的船直接将导链轮与制链器合二为一），如图7-3所示。

图7-2　锚链筒及筒内冲水装置

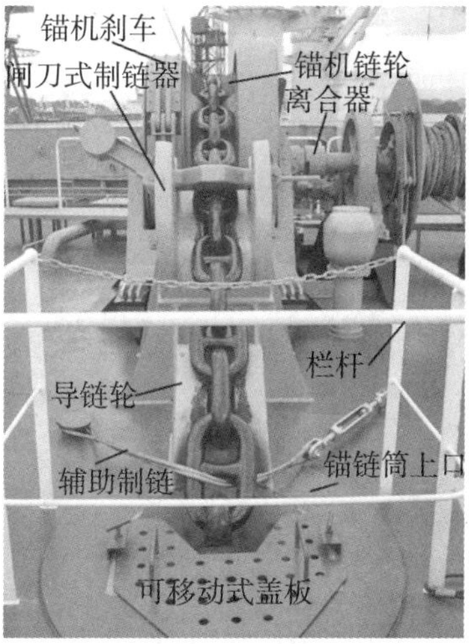

图7-3　锚设备的组成

舷边链孔（锚链筒下口）主要有两种结构形式：一种是有些低干舷船与快速船为了减小由锚引起的水与空气阻力，减少锚体击水引起的水花飞溅，将舷边链孔做成能收藏锚冠及锚爪的锚穴，其形状有方形、圆形和伞形等，如滚装船；另一种结构形式是突出式舷边链孔，该种链孔能确保将锚干完全收进锚链筒，其主要作用是能完全避免锚爪对舷边的损害，突出式舷边链孔的形式主要有伞形和圆柱形等，图7-4和图7-5分别为锚穴和突出式伞形舷边链孔。

图7-4　锚穴

图7-5　突出式伞形舷边链孔

4. 制链器

制链器（chain stopper）设置在锚机和锚链筒之间，用于固定锚链，防止锚链滑出。例如：锚泊时，利用制链器直接将锚和锚链产生的拉力传递至船体，以减轻锚机负荷，保护锚机；航行时，用于承受锚的重力和惯性力。制链器有以下几种类型：

1）螺旋式制链器（screw type chain stopper）

图7-6（a）为螺旋式制链器结构示意，该种制链器主要由基座、两块夹板和一个带摇柄并有正倒螺纹的螺杆组成。

使用时，应首先将锚链绞至垂直链环位于两块夹板之间，再转动摇柄使两块夹板夹住垂直链环，而夹板的端部则顶住水平链环，最终达到制链目的；反之松开夹板，锚链即可自由进出。螺旋式制链器结构简单可靠,但操作动作较慢,中、小型船舶较多采用此型式的制链器。

2) 闸刀式制链器(knife edge chain stopper)

图7-6(b)为闸刀式制链器结构示意,实船使用见图7-3。该种制链器主要由基座、闸刀和保险销组成。

使用时,应首先将锚链绞至水平链环位于闸刀所在位置,再放下闸刀,使闸刀压住水平链环,顶住垂直链环,最后插上闸刀一端的保险销,达到制链目的。闸刀式制链器结构简单,操作简便,动作迅速,但当其尺寸大时略显笨重,在大、中型船舶上被广泛使用。

3) 链式制链器

图7-6(c)为链式制链器结构示意,该种制链器主要由链钩、松紧螺旋扣和一段短链组成,短链一端通过卸扣与甲板眼板或地令连接固定。使用时将链钩钩住水平链环,然后收紧松紧螺旋扣,即可拉紧锚链。链式制链器仅作辅助制链装置使用,有的船舶直接用一段钢丝绳与松紧螺旋扣组合来代替链式制链器,如图7-3所示。

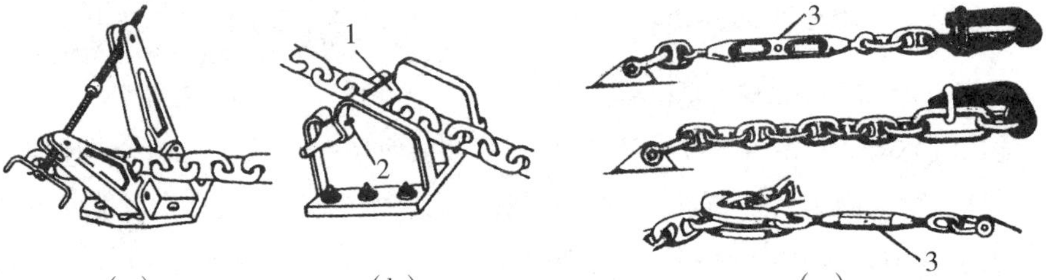

(a)　　(b)　　(c)

1—闸刀(switch blade);2—保险销(safety pin);3—松紧螺旋扣(turnbuckle)。

图7-6　制链器

5. 锚机

锚机(windlass)是抛、起锚的机械,大中型船舶均将锚机与绞缆机进行组合设计,具体使用哪种功能,完全由各自的离合器控制,但不可同时使用。此外,锚机主轴端部的滚筒可用作收绞缆绳,锚机的详细内容参见本章第四节。

6. 锚链管

锚链管(chain pipe)是锚链进出锚链舱的孔道。其垂直中心线位于锚机链轮后缘的正下方,且正对锚链舱中央。锚链管的直径约为锚链直径的7~8倍,其上口设有带缺口的盖板,该盖板应在锚收妥后开航前盖好,以减少船首上浪时由此进入锚链舱的海水,抛锚前应打开盖板,图7-7为锚链管及其盖板。

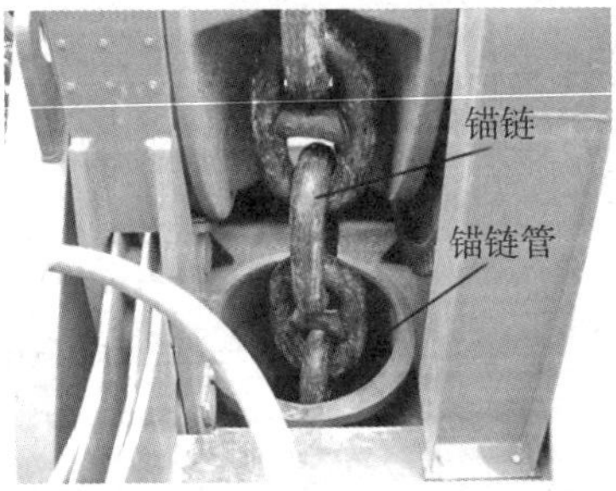

(a)　　(b)

图7-7　锚链管及其盖板

7. 锚链舱

锚链舱(chain locker)是存放锚链的舱室。一般设在防撞舱壁之前,锚机下方,首尖舱的上部或后部。其形状有圆形、方形和多边形等几种。当圆形锚链舱直径达到链径的30倍时,可不必排链。

8. 弃链器

弃链器(releasing gear)是在紧急情况下使锚链末端迅速与船体脱开的装置。弃链器一般设在人员易于到达且能安全操作的处所,其装置应能保证在紧急情况下锚链能迅速可靠地脱开。常见的弃链器主要有横闩式弃链器和螺旋式弃链器两种。

1)横闩式弃链器

横闩式弃链器(dog type cable releaser)结构简单,操作方便。在需要弃链的紧急情况下,只需敲出横闩即能松脱末端链环,被船舶广泛使用。横闩式弃链器早期主要设置于艏楼甲板上,但因不慎触碰而松脱的风险极高,需给该位置弃链器设置一个水密外罩,达到既水密,又能防止因不慎触碰而松脱的目的。现代船舶横闩式弃链器主要安装于锚链舱舱壁上,如图7-8所示。图7-9(a)为安装在甲板上的横闩式弃链器结构示意。

2)螺旋式弃链器

螺旋式弃链器(screw type cable releaser)是利用控制螺杆的伸缩使脱钩松开或夹住。结构较复杂,但使用安全可靠,即使在锚链绷紧时也容易使其松脱,缺点是开启动作较缓慢。螺旋式弃链器一般安装在锚链舱舱壁上,即弃链器主体部分位于锚链舱舱内,操作手轮位于锚链舱外侧的舱壁上,图5-9(b)为安装在锚链舱舱壁上的螺旋式弃链器结构示意。

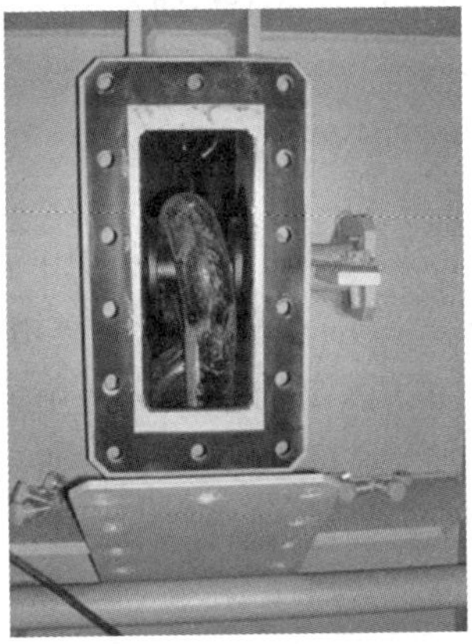

图7-8 锚链舱舱壁上的横闩式弃链器

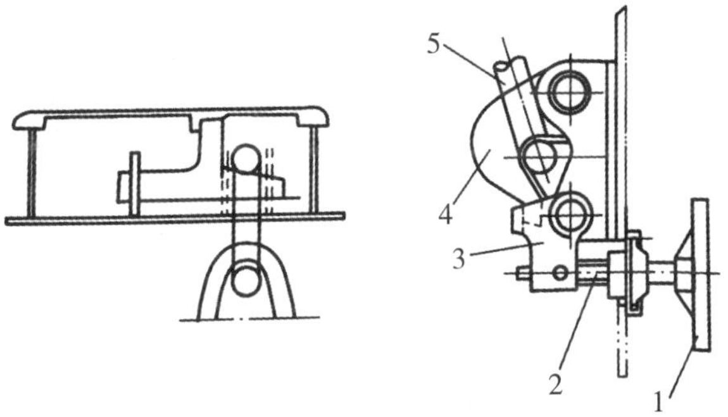

(a) (b)

1—手轮(hand wheel);2—螺杆(screw);3—制动器(stopper);4—脱钩(senhouse slip);5—末端链环(end open link)。

图7-9 弃链器结构示意

第二节 锚的种类和结构

一、锚的种类与特点

锚的种类较多,按其结构和用途的不同,可将锚分为有杆锚、无杆锚、大抓力锚和特种锚等。商船普遍采用的首锚(bow anchor)均为无杆锚,而尾锚(stern anchor)有时采用有杆锚或燕尾锚。

1. 有杆锚

有杆锚(stocked anchor)又称海军锚,如图7-10所示。其结构特点是锚干和锚爪为一浇铸整体,锚爪固定不会转动,锚爪折角约为35°,锚干上端设有一固定或可折的横杆。抛锚时,一爪入土,另一爪向上翘在底质以上。横杆能促使锚爪顺利入土,并在锚爪入土后稳定锚的姿态。该种锚具有结构简单、抓重比(锚产生的抓力与锚重之比)大(一般为4~8,最大可达12)和抓底稳定性较好等优点,但具有抛起锚作业和收藏不便,上翘的锚爪在船舶旋回时容易缠住锚链,以及在浅水锚地翘起的锚爪易刮坏船底等缺点。故这种锚不宜用作商船首锚,仅可用作尾锚,且一般多用于小船与帆船。

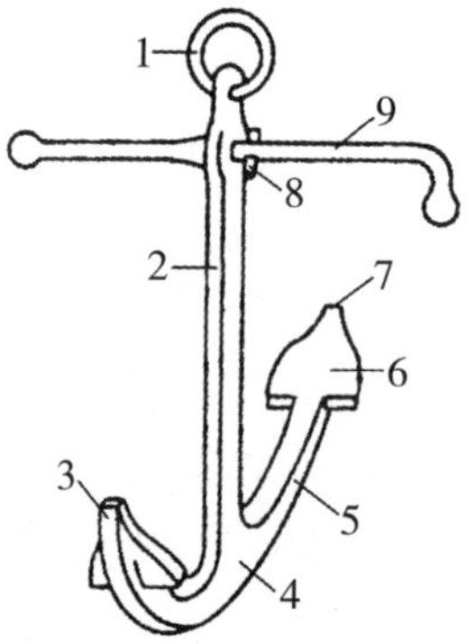

1—锚铃环(anchor ring);2—锚干(anchor shank);3—锚爪(anchor fluke);4—锚冠(anchor crown);
5—锚爪臂(anchor arm);6—锚爪掌(anchor fluke palm);7—锚尖(anchor bill);8—横杆销(forelock pin);
9—横杆(folding stock)。

图7-10 有杆锚

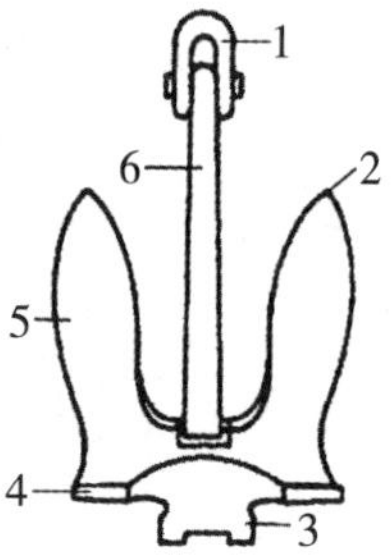

1—锚卸扣(anchor shackle);2—锚爪尖(anchor bill);
3—锚冠(anchor crown);4—锚肩(anchor shoulder);
5—锚爪(anchor fluke);6—锚干(anchor shank)。

图7-11 无杆锚

2. 无杆锚

无杆锚(stockless anchor)又称山字锚,如图7-11所示。目前商船上普遍使用的无杆锚多为霍尔锚(图7-12)与斯贝克锚(图7-13)。霍尔锚是无杆锚中最早的一种,斯贝克锚则是霍尔锚的改良型,优点是在收锚时其锚爪能自然向上,并且一接触船壳即翻转,不会损伤船壳板。

这种锚的锚干与锚爪分别铸造,无横杆。锚爪和锚冠可以绕穿过锚干下端孔的销轴转动,锚爪的折角约为45°,锚冠两侧的突出部分称助抓突角,用于在锚链拉力作用下使锚爪转动而啮入土中。抓土时两爪同时入土,抓重比为2.5~4.0,最大不超过8。无杆锚具有结构简单、抛起锚作业和收藏方便等优点,故适宜用作首锚,但其同时具有抓力较小、转流时容易耙松泥土而引起走锚的缺点。

图 7-12 霍尔锚

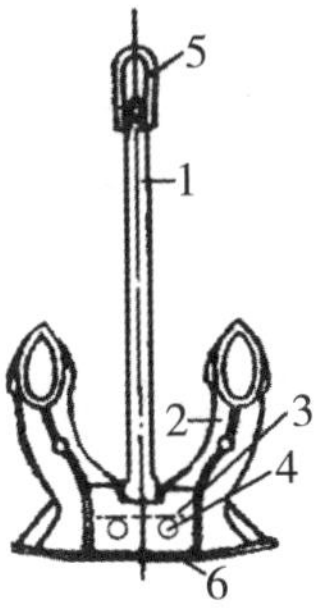

1—锚干(anchor shank);2—锚爪(anchor fluke);3—销轴(pintle);4—横销(pin cotter);5—锚卸扣(anchor shackle);6—助抓突角(anchor shoulder)。

图 7-13 斯贝克锚

图 7-14 为我国研制的尾翼式无杆锚,该种锚的结构特点是助抓突角宽厚而尖短,锚头重心低。具有入土阻力小、入土性能和稳定性好、抗浪击、容易冲洗干净等优点。在抓力和稳定性等方面均优于霍尔锚和斯贝克锚,更符合商船对船用锚的多方面性能要求。

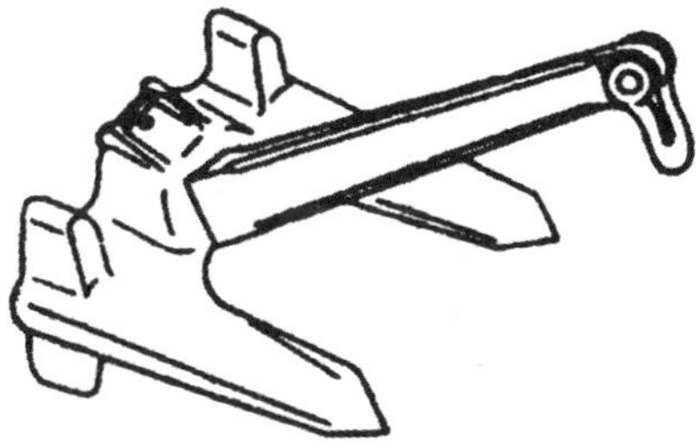

图 7-14 尾翼式锚

3. 大抓力锚

大抓力锚(high holding power anchor)分有杆大抓力锚与无杆大抓力锚两种,其一般特点是锚爪宽且长、啮土深、稳定性好、抓重比大。

1) 有杆大抓力锚

有杆大抓力锚结合了有杆锚和无杆锚的优点,为有杆转爪锚,典型代表有丹福斯锚和史蒂文锚两种。

该类锚在其锚头处设有稳定杆,以保证锚抓底的稳定性,一般用于较松软底质,另外此类锚收藏不便,所以较适宜于工程作业船和小船。

图 7-15 为丹福斯锚(也称燕尾锚),该锚的锚爪可前后转动各约 30°,抓重比一般大于 10,多用于工程船舶;图 7-16 为史蒂文锚,该锚的锚爪短而面积大,且锚爪的最大转角可由装在锚杆上的可移动锲块调节,以适应多种底质,抓重比可达 17~34。现多用作石油平台的定位锚。

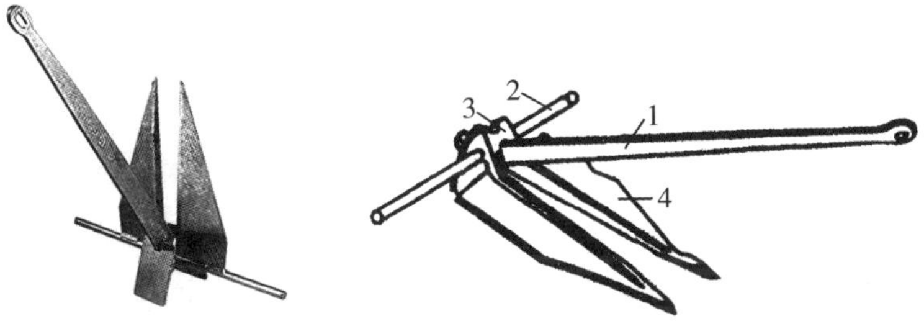

(a) (b)

1—锚干(anchor shank);2—横杆(anchor stock);3—锚冠(anchor crown);4—锚爪(anchor fluke)。

图 7-15 丹福斯锚

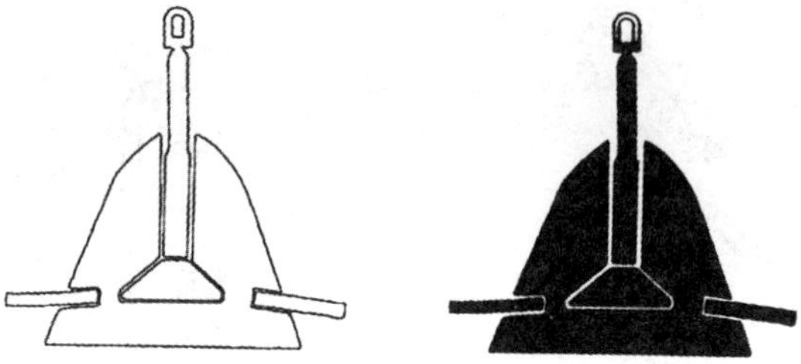

（a）　　　　　　　　（b）

图7–16　史蒂文锚

2）无杆大抓力锚

无杆大抓力锚由无杆锚发展而来，它改良了无杆锚的助抓突角和锚爪，比较典型的无杆大抓力锚有英国研制的AC–14型、荷兰研制的波尔锚和日本研制生产的DA–1型锚。

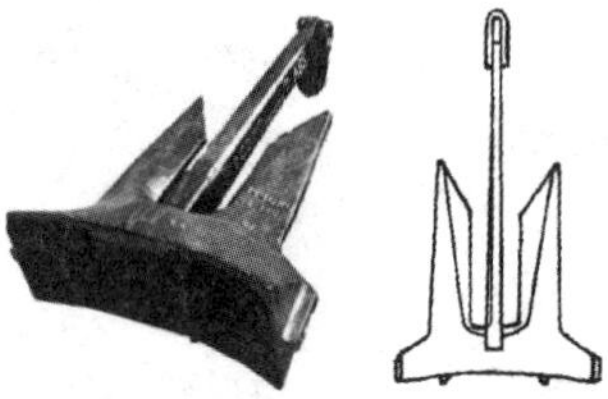

（a）　　　　（b）

图7–17　AC–14型锚

（1）AC–14型大抓力锚。图7–17为AC–14型大抓力锚，其典型结构特点是稳定鳍厚实且宽大，具有对各种底质的适应性强、啮土迅速、抓底稳定性好、抓重比高达12~14等优点，目前被广泛应用于大型船或水线以上面积较大的滚装船作首锚。

（2）波尔锚。图7–18为波尔锚，其典型结构特点是锚爪平滑而锋利，具有适应各种底质、稳定性好、抛起锚及收藏方便、抓重比可达6左右等优点，可用作大型船舶的首锚或工程船的定位锚。

（3）DA–1型锚。DA–1型锚被称作第三代无杆锚，是最稳定、结构最先进的锚，如图7–19所示。该型锚的锚冠较宽且端部为三棱形，由两个斜面构成的倒“V”字形，锚爪很长，两爪之间的距离也很小，具有锚爪啮土面积大、啮土深、抓力大、抓住性好、稳定性强、收藏方便，以及起锚时附着泥沙少及冲洗方便等优点。

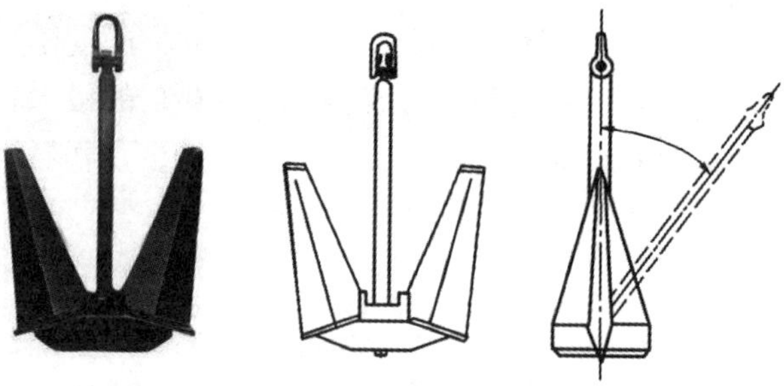

（a）　　　　（b）　　　　（c）

图7–18　波尔锚

图7–19　DA–1型锚

4. 特种锚

特种锚的结构特点与普通锚不同，其目的是适应特殊用途，如浮筒、浮标、灯船、浮船坞及浮码头等永久性系泊用锚，有伞形锚、螺旋锚、单爪锚，以及供破冰船用的冰锚等，如图7–20所示。

图7-20 特种锚

二、锚的结构

1. 结构

锚由锚干、锚体和轴销三大部分组成，如图7-21所示。

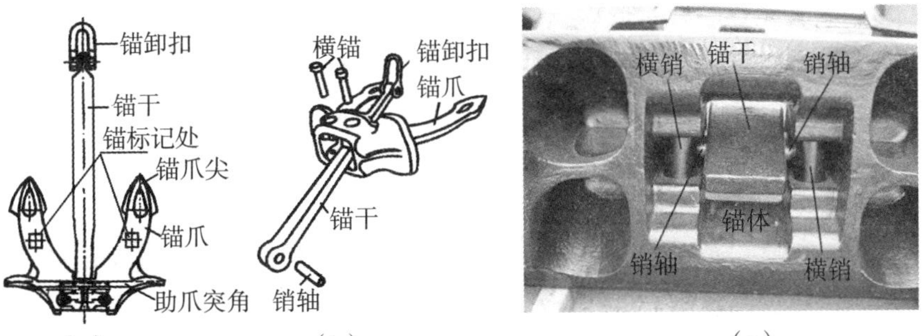

图7-21 锚的结构

1）锚干

锚干(anchor shank)上下均设有孔洞，其中上部的孔用于连接锚卸扣，下部的孔用于销轴穿过并通过销轴与锚体相连。

2）锚体

锚体(anchor body)由铸成整体的两个锚爪和锚冠组成，锚冠两侧的突出部分称助抓突角，其作用是能使锚爪容易啮入土中。锚冠中有孔可使锚干穿过，孔内设有两个半圆形凹槽，以保证销轴在槽内转动。

3）轴销

轴销(gudgeon)包括销轴和横销。销轴(pintle)用于连接锚干与锚体，横销(pin cotter)用于防止销轴脱落而导致锚干与锚体分离。横销有两个，横销插入锚冠后必须及时用电焊将横销端部与锚冠焊死。

2. 船用锚应满足的要求

锚的结构形式应保证在一定锚重下，尽可能具有最大的抓力，抛锚时能迅速啮入各种底质中，起锚易出土，操作简便，收藏方便，结构坚固和成本低廉等优点。

第三节 锚链的种类、组成和标记

一、锚链的种类与组成

锚链是连接于锚和船体之间的链条，用于传递和缓冲船舶所受的外力。

1. 锚链的种类与特点

锚链可按多种方法进行分类，但主要有以下几种：

1) 按链环结构分

锚链按链环结构的不同，可分为有档链和无档链两种。在尺寸和材质相同的情况下，有档链的强度比无档链大20%左右，且具有变形小、堆放时不易扭缠等优点，故在海船上被广泛采用，而无档锚链一般仅用于小船。

2) 按链环的制造方法分

锚链按链环制造方法的不同，可分为焊接锚链、铸钢锚链和锻造锚链3种。

焊接锚链由CCS认可的钢厂使用圆钢材料加工焊接而成。具有工艺先进、简单，制造成本低，质量超过其他种类锚链的特点，在海船上被广泛使用。

铸钢锚链由CCS认可的钢厂用合格的钢水浇铸而成。具有强度较高、刚性好、撑档不会松动和使用寿命较长等优点，缺点是制造成本较高、锚链耐冲击负荷差。

锻造锚链因具有工艺复杂、成本高等缺点，故已基本不用于商船。

3) 按锚链的公称抗拉强度分

锚链根据其公称抗拉强度大小的不同，分为AM1、AM2 和AM3 三个等级，其中，AM1级链强度最小，AM3级链强度最大。

4) 按锚链链环所起作用分

锚链链环按其所起作用的不同，分为普通链环、加大链环、末端链环、末端卸扣、连接链环和转环等，如图7-22所示。

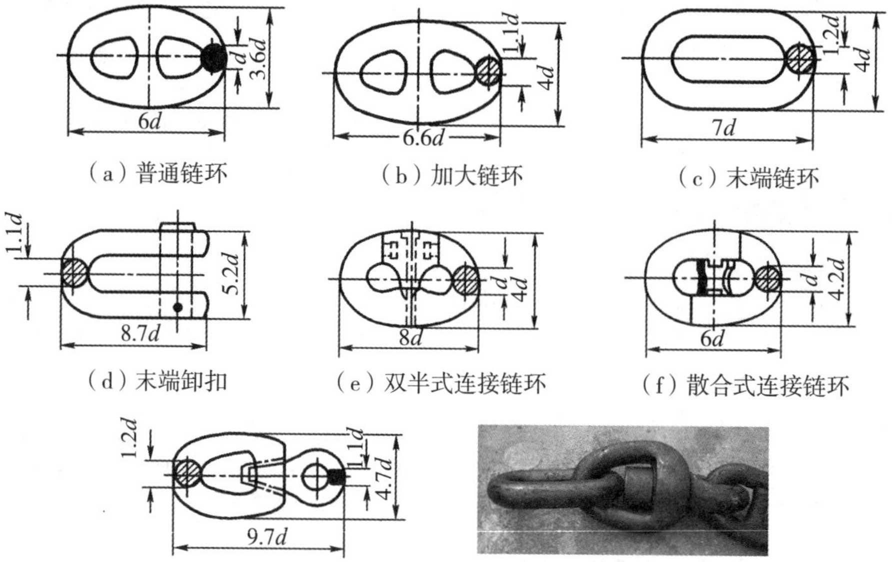

(a) 普通链环　(b) 加大链环　(c) 末端链环

(d) 末端卸扣　(e) 双半式连接链环　(f) 散合式连接链环

(g) 转环　(h) 转环

图7-22　各种链环

2. 锚链强度的衡量标准与标准长度

1) 锚链强度的衡量标准

链环的大小以链环的直径d表示，用来衡量锚链强度的标准链环是普通链环，其直径大小是衡量锚链强度的标准，如图7-22所示。若有档普通链环的截面直径为d，则有档普通链环本身的长度应是其截面直径d的6倍，宽度是d的3.6倍；加大链环的长为$6.6d$，宽为$4d$；末端链环的长为$7d$，宽为$4d$；末端卸扣的长为$8.7d$；宽为$5.2d$；双半式连接链环的长为$8d$，宽为$4d$；肯特卸扣（散合式连接链环）的长为$6d$，宽为$4.2d$；转环的总长为$9.7d$，宽为$4.7d$。图7-23为有档普通链环实样。

图7-23 有档普通链环实样

2）标准长度

锚链的长度以“节”为单位，CCS《规范》规定每节锚链的标准长度为27.5 m，且每节锚链的链环数应为奇数。

3. 锚链的组成

1）组成锚链的链环

每根船用锚链均由若干节锚链通过连接链环连接而成，每节锚链又由若干链环组成。因此，一根完整的锚链包括末端卸扣、末端链环（为无档链环）、转环、加大链环、普通链环和连接链环等。

2）锚链的链节划分

每根船用锚链由锚端链节、中间链节和末端链节3部分组成。

锚端链节是指与锚相连的一段链节。该段链节由末端卸扣与锚卸扣相连，即从末端卸扣开始，包含的链环依次是：末端卸扣、末端链环、转环、加大链环和普通链环。该段链节中与锚卸扣（横栓方向朝向锚）相连的末端卸扣横栓方向朝向中间链节，转环的环栓也朝向中间链节，转环的作用是便于锚翻转正位，图7-24为实船锚端链节。

图7-24 实船锚端链节

中间链节是指由连接链环连接的中间各节锚链，为锚链的主体部分。中间链节除连接链条外其余链环均为普通链环。

末端链节是指与弃链器相连的最后一段链节。该段链节由末端链环与弃链器相连，即从弃链器开始，包含的链环依次是：末端链环、加大链环、转环、加大链环和普通链环。该段链节中转环的环栓朝向中间链节，其作用是防止锚链扭绞。

二、锚链的标记

1. 锚链标记的作用

锚链标记（chain cable mark）的作用是确保抛锚时在锚链快速下滑的情况下，能迅速识别松出锚链的长度，便于起锚时掌握锚链在水中的长度。

2. 标记方法

标记部位主要为节与节之间及最后一至两节锚链，比较通用的标记方法如下：

1）节与节之间

第一与第二节之间：首先将该两节之间连接链环前后各第一个有档链环的撑档包上不锈白钢带（或钢丝）；其次将该两个有档链环靠近连接链环的一半或全部涂上白色油漆；最后将连接链环涂红漆，以此表示第一与第二节之间的标记。

第二与第三节之间：首先将该两节之间连接链环前后各第二个有档链环的撑档包上不锈白钢带（或钢丝）；其次将连接链环前后两端各一个半或两个有档链环涂上白色油漆；最后将连接链环涂红漆，以此表示第二与第三节之间的标记。

按上述方法类推至第五与第六节之间。从第六与第七节之间开始，再重复第一至第六节间的标记法。实际应用中也有少数船不按上述方法重复，而采用连续标记法。

2）最后一至两节锚链

通常用红或黄色等醒目油漆进行标记，目的是警告锚链将至末端，警惕可能发生的丢锚、丢链危险。

三、锚链的强度与质量估算

（1）锚链的强度估算式为

$$Q = 548.8d^2$$

式中：Q为有档锚链的破断强度，kN；d为链环直径，mm。

（2）单位长度锚链的质量估算式为

$$W_c = 0.021\,9d^2$$

式中：W_c为单位长度锚链的质量，kg/m；d为链环直径，mm。

（3）锚质量与链质量的关系式为

$$W_a \approx 60W_c$$

式中：W_c为单位长度锚链的质量，kg/m；W_a为每只锚的质量，kg。亦即每只锚的质量约等于60 m长锚链的质量。

第四节　锚机的种类、结构和要求

一、锚机的种类与结构

锚机是抛起锚的机械装置，位于船首甲板上。锚机主轴两侧的滚筒可用于收绞缆绳。现代船用锚机一般均将其设计为锚机与绞缆机的组合体，仅需操作各自的离合器即可使用不同的功能,但不可同时使用两种功能。甲板宽度很大的大型船舶及有大型球鼻艏的船舶,均在左右舷各设一台锚机。

1. 锚机按动力不同分类

按动力的不同,锚机可分为电动锚机和液压锚机两种。

1)电动锚机

图 7-25 为电动锚机(electric windlass)结构示意,其主要组成部分包括动力源电动机、减速箱、传动齿轮、载荷轴、链轮与链轮轴、离合器、带式刹车及与载荷轴固定连接的卷筒等。其中:离合器的作用是控制链轮的工作状态;带式刹车的作用是刹住链轮,以控制抛锚时的松链速度。

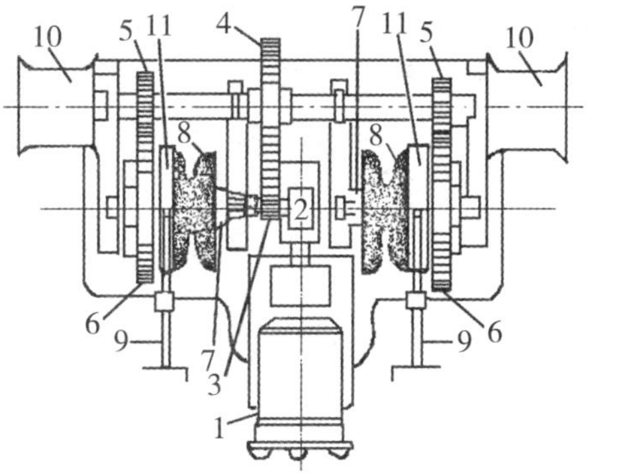

1—电动机(electromotor);2—减速器(reducer);3、4、5、6—传动齿轮(drive gear);7—离合器(clutch);8—链轮(chain wheel);9—刹车操纵杆(brake control rod);10—带缆卷筒(rope drum);11—带式刹车(brake)。

图7-25 电动锚机

当电动机接通电源转动并经减速箱变速后,依次带动图中齿轮3和4转动,载荷轴也同步转动。在离合器脱开的情况下,齿轮5不动,链轮不动,此时的锚机可用于绞缆或抛锚。当离合器合上时,齿轮5带动齿轮6转动,链轮同时转动,可用于绞锚或深水抛锚时送锚。

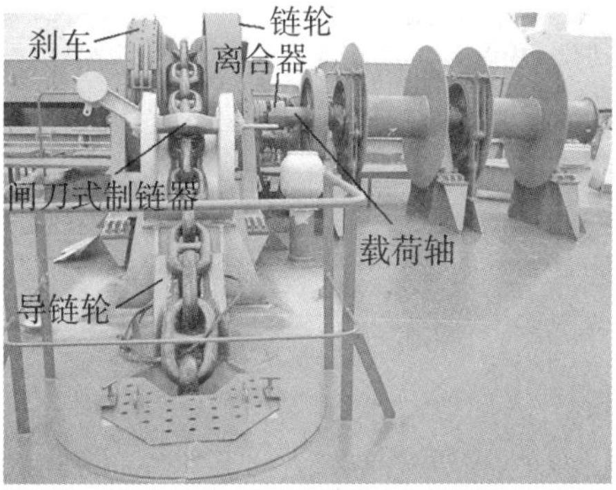

图7-26 电动液压锚机

2)液压锚机

液压锚机(hydraulic windlass)也称电动液压锚机,图7-26为实船电动液压锚机。电动液压锚机主要由电动机、主油泵、辅助油泵、油箱、高压油管、各功能控制阀、油马达、载荷轴、链轮与链轮轴、离合器、带式刹车及与载荷轴固定连接的卷筒等组成。离合器与带式刹车的作用同电动锚机,辅助油泵用于给主油泵及系统供油。

电动液压锚机由电动机带动主油泵产生高压油,经高压油管和各功能控制阀输送至油马达并驱动其转动,同时带动与其固定连接的载荷轴同步转动。在离合器脱开的情况下,链轮不动,此时的锚机可用于绞缆或抛锚。当离合器合上时,链轮同时转动,可用于绞锚或深水抛锚时送锚。

电动液压锚机具有结构紧凑、体积小、操作平稳和变速性能好(可进行无级调速)的优点,但制造技术和维护保养要求均较高。此种锚机在大中型船舶中被广泛使用。

3)自动锚机与遥控操作锚机概述

自动锚机在自动液压锚机系统中设置锚链长度传感器,在抛锚时当所需锚链全部抛出后,锚机会自动停止;在起锚时当锚将接近锚链筒时,锚机能自动减速,当锚杆进入锚链筒收妥后会自动停止。

遥控操作锚机是指可在驾驶室进行遥控操作的锚机。其抛起锚作业可在驾驶室内通过遥控操作完成。

2. 锚机按布置方式不同分类

按布置方式的不同，可将锚机分为卧式锚机和立式锚机两种。

卧式锚机是指其链轮轴为水平方向布置的锚机，大多数船多采用卧式锚机（图7-26）。

立式锚机是指其链轮轴的布置垂直于水平面（图7-27）的锚机，这种布置方式可减小锚机所占的甲板面积，多见于军舰和小型船舶。

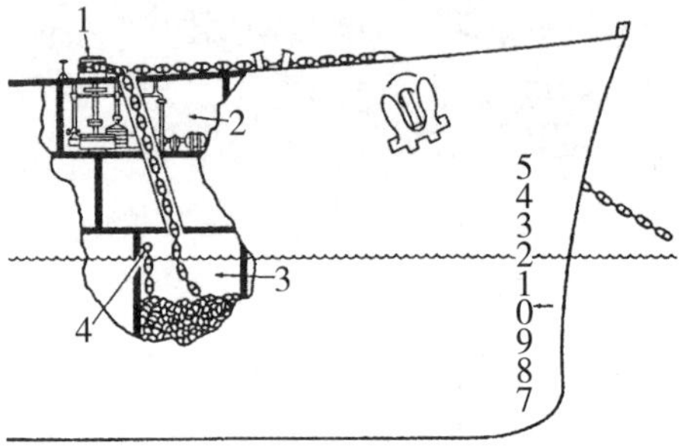

1—绞盘（capstan）；2—锚机间（windlass room）；3—锚链舱（chain locker）；4—锚链末端（bitter end）。

图7-27　电动立式锚机

二、锚机应满足的主要技术要求

1. 驱动形式

锚机应由独立的原动机或电动机驱动。原动机和传动装置应设有防止超力矩和冲击的保护。对于液压锚机，其液压管路如果和其他甲板机械管路相连接，则应保证起锚机的正常工作不受影响。

2. 驱动功率

锚机应具有足够的功率，且应能连续工作。其工作负载和过载拉力应满足下列要求：

（1）在以平均速度不小于9 m/min，将一只锚从水深82.5 m处拉起至水深27.5 m处时，锚机应有连续工作30 min的能力，其工作负载：①A1级有档链为37.5 d^2，N；②A2级有档链为42.5 d^2，N；③A3级有档链为47.5 d^2，N，其中，d为锚链直径，mm。

（2）锚机应能在过载拉力作用下（不要求速度）连续工作2 min。过载拉力应不小于工作负载的1.5倍。

3. 倒转装置

所有动力操纵的锚机均应能倒转，且运转平稳。

4. 离合器

锚机离合器应有可靠的锁紧装置，应操作方便可靠。

5. 制动器（刹车）

锚机的链轮或卷筒应装有可靠的制动器。制动器刹紧后，应能承受锚链或钢索断裂负荷45%的静拉力，或承受锚链上的最大静负荷。其受力零件不应有永久变形，其制动装置也不应有打滑现象。刹车应操作方便可靠。

6. 制链器（止链器）

制链器应能承受相当于锚链的试验负荷，且其应力应不大于其材料屈服点的90%。

7. 有关定义

工作负载：指在锚机链轮出链处测得的拉力。

过载拉力：指锚机必须承受的短时过载的能力。

平均速度：指在3节锚链进入水中并且是自由悬挂的状态下，回收两节锚链时的速度。

支持负载：指锚机链轮制动器应能承受的锚链上的最大静负载。

第五节 锚设备的配备和试验

一、锚设备的配备依据

海船的锚泊设备应根据船舶种类、大小及航行区域并根据《钢质海船入级规范》规定的船舶舾装数计算公式求得舾装数N(equipment number)后,再依据舾装数N查《规范》“第二篇第三章舾装第二节”中相应表格数据进行配备。

舾装数N(或称船具数),是反映船体所受到的风、流作用力大小的一个参数。除拖船外的船舶舾装数计算公式为

$$N=\Delta^{\frac{2}{3}}+2Bh+\frac{A}{10}$$

式中:Δ为夏季载重线下的型排水量,t;B为船宽,m;h为船中夏季载重水线到上甲板的距离和各层宽度大于$B/4$的舱室在其中心线处的高度的总和,m;A为船长范围内夏季载重线以上的船体部分和上层建筑及各层宽度大于$B/4$的甲板室的侧投影面积的总和,m^2。

货船、散货船、油船、耙吸式挖泥船、渡船等的锚设备按N选取。由舾装数查《规范》相应表格即可得到船舶应配锚的数量、每只锚的质量、锚链的级别、总长和直径等,详见《规范》相应表格内容。

每只新首锚在配备时的质量可以与《规范》所列锚质量相差±7%,但首锚的总质量应不小于表列锚质量的总和。

可以采用有杆的首锚,其质量(不包括横杆)应不小于《规范》所规定的无杆锚质量的80%。当采用大抓力锚作为首锚时,每只锚的质量可以是《规范》规定的普通无杆首锚质量的75%。

通常万吨级以上的海船均配有3只主锚,其中:2只用作首锚(bow anchor),1只作备锚(spare anchor)。经常航行在狭窄、弯曲及水流复杂航道的船舶,还配有尾锚(stern anchor),以在必要时控制船尾的摆荡。

如果船舶应配锚链的总节数成单数时,则右锚多配一节。万吨级货船一般每只主锚至少配10节锚链;无限航区的船舶,每一主锚应配备12节锚链。此外,船上还应至少储备1个锚卸扣和4个连接链环,另备1个锚链系浮筒用的大卸扣。

拉伸应力小于400 N/mm²的CCSAM1级链不能用于大抓力锚,CCSAM3级链仅适用于链径为20.5 mm或以上的锚链。

二、锚设备的试验

1. 锚的试验

所有用于制造锚及主要零部件的材料均应按CCS认可的工艺并由CCS认可的工厂制造。锚的组装焊接应采用认可的焊接材料,按认可的焊接工艺由持有合格证书的焊工施焊。成品锚均应在未涂油漆的情况下进行外观检查、称重和试验,所有部件应清除表面的氧化

皮、浮砂等杂质。

1）外观检查

成品表面应能达到制造方法所能达到的整洁程度，不应有裂纹、缺口、夹渣或影响产品使用性能的其他缺陷，对不影响强度的表面缺陷允许焊补修整。

锚柄（干）的侧向倾斜应不超过3°。

锚的质量应满足：普通无杆锚的锚头质量（包括销轴和附件的质量在内）应不小于该锚总质量的60%，锚的实际质量与名义质量的偏差范围应为-3%~+7%。

超大抓力锚的质量一般不超过1 500 kg。

2）铸钢锚头或锚干（柄）的坠落和锤击试验

将每个锚头或锚干提升到4 m高度，将锚柄置于水平位置，锚头的锚冠部向下，使其自由下坠。坠落试验后，将每个锚头和锚柄用非金属绳索吊离地面，再用质量为3~7 kg的锤子敲击构件，以声音检查铸件的完好性。

3）拉力试验

名义质量（包括锚杆在内）不小于75 kg的普通锚、56 kg的大抓力锚和38 kg的超大抓力锚应进行拉力验证试验。在进行锚的拉力验证试验前应确认锚无有害的缺陷，所用的拉力试验机应经认可。

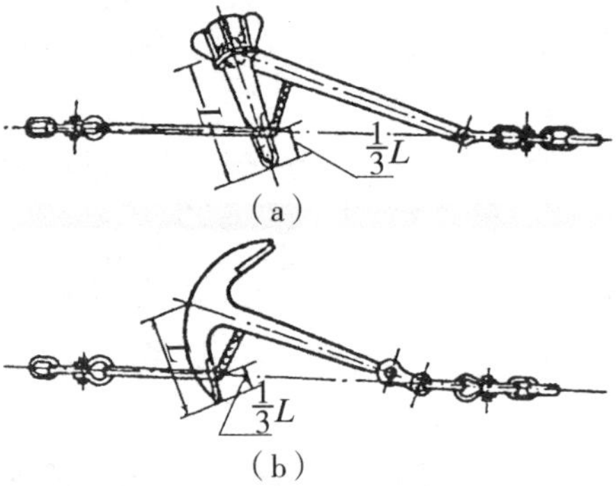

图7-28　锚的拉力试验作用点

（1）拉力试验作用点的确定。

一端在锚卸扣处，另一端在锚冠中心至锚爪尖之间的1/3处，如图7-28所示。

（2）试验方法。无杆锚同时拉两个爪，先在一面拉试后，再翻转到另一面进行同样的试验；有杆锚的两个锚爪应分别进行拉力试验。锚的拉力试验负荷按规范规定。

拉力试验前，应先在邻近锚卸扣处的锚干上及锚爪尖端附近各做一个标记，以便试验时测量间距用。

试验时，应先将拉力加至规定试验负荷的10%，保持5 min后，测量并记录两标记之间的距离。然后缓慢加载至规定的试验负荷，保持5 min后逐渐卸载。当试验拉力降至规定试验负荷的10%时，再测量两标记之间的距离。

锚经拉力试验后，应对其进行外观检查（焊缝状况、有无裂缝）、无损检测、残余变形测量和转动灵活性检查。无杆锚的残余变形（即两标记间的距离差）应不超过标距长度的1%，且锚爪仍应能灵活地自由转动到设计的最大角度。如锚爪转动不灵活或不能转至最大角度，则应消除缺陷，并重做拉力试验，如仍不合格则该锚不能被验收。有杆锚在拉力试验后应无明显的残余变形。

4）抓力试验

超大抓力锚应经海上试验，以证明其抓力不低于相同质量普通无杆锚抓力的4倍。

5）证书与标记

（1）证书。经检验合格后的锚均应具有包含下列内容的检验证书：①订货号（如有时）；

②能追溯锚整个制造过程的标记；③锚的形式、主尺度和质量；④锚的化学成分；⑤热处理情况；⑥锚材料的力学试验结果（或原材料证书）；⑦锚拉力试验负荷；⑧锚上的标记。

（2）标记。经检验合格的锚，应在锚爪和锚干上打上船级社认可的标记及相应内容的标记，包括：①制造厂的标记；②产品证书号码；③锚的总质量；④锚干（柄）的质量；⑤经认可的大抓力锚或超大抓力锚印记HHP或SHHP；⑥锚铸件的唯一编号。

锚爪的标记应标在从冠部沿锚干看，右侧锚头的冠部中心至爪尖顶点2/3处。锚干上的标记应标在与锚爪尖齐平处。

2. 锚链的试验

1）焊接锚链

焊接锚链应进行的检查和试验项目包括外观检查、材料试验、拉力试验和拉断试验。用于焊接锚链和附件的轧制圆钢的制造包括其脱氧方法和化学成分应符合规范规定。

（1）外观检查。

圆钢材料：用于制造焊接锚链的圆钢材料外表不应有裂纹、节疤、沟槽、分层和降低产品性能的其他缺陷；其直径和不圆度偏差（最大直径与最小直径之差）应满足规范要求。

成品链环：链环的焊缝质量、两截面错位和纵向平面挠度等均应符合规范要求；所有锚链及其附件应具有与其制造方法相适应的光洁表面，且应无裂纹、缺口和夹渣等降低产品性能的缺陷。

（2）材料性能试验。《规范》规定，对用于制造焊接锚链的所有等级的圆钢材料均应做拉伸力学性能试验，而对用于制造二、三级焊接锚链的圆钢材料还应做“V”形缺口冲击机械性能试验。

经上述两项检查和试验并合格后的成品锚链还应按规定对其做拉力试验和拉断试验，参见本节成品锚链的试验部分。

2）铸钢锚链

铸钢锚链进行的检查和试验项目包括外观检查、材料性能试验、拉力试验和拉断试验。

（1）外观检查。对铸造完成后的成品链环应检查其外形及尺寸，其偏差应在《规范》规定的允许范围内。

（2）材料性能试验。除锚链化学成分应满足《规范》要求外，还应按《规范》要求对铸钢材料进行拉伸力学性能试验和“V”形缺口冲击机械性能试验，其结果应符合《规范》要求。

3）锻造锚链

因商船已基本不使用锻造锚链，故本书不作介绍。

4）成品锚链的试验

所有成品锚链应在验船师在场时，按照《规范》的有关要求和标准进行拉力和拉断试验。规定的拉力和拉断试验载荷见表7-1。试验前不可在锚链上涂刷油漆或防腐涂料。

表7-1　锚链的拉力和拉断试验载荷　　单位：kN

等级	拉力载荷	破断载荷
AM1	$0.006\,86d^2(44-0.08d)$	$0.009\,81d^2(44-0.08d)$
AM2	$0.009\,81d^2(44-0.08d)$	$0.013\,73d^2(44-0.08d)$
AM3	$0.013\,73d^2(44-0.08d)$	$0.019\,61d^2(44-0.08d)$

(1) 拉力试验。每节锚链(27.5 m)均应在经认可的试验机上按表7-1中相应等级锚链所规定的拉力载荷进行试验。试验前应确保每个链环的相对位置正确,整节锚链不得有搓扭。当卸除负荷后,应对每节锚链包括链环和零件的外观、尺寸和相对转动的灵活性等进行检验,不应有明显的缺陷,且永久伸长应不超过原始长度的5%。

(2) 拉断试验。从每批不超过4节的锚链中选取1节锚链,切取不少于3个链环的试样,并按表7-1规定的破断载荷进行试验。试验链环应与锚链在同一制造过程中被制成,并与锚链一起进行焊接和热处理。试验链环应在验船师在场的情况下从锚链上取下。如果施加所规定的载荷之后,试样未出现破断现象,则认为试样已通过该项试验。

(3) 复试。如果拉断试验不符合要求,则可以在同一节锚链上再取一个试样进行试验,如能符合要求,则认为试验合格。如果复试仍不合格,则该节锚链应判为不合格。但可根据制造厂的要求,将其余3节锚链分别做拉断试验,如果其中1个试验结果不符合要求,则3节锚链全部不合格。

5) 标记与证书

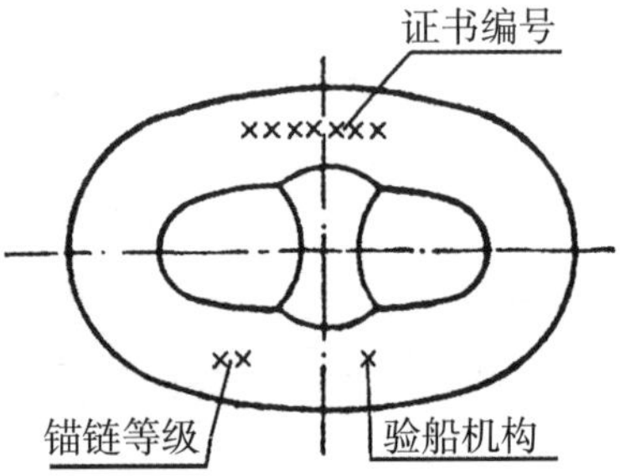

图7-29 锚链钢印标记

(1) 标记。经检验和试验合格后的锚链,应按图7-29的要求在每节锚链的两端均打上以下钢印:锚链等级、证书编号和验船机构的标志等。

(2) 证书。制造厂应对合格的锚链或附件提供至少具有下列内容的合格证书:① 锚链或附件的等级;② 化学成分(包括总铝量);③ 能追溯至原始状态的炉批号;④ 锚链或附件的直径和质量,以及锚链长度;⑤ 拉力试验载荷和拉断试验载荷;⑥ 热处理规程;⑦ 锚链或附件上的标记;⑧ 锚链或附件的力学性能(如适用)。

3. 锚机的试验

锚机安装上船后,应全面检查全套锚机安装位置的正确性。对液压锚机,锚机装置液压系统应以1.25倍设计压力进行液压密性试验。锚机要求做的各项性能试验由制造厂在厂内完成,如制造厂无能力对大型锚机进行试验,则可在船上完成。

海上航行试验:锚机应有能力以不小于9 m/min的平均绞锚速度,将一只锚从水深82.5 m处拉起至水深27.5 m处;在做锚链快速松出试验时,刹车2~3次,锚链在链轮上应无滑出、跳链和不能止住等现象;锚抛妥后上好制链器,船开慢倒车片刻以检查制链器的效能。

第六节 锚设备的检查、保养和拆装

一、锚设备的检查和保养

1. 日常检查保养

(1) 平时应轮流使用左右锚,以使锚和锚链磨损均匀。每次起锚时应冲洗锚链和锚。

(2) 锚：①检查锚卸扣及其横销的磨损、变形与松动情况；②检查锚头轴销中横销端部的电焊完好状况，以判断轴销有无松动；③检查锚爪有无弯曲变形；④起锚时，在锚出水后应注意检查锚爪的朝向及其上是否钩挂有杂物并及时清除；⑤锚收妥后，应注意检查锚爪的贴合情况。

(3) 锚链：①白天起锚时应注意检查锚链标记完好情况，如有脱落或不清晰应及时补做，以保持标记清晰；②检查末端卸扣、连接链环有无裂纹、变形和磨损情况，横销有无松动或脱焊现象；③检查转环转动的灵活性与转动部位的磨损情况。

(4) 锚机：①每次使用前应先试车空转片刻；②运转与滑动部位应加油润滑；③检查刹车与离合器的可靠性；④电动锚机减速箱内的机油应定期检查更换，保证清洁；⑤电动液压锚机应注意检查油箱油位与系统的漏油情况。

(5) 制链器与导链轮：①螺旋式制链器应注意检查其螺纹及夹板的变形情况，并对螺纹加油润滑；②闸刀式制链器应注意检查闸刀本身变形及制链凹槽的磨损情况；③注意检查制链器基座与甲板连接的紧固情况；④导链轮转动部位应注意加油润滑。

2. 定期检查保养

定期检查保养是发现锚设备有无缺陷或损坏的关键，至少应每半年进行一次，并做好记录。

检查的主要内容包括裂纹、结构松动、变形和磨损等。

1) 锚

重点检查锚爪、锚冠、轴销和锚卸扣等易损部位。锚爪有无弯曲和裂纹、转动是否灵活、角度是否在正常范围内；助抓突角磨损情况、销轴与横销磨损和松动情况，以及锚卸扣的磨损情况和是否出现裂纹。按规定锚销允许的磨损在原直径的10%以内，锚的失重应在原重的20%以内。当发生严重损坏或不符合要求时，应换备锚，并将损坏的锚送厂修理。

2) 锚链

链环和卸扣等长期使用后会产生磨损、裂纹、变形和结构松动等现象，必须对其进行磨损、变形、结构松动和裂纹4项检查。

(1) 磨损检查：检查环与环接触处，可用卡尺量其直径。锚链磨损的极限：远洋航区船舶的锚链，磨损后的平均直径不得小于原直径的88%；近海和沿海航区船舶的锚链，磨损后的平均直径不得小于原直径的85%。末端链环和末端卸扣，当其磨损量超过原直径的8%时，则不能再使用。

(2) 变形检查：用目视或测量检查链环和卸扣是否有弯曲变形。当有档链环长度超过原长的7%、无档链环或卸扣长度超过原长的8%时，则不能再使用。

(3) 结构松动检查：连接链环的横销会因铅封脱落而松动，末端卸扣的横销和其他链环撑档易松动，应逐个仔细检查。连接链环拆开检查后，应先在链环的内吻合处涂上黄油，然后再装复还原。

(4) 裂纹检查：用手锤敲击每个链环及卸扣，听其声音是否清脆。

3) 锚机

(1) 检查刹车带的磨损情况，制动效果是否良好，否则换新。

(2) 离合器是否轻便灵活,并注意给滑动摩擦面加油润滑。注意检查操作杆固定销的可靠性。

(3) 电动锚机减速箱内的机油应检查更换,保证机油清洁并浸满全部齿轮。

(4) 链轮的轮齿容易磨损,磨损限度规定为不超过原厚度的10%。若发现有滑链、跳链现象,应及时焊补。

(5) 固定锚机的紧固螺栓与底座应检查其是否有锈蚀、松动现象,如有缺陷,应及时修复。锚机底座的腐蚀极限为原厚度的25%。

除锚机底座外,其他部分一般应每3个月检查一次。

4) 其他组成部分

(1) 制链器因变形、磨损或螺纹损坏不能满意地发挥其功能时,应及时修复。

(2) 锚链筒上、下口口唇如有磨损,应及时堆焊并磨光恢复。应确保锚链筒内的冲水装置工作正常。

(3) 在定期检查锚链舱时,应将锚链全部倒出清洁,检查锚链舱排水设备是否正常,对已损坏的衬垫应进行调换,并对锚链舱进行除锈、油漆或重新涂刷水泥。检查锚链管的磨损情况。

(4) 检查横栓式弃链器保护装置状况及螺旋式弃链器操作手轮状况,并润滑螺旋部位。

3. 修船时的检查保养

(1) 厂修时,将全部连接链环和卸扣拆开检查,更换销钉和铅封。按合理的时间间隔周期,将第一节锚链与最后一节锚链对调,并做好记录,最大限度地保证整根锚链均匀磨损。

(2) 锚和锚链应定期除锈、油漆。在每次修理检查后,应涂煤焦沥青漆两度,然后再做锚链标记。

(3) 锚设备修理后应具有下列证书和报告:锚和锚链焊接修理后的热处理证明、锚链拉力试验报告和锚设备的试验记录。

二、锚链连接链环的拆装

当需对锚链的节与节进行对调或在需要用锚链系带浮筒的港口,均需对锚链的连接链环进行拆装。

1. 散合式连接链环的拆装方法

散合式连接链环的拆装方法如图7-30所示。拆卸时先挖掉铅封,冲出锥销,再用扁凿顺拼缝将两半"T"形夹板分开即可。

连接锚链时,先将两半"T"形挡板与"C"形开口处的圆榫铸钢椭圆环互相啮合,再将圆锥钢销插入两半"T"形夹板侧面槽中并敲紧,封上青铅,便可使其紧固地连成一体。

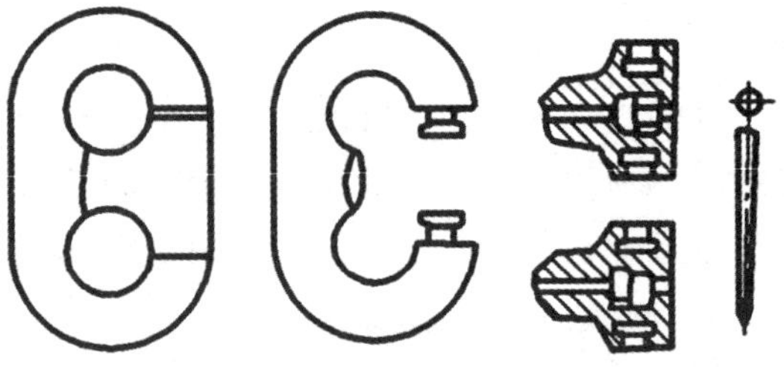

图7-30　散合式连接链环拆装

2. 双半式连接链环的拆装

双半式连接链环的组成部分和拆装方法如图7-31、7-32所示。

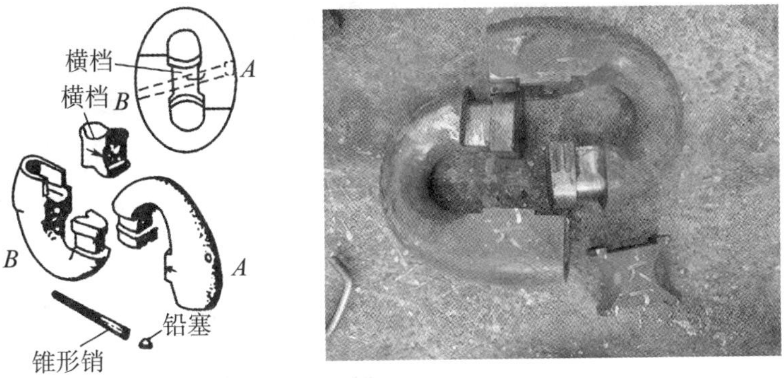

（a） （b）

图7-31 双半式连接链环的各组成部分

（a） （b） （c） （d）

图7-32 双半式连接链环的连接方法

连接锚链时，先将两个钩形半环啮合，再在中间按斜锥孔的方向嵌入活动横档，最后斜向插入圆锥形钢销，使三者牢固地连成一体，为防止钢销松动脱落，再将钢销的端部用青铅封妥。为便于拆卸，装复时销子与销孔要擦拭干净，涂牛油以防锈死。

拆卸时程序相反。

第七节 锚设备的操作

抛起锚操作一般由大副和木匠或水手长在船首操作。大副执行驾驶台（船长）发出的抛起锚动作命令，并向驾驶台报告抛起锚动作命令的执行情况和锚链的状态，以便驾驶台及时采取相应的操船措施，完成抛起锚操作。

一、抛锚操作

1. 备锚

（1）通知机舱供电，备好锚球或锚灯（锚灯由驾驶台控制），并观察舷外锚的下方及附近是否有小船接近。

（2）试验锚机：将刹车带刹牢，脱开离合器，加油润滑并使锚机空车运转，逐级变速查看正反转是否正常。

（3）将锚送出：移开锚链筒及锚链管上口的盖板，合上离合器，松开刹车带，打开制链器，使链轮受力。开动锚机将锚送出至锚冠下端浸水并悬挂，刹紧刹车带，脱开离合器，此时锚仅受刹车带控制，处于可自由抛落状态，只要刹车带一松，锚即可抛下。

（4）上述准备工作做好后，立即报告驾驶台“锚备妥”。

2. 抛锚操作

（1）当得到驾驶台抛锚命令后，大副立即指示木匠或水手长松开刹车带，让锚凭自重落下。在正常锚地水深的情况下，第一次松出链长一般为一节入水至多二节甲板，锚着底后应将锚链刹住，同时应显示锚泊信号。

（2）为保证锚链能顺利松出并使锚迅速抓底，船长应充分运用良好船艺，在确保船舶有适当后退余速的同时，适时下达抛锚命令，大副亦应与驾驶台密切配合。

（3）当松链长度约为2.5倍水深时，应刹住锚链，利用船的后退余速，使锚爪啮入土中，待松出的链吃力张紧时再反复松链，每次半节左右，松松停停，确保锚能抓牢海底，直至最终松至所需链长。

（4）深水抛锚操作要点：水深超过25 m时，为降低锚对海底的冲击力过大而损坏锚及锚链松出太快造成刹车刹不住的风险，抛锚时须用锚机将锚送至距海底10 m左右，再自由抛下。水深大于40 m时，应用锚机直接将锚送至海底，再用刹车慢慢松链。

（5）判断锚抓底的方法：按计划松出锚链后，将锚链刹住，观察锚链的状态。如果锚链向前拉紧，且平稳而又有节奏地在水面上下抬动，然后略有松弛，说明锚已抓牢。如果锚链拉直后，不是在水面上下抬动而是不断抖动，且并无松弛现象，说明锚在水底拖动，应立即报告船长，采取措施。

（6）抛锚过程中，大副应及时用时钟钟点法向船长报告锚链在水中的方向、受力情况和锚链松出的节数（也可以由木匠用钟声报告锚链松出的节数）。锚抛妥后应用锚机适当调整锚链在制链器上的位置，并上好制链器。最后刹好刹车，脱开离合器，盖好盖板，切断锚机电源，罩好锚机操纵台的帆布罩。

二、起锚作业

1. 准备工作

（1）通知机舱送电，供锚链水，活络锚机。

（2）确认一切正常后再合上离合器，打开制链器和刹车带，让锚机受力。

（3）准备工作完毕后，向驾驶台报告。

2. 绞锚操作

（1）接到驾驶台起锚命令后，大副根据锚链受力情况指示木匠以适当速度绞锚。

（2）开启锚链水冲洗锚链上的污泥。

（3）绞锚过程中，大副应随时将锚链的方向及锚链在水中的节数（也可以由木匠用钟声报告锚链在水中的节数）报告给船长，以便驾驶台适时用车、舵配合绞锚。

（4）绞锚时若风大流急，锚链绷得很紧，此时不能硬绞，而要报告驾驶台，进车配合，待船身向前移动锚链松弛后再绞，以防损伤锚链和锚机。若锚链横越船首，应利用车、舵将船逐渐领直后再绞。

（5）判断锚离底的方法有如下两种：

方法一：锚爪离底瞬间锚机负荷最大，锚离底后锚机负荷突然下降，锚机转速由慢变快，声音变得轻快。

方法二：锚离底瞬间锚链将向船边快速游荡，随即锚链处于垂直状态。

(6) 锚离底：锚一旦离底，大副应及时报告驾驶台(或木匠敲乱钟报告)，同时降下锚球或关闭锚灯。锚出水后，要观察锚爪上是否钩挂杂物，若有应及时清理，然后根据需要将锚悬于舷外待用或收妥。

(7) 若锚不再使用需收进锚链筒时，应慢慢绞进直到锚爪与船舷紧贴为止。合上制链器，用锚机倒出一点锚链，使制链器受力，然后上紧刹车，脱开离合器。关闭锚链水，盖上盖板，封好锚链管口，通知机舱关闭锚机电源。

三、锚链系浮作业

某些港口需船舶带浮筒装卸或带浮筒长时间停泊，此时，往往需要用锚链代替缆绳系带浮筒。锚链系浮作业操作过程主要包括挂锚、拆链和系浮3个步骤。

1. 挂锚

如图7-33所示，将第一节锚链与第二节锚链间的连接链环拆开，用挂缆将锚挂在首舷外，锚链从第二节起松出，这个操作过程称为“挂锚”(hanging off an anchor)，其具体操作步骤如下：

(1)备妥挂缆、绞缆、保险缆各一根和若干卸扣。

(2) 将一根绞缆从要挂锚的一舷的船首后部导缆孔送出，再经锚链筒收回到甲板上，用卸扣扣在锚卸扣上，而绞缆的另一端则通过导向滚轮反绕在锚机的滚筒上。

(3)从另一导缆孔送出保险缆，穿过锚卸扣后引回甲板，两端均在缆桩上系牢，但保险缆保持松弛状态。

(4) 开动锚机将锚送出舷外，同时依靠滚筒上的绞缆将锚拉至船首后边的导缆孔，并悬挂在导缆孔下方。

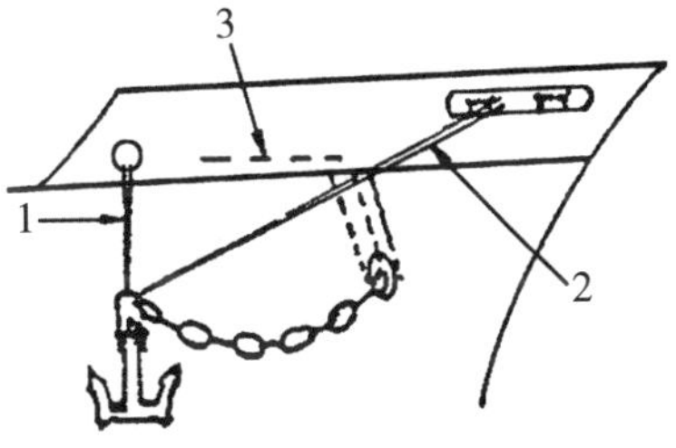

1—挂缆；2—保险缆；3—短钢丝。

图7-33　挂锚

(5) 将挂缆从该导缆孔送出，穿过锚卸扣后再按原路引回甲板挂在缆桩上，其另一端则拉紧后挽牢在系缆桩上。

(6) 慢慢松掉滚筒上的绞缆，待挂缆吃力后，解掉绞缆，收紧保险缆。

如锚挂在锚链筒下方而无碍于锚链系浮作业时，可不必进行挂锚作业。

2. 拆链

用一根铁棒或短钢丝绳穿过锚链筒处的链环，两端在甲板上固定牢，以防锚链滑出。用锚机将锚链倒出在甲板上，并绕几圈在缆桩上。第一节锚链连接环倒在甲板上后，将其解开。然后继续用锚机将锚链送至水面，准备系浮。

3. 系浮

系浮如图7-34所示。从送出锚链的同一舷送出一根带卸扣的绞缆，从另一舷送出一根回头缆，由带缆艇工人将绞缆用卸扣带在浮筒系环上，绞收绞缆，车舵予以配合使船首接近浮筒，同时将回头缆穿过浮筒系环，用卸扣将其系在锚链的第四或第五个环上。松锚链，绞

图7-34　系浮

收回头缆，将锚链拉至浮筒系环处用卸扣扣妥，收紧锚链，解掉系缆与回头缆的卸扣，用卸扣将两缆连接后，收紧绞缆，松回头缆，将回头缆从另一舷收回至甲板上系好。松锚链至适当长度，使船舶与浮筒的距离适中，松回头缆使其不受力，但不能松出过多而使其垂至水中，以防因潮流回转而绕在浮筒锚链上。

当锚链用完后，要将锚链复原，其操作步骤如下：

（1）将锚链绞进，把第一、二节锚链连接好，然后将甲板上的锚链绞收入锚链舱内。

（2）解掉保险缆，从导缆孔送出绞缆并与锚卸扣相连，绞缆的另一端在卷筒上反绕。

（3）绞进绞缆，待挂缆松弛时解掉挂缆。

（4）绞进锚链，同时松出绞缆，待锚垂直挂在锚链筒下方时，解掉绞缆。

现代大型船舶常在锚链筒附近设专用锚链筒，以方便挂锚作业。挂锚作业时先用制链器将锚固定在原来的锚链筒上，用锚机倒出锚链，将第一、二节间的连接链环拆开，第二节锚链从专用锚链筒松出。

海上拖带时往往也要使用锚链用作拖缆，其挂锚、拆链的操作与锚链系浮时相同。

四、值锚更

船舶在锚地锚泊，驾驶员应值锚更。值班人员应坚守岗位，勤测锚位，勤查锚链；密切注意锚地周围环境和天气变化，以及周围船舶动态；确保本船号灯、号型的正常显示；雾天应照常鸣放声号；如天气恶劣，风流增大，应缩短观测锚位的间隔，并密切注意锚地周围船舶动态，必要时应备妥主机；如偏荡剧烈，或走锚时，应立即报告船长，采取措施；如发现他船走锚，应设法与走锚船取得联系并保持戒备，当发现走锚船漂向我船，应马上报告船长，并采取必要的措施以避免碰撞。

五、清解锚链作业

船舶抛双锚时，因风、流方向的变化，使船舶围绕锚泊点回旋，导致左、右两根锚链相互绞缠（绞花），绕一道称为“单花”(cross)绕两道称“双花”(elbow)。一旦锚链绞缠(foul hawse)，必须及时清解才能开航。清解方法：用拖船协助本船向绞花的相反方向顶推回旋，逐个解开绞花。如无拖船协助则必须靠船员自行清解。清解时必须一花一花地分别清解。清解锚链(cleaning a foul hawse)宜在平流或缓流时进行，以便于操作，如图7-35所示。

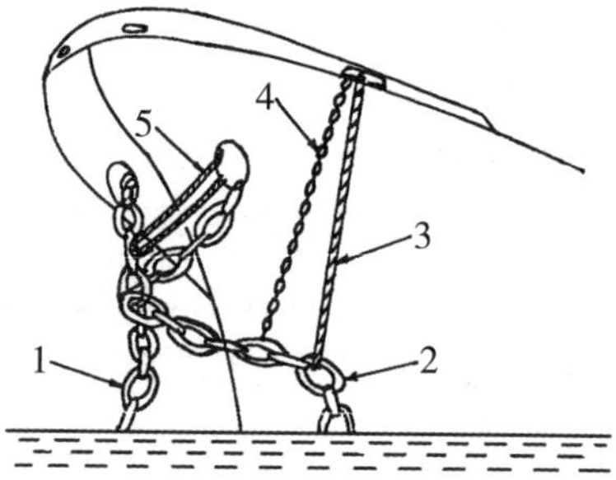

1—力链(riding cable)；2—惰链(sleeping cable)；3—保险缆(safety line)；4—挂缆(hang line)；5—送出缆(removing rope)。

图7-35　清解锚链

（1）备好挂缆、保险缆、引缆、送出缆各一根和若干卸扣，备好升降坐板。如果有可能，放下一艘救生艇协助。

(2) 绞紧“力链”(riding cable)使绞花露出水面。必要时用白棕绳在绞花下面系结，以防绞花下滑。

(3) 从“惰链”(sleeping cable)一侧船舷送出挂缆和保险缆，用卸扣与惰链相连。挂缆和保险缆的另一端则收紧挽在船首部的缆桩上。

(4) 用制链器夹住惰链，再用锚机将惰链倒出排列在甲板上，直到下一个连接链环松到甲板上。

(5) 解开连接链环，在其末端链环上系上送出缆，送出缆的另一端挽牢在缆桩上。

(6) 将引缆的一端接在卸下的惰链末端链环上，另一端从惰链筒送出，在力链上按惰链缠绕的反方向绕一道，再从惰链筒收回，绕在卷筒上。

(7) 松开制链器，绞收引缆，松送出缆，使惰链绕过力链解一花后，仍经惰链筒由引缆绞回到甲板上。

(8) 如果为单花，则可装上连接链环，解掉引缆和送出缆，绞紧惰链后解掉挂缆和保险缆。如果解第二花，则重复上述引缆、送出缆的操作。

六、抛起锚口令

抛起锚口令由驾驶台发出，大副在听到口令后，应复述一遍，表示已听到船长的命令，并应立即执行。执行完毕后再向驾驶台报告。抛起锚口令及锚和锚链情况报告用语见表7-2。

表7-2 抛起锚口令及锚和锚链情况报告用语

抛起锚命令(Anchor order)	报告或回答(Report or reply)
准备左(右、双)锚 (Stand by port(starboard, *both*) anchor(*s*))	左(右、双)锚备好 Port(starboard, *both*) anchor(*s*) is (*are*) ready
抛左(右、双)锚 Let go port(starboard, *both*) anchor(*s*)	抛左(右、双)锚 Let go port(starboard, *both*) anchor(*s*)
×节落水 ×shackles in water	×节落水 ×shackles in water
×节甲板 ×shackles on deck	×节甲板 ×shackles on deck
×节锚链筒 ×shackles hawse pipe	×节锚链筒 ×shackles hawse pipe
松链 Slack away, or pay out	松链 Slack away, or pay out
刹住 Hold on	刹住 Hold on
链吃力 Chain tight	
* 锚已抓牢 Brought up	
* 锚未抓牢 Dragging	
固定好 Make fast	
准备起锚 Stand by (to) heave away/in anchor	锚备好 All ready (to) heavy away/in

表7-2(续表)

抛起锚命令(Anchor order)	报告或回答(Report or reply)
绞锚　Heavy in/away	绞锚　Heavy in/away
停止绞　Hold on, avast heaving	停止绞　Hold on, avast heaving
锚链方向　How is chain leading?	* 链垂直　Up and down
	锚链向前　Leading ahead
	锚链向后　Leading aft
	锚链正横　Leading abeam
	锚链过船头　Acrossbow
* 锚离底　Anchor aweigh	
* 锚绞缠　Foul anchor/Anchor fouling	
* 锚清爽　Clear anchor/Anchor clear	
收好锚　Stow the anchor	

注：* 为大副向驾驶室报告锚和锚链情况用语。

◇◆ 小结 ◆◇

本章包括锚设备的组成、锚的种类和结构、锚链的种类、组成和标记、锚机的种类、结构和要求、锚设备的配备、试验、检查、保养和锚设备的操作等内容。

本章在全面考量《航海技术专业本科培养教学大纲》及《海船船员培训大纲》(2021版)对高级船员所要求了解和掌握知识点的基础上,依据CCS《钢质海船入级规范》《材料与焊接规范》等有关规定编写而成。内容充分结合了航运发展的新特点和航海新技术在船舶建造中的应用,注重了理论与航海实践相结合的原则。

对航海技术本科生及二、三副来说,应重点掌握本章知识点内容中锚设备的组成,锚的种类和结构,锚链的种类、组成和标记,锚机的种类、结构和要求等内容;大副应重点掌握锚设备的配备、试验、检查、保养和操作等内容。

复习与思考题

1. 简述锚设备的用途(作用)。
2. 简述锚设备的组成及各组成部分的作用。
3. 简述锚的种类及各自的特点。
4. 从船舶用锚的角度看,锚应满足的基本要求有哪几方面?
5. 一根完整的锚链由哪几部分组成? 各部分分别由哪些链环组成?
6. 锚链链环按其作用的不同可分为哪几种链环?
7. 简述对锚链进行标记的目的(作用)及具体的标记方法。
8. 简述锚机按规定应进行的试验项目内容。
9. 简述备锚操作的基本要点。

10. 简述抛锚操作的要点和操作注意事项。
11. 简述起锚操作的要点和操作注意事项。
12. 简述判断走锚的基本方法和发现走锚后应采取的措施。
13. 简述锚设备的日常检查保养要点。
14. 简述锚机的定期检查保养要点。
15. 简述锚链的定期检查保养要点。
16. 简述锚链系浮的步骤要点。
17. 简述锚链清解的方法要点。

第八章 系泊设备

船舶停靠码头、系留浮筒、傍靠(并靠)他船、码头边移泊或顶推与拖带作业时所用的设备统称为系泊设备。系泊设备主要由系船缆、导缆装置、挽缆装置、绞缆机、系缆卷车及附属用具等组成,图8-1为大型船舶船首系泊设备布置。

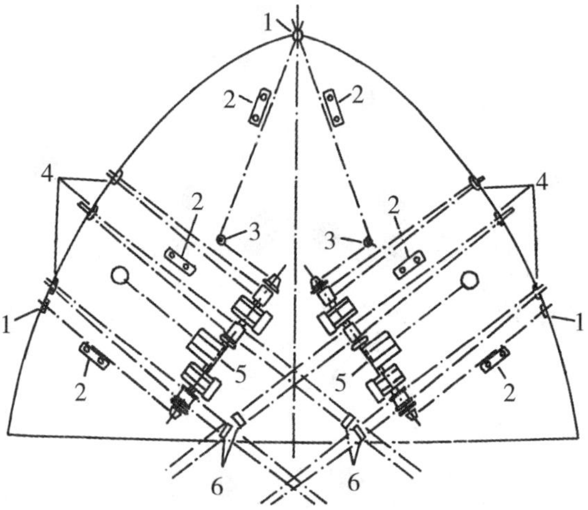

1—巴拿马导缆孔(panama fairlead);2—缆桩(bitt or bollard);3—导向滚轮(pedestal fairlead);4—万向导缆孔(multi-angled fairlead);5—锚机(windlass);6—导向滚轮(guide roller)。

图8-1 大型船舶船首系泊设备布置

第一节 系船缆

系船缆是船舶系泊设备的重要组成部分之一,其种类和规格较多。为保证船舶和人员安全,甲板部有关管理人员必须掌握各类缆绳的特性,并正确使用。

一、系船缆的种类和特点

将船舶系固于码头、浮筒、他船或用于拖带与顶推作业的绳索统称为船舶缆绳,简称系船缆(又称系船索)。系船缆主要有纤维缆(fibe rope)、钢丝缆(wire rope)和复合缆(compound rope)3种。

无论何种缆绳,均应尽可能满足具有强度大、耐腐蚀、耐磨损、密度小、弹性适中、质地柔软和使用方便等优良特点的要求。

1. 纤维缆

用作系船缆(索)和拖缆(索)的植物纤维绳和化学合成(人造)纤维绳(简称化纤绳或合成纤维绳),均应由船级社认可的工厂制造。船用纤维缆的周长应不小于63 mm(直径约为20 mm),其结构形式和材料,应符合船级社接受的有关标准。

鉴于化纤绳已被海船广泛用作系船缆和拖缆,故本部分内容仅介绍化纤绳。

1)船用化纤缆绳的种类与基本特点

船舶系船缆和拖缆常用的化纤绳种类主要有以下几种:

(1)尼龙绳(nylon rope):又称锦纶绳,是化纤绳中强度最大的一种。它的特点是耐磨,对酸、碱和油类等有一定的抵抗能力,但伸长率较大,弹性大,有一定吸水性,耐气候能力较差,曝晒过久强度会下降。

(2)涤纶绳(polyester rope):这种缆绳强度仅次于尼龙绳,是化纤绳中最耐高温和耐气候的一种绳索,适应于高负荷连续摩擦,抗酸、碱和油类能力强,吸水率仅为0.4%,但价格最高。

(3)丙纶绳和乙纶绳(polyproplyene and polyethylene rope):这两种缆绳的特性较为相似,即密度较小,能浮于水面,吸水性不大,低温时仍具有足够强度,并且柔软便于操作。乙纶绳对化学物品抗蚀性最强;而丙纶绳能耐磨,其破断力为尼龙缆破断力的51%~66%。由于上述优点,丙纶绳是目前船上配备较多的一种缆绳。但上述两种缆绳都不耐热。

经有关国家科研团队对丙纶缆在制造工艺和原料选择上的进一步改进,已使丙纶缆的破断强度提高至尼龙缆的90%。

(4)维尼龙绳(vinylon rope):其强度在化纤绳中最小,外表很像棉纱绳,弹性差,吸水性最大,耐油类和盐类物质,耐气候,价格比较便宜。

随着LNG船等专用船舶对系泊要求的不断提高,有些国际航运研究机构研制出一种高模量合成纤维系泊缆绳(high modulus synthetic fibre mooring lines, HMSF),并已推广使用。

2)相关规定

(1)化纤缆绳主要由聚酰胺、聚酯和聚丙烯制成。

(2)绳索内不应加入任何填料和增加其质量的物质。

(3)经验收合格的每卷(或每捆)成品纤维绳,均应在明显易见处贴上纤维绳号、材料、结构、规格和厂名的标签,并应打上CCS标志。

2. 钢丝缆

1)钢丝缆的种类

船用钢丝缆应由CCS认可的钢厂制造,用作系船缆、拖缆及尾锚索的钢丝缆结构型式应满足《规范》的有关规定。钢丝缆典型结构型式见表8-1的规定。

表8-1　钢丝缆的结构型式

用途	钢丝绳规格			钢丝绳结构					
	股数	丝数	股芯	股芯	内芯丝	内层	中层	外层	分层记号
尾锚索、拖索、系船索	6	24	纤维	纤维	0		9	15	6(0+9+15)
	6	37	纤维	钢丝	1	6	12	18	6(1+6+12+18)
	6	26	纤维	钢丝	1	5	(5+5)	10	6(1+5+5/5+10)
	6	31	纤维	钢丝	1	6	(6+6)	12	6(1+5+6/6+10)
	6	36	纤维	钢丝	1	7	(7+7)	14	6(1+5+7/7+10)
	6	41	纤维	钢丝	1	8	(8+8)	16	6(1+5+8/8+10)
	6	30	纤维	纤维	0		12	18	6(0+12+18)6
拖索和系船索	6	31	7×7钢丝	钢丝	1	6	(6+6)	12	6(1+6+6/6+12)
	6	36	7×7钢丝	钢丝	1	7	(7+7)	14	6(1+7+7/7+14)
	6	41	7×7钢丝	钢丝	1	8	(8+8)	16	6(1+8+8/8+16)

船用钢丝缆主要有硬钢丝绳、半硬钢丝绳和软钢丝绳3种。强度大、使用寿命长是船用钢丝缆的突出特点。

图8-2　硬钢丝绳

(1) 硬钢丝绳(stiff wine rope)：由6股钢丝股绕着一股钢丝股芯(以钢丝股芯为绳芯)搓制而成。如一7×7的钢丝绳，表示由7股钢丝股搓成，每股内有7根钢丝；又如6×31+(7×7)表示钢丝绳的规格为股数为6股，每股钢丝数有31根，股芯为7×7的钢丝。这种钢丝绳内无油麻芯，因而是一种最硬的钢丝绳，虽不便于操作，但这种钢丝绳强度最大。除可用作大桅和烟囱等的支索外，还可用作与绞车配合的拖索和系船索。图8-2为硬钢丝绳。

(2) 半硬钢丝绳(semi-flexible wire rope)：由6股钢丝股绕着一股纤维绳芯(油麻芯)搓制而成。如一根规格为6×26+1的钢丝绳，表示有6股钢丝股，每股有26根钢丝，中间有一股纤维绳芯(油麻芯)。如图8-3和8-4所示，这种钢丝绳的强度较大，比硬钢丝绳柔软，操作使用比较方便，一般用作拖缆、保险缆和系船缆，也可用作起重设备的吊货索。

(3) 软钢丝绳(flexible wire rope)：这种钢丝绳的制造方法与半硬钢丝绳基本相同，也是由6股钢丝股绕着一股纤维绳芯搓制而成。该种钢丝绳除有一股纤维绳芯外，每股钢丝股的股芯也为纤维绳芯，如图8-4和8-5所示。软钢丝绳典型的结构型式有6×24+7和6×30+7，均含有7股纤维绳芯。如规格为6×24+7的钢丝绳，表示有6股钢丝股，每股有24根钢丝，中间有一股纤维绳芯且每股钢丝股内还有一股纤维绳芯，共有7股纤维绳芯。这种钢丝绳最为柔软，便于操作使用，其强度在钢丝绳中最小，一般用作系船缆、拖缆和起重设备的吊货索及安全设备的吊艇索等。

图8-3　半硬与硬钢丝绳

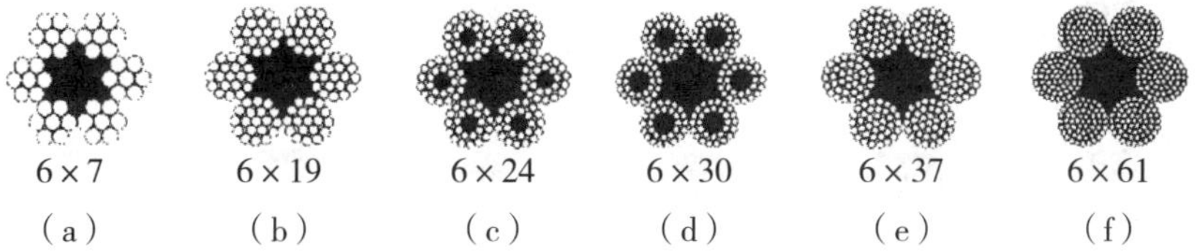

图8-4 半硬与软钢丝绳

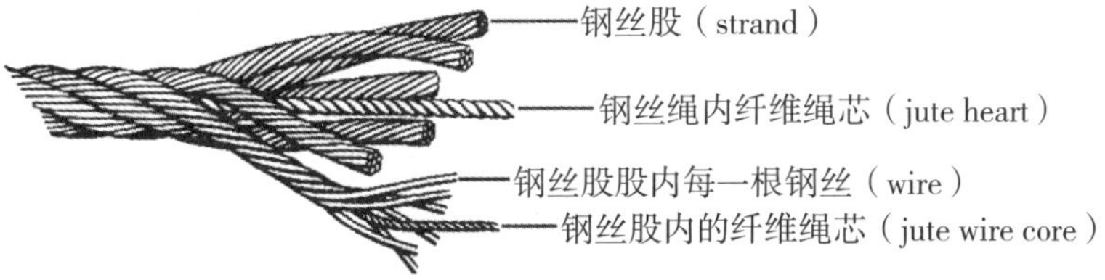

图8-5 软钢丝绳结构

钢丝绳中纤维绳芯（油麻芯）的作用主要有：①减少钢丝绳内部摩擦，即在钢丝绳受力拉紧时，纤维绳芯可起衬垫作用；②可增加钢丝绳的柔软度，便于操作使用；③因纤维绳芯含油，故可防止钢丝绳内部锈蚀；④可起到润滑作用；⑤可依据钢丝绳内的纤维绳芯数量判断钢丝绳的种类。

2）相关规定

根据中国船级社（CCS）颁布的《材料与焊接规范》规定，用作系船索、拖索和尾锚索的钢丝绳应符合以下要求：

（1）制造钢丝绳用的钢丝，应采用优质碳素结构钢，其硫、磷含量应不大于0.035%，其他元素的含量应符合CCS接受的有关标准。由钢材冷拔拉制成的钢丝应呈圆形截面，且应材质均匀，强度一致，表面应无裂纹、竹节、起刺、锈蚀和伤痕等影响钢丝性能的缺陷。

（2）根据规定，钢丝的最小抗拉强度一般分为1 420 N/mm^2、1 570 N/mm^2、1 670 N/mm^2、1 770 N/mm^2、1 870 N/mm^{2}和1 960 N/mm^{2}六级。除另有规定外，钢丝的实际抗拉强度应不超过规定最小抗拉强度的1.2倍。

（3）除另有规定外，钢丝绳应采用全镀锌的钢丝绞制而成。钢丝应采用热浸法或电解法镀锌。钢丝的镀锌层应平滑、完整和牢固。镀层可分为3级：1级，厚镀层，在镀锌后拔丝；2级，厚镀层，在拔丝后镀锌；3级，薄镀层，在镀锌后拔丝。

3. 复合缆

除钢丝缆和化纤缆绳外，我国等一些国家已生产出一种用金属与纤维复合而成的缆绳，简称复合缆（compound rope）。复合缆的结构特点是每股均含有金属丝核心，外覆纤维护套，有3股、4股或6股，可用作系船缆或拖缆。这种缆绳强度较大，一根周长8.5 in粗的复合缆的强度相当于同样粗细的2.5根丙纶缆的强度。

二、缆绳的规格、长度与质量估算

1. 缆绳的规格与长度

1）缆绳的规格

缆绳的规格（粗细）一般用绳索的截面外接圆直径D（公制：mm）来衡量，如用周长C（英

制：inch)表示，则其换算关系为

$$\frac{C}{D} \approx \frac{1}{8}$$

钢丝缆绳的规格除用股数和丝数表达外，还可用其截面外接圆直径来衡量。当用绳索的截面外接圆直径来衡量时，其截面外接圆直径的正确量法如图8-6所示。

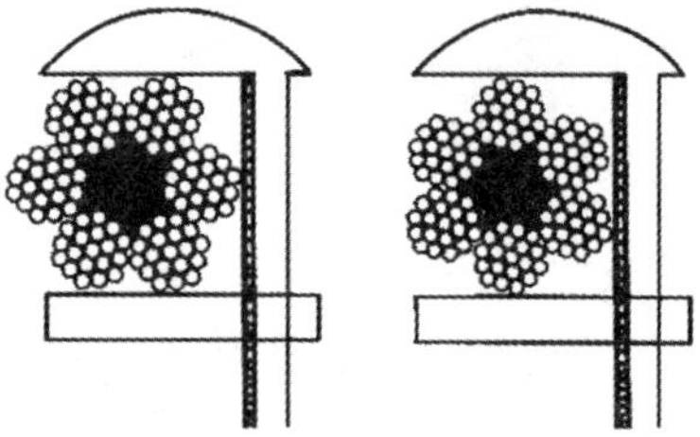

(a) 错误量法　(b) 正确量法

图8-6　钢丝缆绳直径的量法

2) 缆绳的长度

缆绳的长度通常以捆为计量单位，钢丝缆绳与拧绞纤维缆绳每捆的标准长度一般为220 m，编织纤维缆绳每捆的标准长度一般为100 m(目前已很少使用)。

除上述标准长度外，少数缆绳也有500 m一捆的。

2. 钢丝绳的质量估算

钢丝绳的质量可用下列经验公式进行估算：

$$W \approx kd^2$$

式中：W为每米钢丝绳的质量，kg；d为钢丝绳直径，cm；k为系数，硬钢丝绳、半硬钢丝绳取0.35，软钢丝绳取0.30。

三、缆绳的强度

缆绳的强度主要有三大类，即破断强度、试验强度和安全强度，其中安全强度是允许使用的最大强度。

1. 缆绳的破断强度

使用认可的拉力试验机并使被试绳索逐渐均匀受力，直至将其拉断时所需的拉力为该绳索的破断强度(breaking load，BL)，也称该绳索的破断力，一般用B表示。绳索的破断强度也可用表8-2所列公式进行估算。

表8-2　绳索的破断强度

规 格	破断强度/kN	破断强度/N
6×7	$9.8\times3.1C^2$	$9.8\times47D^2$
6×12	$9.8\times2.0C^2$	$9.8\times31D^2$
6×19	$9.8\times2.9C^2$	$9.8\times45D^2$
6×24	$9.8\times2.7C^2$	$9.8\times42D^2$
6×30	$9.8\times2.3C^2$	$9.8\times35D^2$
6×37	$9.8\times2.5C^2$	$9.8\times45D^2$

注：C为周长，单位为英寸(inch)；D为直径，单位为毫米(mm)。

例如，一根规格为6×30、直径为36 mm的钢丝绳的破断强度为

$$B = 9.8 \times 35 \times (36)^2 = 9.8 \times 45\,360 = 444\,528\ \text{N} \approx 444.5\ \text{kN}$$

化纤缆绳的破断强度可用下列公式进行估算：

$$T = 98kD^2$$

式中：T为化纤缆的破断力，N；D为缆绳的直径，mm；k为系数，一般丙纶绳为0.74~0.85，尼龙绳为1.19~1.33，改良的丙纶绳为1.10~1.21，复合缆为2.0。

若因条件限制不能以完整钢丝绳进行试验时，可采用单根钢丝试验，则钢丝绳的破断负荷为单根钢丝的破断拉力乘以钢丝的总数，再乘以规定的换算系数（如6×24钢丝绳的换算系数为0.87，6×37钢丝绳的换算系数为0.825）求得。

2. 绳索的试验强度

绳索的试验强度（test strength，TS），亦即验证负荷（proof load，PL），是绳索制造厂在CCS验船师主持下对其产品进行拉力试验时所采用的强度标准，一般取破断强度的3/4。

3. 绳索的安全强度

为保证安全，不因绳索断裂而发生事故，一般会规定一个绳索允许使用的最大负荷，即安全工作负荷（safe working load，SWL）。必须注意的是，在船用绳索的产品证书上（由CCS授权的验船师签发）均有明确规定的SWL，使用时应以此为准。

如无相应的产品证书，则可根据绳索的破断强度和工况等情况取一个安全系数，按下式求出安全工作负荷，即

$$安全强度 = \frac{破断强度}{安全系数}$$

通常系船缆的安全系数取6~8，拖缆为8~10，在无特别说明的情况下，一般安全系数可取6。具体使用时，还须根据不同的工作需要、钢丝绳的新旧程度、接插方法等情况来选定不同的安全系数。

四、系缆的名称、作用与配备

（一）系缆的名称与作用

系缆的主要作用：靠泊时绑牢船舶，拖带中传递拖力，靠离码头时协助操纵船舶，以及在船舶沿码头前后移动时使用（即靠泊用缆、拖带用缆、辅助操船用缆及移泊用缆）。

1. 系靠码头时缆绳的名称与作用

船舶系靠码头时，系缆可按其位置、出缆的方向和作用分为艏缆、艉缆、艏横缆、艉横缆、艏倒缆、艉倒缆等（图8-7）。

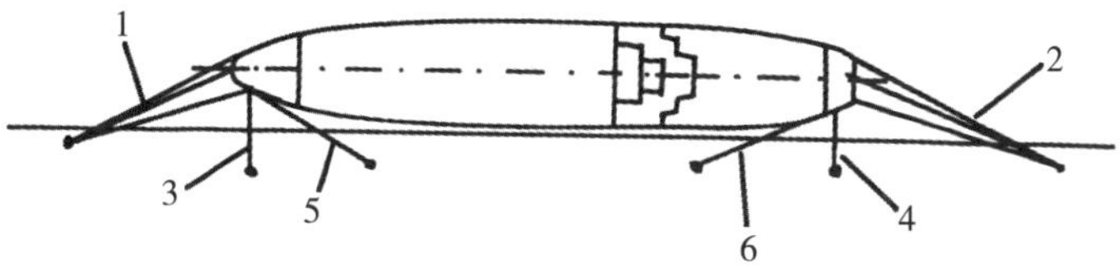

1—艏缆（head line/bow line）；2—艉缆（stern line）；3—艏横缆（forward breast line）；4—艉横缆（aft breast line）；5—艏倒缆（fore spring line）；6—艉倒缆（aft spring line）。

图8-7 系船缆的名称

1）艏缆

艏缆（head line）也称头缆，其中：从内舷引出的头缆可称为内档头缆（inshore head line/inshore bow line）；从外舷引出的头缆也可称为外档头缆（offshore head line/offshore bow line），当外档头缆与码头靠泊线的交角较大时，可称其为包头缆。头缆的主要作用是用来承受来自前方的风、流等外力的推压，防止船位后移和外张。头缆的特殊名称如图 8-8 所示。

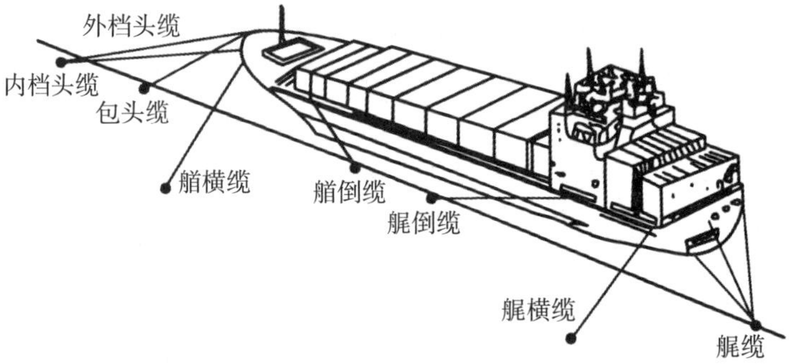

图 8-8　头缆的特殊名称系船缆的名称

2）艉缆

艉缆（stern line）有内档和外档之分，其中：从内舷引出的艉缆可称为内档艉缆（inshore stern line）；从外舷引出的艉缆可称为外档艉缆（offshore stern line）。艉缆的主要作用是承受从后方来的风、流等外力的推压，防止船位前移和外张。

3）艏倒缆

艏倒缆（fore spring line）也称前倒缆，其主要作用是承受来自船尾方向的风、流推力或动车的影响，防止船位向前移动及船首外张。在离泊作业中，常用前倒缆带住船首，利用车舵或风流将船尾甩出，再用倒车使船驶离泊位。为此，常用钢丝绳或钢丝绳与尼龙缆连接成的混合缆作为前倒缆。

4）艉倒缆

艉倒缆（aft spring line）也称后倒缆，其主要作用是承来自船首方向的风、流推力和倒车的拉力，防止船位向后移动及外张。

5）横缆

横缆（breast line）有艏横缆和艉横缆之分，其主要作用是承受吹开风和回转流的作用力，以防止船舶外移。

船舶系靠码头时，系船缆的使用种类与数量应根据码头的情况、船舶的长度（吨位大小）、缆绳强度、停泊时间的长短、天气和潮汐及港口涌浪等因素的影响程度而定。当没有吹开风时，可不带横缆。艏缆与艉缆至少内外档各一根，天气转差时应增加缆绳数量。抗台时或在涌浪大的港口，还应使用保险缆，以保证系泊的安全。

2. 船舶系带浮筒时的系缆名称与作用

船舶系浮筒所带的缆绳主要有单头缆与回头缆两种，如图 8-9 和 8-10 所示。带缆顺序：先带单头缆，再带回头缆。

1）单头缆

单头缆（buoy line）从艏艉方向送至浮筒，艏艉至少各两根。如果是钢丝缆绳，则用卸扣拴在浮筒环上；如果是纤维缆绳，则用司令扣系在浮筒环上。在强风急流情况下，必须增加单头缆的数量。

图8-9 船舶系带浮筒时的系缆名称

2）回头缆

回头缆（slip wire）的作用是在船舶驶离浮筒时，可自行迅速解脱。在系浮筒时，艏艉各带一根回头缆，即用一根较长的钢丝缆绳从艏艉的左边或右边送出穿过浮筒环，再从另一舷拉回船上挂在脱钩上。回头缆主要在离浮筒时使用，平时不受力，带好浮筒后应比单头缆松弛些。

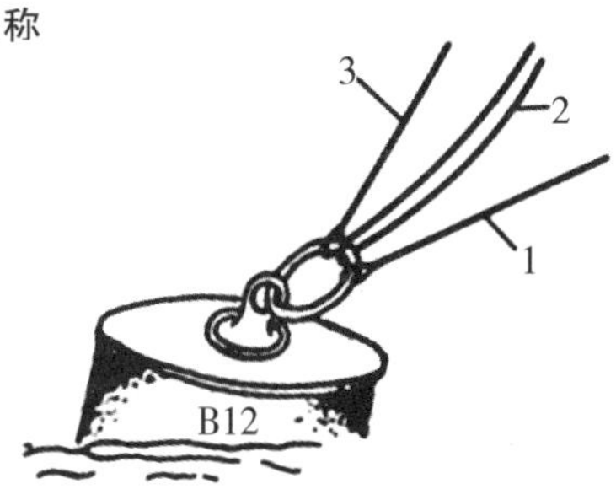

1、3—单头缆（buoy line）；
2—回头缆（ship line）。

图8-10 浮筒系缆名称

3. 拖缆的名称与作用

船舶在港内靠离码头、掉头时或为确保操纵安全，常用拖船协助其操作；当大船在失去动力时，可利用拖船进行吊拖绑拖。拖带缆的名称根据不同的拖带方式可分为以下几种：

1）傍拖的拖缆

大船在无动力时，较多地采用吊拖或尾绑拖，也可两者兼顾。尾绑拖也称掮拖，相当于在船舷靠尾部的一侧增加一台主机，能使船前后移动，也易使船朝另一舷转向。绑拖需3根缆，如图8-11所示。按我国一般习惯，传递推力的掮缆由大船出，传递回转力矩、加强横向强度的头缆（领水缆）与尾缆（艄缆）由拖船出。日本制造的拖船则不一定需要头缆与尾缆。

2）横向顶推的拖缆

靠离泊时需要拖船作横向顶推（pushing）与拖开，此时应在大船的外档系一根或两根大约1/2大船船宽的短拖缆，该短拖缆一般由拖船出，由拖船引至大船并挽牢。顶推时，此缆相当于拖船的头缆用来控制拖船的船首，使拖船的船首不被流压向下流方向，并在车舵的配合下，使拖船与大船保持“丁”字形状态。拖开时，此缆起拖缆作用。图8-12为拖船横向顶推时情况。

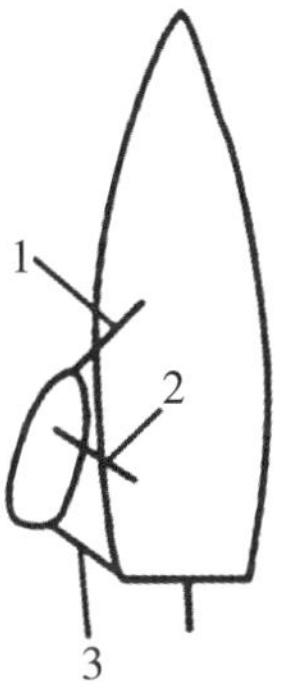

1—艏缆（head line）；2—掮缆（come ahead line）；
3—艉缆（stern line）。

图8-11 拖船绑拖

图8-12 拖船横向顶推

3）吊拖的拖缆

吊拖(leading ahead)可分为船首吊拖和船尾吊拖。在一些有流的港口，有时采用吊拖协助大船掉头。有的港口为使大船安全驶过桥洞船闸，也采用艏艉同时吊拖。在有流港口吊拖大船掉头时，需要较长的拖缆，有的拖船未必备有长拖缆，所以应由大船出头缆。而艉拖缆一般由拖船出，以使解缆时不易卷入大船螺旋桨。

4. 应急拖带装置

国际海事组织(IMO)在《油轮安全检查指南(大会决议A435—XI)》中，要求停泊中的油船，在其外舷的艏、艉处各垂下一根应急拖缆，其琵琶头应垂于水面上方，并在装卸与压载过程中保持此状态。用于防止拖缆落入水中的绑扎小绳应便于拖船上的船员判断、解掉或拉断，如图8-13所示。

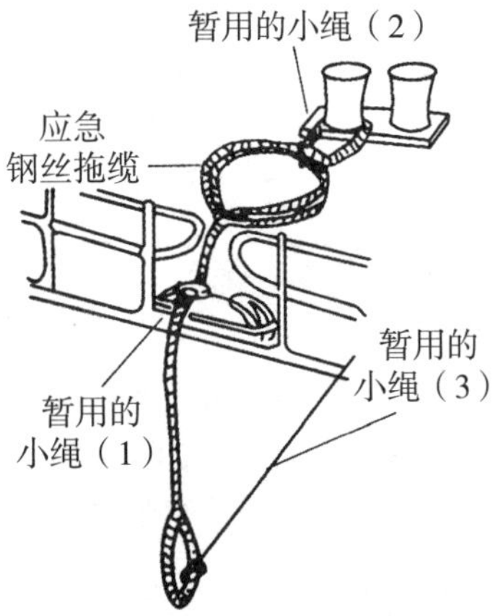

图8-13 油船停泊时应急拖缆示意

我国《钢质海船入级规范》对载质量为20 000吨级以上的液货船，包括油船、化学品液货船和液化气体船，在应急情况下拖离危险区时所需的应急拖带装置作了明确的规定，主要内容如下：

1）一般要求

应急拖带装置的设计应考虑到船舶失去动力时易于操作，并能快速与拖船连接。应急拖带装置应经有关船级社认可，并符合下列规定：

(1) 艉部应急拖带装置应预先装配好，并能在泊港状态下不超过15 min内投入使用。

(2) 艉部短拖索的回收装置应设计成在失去动力和不利环境下，能由1个人进行手工操作。回收装置应予以保护，以防不利的天气和其他情况。

(3) 艏部应急拖带装置应设计成至少用1个适当定位的导向滚轮将短拖索紧固到防擦装置上，以便拖索的连接。

(4) 艏部应急拖带装置应能在泊港状态下不超过1 h内投入使用。

(5) 符合艉部拖带应急装置规定的艏部应急拖带装置可被接受。

(6) 所有应急拖带装置均应有明显的标志，以便在黑暗中和能见度差的情况下，也能安全和有效地使用。

2）布置与强度

应急拖带装置的典型布置见图8-14所示。艏部和艉部的拖力点及导缆装置的位置应能确保从艏部或艉部任一侧均易于拖带，并最大限度减小拖带装置的应力。

拖带装置的主要部件见表8-3。拖带装置的强度应能满足拖索从艏艉纵中线向左或向右90°及垂直向下30°的拖拉工作要求。拖带装置主要部件的安全系数应不小于2。拖带装置主要部件的安全工作负荷(SWL)见表8-4。

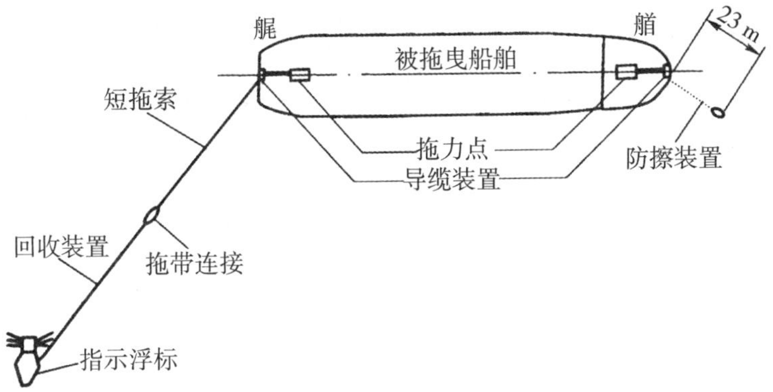

图8-14　应急拖带装置的典型布置

表8-3　拖带装置的主要部件

主要部件	设置部位		强度要求
	船首	船尾	
回收装置	任选	要求	要求
短拖索	任选	要求	要求
防擦装置	要求	根据设计确定	要求
导缆装置	要求	要求	要求
拖力点	要求	要求	要求
滚轮托架	要求	根据设计确定	

表8-4　拖带装置主要部件安全工作负荷

船舶载质量/t	安全工作负荷 *SWL*/kN
20 000~50 000	1 000
≥50 000	2 000

3）装置与部件的要求

短拖索应具有一个硬质末端眼环，以便与标准的弓形卸扣连接。短拖索的长度不小于 $2H+50$ m，其中 H 为尾部导缆装置处的海上最轻压载时的干舷高度（m）。

导缆装置可为导缆孔或带滚柱的导缆器。拖力点是拖带装置在船上的紧固端，如制链器或拖力眼板或其他等效强度的装置。

4）附加标志

装有符合规定应急拖带装置的液货船，可授予附加标志：Emergency Towering Arrangements。

5）图纸资料

下列图纸资料应提交船级社批准。

（1）应急拖带装置的布置图。

（2）应急拖带装置的拖力点和导缆装置结构图及相应的计算书。

（3）支撑拖力点和导缆装置的局部结构图。

（4）应急拖带装置的操作手册。

（二）系缆的配备

系缆的配备要求同锚设备，也是根据船舶舾装数N，在《钢质海船入级规范》第二篇第三章第二节中所列的表中查得应配置的系缆和拖缆（索）的长度、规格、数量和破断力。

一般每艘万吨级的沿海或远洋船舶的系船缆应至少配备：艏缆和艉缆各3~4根，前、后倒缆左右舷各1根，前、后保险缆各1根（兼作拖缆用），备用缆前、后各1~2根。

如果船舶的A/N>0.9，《规范》建议系缆数量按表8-5的要求进行增加。

表8-5 《规范》建议的系缆数量增加方法

A/N的比值	系船缆应增加的根数
$0.9<A/N\leqslant 1.1$	1
$1.1<A/N\leqslant 1.2$	2
>1.2	3

作带缆用的化纤缆绳其周长应不小于63 mm（直径约为20 mm），直径大于65 mm的可作保险缆。作系船缆或拖缆用的钢丝缆一般采用6×24+7的软钢丝缆绳，直径大于56 mm时应采用6×37+1的钢丝绳。一般直径为20~36 mm的钢丝缆绳可用作带缆，直径在36 mm以上的钢丝缆绳可用作拖缆和保险缆。

第二节 挽缆与导缆装置

一、挽缆装置

1. 作用、设置位置与强度

挽缆装置（即缆桩，bitt）用于船舶靠泊或拖带作业时固定船上缆绳的一端。设置于艏楼甲板、艉楼甲板、船中部甲板等部位，如图8-15和图8-16所示。

图8-15 船首系泊设备的布置

图8-16 船尾系泊设备的布置

也有干舷高的大型船舶将缆桩布置于船中部水线以上附近部位，以便拖船在协助大船靠离泊时直接带解拖缆作业，如图8-17所示。因缆桩的受力很大，因此其基座必须十分牢固，且缆桩附近的甲板均需加强。各种缆桩一般均在其合适部位用钢印清晰地标注其安全工作负荷(SWL)。

2. 缆桩的分类

(1) 按制造方法分：有铸造缆桩和钢板缆桩两种。

(2) 按类型分：有单十字系缆桩、羊角桩、单柱系缆桩、双柱系缆桩、斜式双柱系缆桩、双十字系缆桩等，除羊角桩位于舷墙扶手上和图8-17所示的缆桩布置位置外，其他缆桩均位于甲板上。图8-18为各种缆桩示意。

图8-17　布置在船中部水线附近并标注有SWL的单柱缆桩

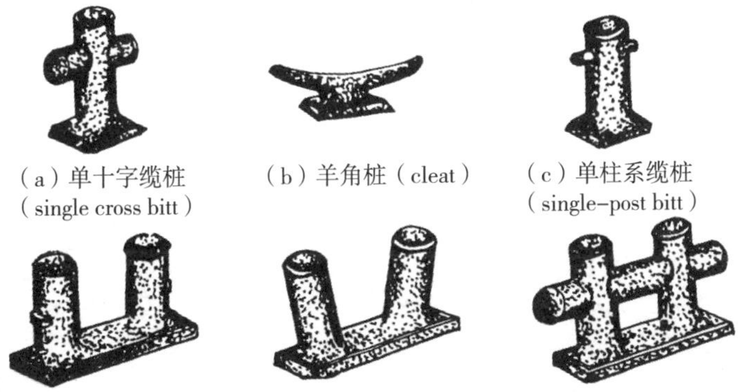

(a) 单十字缆桩 (single cross bitt)　(b) 羊角桩 (cleat)　(c) 单柱系缆桩 (single-post bitt)

(d) 双柱系缆桩 (double-post bitt)　(e) 斜式双柱系缆桩 (double raked bitt)　(f) 双十字缆桩 (double cross bitt)

图8-18　缆桩

图8-19和图8-20分别为实船单十字系缆桩和双柱系缆桩。大中型船舶较多采用双柱系缆桩。

(a)

(b)

图8-19　具有SWL钢印标记的单十字系缆桩

(a)

(b)

图8-20　具有SWL钢印标记的双柱系缆桩

二、导缆装置

1. 作用、设置位置与强度

导缆装置的作用是使缆绳按一定方向，从舷内通向舷外引至码头或其他系缆地点，限制其位置，并最大限度地减少缆绳与舷边的磨损，避免因急剧弯折而增大缆绳所受的应力。导缆装置通常设置于船舶首、尾及两舷甲板上、舷墙及栏杆所在部位。各种导缆装置一般均在其合适部位用钢印标记清晰地标注其安全工作负荷(SWL)。

2. 导缆装置的种类

根据实船使用情况，导缆装置主要有以下几种：

1) 导缆孔

导缆孔(chock)设置于艏艉纵中线处的艏艉端部、艏艉甲板的舷墙处和主甲板两舷舷侧的舷墙或栏杆处。导缆孔主要有圆形和扁形两种，圆形导缆孔如图8-19和8-21所示。

(a)　　　　　　　　(b)

图8-21　具有SWL钢印标记的圆形导缆孔

2) 导向滚柱

导向滚柱(fairlead roller)主要设置于艏艉及距艏艉两端1/4船长处的甲板舷墙或栏杆处，图8-22为具有SWL钢印标记的导向滚柱。

(a)　　　　　　　　(b)

图8-22　具有SWL钢印标记的导向滚柱

3) 导缆钳

导缆钳(fairleader)的形式较多，有闭式和开式、无滚轮和带滚轮等，但主要以无滚轮和带滚轮进行分类。导缆钳均为铸造件，有整体式和组合式两种，早期导缆钳结构形式如图8-23所示。

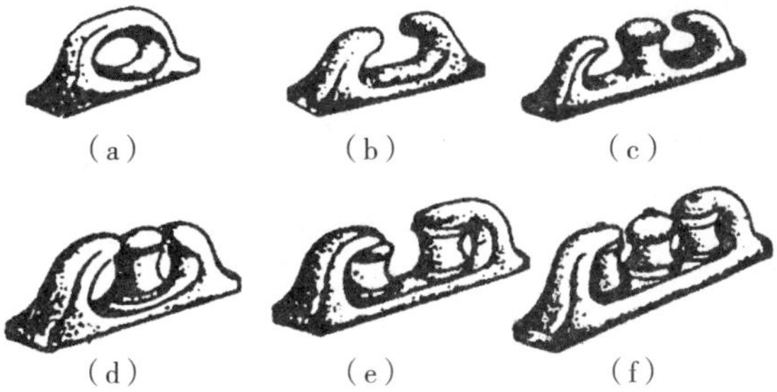

图8-23 早期导缆钳结构形式示意

为减轻导缆钳对系缆的摩擦，大中型船舶都采用带滚轮的导缆钳，其形式有单滚轮、双滚轮、三滚轮和四滚轮等，如图8-24所示。导缆钳主要设置在艏艉及距艏艉两端1/4船长处的甲板舷墙或栏杆处。

图8-24 具有SWL钢印标记的三滚轮和四滚轮导缆钳

4) 导向滚轮

导向滚轮(pedestal fairlead)以直立式布置方式为主，设置在艏艉及距艏艉两端1/4船长处的导缆钳或导缆孔与系缆机械之间的甲板上，用以改变缆绳受力方向和避免缆绳与舷边直接摩擦，导向滚轮同时也是在绞缆机、锚机或锚机与绞缆机组合体绞缆时引导缆绳至副卷筒或绞缆机卷筒的导缆装置。

图8-25为导向滚轮，图8-26为实船具有安全工作负荷(SWL)钢印标记的导向滚轮。

5) 转动导缆器

转动导缆器(universal fairlead)也称万向导缆器(孔)，如图8-27所示。这种转动导缆器在孔的左右及上下均装设滚轮或滚柱，使工作条件大为改善。

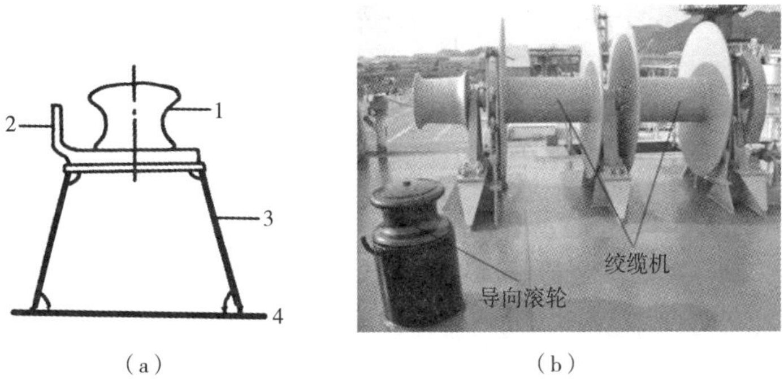

1—卷筒；2—挡角；3—基座；4—甲板。

图8-25 导向滚轮

图8-26　具有SWL钢印标记的导向滚轮

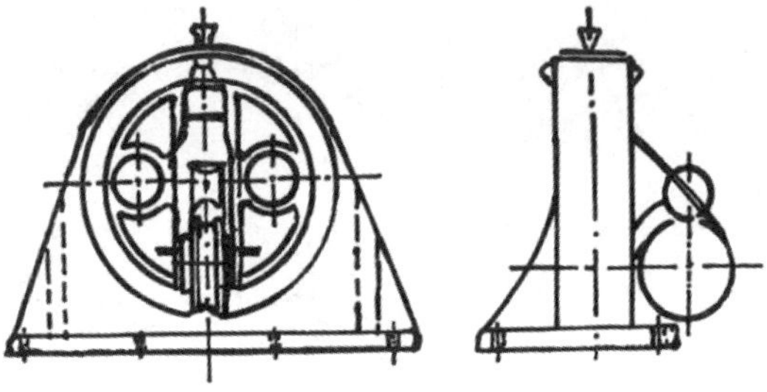

（a）　（b）

图8-27　转动导缆器

第三节　绞缆机、缆车及附属用具

一、绞缆机

绞缆机也称系缆绞车(mooring winch)，用于船舶靠离码头、与他船并靠及移泊时收绞缆绳。绞缆机设置于船舶艏楼、艉楼甲板，大中型船舶的船首除设置独立的绞缆机外，还另外设置与锚机共轴的锚机与绞缆机组合体，如图8-28所示。此外，大型船舶还在艏艉及距艏艉两端1/4船长处设置横向绞缆机，小型船舶也有在船尾甲板设置系缆绞盘的。

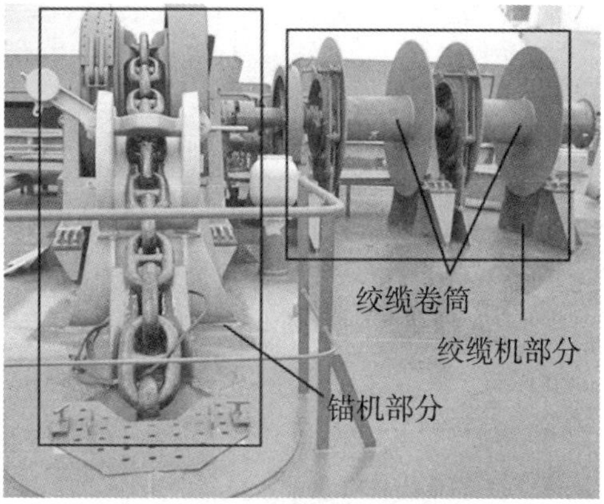

图8-28　锚机与绞缆机组合体

1. 绞缆机的分类

1）按动力源分

绞缆机按动力源分为电动绞缆机和电动液压绞缆机两种，其中高安全性的电动液压绞缆机已在油船、液化气体船和化学品船上被广泛使用。

2）按绞缆机卷筒轴线的布置方式分

按绞缆机卷筒轴线的布置方式将绞缆机分为立式绞缆机和卧式绞缆机两种。

卧式绞缆机除能获得较大的绞缆力矩外，还能在其载荷轴上同时配备2~3个绞缆机卷筒，以最大限度地提高靠离泊的自动化程度，减少船员的工作量和劳动强度。特别是卧式电动液压绞缆机（图8-29），因其主要动力源部分设置于甲板以下，故在大中型船舶上得到了广泛应用。但不论是电动还是电动液压卧式绞缆机，占用甲板面积较大是它们的共同缺点。图8-30为卧式电动绞缆机，其结构示意见图8-31。

卧式电动液压绞缆机各组成部分的名称如图8-32所示。

图8-29 卧式电动液压绞缆机

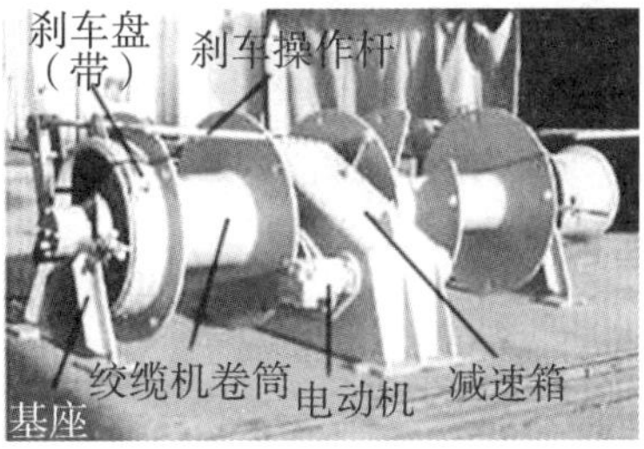

图8-30 卧式电动绞缆机

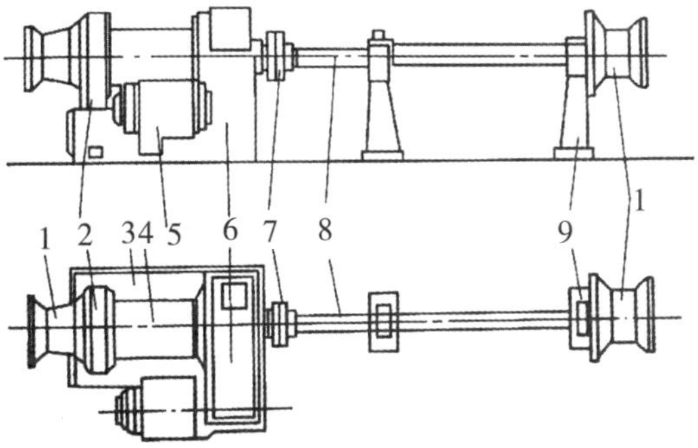

1—系缆卷筒(capstan);2—圆盘刹车(disc brake);3—底座(seat);4—主卷筒(main drum);
5—电动机(electric motor);6—减速箱(reduction gear box);7—联轴节(union joint);
8—主轴(main shaft 载荷轴);9—支架(pedestl)。

图8-31 卧式电动绞缆机结构示意

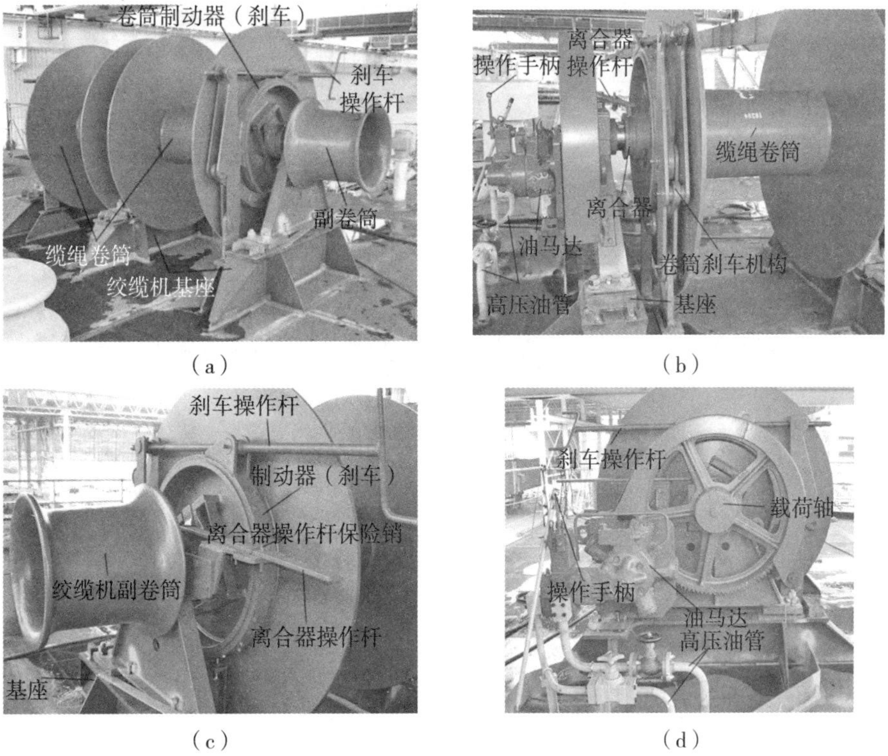

图8-32 卧式电动液压绞缆机各组成部分的名称

立式绞缆机又称系缆绞盘(capstan),其动力装置一般设置在甲板下面或侧面,占用甲板面积较小。通常设置于甲板面积小的船尾、小型船舶及大型船舶的舷侧等部位。图 8-33 为电动立式绞缆机结构示意,图 8-34 为设置于船尾和舷侧的电动立式绞缆机。

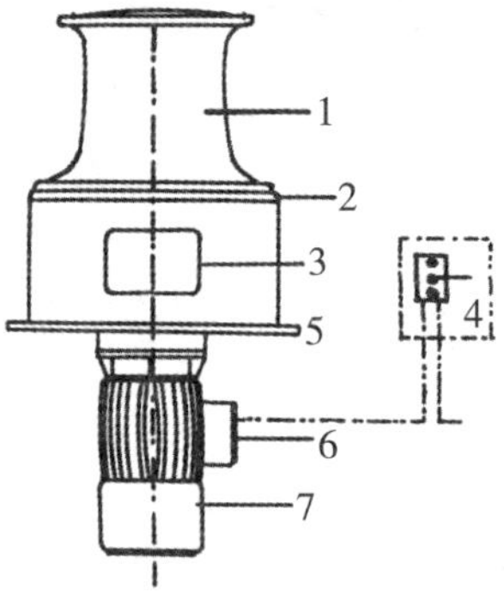

1—滚筒(capstan head);2—基座(pedestal);3—检查盖(inspection cover);
4—操纵控制开关(control switch); 5—甲板(deck);6—接线盒(terminal box);
7—电动机(electric motor)。

图 8-33　电动立式绞缆机结构示意

(a)　　(b)

图 8-34　设置于船尾和舷侧的电动立式绞缆机

2. 自动张力绞缆机

自动张力绞缆机(automatic tension mooring winch)全称为自动张力调整绞车,简称自动绞缆机或自动缆车。目前,不少大型船舶已配置了自动张力绞缆机。

自动绞缆机的动力源有电动和液压两种,其基本原理是在绞缆卷筒上施加一个可调的动力矩,以便与系船缆上的张力所引起的拉力矩保持平衡。当船舶因装卸货、受潮汐影响引起吃水变化或受风力影响,导致系船缆张力有所增减,从而偏离规定值时,自动绞缆机即能相应地自动收放缆绳,从而使缆绳张力稳定在规定值。这样,既可避免缆绳因受力过大被拉断或受力过小导致其他缆绳受力增加被拉断,确保系泊安全,又可减少值班人员的操作次数和降低劳动强度。图 8-35 为电动液压自动张力绞缆机的工作原理示意。

当缆绳松弛、张力减小时，自动控制压力调节阀4动作使压力阀关闭，高压油泵2排出高压油进入液压马达5，驱动转轴和卷筒顺时针方向旋转，将松弛的缆绳绞紧。当张力达到原规定值时，压力阀又自动开启，压力油大部分经压力调节阀流向油箱1，少量油液进入液压马达补充泄漏的液压油，使卷筒停止转动。当系船缆张力大于液压马达内液压制动力时，系船缆会拉动马达反转将缆绳松出。例如，系船缆的使用力为580 kN，则可将绞缆机调至580 kN的一档。当吹开风将船吹开、系船缆上受力达580 kN或以上时，即会自动松出缆绳而不会断缆；当阵风一过，系船缆上受力小于580 kN时，松出部分的缆绳立即被自动收回，使系统受力保持平衡。又如涨潮时，系船缆上受力超过580 kN时，绞缆机也会自动松出缆绳，松至受力580 kN以下时收紧，从而，保持船身始终靠拢码头。

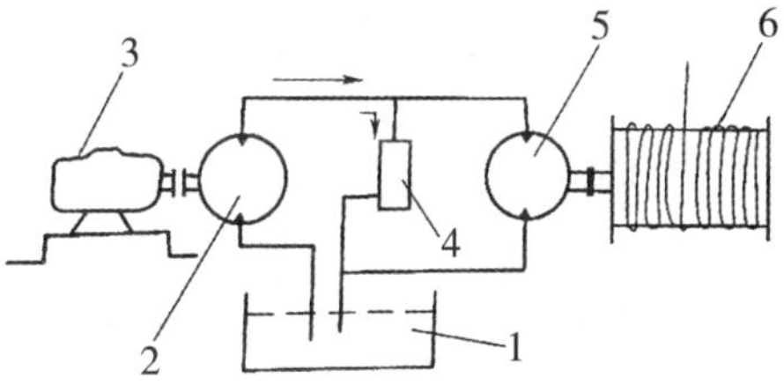

1—油箱(oil tank)；2—油泵(oil pump)；
3—电动机(electric motor)；
4—压力调节阀(pressure adjusting valve)；
5—液压马达(hydraulic pump)；6—卷筒(reel)。

图8-35 自动张力绞缆机工作原理示意

自动张力绞缆机必须同步配备相应的转动导缆装置(万向导缆器)。

由于自动绞缆机的缆绳必须卷在绞缆卷筒上，并且一艘船上的绞缆机数量有限，一般万吨级货船通常只有艏缆两根和艉缆两根可以自动收放，因此仅能满足一般情况。而当船舶吃水变化很大或因潮汐、风力使缆绳张力变化很大时，仍需人工及时调整所有的缆绳。根据IMO的要求，停泊中的油船，其自动张力绞缆机应置于“不自动”的工作状态。

针对超大型船舶，如船长超过300 m的集装箱船，其自动张力绞缆机的配备数量较多，系泊时，缆绳基本上直接在系缆卷筒上收放，避免了借助制缆索制缆后再套缆桩的烦琐环节和操作过程中的风险，也大大减少了船员靠泊时的工作量。

另外，为使大型船舶靠泊时容易了解和控制船舶横向的移动速度，大型船舶(如集装箱船)通常在驾驶室两翼还安装了辅助靠泊仪，船长或引航员可根据靠泊仪面板上显示的船首和船尾横移速度，直接操纵主机和侧推器或指挥拖船，如图8-36如示。

(a)　　　　(b)

图8-36 驾驶室两侧的辅助靠泊仪

3. 绞缆机应满足的基本性能要求

绞缆速度应能达到15 m/min，绞缆拉力应能达到所配置系船缆破断力的75%左右。

二、缆车及附属用具

1. 缆车

卷存缆绳的装置称为系缆卷车，简称缆车（reel）。使用钢丝绳作系船缆或钢丝缆与化纤缆混用的船舶，除了需要配备较多数量的绞缆机外，一些中大型船舶还会额外配备专用缆车，用来卷存备用的钢丝缆绳，如图 8-37 所示。

（a）

（b）

图 8-37　钢丝缆车示意与实物

2. 制缆索

制缆索（stopper）分制索绳和制索链两种。制缆索主要用于船舶系泊时临时在系船缆上打结，承受缆绳拉力，以便将缆绳从卷筒（指绞缆机或锚机的副卷筒）上取下挽在缆桩上，或将其从系缆桩上取下挽在卷筒上继续收绞。

钢丝缆绳应用制索链进行制索，并用一个双合结（两结须至少分开 25 cm）将链的剩余部分都缠在系泊缆绳上，这样便形成了挚缆索。用双合结是为在不用时容易将其松解，而将剩余链都绕在绳上可防止钢丝缆绳断股、扭曲，或其强度减弱，如图 8-38 所示。

图 8-38　制索链使用方法示意

制索绳通常用于纤维缆，其使用方法：用两根纤维制索绳在缆绳上打半结制索，手持绞扭的两股自由端，如图 8-39 所示。

图 8-39　制索绳使用方法示意

3. 撇缆绳

将缆绳引送到码头的索引绳称为撇缆绳（heaving line），其长度约 40 m，直径为 6 mm，绳的前端有一定重量的撇缆头（heaving line ball），以便抛掷。

4. 碰垫

碰垫俗称靠把(fender),是外部用绳编织,内填软木或棕丝等软性物质的球状体,用于船舶靠离码头或靠离其他船只时缓冲船体与码头物体的撞击和摩擦,从而保护船舷。

5. 防鼠板

防鼠板(rat guard)一般由薄钢板或塑料制成。根据绝大多数港口的有关规定,船靠妥码头后,必须在每根系缆上放妥防鼠板,以防止鼠类动物沿缆绳爬进或爬出船舶。图8-40为防鼠板及防鼠板的使用。

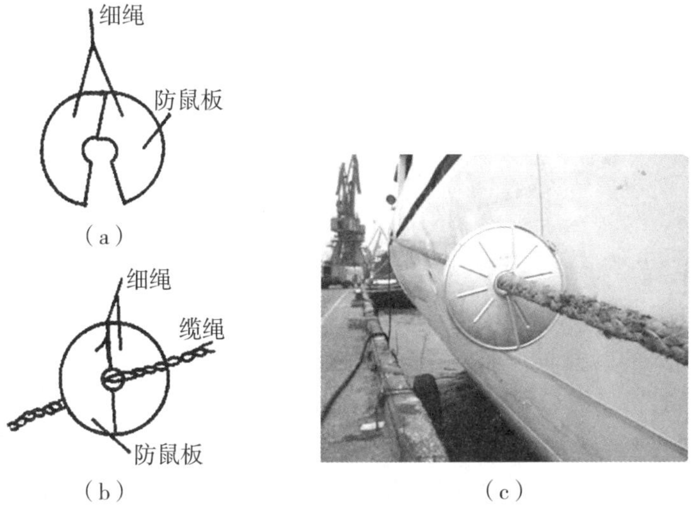

图8-40　防鼠板及船舶使用

6. 撇缆器

用火药或高压气体等作为推力,能在无风天气中将撇缆绳抛出有效距离230 m以上的装置称为撇缆器(throwing ling apparatus),又称抛绳器。其中撇缆绳应具有不小于2 kN的破断强度。

国际救生设备规则(LSA)规定:500总吨及以上的船舶必须配备撇缆器。撇缆器主要用于紧急情况下(如船舶遇险时)进行远距离撇缆,以引出缆绳达到快速带缆并拖带的目的。撇缆器也可在船舶靠泊时使用。抛绳器主要有枪式和筒式两种,具体操作使用方法以各自操作使用说明书为准。图8-41和图8-42分别为枪式抛绳器和筒式抛绳器。

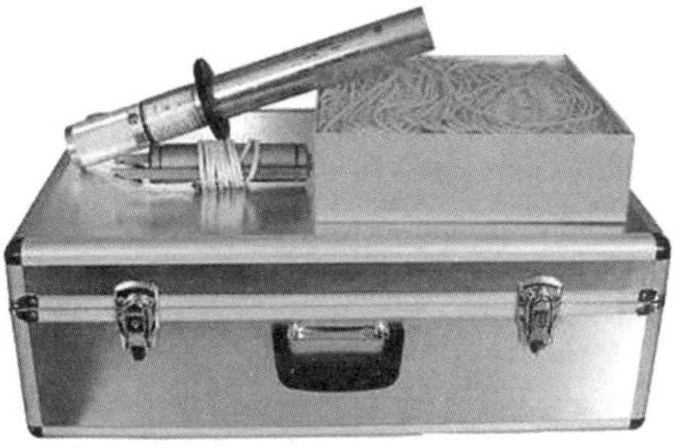

图8-41　枪式抛绳器

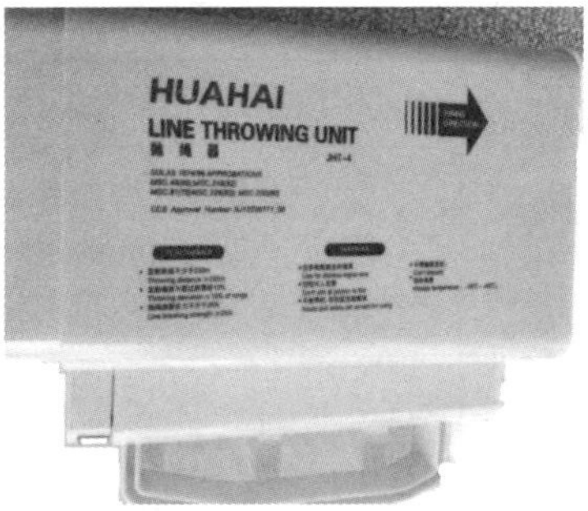

图8-42　筒式抛绳器

第四节　系泊设备的检查保养和使用注意事项

一、检查保养

1. 检查保养

对系泊设备的检查保养应有周密、详细的计划与安排，通常可按航次、季度和半年3种时间间隔进行。具体如下：

1）航次检查保养

每个航次应注意检查：制缆装置，包括甲板眼环（板）是否锈蚀、磨损及制索链是否有变形、腐蚀和磨损等，并应及时除锈油漆，对磨损变形严重者应予换新；制索绳有无磨损、老化等情况，强度不足时应换新；撇缆、靠把（碰垫）和防鼠板是否齐全、损坏，如损坏或丢失，应及时换新补充。

2）季度检查保养

每个季度应注意检查：化纤缆绳的磨损与粗细（目测检查）、老化等情况，并冲洗晾干后收藏；植物纤维缆绳的磨损与粗细（目测检查）及股内有无霉点等情况，并冲洗晾干后收藏，股内发黑者应换新；钢丝缆绳的锈蚀、断丝及纤维芯有无外露和含油量等情况，并除锈上油，如果发现断丝，每月至少检查一次，当断丝超过规定应换新或插接；绞缆机刹车是否可靠、离合器是否灵活、转动部分是否轻便灵活、自动张力绞缆机是否有效，以及卷筒的损坏、磨损、锈蚀和操纵器的水密情况等，对失灵者应换新或修理，机器活络处应加油润滑，自动装置失效者应及时修复。

3）半年检查保养

每半年应注意检查：缆车包括其外壳、底脚螺栓和支架的锈蚀情况，卷筒轴是否活络，以及卷筒的损坏、磨损与腐蚀情况等，并及时除锈油漆，加油润滑；缆桩与导缆孔的锈蚀、磨损情况，及时除锈油漆，做好磨损记录；导缆钳与导向滚轮的本体锈蚀、磨损情况，滚轮是否活络、销轴有无弯曲现象，及时除锈油漆、做好磨损记录、加油润滑，对销轴弯曲的应及时修复，必要时换新。

系泊设备检查保养项目内容及要点见表8-6。

表8-6　系泊设备检查保养项目内容及要点

名称	检查周期	检查项目	维护保养要点
制缆装置	每航次	甲板眼环（板）锈蚀、磨损情况；制索链变形、腐蚀和磨损情况；制索绳老化、磨损情况。	除锈油漆，磨损变形严重及老化严重强度不足者换新。
撇缆、碰垫和防鼠板	每航次	是否齐全、损坏。	丢失补充，损坏换新。
钢丝缆	每季度（3个月）	锈蚀、断丝和油麻芯（有无外露和含油量）情况。	除锈上油；如果发现断丝，每月至少检查一次，断丝超过规定应换新；油麻芯外露应插接或换新。

表8-6（续表）

名称	检查周期	检查项目	维护保养要点
植物纤维缆	每季度（3个月）	磨损与粗细（目测）及股内有无霉点情况。	磨损及变形严重者换新；冲洗晾干收藏，股内发黑者换新。
合成纤维缆（化纤缆）	每季度（3个月）	磨损与粗细（目测检查）、老化等情况。	冲洗晾干收藏；磨损、变形及老化严重者换新。
绞缆机	每季度（3个月）	刹车是否可靠、离合器是否灵活、转动部分是否轻便灵活、自动缆绞机是否有效，以及卷筒损坏、磨损、锈蚀情况，操纵器的水密情况等。	失灵者换新或修理；活络处加油润滑；自动装置失效者应及时修复。
缆车	半年	外壳、底脚螺栓和支架的锈蚀情况；卷筒轴是否活络。	除锈油漆；加油润滑。
导缆钳与导向滚轮	半年	本体锈蚀磨损情况；滚轮是否活络、销轴有无弯曲现象等。	除锈油漆，做好磨损记录；加油润滑，销轴弯曲者应及时修理。
缆桩与导缆孔	半年	锈蚀、磨损情况。	除锈油漆，做好磨损记录。

2. 修理后的绞缆机试验

应进行1~2 h的运转试验，并测定其转速与拉力负荷。绞缆速度应能达到15 m/min，绞缆拉力应能达到所配置系船缆破断力的75%左右，在试验过程中还应进行制动和过载保护装置的试验。

二、使用注意事项

1. 化纤缆绳使用注意事项

（1）因化纤缆具有较大的伸缩性，受力拉长后有很大的弹力，所以在上滚筒受力时易突然跳动，操作时应离滚筒远一些(站在滚筒后方1 m以上距离处手持缆绳活端)，以防缆绳弹出伤人。

（2）用锚机或绞缆机副卷筒收绞缆绳时，应尽量避免空转，以免摩擦产生高温使化纤缆变质或黏合；存放时应避开蒸汽管路、高温处；化纤缆的头部等易摩擦处，可用帆布包好。

（3）不可将化纤缆与钢丝缆在同一个导缆孔和缆桩上交错使用。

（4）避免接触油类、化学物品，以免对缆绳造成侵蚀使其变质，也应防止阳光直晒使纤维退化。

（5）可用淡水冲洗，但应堆放在通风且干燥处所。

2. 钢丝缆绳使用注意事项

（1）在钢丝缆的10倍直径长度内发现断丝超过5%或有显著变形、磨损和锈蚀时应换新。

（2）钢丝绳不应有扭结、急折现象；系缆时弯曲处应至少有6倍钢丝缆直径的弯曲半径。

（3）使用钢丝缆时，如发现或有以下情况发生，则其使用强度应降低。①锈蚀：使用强度应降低30%。②过度拉伸受伤：使用强度应降低50%。③短插接、扭结消除后、眼环接，以及由钢丝绳搓成钢丝缆后：使用强度应降低到原来的90%以下。

（4）一根钢丝缆绳的两个头不能同时被使用，并应防止其受顿力。

(5) 用优质润滑油定期润滑钢丝缆。

(6) 用完后,钢丝缆绳应整理卷好在缆车上,罩好帆布罩。平时应对转动部分定期检查和涂油防锈。使用系缆卷车时,应特别注意卷车的转速。松缆时应使用缆车的脚踏刹车控制速度,千万不能用手来制止缆车的转动,以免发生危险。

三、其他应注意的安全操作事项

(1) 靠(系)离泊作业之前,艏艉应根据作业需要配备足够数量的操作人员。

(2) 所有操作人员必须穿戴好安全帽、工作手套、防护鞋和连体工作服等防护用品,并能与当时的环境温度条件相适应。

(3) 系泊前,应事先根据即将要靠泊的舷侧准备好所需的缆绳和撇缆绳、防鼠板及制缆索等属具。

(4) 当二根或以上缆绳在同一方向时,应使用同质缆绳,以最大限度确保缆绳受力平衡。若钢丝缆与纤维缆绳混合使用,则最好的做法是将钢丝缆绳作横缆和倒缆,纤维缆绳作艏缆、艉缆。

(5) 绞缆速度应听从指挥,不要硬绞或突然加大绞缆机的功率。

(6) 绞缆时,手持缆绳活端的水手应站在卷筒后方1 m以上距离。另外应安排一名船员负责清理松弛的缆绳,出缆时负责提供缆绳。

(7) 不要企图用手去抓或站在正在滑动的缆绳上制缆,以免发生人员伤亡事故。如果缆绳已经失控,则必须将人员安全放在首位。

(8)人员站立位置应适当,严禁站在缆绳圈中或两脚跨住缆绳,如图8-43所示。操作时注意力要集中,不要靠近张紧的缆绳。

(9) 如果需要使用制缆索,则应使用与缆绳同质的制缆索,并朝出缆方向在缆绳上打制索结。打制索结者应面向缆桩和缆绳,并站在缆桩的异侧,使用方法如图8-38和图8-39所示。

(10) 挽双柱缆桩时(也称大挽),应将缆绳先绕过前面一根缆桩,然后再以“8”字形挽牢,以使双桩均匀受力,如图8-44所示。纤维缆上桩时也可仅挽一根缆桩(也称小挽)。大挽时,钢丝缆至少挽5道“8”字形,化纤缆至少挽4道“8”字形,植物纤维缆至少挽3道“8”字形,且最后一道上均应打一反半结,钢丝缆还应在“8”字形当腰处最上3道用小绳打一压缆活结,以防弹

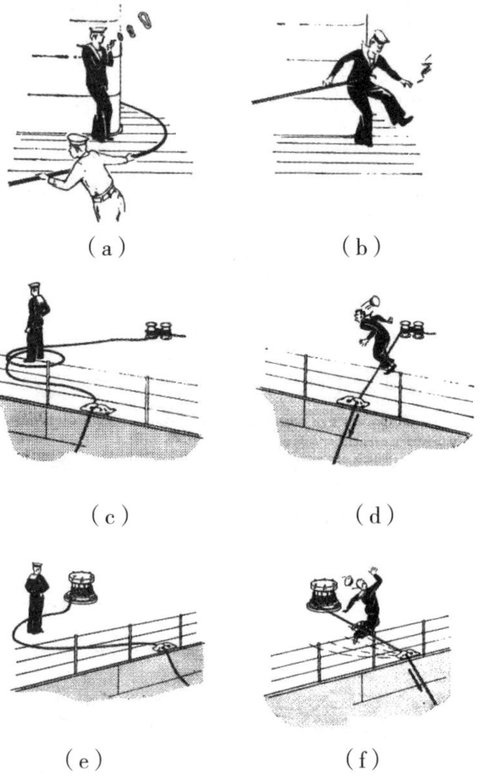

图8-43　系泊时人员的错误站位

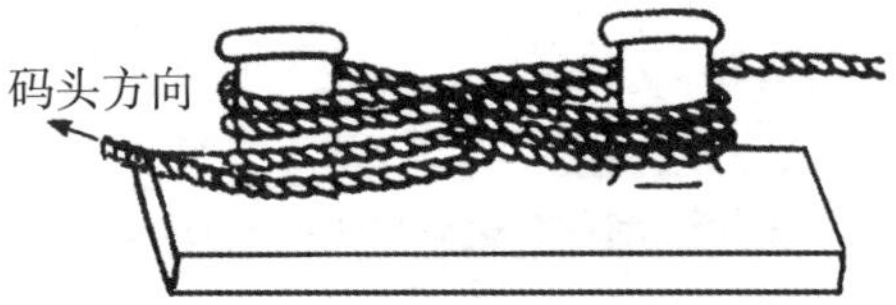

图8-44　挽双柱缆桩(大挽)的挽桩方法

出松脱;小挽时一般应挽6~7道。

(11)当两根或两根以上缆绳琵琶头需同时套在同一船上的缆桩或岸上的缆桩上时,应按图8-45所示的方法进行套桩,以免影响任一缆绳先解。

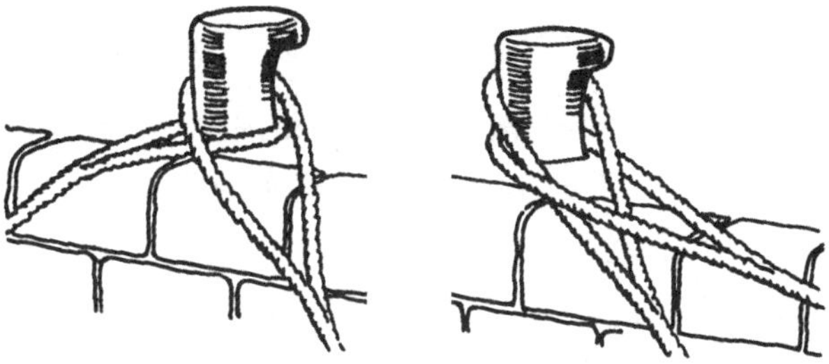

(a)错误方法　　(b)正确方法

图8-45　缆绳在同一缆柱上的系带方法

第五节　系离泊标准用语

一、靠泊(berthing)

We will berth port/starboard side alongside. ——我船将左舷/右舷系泊。

We will moor to buoy(s) ahead and astern. ——我船将前后系浮筒。

We will moor alongside. ——我船将系泊。

We will moor to dolphins. ——我船将系缆桩。

Send out head/stem/breast lines. ——送出头/尾/横缆。

Send out...spring(s)forward/aft. ——送出……前倒缆/后倒缆。

Do you have tension winches? ——你船有自动绞缆机吗?

Have heaving lines ready forward and aft. ——备妥前后撇缆。

Send heaving/head/stern/breast line ashore. —— 送出撇缆/头缆/尾缆/横缆至岸上。

The linesmen will use shackles/lashings for securing mooring. ——带缆工作用卸扣/绑绳加固系泊。

Use center/Panama lead. ——使用中央/巴拿马导缆孔。

Use bow lead. ——使用首导缆孔。

Use port quarter/starboard quarter lead. ——使用左后舷/右后舷导缆孔。

Heave on...line(s)/...spring(s). ——绞……缆/……倒缆。

Pick up slack on...line(s)...spring(s) . ——收紧……缆/……倒缆。

Heave away. ——绞缆。

Stop heaving. ——停止绞缆。

Slack away...line(s)/...spring(s). ——放松……缆/……倒缆。

Stop slacking...lines(s)...spring(s). ——停止松……缆/……倒缆。

Hold on...line(s)/...spring(s). ——刹柱……缆 / 倒缆。

Heave in easy. ——慢慢绞缆。

Heave alongside. ——绞拢至码头。

Keep lines tight. ——保持缆绳拉紧。

Report forward/aft distance to... . ——报告前 / 后到……的距离。

Forward/aft distance to...metres. ——前 / 后到……的距离为……米。

We have to move…metres ahead/astern. ——我船必须向前 / 后移……米。

We are in position. ——我船就位。

Make fast fore and aft. ——前后挽牢。

Fast forward. ——船前部挽牢。

Fast aft. ——船尾部挽牢。

二、离泊(unberthing)

Stand by engine(s). ——备车。

Engine(s)standing by. ——车备妥。

Are you ready to get underway? ——你船做好开航准备了吗?

Ready to get underway in...minutes. ——……分钟后可做好开航准备。

Stand by for let go. ——准备解缆。

Standing by for let go. ——正准备解缆。

Single up...lines and...springs fore and aft. ——船首尾……缆和……倒缆单绑。

Slack away head/stem/breast line. ——放松首缆 / 尾缆 / 横缆。

Hold on head/stern/breast line. ——刹住首缆 / 尾缆 / 横缆。

Hold on fore/aft spring. ——刹住前 / 后倒缆。

Heave on head/stern/breast line. ——绞首缆 / 尾缆 / 横缆。

Heave on fore/aft spring. ——绞前 / 后倒缆。

Let go everything forward/aft. ——前 / 后所有缆全部解掉。

Let go head/stern/breast line. ——解首缆 / 尾缆 / 横缆。

Let go fore/aft spring. ——解前 / 后倒缆。

Let go tug line. ——解拖缆。

...is/ are let go. ——……已解掉。

Stand by bow anchor(s). ——备首锚。

Bow anchor(s) standing by. ——正在备首锚。

三、其他(other)

Is propeller clear? ——螺旋桨清爽吗?

Yes, propeller clear. ——是的,螺旋桨清爽。

No, propeller not clear. ——不,螺旋桨不清爽。

Keep propeller clear. ——保持螺旋桨清爽。

Stop propeller. ——停止螺旋桨转动。

Propeller stopped. ——螺旋桨已停止运动。

Are fenders on berth? ——泊位上有碰垫吗?

Yes, fender on berth. ——是的,泊位上有碰垫。

No, no fenders on berth. ——不,泊位上没有碰垫。

Have fenders ready fore and aft. ——准备好前后碰垫。

◇◆ 小结 ◆◇

本章包括系泊设备的组成、系船缆、挽缆与导缆装置、绞缆机械及附属用具、系泊设备的检查保养和使用注意事项、系离泊标准用语等内容。

本章在全面考量《航海技术专业本科培养教学大纲》及《海船船员培训大纲》(2021版)对高级船员所要求了解和掌握知识点的基础上,依据CCS《钢质海船入级规范》《材料与焊接规范》等有关规定编写而成。内容充分结合了航运发展的新特点和航海新技术在船舶建造中的应用,注重了理论与航海实践相结合的原则。

对航海技术本科生及二、三副来说,应重点掌握本章知识点内容中系泊设备的组成、系船缆、挽缆与导缆装置、绞缆机械及附属用具、系泊设备的使用注意事项等内容;大副应重点掌握绞缆机械、系泊设备的检查保养与使用注意事项等内容。

复习与思考题

1. 系泊设备由哪些部分组成?
2. 试述船舶系带码头和浮筒时各缆绳的名称和作用。
3. 何谓绳索的破断强度、安全强度和试验强度?
4. 简述化纤缆绳的种类与各自的主要特点。
5. 简述钢丝绳的种类、各自基本的搓制方法和所含油麻芯的数量。
6. 钢丝绳中的油麻芯有什么作用?
7. 试述导缆装置的种类及作用。
8. 试述挽缆装置的种类及作用。
9. 简述化纤缆绳的使用注意事项。
10. 简述钢丝缆绳的使用注意事项。
11. 配备应急拖带装置的要求有哪些?
12. 试述带缆作业期间的主要安全注意事项。

第九章　船体日常检查保养与维修

第一节　船体日常检查保养

船体日常检查保养是船舶甲板部的一项重要且经常性的工作。应根据本船船况、航行区域、环境条件、载货种类与特点及甲板部水手的人数配备等来制订合理、高效的日常维护保养计划。船体日常检查保养计划一般应包括：航次、月度、季度、半年和年度的工作项目，并安排在合适的时间内进行。这些在不同时间应完成的工作项目就组成了完整的"船舶年度维修保养计划"。

一、对船体结构进行日常检查

电化学、化学、机械因素、防腐涂层损坏及热应力等会不可避免地造成暴露在空气和水中的钢质船体发生腐蚀；此外，外部受力和应力集中等也会造成船体局部的焊缝脱焊、变形和裂纹等。所有这些缺陷，均须确保在对船体结构进行日常检查时能被及时发现并消除。

（一）应重点关注的部位

船壳板、甲板、肋骨及其肘板、舱口围板、压载舱、人舱道门、通风筒与空气管的甲板开口处和测量孔甲板开口处等部位是日常检查时必须重点关注的部位。

（二）应重点检查的局部部位

舷边及其焊缝、梁肘板及其焊缝、通风筒与空气管的甲板开口连接处、测量孔与甲板开口的连接处、舱口围板及其防倾肘板下部的死角处等局部部位应重点检查。

（三）注重检查局部易腐蚀部位

表9-1列出了诸如轻、重载重水线间的外板及焊缝；流水孔下的外板，推进器附近的外板；海底阀箱体及附近的外板；人孔周围的内底板和舱口围板及其防倾肘板下部的死角处等船体容易发生腐蚀的局部部位。

表9-1　局部易腐蚀部位

序号	局部易腐蚀部位	备注
1	轻、重载重水线间的外板及焊缝	
2	流水孔下的外板	
3	推进器附近的外板	
4	海底阀箱体及附近的外板	
5	人孔周围的内底板	
6	舱口围板及其防倾肘板下部的死角处	
7	锚链经常摩擦处的外板及焊缝、锚链舱舱壁板和底板	
8	压载舱的顶板、骨架和首尾尖舱内的构件	
9	隔离空舱内的舱壁板和底板	
10	上层建筑两端和甲板室四周的围壁板底部与扶强材的下端、围壁附近的甲板	
11	舷窗下的围壁板	
12	下甲板边板、舱壁底列板	
13	污水沟和污水井处的钢铁构件	
14	蒸汽管路周围的钢板	
15	油船货油舱顶部的甲板、骨架及管系等	

(四) 几类典型船舶应进行的检查保养项目

1. 对集装箱船进行检查保养

集装箱船为典型的甲板大开口船(货舱开口最大),航行中在弯矩和扭转力矩等组合载荷的作用下,船体梁会产生较大的弹性变形,使其纵向连续甲板结构承受着较大的拉伸和压缩应力,在周期性货物载荷、外部水动力载荷和船体梁载荷的长期合成作用下,使得集装箱船的许多部位易产生疲劳损坏,特别是对于越来越大型化和大量使用高强度钢的集装箱船,疲劳问题显得尤为突出,腐蚀、变形、脱焊和裂纹等损坏现象将会不可避免。

1) 应重点关注的区域

货舱双层底结构中纵骨与扶强材连接部位趾端与根部的裂纹与腐蚀情况;货舱区域的边舱和舭部结构中纵骨与水密舱壁及横框架连接处的裂纹与腐蚀情况;货舱区域甲板舱口角隅结构,特别是机舱前端舱口角隅处的裂纹情况;货舱内箱角结构裂纹情况;货舱盖腐蚀情况等。图9-1~9-4为集装箱船典型损坏情况。

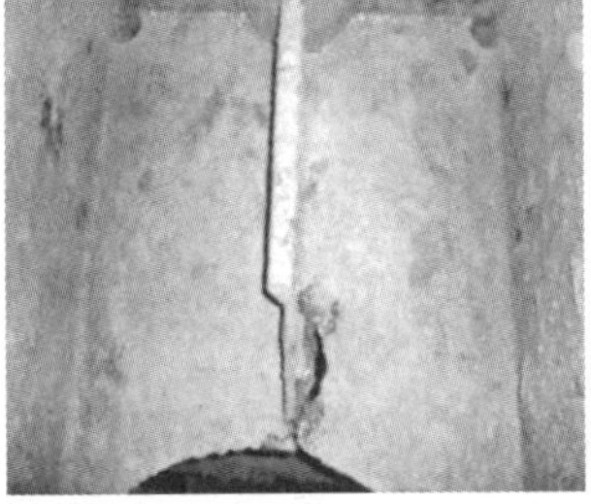

图9-1　集装箱底座下加强肘板损坏

图9-2　应力引起的腐蚀、变形和裂纹

图9-3　集装箱船舱内导轨与平台连接处裂纹

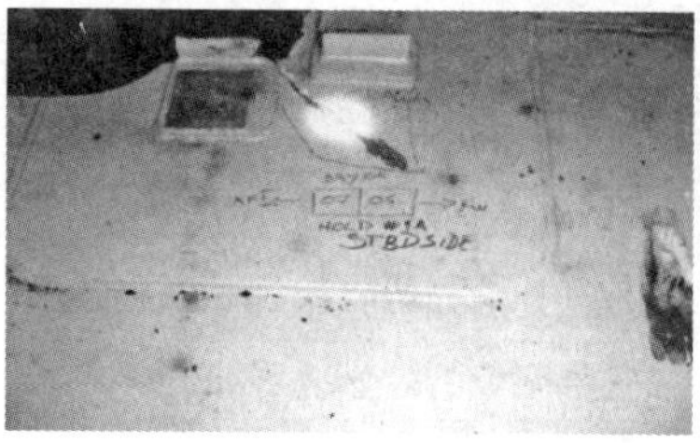

图9-4　集装箱船舱口角隅裂纹

2）结构检查

对集装箱船应完成的结构检查主要包括货舱区域甲板及甲板下通道、货舱舱口盖、绑扎桥、货舱、压载水舱、首尾尖舱、首尾部结构与甲板、机舱及外板等。其中，应重点关注以下区域的检查项目：

(1) 舱口盖与绑扎桥。检查货舱盖与绑扎桥的锈蚀、变形和裂纹等损坏情况；对货舱盖与绑扎桥进行敲铲、清洁、除锈和油漆；每个航次对被绑扎工具砸坏的部位进行检查并进行必要的修理；绑扎桥每年应进行一次全面的除锈和油漆工作。

(2) 货舱。检查货舱舱口结构，甲板及机舱前端舱口角隅处有无裂纹；检查舱口围板关键受力部位有无裂纹；检查内底板与纵舱壁连接处有无裂纹和腐蚀情况；检查货舱内箱角结构有无裂纹；检查舱口端横梁与纵舱壁连接的肘板处有无裂纹；检查水平桁与纵舱壁、垂直桁与内底板连接处有无裂纹等。

(3) 压载水舱。检查内壳纵骨与水密舱壁及横框架的连接处、舷侧纵骨与水密舱壁及横框架的连接处有无裂纹；检查内底和船底纵骨与肋板垂直扶强材连接处及箱型龙骨转角处有无裂纹；内底和船底纵骨与位于横舱壁下部位置处的水密肋板连接处有无裂纹等。

2. 对散货船进行检查保养

散货船的船体结构均采用优化结构设计，构件尺寸的优化，使结构内总体应力水平增加；高强度结构钢使用比例的提高，又使结构中存在大量的高应力区域，导致结构连接点的疲劳强度问题更加突出；加之不合理的配载与不合适的装卸货轮次，又会使得船体结构遭受过大的应力。以上均是造成船体结构发生锈蚀、变形、脱焊和裂纹等损坏的重要因素。

1）应重点关注的区域

纵向舱口围端部肘板与甲板连接的趾端的裂纹与腐蚀情况；舱口端强横梁靠近顶边舱斜板端部趾与根部的裂纹情况；主甲板舱口角隅处的裂纹情况；货舱舷侧肋骨上下肘板趾端的裂纹情况；底凳斜板与底边舱斜板、内底板相交处和顶凳斜板与顶边舱斜板相交处的裂纹情况；底边舱折角处的裂纹与腐蚀情况等。图9-5~9-8为散货船典型损坏情况。

2）结构检查

对散货船应完成的结构检查主要包括货舱、货舱舱口盖、顶边舱、双层底舱与底边舱、首尾尖舱、首尾部结构与甲板、底凳及机舱与外板等。其中，应重点关注以下区域的检查项目：

(1) 货舱。检查舱口围板与甲板相交处，各扶强材和加强筋是否变形，趾端有无裂纹，舱口角隅加强板与甲板的对接焊缝状况；舱口角隅及舱间甲板下结构有无变形、开裂；底边舱斜板与内底板、舷侧外板相交处，以及斜板处舷侧肋骨有无变形、趾端有无裂纹；顶边舱斜板处舷侧肋骨有无变形、趾端有无裂纹；横舱壁与底凳斜板相交处有无裂纹等。

（2）双层底舱和底边舱。检查底边舱斜板与内底板连接部位有无变形和裂纹；斜板两端靠近前后横舱壁处有无裂纹；船底桁材与船底板和内底板连接处有无裂纹，桁材本身有无变形等。

图9-5 散货船舱口围板扶强材的腐蚀

图9-6 散货船舱口间甲板的腐蚀

图9-7 散货船货舱肋骨下肘板趾端开裂

图9-8 散货船双层底的腐蚀与变形

3. 对矿砂船进行检查保养

1）应重点关注的区域

横舱壁与内底板、纵舱壁相交处的裂纹情况；底凳与边舱相交过渡处的裂纹情况；底凳斜板与顶板及底凳顶板与槽型横舱壁根部相交处的裂纹情况；舱口围板防倾肘板趾端和甲板强横梁趾端的裂纹情况；甲板舱口角隅的裂纹情况等。图9-9~9-12为矿砂船典型损坏情况。

2）结构检查

对矿砂船应完成的结构检查主要包括货舱舱口盖、货舱、边舱、双层底舱、艏艉楼与空舱结构、尾部结构、机舱及外板等，其中应重点关注以下区域的检查项目：

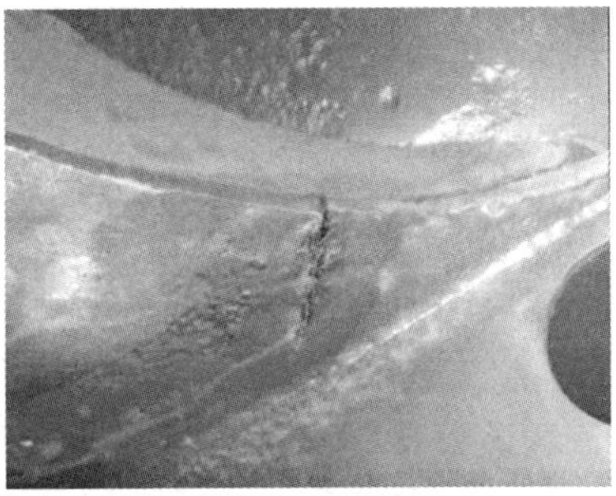

图9-9 矿砂船舱口围板防倾肘板趾端裂纹

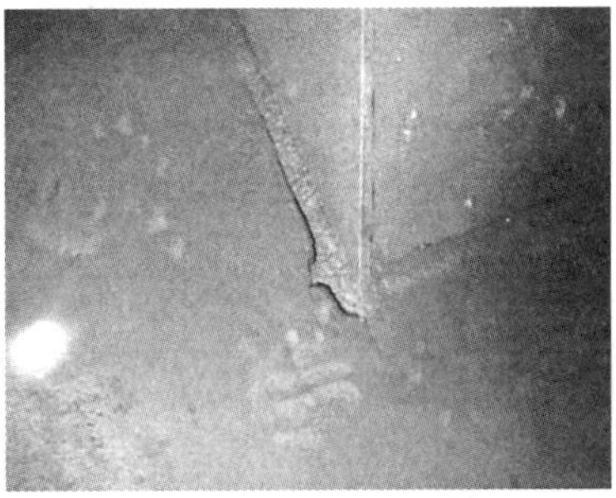

图9-10 矿砂船槽型横舱壁根部裂纹

图9-11 矿砂船横舱壁水平桁下纵骨肘板腐蚀

图9-12 矿砂船压载舱内纵骨穿越孔处腐蚀

(1) 货舱。检查舱口围板与甲板相交处,各扶强材和加强筋是否变形,趾端有无裂纹,舱口角隅加强板与甲板的对接焊缝状况;货舱舱口结构的甲板开口角隅及舱口线外甲板有无裂纹;甲板强横梁趾端有无裂纹;横舱壁与内底板、纵舱壁相交处状况;底凳与边舱相交过渡处、底凳斜板与顶板及底凳顶板与槽型横舱壁根部相交处有无裂纹等。

(2) 双层底舱与边舱。检查双层底内局部短纵桁是否存在裂纹与腐蚀;水平桁肘板与纵骨相交过渡处是否存在裂纹与腐蚀。

二、船舶维护保养计划

船体日常维护保养是《船舶年度维护保养计划》的重要组成部分。作为甲板部部门长的大副,必须组织水手长等有关人员认真制订,并注意督促和检查经船长审核批准后的《船舶年度维护保养计划》的执行情况。直接责任人水手长应带领和组织甲板部水手按《船舶年度维护保养计划》中有关对船体进行日常维护保养的项目内容要求进行检查、清洁、保养、除锈和油漆等日常维护保养工作。

除此之外,大副还要注意经常检查船体各部分的腐蚀、裂纹和变形情况,并根据发现的具体问题,及时安排检查、维护、保养,对需要进行修理的要做好记录,为编制航修或厂修前的修理单提供依据。

甲板部对船体制订日常检查维护保养计划的详细内容见表9-2。

表9-2 船体日常检查维护保养计划

序号	检查维护保养项目	维护周期	备注
1	船壳板	每月	
2	各层甲板	每月	
3	货舱舱内结构(包括舱壁、骨架、内底板等)	3个月	
4	首、尾尖舱	3个月	
5	双层底舱	3个月	
6	边舱	3个月	
7	顶边舱、底边舱、顶凳和底凳	3个月	
8	淡水舱	3个月	
9	隔离空舱(干隔舱)	3个月	

表9-2(续表)

序号	检查维护保养项目	维护周期	备注
10	锚链舱	3个月	
11	舱口围板及其防倾肘板、扶强材和其他组成部分	每月	
12	货舱盖及其组成部分	每月	
13	箱形中桁材(管隧)	每月	
14	舵机房	3个月	
15	粪便舱	每年	

三、中国船级社(CCS)《船体检查保养计划指南》有关规定

1. 定义

1) 船舶维修保养体系

船舶维修保养体系(CWBT)是将传统的船舶设备管理和国际上插卡式船舶设备管理相结合,形成集计划、管理、指导于一体的一种新颖、科学、实用的船舶设备管理模式。CWBT由船舶、维修、保养、体系4个词组的汉语拼音首字母排列而成。

2) 船体检查保养计划

船体检查保养计划(Hull Inspection and Maintenance Scheme, HIMS)指船公司基于船舶当前状况,在根据有关要求和参考CWBT管理模式的基础上,针对船体结构制订一套详细的周期检查保养计划,以指导船员对船体结构进行日常检查、维护、保养。

3) CCS METE 3DM管理系统

CCS METE 3DM管理系统指由CCS提供,利用船舶3D技术,实施HIMS的计算机化管理系统。

2.《船体检查保养计划指南》的用途

《船体检查保养计划指南》可作为验船师和船公司/船员实施船体结构检查、维护、保养的指导文件。适用于拟/已授予附加标志HIMS的船舶。

3. 涂层/结构检查指标

涂层/结构检查指标包括涂层状况、腐蚀(锈蚀)状况、点腐蚀/凹槽腐蚀、变形及裂纹等共5项指标。

4. 船体涂层状况、腐蚀(锈蚀)状况和点腐蚀/凹槽腐蚀的评判

按指标评分标准,将船体涂层状况、腐蚀(锈蚀)状况和点腐蚀/凹槽腐蚀3项均划分为GOOD、FAIR、POOR三大类共五个等级,见表9-3~9-5。

表9-3 船体涂层状况评判表

涂层状况	等级	得分	状况衡准	指标颜色
GOOD	GOOD	1	少量点状锈斑。	绿色
	GOOD to FAIR	2	涂层剥落面积<3%; 边缘或焊缝处的局部涂层剥落面积<20%。	绿色

表9-3（续表）

涂层状况	等级	得分	状况衡准	指标颜色
FAIR	FAIR	3	涂层剥落面积为3%~10%； 边缘或焊缝处的局部涂层剥落面积为20%~35%。	黄色
	FAIR to POOR	4	涂层剥落面积为10%~20%； 边缘或焊缝处的局部涂层剥落面积为35%~50%。	黄色
POOR	POOR	5	涂层剥落面积>20%； 边缘或焊缝处的局部涂层剥落面积>50%。	红色

表9-4　船体腐蚀状况评判表

腐蚀状况	等级	得分	状况衡准	指标颜色
GOOD	GOOD	1	少量点状锈斑。	绿色
	GOOD to FAIR	2	锈蚀面积<3%； 边缘或焊缝处的锈蚀<20%。	绿色
FAIR	FAIR	3	锈蚀面积为3%~10%； 硬锈皮面积<5%； 边缘或焊缝处的锈蚀为20%~35%。	黄色
	FAIR to POOR	4	锈蚀面积为10%~20%； 硬锈皮面积为5%~10%； 边缘或焊缝处的锈蚀为35%~50%。	黄色
POOR	POOR	5	锈蚀面积>20%； 硬锈皮面积≥10% 边缘或焊缝处的锈蚀>50%。	红色

表9-5　船体点腐蚀/凹槽腐蚀状况评判表

腐蚀状况	等级	得分	状况衡准	指标颜色
GOOD	GOOD	1	浅的点腐蚀/凹槽腐蚀面积≤3%，深度≤1/4原始厚度。	绿色
	GOOD to FAIR	2	浅的点腐蚀/凹槽腐蚀面积≤15%，深度≤1/4原始厚度。	绿色
FAIR	FAIR	3	浅的点腐蚀/凹槽腐蚀面积>15%，深度≤1/4原始厚度。	黄色
	FAIR to POOR	4	浅的点腐蚀/凹槽腐蚀面积≤15%，深度>1/4原始厚度。	黄色
POOR	POOR	5	浅的点腐蚀/凹槽腐蚀面积>15%，深度>1/4原始厚度，剩余厚度<6 mm。	红色

5. 船体变形和裂纹的评判

按指标评分标准，将船体变形和裂纹两项均划分为Nil（无）、Slightly（轻微）、Major（严重）三大类共三个等级，见表9-6、9-7。

表 9-6 船体结构变形状况评判表

变形	等级	得分	状况衡准	指标颜色
Nil	GOOD	1	无变形。	绿色
Slightly	FAIR	3	板材：最大变形量<2倍的原始厚度。 骨材：最大变形量<15°。	黄色
Major	POOR	5	板材：最大变形量≥2倍的原始厚度。 骨材：最大变形量≥15°。	红色

表 9-7 船体结构裂纹状况评判表

变形	等级	得分	状况衡准	指标颜色
Nil	GOOD	1	无裂纹	绿色
Slightly	FAIR	3	油漆裂纹	黄色
Major	POOR	5	可见的裂纹	红色

四、船体结构换新衡准

船体各板材和构件的变形、锈蚀和磨损不允许超过规定的限值称船体结构的换新衡准。

1. 总纵强度衡准

对于 $L\geq65$ m 的船舶，船中 $0.4L$ 区域内在甲板处和船底处的船体梁剖面模数应不小于90%的《规范》所要求的船体梁剖面模数。

2. 局部强度标准

对于1983年1月15日及以后安放龙骨的按CCS规范建造的船舶，船体各板材和构件的换新厚度应不小于原建造厚度乘以表9-8所列的百分数。

表 9-8 船体各板材和构件的换新衡准　　单位：%

结构项目	最小换新衡准	
	$L\geq90$ m	$L<90$ m
(1)强力甲板、外板、内底板、纵舱壁、顶(底)边舱斜板等。 (2)纵向主要构件，如纵桁、连续舱口围板等。 (3)横向主要构件，如强肋骨、强横梁、双层底实肋板等。 (4)货舱内横舱壁板、横舱壁顶(底)凳斜板、深舱的水密舱壁板等。	80	75
其他板和构件，如开口线内甲板、甲板纵骨、舷侧纵骨、船底纵骨、内底纵骨、舱壁纵骨、舷侧肋骨面板、构件肘板等。	75	70
按CCS规范设计并被授予“重货加强”附加标志的散货船，其内底板的最小换新厚度可取原建造厚度的75%。		

第二节 船舶修理

船舶在运营过程中,由于受多种因素的影响,船体和船舶设备不断受到磨损和腐蚀,在交变应力和外界冲击力的作用下,船体和船舶设备还会产生不同程度的变形和扭曲,甚至产生裂缝直至断裂等。这些都会影响船舶的技术状态,也逐渐影响船舶的正常运营,给船舶安全带来威胁。因此,定期或不定期地对船体和船舶设备进行检查、维护和修理是船舶管理的一项重要工作。

此外,意外海损事故会给船体和船舶设备带来重大损坏,使船舶丧失航行能力,为使其恢复原有的技术状态,也必须进行修理。

因此,船舶修理是使船舶保持和恢复原有技术状态的有力保证。

一、船舶修理的种类与概念

船舶修理(ship repair)分为计划修理(planned repair)和临时修理(occasional repair)。计划修理多结合船舶的各种检验有计划、周期地进行,包括小修、检修和坞修。临时修理是由于意外事件而进行的非计划修理,包括航修、事故修理和自修。

(一) 计划修理

1. 小修

按规定周期有计划地结合船舶的中间检验或年度检验而进行的厂修和坞修工程称为小修(current repair),也称为岁修(annual repair)。主要对船体和机舱主要设备进行检查、保养和修理,使船舶能安全运营到下次计划修理的时间。小修的基本工程包括船体除锈油漆、修换部分船体构件、对主辅机及管系等进行一般检查和修理。客船和客货船的小修间隔期通常为12个月,钢质货船为12~18个月。

2. 检修

检修(overhaul)是船舶修理的最大修理类别,是按规定周期结合船舶的定期检验或特别检验而进行的厂修和坞修工程,目的是对船体和全船所有设备及各类系统进行全面检查、维护和修理,保证船体强度,确保各主要设备和主要系统能安全运营到下一次检修。除小修的工程外,检修的基本工程还包括船体测厚、主机解体检查和修理、辅机解体检查和修理,各管系的彻底检查和修理等。一般在2~3次小修后进行一次检修,即间隔期一般为4~6年。

3. 坞修

必须在船坞(dock)内对船体水下部分的构件和设备进行检查和修理的工作称为坞修(dock repair)。它一般结合小修或检修进行。由于坞修的费用较高,故减少坞修时间是降低修船费用的重要保证。

(二) 临时修理

1. 航修

航修(voyage repair)是船舶运营过程中产生的影响正常运营且必须由船厂或航修站进

行的一般修理工程或一般事故修理。它一般在船舶两航次间停港时进行。为缩短修理时间,减小对船舶正常运营的影响,有条件的,可随船抢修。

2. 事故修理

由于意外事故致使船体和设备遭受损坏,需要进行临时性修理以恢复船舶原有的技术状态,这种临时性修理称为事故修理(accident repair)。若涉及索赔问题,应邀请有关机构见证。

3. 自修

在船舶营运过程中或船舶进厂修理时由船员自己完成的修理项目称为自修(self repair)。自修可以是计划性项目,也可以是临时性小工作。计划性的自修应单立计划。自修不仅可以提高船舶的运营效率,降低修船费用,减少非生产性停泊时间,还可以提高船员对船体和船舶设备进行检查、维护和保养的技术水平。

二、修理的要求、范围与原则

1. 修船要求

(1) 船舶营运期间和修船前应根据有关法规、规范、设备使用说明书、航区、季节及货运特点等制定周密的年度、月度和航次维护保养修理计划,并严格执行。

(2) 备妥检修和测量两套记录簿,一方面用于平时在对船舶进行维护保养及预防检修工作时记录有关内容;另一方面也是编写船舶修理单的主要依据之一。检修记录簿用于记录设备的检修日期、检修内容、发现的问题及处理情况、完成工时和负责检修的人员等;测量记录簿用于记录船体和设备的测量数据,如甲板和船壳外板的测厚、锚链直径的测量、吊货属具的尺寸及二氧化碳钢瓶的称重等。

(3) 为保证修船期间的监修与验收工作能顺利进行,有关人员必须熟悉修船业务,如修船组织、工艺和质量标准等。

(4) 做好编写船舶修理单的前期准备工作。

2. 修船范围

根据船舶部门分工情况,甲板部应负责的修船范围包括:

(1) 船体:包括船壳板、各层甲板、舱室及各骨架构件等。

(2) 货舱及舱内设施:包括舱口围板及骨架、舱内骨架、横舱壁与舱底板(内底板)、护舷木条与舱底木铺板(如有时)、梯子、通风系统、污水沟(井)等。

(3) 甲板设备及各组成部分:包括系泊设备、锚设备、起货(装卸)设备和舵设备。

(4) 救生与消防设备:包括吊艇架、救生艇、救助艇、救生筏,各种救生用品的支架,各种固定消防系统及管路和消防用品的支架等。

(5) 各舱室内部、厨房设施及各食品库房。

(6) 各种甲板管系及水密设施与设备:包括通风管系、压载管系、舱底水管系、生活用水管系、排泄管系、货舱盖、各种水密门、窗及开口等。

(7) 各压载舱、隔离空舱及管隧结构等。

(8) 声光信号、通信、导航与助航仪器设备及火灾探测与报警系统等。

(9) 舷梯及其附属设施。

3. 修船原则

1) 基本原则

船舶修理以原样修复为主,以恢复机械、设备的原有性能为目的,并以船舶的使用年限为重要依据。

2) 依据有关法规、规范、规定及船东意愿修理船舶

交通运输部于2017年5月23日颁布实施了经修改后的《老旧运输船舶管理规定》,对不同种类和船龄的老旧海船所做的规定见表9-9。

表9-9 老旧海船船龄划分标准与要求

船舶类别	老旧船船龄	特别定期检验船龄	强制报废船龄	船舶
一类船舶	10年以上	18年以上	25年以上	高速客船
二类船舶	10年以上	24年以上	30年以上	客滚船、客货船、客渡船、客货渡船(包括旅客列车轮渡)、旅游船、客船
三类船舶	12年以上	26年以上	31年以上	油船(包括沥青船)、散装化学品船、液化气船
四类船舶	18年以上	28年以上	33年以上	散货船、矿砂船
五类船舶	20年以上	29年以上	34年以上	货滚船、散装水泥船、冷藏船、杂货船、多用途船、集装箱船、木材船、拖船、推船、驳船

结合表9-9所列出的规定要求,在船龄未达到规定的老旧海船船龄之前,按设计技术要求进行修理;在船舶已达老旧船船龄规定至达强制报废船龄期间,应严格按法规、规范的检验项目和入级技术标准及船东意愿进行修理,对达不到原入级标准的远洋船舶应按改变入级航区或按沿海船舶使用技术标准进行修理。

3) 保证修船质量

完成预定的修理项目,保证达到质量标准,满足规范、法规、修理标准、技术说明书等有关规定,做到牢固可靠、经久耐用、性能良好。船厂应对修理质量负责。修船质量保证期:固定件为6个月,运动件为3个月。

4) 缩短修船时间

应努力缩短修船时间,以最大限度地减少对船舶运营和经济效益的影响。

5) 降低修船费用

船舶修理费为船舶可变成本,也是航运企业重要的经济指标。必须注意在保质保量完成船舶各修理项目的同时,有效地节约修船费用,降低船舶运营成本。

三、修理的组织、准备与注意事项

(一) 组织分工

(1) 全船在船长领导下分甲板和轮机两个部门。船舶所属公司的机务部门是船舶修理

的业务主管部门，负责对船舶修理进行指导和安排。

(2) 甲板部由大副负责领导和分工，负责甲板部各工程项目的监修、验收与安全管理工作。

(3) 将甲板部船员分成自修组、安全组和厂修组三个专门小组，各组及其职责如下：

①自修组：主要负责船员及雇用人员的自修工程。

②安全组：负责船厂人员、船舶工作人员和船舶本身的安全。

③厂修组：监修与验收是厂修组船员的主要职责。主要是监督和协助厂修的各项工程，掌握修理工程的进度与质量，做好检查验收工作。验收应根据工程进度情况交叉进行，并做好详细记录，同时认真填写“船舶修理工程验收单”，对不符合要求的应及时通知厂方返工，以免影响修船工期。修理完毕后，再按有关规定做试验，以确定修理质量是否达到规定的技术标准要求。

（二）相关人员的职责

1. 船舶负责人在修船工作中的职责

(1) 密切配合修船主管，确保修船工程项目的落实和实施。

(2) 严格按技术标准对船舶、机械、设备的修理质量进行检查与验收。

(3) 负责安排船员值班、安全监督和确认修理进度。

(4) 严格执行公司对修船工作所制定的各项规章制度。

(5) 修船过程中如出现较大技术问题或拟变更工程项目时，应及时向修船主管提出说明和要求。

(6) 船长不得随意变更、追加和扩大原定工程项目。

2. 修船主管的职责

(1) 对工程项目的落实、质量的监督检查、进度的动态，以及修理费用支付的情况等负管理和实施的责任。

(2) 配合、协助和指导船员工作。

(3) 负责船舶修理进厂前后与厂家、船舶检验等部门的联系沟通工作。

(4) 负责收集整理编写技术资料和修船总结报告。

(5) 负责与船舶修理有关的单位进行联系和沟通。

（三）安全工作

安全工作是安全组船员的主要职责。船舶修理期间，因工程繁多，且有大量的明火作业，修理的各项工程几乎同时展开，进而造成船上的作业点多、人员多、人员上下频繁。为保证安全，必须认真做好安全工作，主要的安全措施应从防火、防坠落、安全用电、防滑和防冻等5个方面考虑。

1. 防火

防火是安全措施中的首要工作。应将所有易燃、易爆物品妥善集中存放，并用醒目标志标明。明火作业现场应按规定备妥数量合适且适用的消防器材与设备，同时派专人监视。

每次作业后应仔细检查作业现场及相邻处所。在整个修船期间均应妥善管理消防器材与设备,以确保其随时可被使用。

2. 防坠落

脚手架要系牢固,木板宽度应不小于600 mm,高空、舷外作业时应系好安全带,船岸间的跳板要有栏杆,其下应张好安全网,梯口与开口处须设栏杆,夜间应有足够的照明。

3. 安全用电

需临时照明的场所,若使用活动行灯,则必须使用36 V以下的低电压电源,若使用110 V以上电压的临时线路,应将灯系挂在高处,并做明显标志,用后及时拆除。

4. 防滑

用木屑及时消除甲板油污,油污的扶梯把手应用草绳包扎。冬天甲板和露天过道结冰时,应及时除冰或撒沙防滑。

5. 防冻

冬季修船时各种管系内残水要放尽,灭火器要包棉套防冻裂,消防水管要用草绳包扎。

(四) 船舶修理单

1. 船舶修理单的作用、编写要求及分工

船舶修理单(repair list)是船舶与公司机务部门向船厂提出修船的正式文件,是机务部门安排修船计划、分配修船费用的依据,也是船厂估工估料、编制各种作业计划及材料供应计划、确定修船时间、签订修船合同的依据。因此,修船单的编写应力求技术合理、部位清楚、情况准确。一份正确、完善并合理的船舶修理单对节约修船费用、缩短修船时间和提高修船质量具有十分重要的作用。

修理单分甲板部和轮机部两部分,分别由大副和轮机长负责汇总编写。大副应广泛动员本部门各主管人员及全体甲板部船员分工完成修理单的内容,再由大副负责最后汇总填写好甲板部船舶修理单后上报船长。

2. 船舶修理单的编写

1) 编写船舶修理单的主要依据

(1) 查阅历次修船记录,特别是上一次的。

(2) 查阅日常养护记录和保养修理计划。

(3) 根据船舶应接受各种检验的要求。

(4) 实际使用中发现的需要修理的地方。

(5) 查阅损坏、检修和测量记录簿及缺陷清单(defect list)。

(6) 结合规范和法规中的技术标准。

2) 船舶修理单所列各项工程应包括的主要内容

(1) 修理部位名称,即应写明修理构件的名称与部位。

(2) 损坏情况,写明属于何种损坏及损坏的程度和范围等。

(3) 修理方法和要求,但工艺方法和技术标准可不写。

(4) 对材料的要求,如材料的名称、规格、型号和数量。

(5) 写明因修理工程所引起的附带(附加)工程。

(6) 对平时无法拆检的隐蔽工程，应注明待进厂拆检后决定修理的内容，但应估计需要更换零部件的材料名称、规格、型号和数量等。

(7) 写明检验修船质量的标准，如试验报告、检验报告等。

(8) 其他认为应写明的。

3) 编写船舶修理单应注意的有关事项

(1) 修理单应注明本次所属的修理类别，如小修、检修、航修等。

(2) 船员计划性的自修工程项目应单独列出清单，并随同所需物料和备件清单一并列出上报。

(3) 船舶修理单一般应一式三份及时送公司机务部门审核，机务审定后留一份，交船厂一份，退回船上一份。一般“小修”应在船舶进厂前2个月将修理单送至机务部门审核，“检修”应在船舶进厂前4个月将修理单送至机务部门审核。

4) 常用修船符号

常用修船符号见表9-10。

表9-10　常用修船符号

序号	符号	含义	序号	符号	含义
1	⊗	换新	6	(5.9)	位置点厚度5.9 mm
2	×	拆除	7	W	焊补
3	□	拆装校正(校平或校直)	8	✱	已检查过
4	△	现场校正(校平或校直)	9		部分割换
5	 或 	覆板			

(五) 修船的准备工作

1. 基本准备工作

(1) 确定本次修船的工程项目、修船天数、经费及修船日期。

(2) 根据船舶修理工程单，由公司机务部门按规定报多家船厂询价招标。

(3) 重大备件要提前半年至一年订货，船舶进厂修理前必须到货。

(4) 将甲板部船员分成自修组、安全组和厂修组3个专业工作组，并进行职能培训。

(5) 根据需要，准备必要的船舶图纸。

2. 厂修

(1) 向全体船员说明本次修船的范围、重点和防范事项。

(2) 将油舱、油柜、管路和污水沟(井)内的残油、残水和船上垃圾清理干净。

(3) 将起重设备放置妥当(如有时)，打开货舱，打开双层底舱、深舱、边舱、船首尾尖舱、淡水舱等人孔盖，打开污水系统，以备检查。

(4) 妥善处置易燃、易爆危险物品和高压容器等设备。

(5) 暂不用且可移动的备件和物品装箱入库。

(6) 凡要送厂修理的零部件,拆下后应及时标记并挂上标记牌。

(7) 如需明火作业,则应在进厂前,将船上多余燃油全部排出。

3. 坞修

1) 主要坞修工程

(1) 船体重载水线以下船壳板的测厚、除锈、油漆或局部换新。

(2) 船名、水尺和船籍港标志的油漆。

(3) 水尺的校验和船体纵向变形的测量。

(4) 防腐锌板(ZINC protector)的更换。

(5) 双层底、深舱(deep tank)、油水柜和污水沟(井)的清洁、测厚、除锈油漆或涂水泥、换新。

(6) 各船底塞的拆装检查和封搪水泥,海底阀的拆装研磨。

(7) 助航仪器船底装置的检查。

(8) 舵的拆装检查与舵系间隙测量。

(9) 尾轴与螺旋桨的拆装检查与间隙测量。

2) 坞修准备工作

进坞修理前除了应做好厂修时的各项准备工作外,还应做好:

(1) 彻底清除全船油舱、油柜、双层底、深舱、污水沟(井)内的残油和污水。

(2) 清除全船垃圾,封闭厕所、浴室和厨房。

(3) 收进舷外突出物。

(4) 尽量减轻船舶质量,调整船舶纵倾不超过1%船长,横倾不超过1°。

(5) 备妥进坞图(docking plan)和舵结构图(rudder construction plan)及其他有关图纸,了解坞墩排列情况,坐墩位置应与上次坞修错开。

(6) 备妥系泊设备,主机、舵机及锚机能用的应备妥,若不能用应事先通知厂方。

(六) 修船注意事项

1. 基本规定

(1) 变更、追加或扩大原定修理工程项目,必须按规定程序办理。

(2) 需要报废、更换的重要零部件必须按规定程序办理审批手续。

2. 坞修注意事项

(1) 坞内水排干后即应会同厂方检查坐墩情况。

(2) 接妥电话、岸电与消防水龙,增设消防器材。

(3) 油水杂物不可倒入坞内,禁用厨房、厕所和浴室。

(4) 航海仪器的船底装置应用白纸贴封。

(5) 拆船底塞时,大副和木匠应在场。

(6) 进入油水舱作业,应严格按照有关作业规程操作。

(7) 进行水压试验前,应检查人孔和船底塞是否封妥,水压是否符合要求。

(8) 工程完成后出坞前,应检查所有坞修工程是否确实完成,并且检验合格。同时,还应仔细检查船底塞、海底阀是否被封好，航海仪器的船底装置纸贴封是否被撕掉，仪器与装置是否完好，防腐锌板是否装妥并不得涂油漆（可事先用牛油或透明胶带将防腐锌板的四周涂好或粘贴好，再涂刷船壳板油漆）。

(9) 为减小船舶起浮后的吃水差，出坞前可适当压载。

(10) 如需做倾斜试验可在坞内放水后进行。

3. 进浮船坞的注意事项

(1) 严禁在浮船坞(floating dock)开锚范围内抛锚。

(2) 进坞前船应无横倾，纵倾幅度与浮船坞负责人协商。

(3) 在风力增大至一定程度时，应尽可能出坞，以保证浮船坞的安全，待风过后再重新进坞。

(4) 凡在浮船坞内需放水、调整压载水或补充水等都必须事先征得浮船坞负责人的同意。

4. 进入油、水舱作业安全注意事项

(1) 准备作业的油(或水)舱在作业前应首先打开有关的人孔盖和其他开口进行充分的机械或自然通风，然后再进行氧气及其他有毒有害气体体积含量的测定，严禁盲目进入。

(2) 舱室内的氧气体积含量应达到人体正常呼吸所需的氧气量，且油舱内可燃气体的含量应在可燃下限的5%以下，人员方可下舱。若需明火作业，则可燃气体的体积浓度应不超过可燃下限的1%。

(3) 作业人员至少应由3人组成，其中2人入舱，1人舱口守护，且应事先确定好通信联系方法，同时还应在舱口准备好有效的呼吸器与急救用担架。

(4) 作业舱内，应有足够的安全照明，入舱作业时间不可太长。

(5) 开口向上的作业舱室，应有防止人员坠落的安全措施。

(6) 在整个作业期间，均应保持不间断的通风。

(7) 油、水舱作业完成后，应检查是否有工具遗忘在舱内，封闭人孔盖时应仔细检查舱内是否有人。人孔盖周围应敷设橡皮垫圈，螺母应对角方向成对拧紧，以确保均匀受力，保证水密。

四、船体结构与设备的修理要求

(一) 船体修理要求

1. 船体结构修理的基本原则

(1) 各种结构的修理，应避免将焊缝布置在应力集中处。

(2) 船体结构中的平行对接焊缝的间距应不小于100 mm，且应避免尖角相交；对接焊缝与角接焊缝之间的平行距离应不小于50 mm。

(3) 所用材料应满足规范要求。重要部位使用的材料级别应与原材料等同，同时应提交合格证明。

(4) 未经验船师同意，不得任意拆除或移动船体强力构件或在强力甲板、舷侧外板和水密舱壁上临时开口。

(5) 船体水密结构修理完成后，均须进行密性试验，必要时应进行无损探伤。

(6) 除紧急情况下允许覆板临时修理外，原则上覆板修理不应作为船体结构的永久性修理。

2. 几种典型缺陷的处理

1) 腐蚀的处理

(1) 分散坑点腐蚀：如坑点直径为15~50 mm，深度超过原建造厚度的50%，可允许堆焊磨平。

(2) 局部疤状腐蚀：如疤状宽度大于50 mm，深度达原建造厚度的40%，局部割换。

(3) 均匀腐蚀(包括麻点腐蚀)：超过蚀耗极限时，换新。

2) 裂纹的修理

一般采取局部割换，或在裂纹两端打止裂孔，彻底铲除，开“V”形坡口重新焊补。

3) 皱折与凹陷的修理

一般采取割换，必要时进行加强，视情况而定。

3. 焊缝修理

角焊缝焊脚的最大允许腐蚀极限为20%，对接焊缝腐蚀后其边缘不得低于钢板表面。超过上述要求时，应进行焊补修理，施焊前金属表面应进行除锈和清洁。

(二) 舵设备的修理要求

舵承和舵杆(销)如超过磨耗极限，应予换新或修理，舵销和舵杆表面一般不允许堆焊修理。

1. 舵杆(销)

舵杆(销)工作轴颈表面允许存在少量分散的锈蚀斑点，但深度不应超过舵杆(销)直径的1%，舵杆非工作轴颈允许减少量为原设计直径的7%。当舵杆扭转角$\varphi \leqslant L/2d$时，允许继续使用，其中：φ为扭转角，d为舵杆最小直径，L为舵杆长度。

2. 舵柄

舵柄不允许有与受力方向垂直的裂纹。当舵柄弯曲不大于1 mm/m时，允许冷校直；大于1 mm/m时，可用热校直，加热温度不应超过650 ℃。

(三) 锚设备的修理要求

对变形的锚爪和锚杆应用火工校正。锚爪和锚杆的裂纹允许电焊修理，其方法是在施焊前先在裂纹两端钻直径8 mm的止裂孔，再铲去裂纹补焊，修复后做拉力试验。

链环弯曲变形时，应予火工校正，并做拉力试验。链环横档(撑档)松动时，应烘火紧档，或用电焊将横档与链环焊牢。

(四) 起重(装卸)设备的修理要求

起重桅、吊杆、起重机的金属结构壁厚的蚀耗超过原厚度的20%时，一般应予换新。

（五）舱底水、压载水、甲板排水和货油等管系的修理要求

舱底水、压载水、甲板排水和货油等管系应接受外观、无损检测和液压（压水）3项检查与试验。受内压钢管管壁厚度的腐蚀极限：①淡水管为0.8 mm；②海水管为3.0 mm；③货油管为2.0 mm。

除经工作压力下的压水试验无泄漏可限期使用者外，当钢管管壁腐蚀厚度超过上述极限时，一般应予换新。

五、修理工艺简介

1. 水尺校验与船体纵向变形的测量

《钢质海船入级规范》规定，船舶由中垂或中拱引起的船体挠度（纵向变形）一般不得大于$L/1\,000$。为能准确测得船体纵向变形幅度以对船舶水尺（吃水标志）进行校验，一般均利用坞修时机在坞内采用船底望光（light measure with eye for the bottom deforming）法，如图9-13所示。

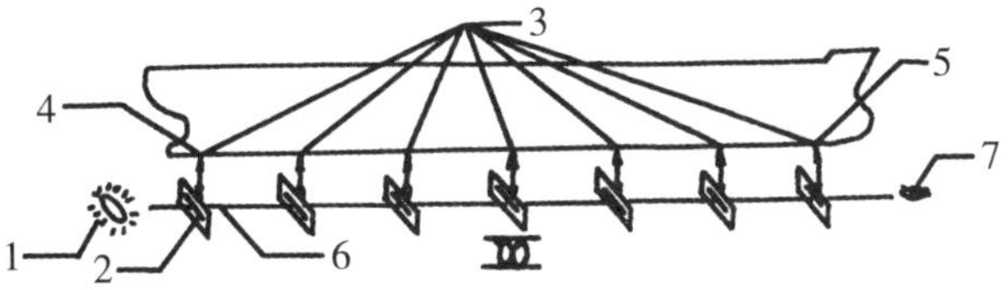

1—扁光源；2—遮板横缝；3—测量站；4—尾端；5—首端；6—光线；7—目测。

图9-13 船底望光

测量方法：在船底水平部分的首、尾两端各设一有横缝的遮板，两横缝距船底的距离相等（一般为150~200 mm），在尾端（或首端）的遮板外侧与遮板横缝等高处设一扁光源，在船中以及相隔一定距离处选取若干测量站（为避免因局部变形而影响测量的准确性，应尽可能设在横舱壁处），依次在各站竖起有同样横缝的遮板，然后在首端（或尾端）进行观测。当光线从尾端、各测量站和首端等各横缝相继透过时，则说明全部遮板的横缝位于同一水平线上，此时测量各测量站遮板横缝至船底板的距离，即可得到船底的望光记录（表9-11），从而达到掌握船体纵向变形的情况。

表9-11 船底望光记录

肋位	10	40	70	100	130	160	189
测量距离/mm	150	130	115	110	120	135	150

2. 钢板厚度的测量

目前，普遍采用超声波测量仪测量钢板厚度。具体做法：先将被测钢板用砂轮打到露出钢板本色，在其上涂一点水玻璃以改善探头与钢板的接触，将探头紧压在该处便可直接在仪器表盘上读出钢板的厚度，然后用白漆将测得的厚度记在被测点旁边，并记录在外板展开图、甲板图或舱壁图上。

3. 钢板的割换

超过腐蚀极限或某些局部烂穿的钢板都需进行割换或挖补。新钢板应进行拉力、冷弯

和冲击物理试验。

1）整张钢板的割换

首先，将要拆钢板与骨架之间的焊缝割开，并将四周留存，钢板与骨架的焊缝也割开一段，长约300 mm，然后将新钢板按尺寸割好装上。其次，用压马（角尺马）和铁楔将板的端接缝和边接缝压平，再用电焊点焊几处固定。最后，按钢板与骨架的焊缝、端接缝和边接缝的次序全部烧妥电焊。图9-14为压马与铁楔铮平钢板示意。

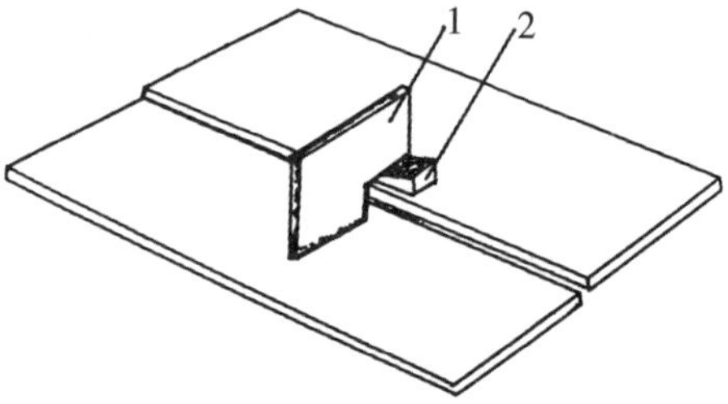

1—压马（角尺马）；2—铁楔。

图9-14　压马与铁楔铮平钢板示意

当需要同时拆换钢板与骨架时，则应先拆骨架，且拆换骨架的长度应超过板宽（或板长），新骨架与原骨架的连接缝应距钢板的边接缝（或端接缝）100 mm以上。

2）挖补

若是方形（或长方形）挖补，则开口的四角必须呈圆弧形，以免应力集中而使钢板产生裂缝。焊接时，应先将横缝与竖缝的直线部分焊妥，再焊四角的圆弧部分。每焊一遍应用小锤敲打一遍，以清除内应力（同时也可清除焊渣），防止焊缝开裂。

4. 裂缝的修理

首先应仔细检查裂缝（crack）部位，找出裂缝的起始点与终止点。其次在该两点处钻直径为8~12 mm的止裂孔（stopper hole），并做好记录。最后再对裂缝进行补焊或挖补。

裂缝不能用覆补的方法修复，因为覆补加强作用小，且影响后续对裂缝的观察。

5. 凹陷与弯曲的矫正

凹陷与弯曲原则上应进行割换修理。

1）钢板凹陷的矫正

钢板凹陷的矫正方法视具体情况有红火木锤敲打法、使用矫正卡板（俗称排）、红火与千斤顶配合法、红火锤打与油压机压平法等。

当钢板较薄且凹陷面不大时，可在钢板凸出面逐次一点一点用氧乙炔火焰加热，加热点的大小视板厚和变形程度而定，一般为直径50~100 mm的圆形范围。每加热一个点后即用木锤敲打加热点及四周，再用冷水浇在该点上，使其冷却收缩产生反变形达到使钢板恢复平整的目的。

对较厚或凹陷面较大且较深的钢板，可用矫正卡板（俗称排）来进行，也可在钢板凸出面装置千斤顶，在凹陷面加热的同时用千斤顶顶出。顶推的动作应缓慢且均匀，以防钢板产生裂缝。

当钢板凹陷面很大且连同骨架一起变形时，一般将变形部分连同骨架一起割下，送船体车间用红火、锤打和用油压机压平矫正后再装回。

2）骨架弯曲变形的矫正

骨架弯曲变形后，一般用水火矫正，即用氧乙炔火焰局部加热，同时用水对其急剧冷却，使骨架产生反变形以抵消原有变形而得到矫正。

第三节 修船工程的验收

为确保船舶修理质量，必须对各项修理工程进行检查、验收与试验。归纳起来一般包括以下几个主要阶段：施工中、完工后对项目的检查或检验与验收；完工后的系泊试验与航行试验；消除缺陷及扫尾工作；业务性账目核对；完工签证。其中，系泊试验与航行试验是关键阶段，进行该两项试验前，应事先由厂方根据所修的工程项目拟定试验大纲并报经船级社批准，同时厂方还应备妥必要的图纸、技术文件和试验报告单等。

一、施工期项目的检查或检验与验收

从施工开始至完工的整个施工期间对项目的检查或检验与验收应根据厂方修理工程的进度交叉进行，对不符合要求的应及时指出纠正，以免造成返工而影响工期。凡是须经验船部门验收的项目，必须由授权的验船师现场检查或检验。

1. 修理工程完工验收交船的有关规定

(1) 工程项目经验收合格后方可签署项目竣工单。

(2) 结算工程项目费用，必须提交由相应负责的责任人签署的“工程项目结算单”，方可结算。

(3) 试验时需同时有厂方、船方(包括公司和由公司邀请的专业人员)和主管机关指派的验船师三方在场，共同进行。

(4) 厂方仅在所有工程项目缺陷完全消除并验收合格的情况下，方可交船。

2. 应检查或检验与验收的修理工程项目和标准

(1) 对所选用的材料、配件及属具等是否具有合格标记及证书的检查与验收。

(2) 对照修理单检查外板、甲板和构件等割换安装时是否符合要求，同时检查相邻区域的状况。

(3) 锚链的换节连接应牢固可靠。

(4) 舵和螺旋桨的安装应符合标准；船底塞水泥的封搪应光滑、牢固。

(5) 防腐锌板(anticorrosive zine plate)的分布应符合防腐要求，船尾、舭部等重点部位应占40%，其他占60%。

(6) 修复后的各管系应符合规范的布置要求，并应畅通无阻。对测量管和空气管还应检查其管口的盖子和封闭装置是否完好。

(7) 对焊缝(包括焊补)的质量检查与缺陷修补：

①外观检查(external examination)：在有足够亮度，即应满足被检表面的光照度不低于350 Lx要求的情况下用肉眼进行检查，必要时应采用辅助光源(如手电筒等)对被检部位加以照明。焊缝外形检查可采用适用的通用或专用工具(如焊缝卡板、量具等)进行测量，必要时可采用放大倍数不大于5倍的放大镜、照相机等辅助工具进行间接检查。

应对所有焊缝进行外观检查。焊缝表面应成型均匀、平顺地向母材过渡，无过大的余高，不应有裂纹、未熔合、单面焊根部未焊透等缺陷存在。表面气孔和咬边等应在允许范围以内。

②内部质量检查(internal examination):对一些重要的构件和部位应用X射线、γ射线、超声波或其他适当的方法进行无损检测,必要时有些焊缝还应增加适当数量的磁粉或渗透检测,以查明焊缝内部是否有气孔、裂纹、夹渣和未焊透等缺陷。船体焊缝无损检测的数量和位置可由船厂和验船师根据船型、采用的焊接方法和往日的建造质量记录商定。必要时,验船师可要求增加无损检测的数量。无损检测通常应满足CCS《船舶焊接检验指南》规定的检测方法和验收标准的要求。

散装运输液化气体船舶所有舱壁板的全焊透对接焊缝均应进行100%的射线检测。

③缺陷修补(imperfection mend):若检查表明焊缝缺陷超过标准允许值时,应在船体完工试验前,对缺陷处进行修补。

a. 外观检查发现的缺陷,通常应在无损检测前将其修补完毕,表面微小缺陷可用砂轮磨去。

b. 所有需要焊补的缺陷,应在焊补前被彻底清除干净。必要时可用无损检测的方法进行检查,以证实缺陷确已被清除。

c. 焊缝经修补后应对该处进行外观检查和相应的无损检测,并应符合验收标准。

二、系泊试验

完工后的系泊试验(mooring test)是在船厂码头边进行的一系列试验,是航行试验的准备。系泊试验的主要项目内容:密性试验、甲板与安全设备、各种管系(包括生活用管系)的效用、舷梯、航行、信号与通信等设备的试验及倾斜试验等。

(一)密性试验

对有水密要求的船体结构与设施在建造或修复后均应按规定进行密性试验(watertight test),并满足相应要求。

1. 一般要求与规定

(1)对蒸气压力不大于70 kPa的重力液舱及水密或风雨密结构在建造和重大改装或修理后均应进行密性试验。

(2)试验前焊缝区不得涂刷保护涂层。试验时,若外界气温低于0 ℃,应采取适当的防冻措施。对易受大气腐蚀的部位,经同意可涂车间底漆。

保护涂层:指防止结构免受腐蚀的最终涂层,不包括车间底漆。

车间底漆:指用于构件表面处理后和装配之前的一种防止制造过程中腐蚀的薄涂层,防锈但不影响密性试验结果。

(3)最终与临时涂层应用。① 最终涂层:对自动焊的对接焊缝,如果焊缝经仔细目视检查并令验船师满意,最终涂层可在接头边界的渗漏试验完成之前的任何时候施涂;对所有其他接缝,最终涂层应在接缝渗漏试验完成之后施涂;验船师可在自动合拢对接焊缝施涂最终涂层之前要求进行渗漏试验。② 任何可能隐藏缺陷或渗漏的临时涂层应按最终涂层规定的时间予以施涂。

(4) 机械设备、锅炉、压力容器和管系安装后应进行密性试验，试验时间一般不少于5 min。

2. 密性试验类型及定义

1) 类型

(1) 结构试验：指用于证明液舱的密性和结构设计合适性所进行的静水压试验。当因实际试验条件的限制而不能进行静水压试验时，可用静水压气动试验代替，但其试验状态应尽可能模拟与该液舱实际载荷相同。

(2) 渗漏试验：指为证实结构密性的试验。除特别指明外，渗漏试验可以是静水压试验、静水压气动试验、冲水试验或空气(充气)试验。

2) 定义

(1) 静水压试验：指用液体充装处所并到达指定压头的试验。

(2) 静水压气动试验：指在处所充装部分液体并在液体表面施加气压的试验。

(3) 空气(充气)试验：指通过空气压力差和渗漏探测方法来验证密性的试验，如压缩空气和抽真空试验等。此外还有超声波及渗透试验(渗漏试验)等。

(4) 冲水试验：指通过对接缝冲水并在其反面观察验证接缝密性的试验。

3. 密性试验要求

1) 结构试验(静水压试验)

需进行结构试验的液舱和边界有双层底液舱、两舷侧液舱、深舱、货油舱、散货船用作压载的货舱、首尾尖液舱、锚链舱、压载管道和燃油舱等。试验时的水压头应满足规范要求。

2) 静水压气动试验

静水压气动试验是静水压和空气压力的组合试验，在液舱内充水至液舱顶并附加不小于0.015 MPa(0.15×10^5 Pa)的空气压力。该种试验在被试液舱附近应至少留有一人。

3) 空气(充气)试验

试验压力应为0.015 MPa(0.15×10^5 Pa)。先将液舱内的空气压力升到0.02 MPa(0.2×10^5 Pa)，并保持该压力约1 h，在气压降到试验压力之前，液舱附近应至少留有一人，然后将空气压力降至试验压力。被试验液舱的所有焊缝应涂上一层有效的显示液(如肥皂水液)。另备U型管。

不作液舱的尾尖舱、双板舵(流线型舵叶)及隔离空舱等应进行空气(充气)渗漏试验。

4) 冲水试验

进行冲水试验(hose testing)时，冲水软管喷嘴处的最小压力应至少等于0.2 MPa(2×10^5 Pa)，喷嘴直径应不小于12 mm，距试验项目的最大距离应不大于1.5 m。应采用正向冲射的方式且对垂直焊缝应自下而上冲射。

平面和槽型水密舱壁、水密门(就地)、风雨密门及其他风雨密关闭设施、首门、尾门和舷门、风雨密舱口盖及轴隧和管隧等应进行冲水试验。

(二) 甲板设备试验(详见相关各章节内容)

(三) 消防与求生设备

检查各种消防、求生设备的布置、数量、种类是否符合规范要求及有无船用产品证书。

对重力式吊艇架进行强度试验和吊放艇试验，其强度试验负荷至少应为艇重、属具及核定乘员总重量（为吊艇架的安全工作负荷）的2.2倍，持续时间不少于5 min；对自由降落式救生艇试验负荷为安全工作负荷的1.1倍。

（四）各种管系

对污水、压载、通风、甲板排水及消防管系等进行系统检查，并对管路进行试压和效用试验，以确认其是否符合规范要求。

（五）舷梯

检查舷梯（gangway）的转动、翻身等灵活性，并做强度试验。对新梯：应使舷梯与水平成37°夹角，在梯子的单数梯级及下平台上各放置150 kg的负荷，或每一梯级放置75 kg的负荷，在上平台放置300 kg的负荷，保持15 min，卸去负荷后，舷梯各旋转部分应保持灵活，各部分应无缺陷或明显变形。对修理后的舷梯：应将舷梯置于夏季载重水线以上0.5 m处，每一梯级放置75 kg或每隔一梯级放置150 kg的负荷，上下平台各放置150 kg的负荷，在静止状态下保持30 min，卸去负荷后，舷梯应无永久变形或其他缺陷。

（六）航行与信号设备

检查航行与信号设备（navigation and signal equipments）的布置、数量、规格和能见距离是否均符合法规和规范要求，并对各种助航仪器设备和信号设备进行效用试验，同时尽可能测定其误差。

（七）通信设备

检查通信设备（communication equipments）配备的种类、数量，并对无线电通信设备和船内通信设备进行效用试验。

（八）倾斜试验

1. 定义

倾斜试验（inclining test）是指船舶在建造或改装完成或接近完成时，处于或接近设计规定的空船状态下进行的试验，其目的是确定空船的实际排水量及其重心的实际位置。

空船是指处于可正常航行的船舶，但没有装载船用消耗备品、物料、货物、船员和行李，且除机械和管系液体（如处于工作状态的润滑油和液体油）外，没有任何其他液体。

2. 规定

新建船舶完工时，应进行倾斜试验。如属同一船厂同批建造的同型船舶，第一艘应进行倾斜试验，以后建造的船舶如空船排水量的偏差值超过2%或重心纵向位置的偏差值超过0.01L（L为船舶垂线间长）时，应重新进行倾斜试验。

改装或修理中稳性变动较大的船舶，在完工时应进行倾斜试验。对稳性受到怀疑的营运中的船舶也应进行倾斜试验。

对各类客船，在不超过5年的间隔期内，应进行一次空船排水量和重心纵向位置的核查，然后将检验结果与已批准的稳性资料相比较，如空船排水量的偏差值超过2%或重心纵向位置的偏差值超过0.01L（L为船舶垂线间长），则应重新进行倾斜试验。

3. 要求

（1）试验环境与系泊条件。①应在平静的、风力不大于2级（最大不超过3级）的天气条件下进行。②应尽量安排在船坞内进行，或在平静、不受外来干扰的围蔽水域（浪级不超过2级）内进行。特殊情况可在有潮流的水域内进行，但应尽量选择平潮时，且船首应正对流向。③船舶四周及船底应有充分的水空间，缆绳应系于中纵剖面内且保持松弛，拆除接岸物件，以保证船舶能自由浮动与自由横倾。

（2）每舷最大的试验横倾角应达2°~4°，条件限制的应不小于1°。

（3）凡属正常航行时应备有的各种设备、仪器及备件等应按规定位置安放妥当，多余的清除。对可能摇摆或移动的装置、设备及物件等进行系固。

（4）对条件限制难以达到空船状态的，可允许有少量多余或不足物件，但总质量应不超过空船排水量的1%。

（5）所有液体舱柜应彻底抽空或灌满，否则应进行自由液面修正。

（6）应尽可能减少初始纵倾，若纵倾超过船长的1%，则应按实际纵倾状态进行静水力参数计算。试验时的初始横倾角不应超过0.5°。

三、航行试验

为全面检查船舶各项设备的适航情况与操纵性能，在系泊试验合格后，还应进行航行试验（navigation test），其试验内容主要有：

1. 主机试验

测定主机功率，检测在各挡速度时正车与倒车的转速、转速表的正确性，主机启动与停车所需时间及可靠性，主机换向所需时间及灵活性、可靠性等。

2. 惯性试验（冲程试验）

试验内容详见《船舶操纵》有关章节。

3. 旋回试验

试验内容详见《船舶操纵》有关章节。

4. 操舵系统航行试验

（1）按舵设备航行试验内容要求进行操舵试验。

（2）“Z”形试验，详见《船舶操纵》有关章节。

（3）航向稳定性试验，详见《船舶操纵》有关章节。

5. 深水抛锚试验

详见锚设备中深水抛锚试验要求。

6. 通信设备与各种助航仪器设备的试验

进行实际的船岸通信和应急通信的效用试验，检查其工作情况、可靠性、稳定性和频率的正确性等。对各种助航仪器设备的试验目的是测试其性能是否达到规定的技术标准和误差是否在允许的范围内。

◇◆ 小结 ◆◇

本章包括船体日常检查保养(对船体结构进行日常检查、船舶维护保养计划、CCS《船体检查保养计划指南》有关规定、船体结构换新衡准)、船舶修理(船舶修理的种类与概念、修理的要求、范围与原则、修理的组织、准备与注意事项、船体结构与设备的修理要求、修理工艺简介)和修船工程的验收(施工期项目的检查或检验与验收、系泊试验与航行试验)等内容。

本章在全面考量《航海技术专业本科培养教学大纲》及《海船船员培训大纲》(2021版)对高级船员所要求了解和掌握知识点的基础上,依据CCS《钢质海船入级规范》等有关规定编写而成。内容充分结合了航运发展的新特点和航海新技术在船舶建造中的应用,注重理论与航海实践相结合的原则。

对航海技术本科生及二、三副来说,应重点掌握本章内容中船舶修理的种类与概念、修理的要求、范围与原则等内容;大副应重点掌握船体日常检查保养、船舶修理和修船工程的验收所包含的全部内容。

复习与思考题

1. 甲板部制订船体日常检查保养计划应考虑的要素有哪些?
2. 完整的“船舶年度维修保养计划”主要由哪些部分组成?
3. 对船体结构进行日常检查保养应重点关注的部位有哪些?
4. 简述对船体结构进行日常检查时应重点检查的局部位置。
5. 船体局部易腐部位有哪些?
6. 对集装箱船进行结构检查的主要部位有哪些?
7. 对散货船进行结构检查的主要部位有哪些?
8. 对矿砂船进行结构检查的主要部位有哪些?
9. 船舶修理的本质是什么? 简述船舶修理的分类。
10. 甲板部的修船范围主要有哪些?
11. 修船期间的安全工作主要应从哪些方面去考虑?
12. 简述坞修的主要注意事项。
13. 进入油、水舱作业的安全注意事项有哪些?
14. 船体结构修理的基本原则有哪些?
15. 船舶修理单编写的主要依据有哪些?
16. 简述密性试验的种类与方法。
17. 航行试验的主要内容有哪些?

附录A　甲板部英文船舶修理单实例

Example of Ship's Repair List for Deck Department

M.V. "×××" Repair List

WESSEL PARTICULARS:

SHIP'S NAME:

CALL SIGN:

SHIP TYPE:

GROSS TONNAGE:

NET TONNAGE:

DEADWEIGHT:

L.O.A:

L.B.P:

BREADTH:

DEPTH:

SUMMER DRAFT:

MAIN ENGINE:

SHIP BUILDER:

Docking Repair(Hull Part)

101.Vessel to be docked for inspection, derusting, painting and other underwater work. The work also includes tug service, line handling and gangway arrangement.

102.General service

(1) Shore electric power(A.C.380 V, 50 Hz, 300 A)to be furnished.

(2) Cooling water for refrigerators to be connected.

(3) Fresh water to be furnished as required.

(4) Fire line to be connected.

(5) Daily garbage to be disposed of.

103.Hull cleaning and painting

(1) The bottom area from keel to light load line about 2 700 sq.m including rudder, rudder post, stern frame, to be cleaned with high pressure fresh water. The rusted area about 300 sq.m to be sand-blasted (Grade SA-2), and patched with two coats of bottom primer on the bare metal surface. Then the whole area to be applied with one coat of anti-corrosive paint and one of tropical anti-fouling paint.about 40 sq.m in stern part to be applied with anti-galvanic paint instead of A/F.

(2) The boottopping strake, from light load line to full load line, about 1500 sq.m to be cleaned with high pressure fresh water. The rusted area about 450 sq.m to be sand-blasted (Grade SA-$2\frac{1}{2}$) and patched with two coats of primer and one coat of boottopping green paint on the bare metal surface. Then the whole area to be applied with one coat of boottopping green paint.

(3) The topside about 1 200 sq.m to be cleaned with high pressure fresh water. The rusted area about 200 sq.m to be sand-blasted (Grade SA-$1\frac{1}{2}$) and patched with two coats of primer and one coat light grey paint on the bare metal surface. Then the whole area to be applied with one coat of light grey paint.

(4) All draft figures, plimsoll's marks, ship's names and port of registry to be repainted twice in original colour.

(5) Run off pipes to be connected temporarily for out board scupper (10 pcs. in total) during time of painting.

(6) All above paints to be supplied by Owner. Each part of the hull should be examined by Chief Officer and obtain his agreement before each coat being applied.

104.Bottom base line

Ship's bottom base line to be sighted and measured. Three copies of record to be handed over to Chief Officer.

105.Zinc plate

20pcs. zinc plate on rudder, stern frame and ship's hull to be renewed. (30 mm×150 mm×300 mm)

106.Bottom plug

Three bottom drain plugs to be dismantled, examined and refitted. One plug to be renewed.

107.Thickness measurement

Thickness of shell plate in way of B, C and D strakes to be measured with ultrasonic instrument (50 spots in total). Three copies of record to be delivered to Chief Officer.

108.Rudder

Clearance of rudder bearings to be measured and record to be handed over to Chief Officer in triplicate.

109.Anchor and chain etc.

Both bow anchors(each 4 600 kgs)and chains(dia.58 mm)of 25 lengths in total to be ranged in dock and repaired as follows:

(1) The anchors and chains to be sand-blasted and applied two coats of bitumastic solution (supplied by Owner).

(2) 25 Kenter jointing shackles to be dismantled, cleaned, inspected and refitted.

(3) 30 loose studs to be tightened up.

(4) The first length of both P.&.S.anchor chains to be disconnected and connected as the last length.

(5) Shackles to be remarked with new seizing wires and red/white paint. The anchors and chains to be refitted back properly.

(6) Both chain lockers to be cleaned. The rusted parts about 80 sq.m in total at the lower half of lockers, from bottom to 2 m above grating, including grating, to be chipped and patched with two coats of bitumastic solution. Then the whole area to be applied with one coat of bitumastic solution(solution to be supplied by Owner).

110.Storm valve

4 sanitary storm valves to be dismantled, cleaned, ground and coated with anti-corrosive paint, refitted in order.

111.Propeller

The propeller to be polished and varnished.

Deck department

201.Ballast water tank

The following tanks to be made rust free, wirebrushed, cleaned and applied with two coats of special ballast tank paint(supplied by owner). The manhole bolts and packings to be renewed if any damage being found. After completion, hydro-static test to be carried out in dock:

Forepeak tank--280 cu.m

No.4 deep tank--180 cu.m

No.3 double bottom tank---80 cu.m

202.Fresh water tank

The following fresh water tanks to be cleaned, loose cement(about 20% of whole area)to be scraped out, the rust part(about 30% of whole area)to be derusted by chipping. Then whole area to be washed and cemented 3 times.The tanks to be softened with dry ice.Manhole bolts and packings to be renewed if any damage being found:

Afterpeak tank--180 cu.m

No.2 & 3double bottom tanks------------------------------------120 cu.m

203.Hold bottom ceiling

The defective bottom wooden ceiling boards under the hatch way of holds No.2 to be renewed.

The tank top plates under renewed ceiling to be made rust free by chipping and applied with two coats of red lead paint(paint supplied by Owner).

204.Cargo batten

The defective and missing cargo batten boards(50 mm×150 mm, about 300m in total)to be renewed.150 pcs.cleat to be renewed and 80 bent cleats to be faired up.

205.Ladder in cargo hold

23 bent steps of ladder(breadth 360mm)to be straightened up in place. 10 fractured steps to be renewed.

206.Hatch coaming

The wire grooving on the hatch coaming to be welded up and smoothed.

No.3 hatch--35 pcs.

207.Cargo lashing ring

The following lashing rings to be made and fitted according to Chief Officer's instruction:

Tween deck on BHD--20 pcs.

Tween deck on frame--50 pcs.

Lower hold on frame--60 pcs.

208.Hatch cover

The Mac-gregor single pull hatch covers (8 pcs. in total)at hatch No.3(15 m×8 m)to be repaired as follows:

(1) The rubber packing to be renewed total about 80 m long according to Chief Officer's instruction. Packing grooves to be chipped and painted with two coats of red lead paint.

(2) Rusted water way of covers about 40 m in length to be chipped, brushed and applied three coats of red paint and two coats grey paint(paint supplied by Owner).

(3) 4 eccentric rollers to be renewed.

(4) 10 top wedges to be renewed.

(5) 4 lengths of towing chain between two covers to be renewed.

(6) Watertight test to be carried out to Chief Officer's satisfaction.

209.Wooden hatch cover on tween deck

New wooden hatch boards to be supplied as follow:

75 mm×430 mm×1 550 mm 30 pcs.

75 mm×430 mm×2 200 mm 20 pcs.

Remark:

(1) Both ends of the boards to be covered with galvanized steel plate.

(2) The bolts and nuts to be galvanized.

210.Hold painting

No.2 & 3 lower holds and tween deck(hold length 24 m each)to be thoroughly washed down with high pressure fresh water, rusted area about 300 sq.m in total to be scraped and two coats of primer and one coat of surface paint of original colour to be applied, then the whole area (including bulkhead, shell, frame, deck and pipes) to be applied one coat of surface paint of original colour (paint supplied by Owner).

211.Hull construction

(1) The dented hull plate in hold No.3 port side (about 200 mm×350mm) to be faired up in place. The bent part of starboard frame No.120 (12 mm×300/16 mm×160 mm, 500 mm in length) to be cropped and renewed.

(2) The seriously deformed bulkhead plate (12 t×500 mm×800 mm) between No.4 and No.3 holds to be renewed.

(3) One doubling plate (10 t×300 mm×400 mm) to be patched on bulkhead in hold No.2.

212. Watertight door

10 Watertight door on main deck to be removed, repaired, refitted and red lead paint (paint supplied by Owner).

(1) All sponge rubber packings (15.5 t×35 mm, 45 m length in total) to be renewed.

(2) Packing grooves to be chipped and painted with two coats of red lead paint (paint supplied by Owner).

(3) Packing grooves coaming to be renewed partly (4.5 t×20 mm, 15 m in length).

213.Cargo gear

Two pairs 3/5 tons derrick at hatches No.1 after port & std'd and No.2 fore port & std'd, two pairs 3/10 tons derrick at hatch No.2 after port & std'd and No.3 fore port & std'd to be repaired as follows:

(1) 8 goose necks, 8 topping lift blocks, 8 cargo blocks and 8 heel blocks to be dismantled, overhauled, measured, well greased, painted and repaired if necessary, then reassembled in order.

(2) 2 topping lift wires of 3/10 tons derricks to be renewed with yard's material (Dia.22.5 mm, 110 m in length).

(3) The derrick load test to be carried out according to rule.

(4) All measuring records and load test reports to be handed over to Chief Officer in three copies.

214.Deck covering

(1) The defective wooden dock on bridge deck to be renewed partly with pine wood planks about 200 m in total (60 mm in thickness, 125 mm in breadth). The new wooden deck to be caulked with rubber. The steel deck plate to be chipped to bare metal and applied two coats of bitumastic solution (supplied by Owner).

(2) The cracked or dented deck composition on boat deck to be renewed about 20 sq.m (25 mm in thickness).

(3) The broken floor tiles about 5 sq.m in galley and W.C. to be renewed.

215.CO_2 Fire extinguishing system

(1) 110 CO_2 bottles to be checked for liquid level and certificates to be issued.

3 empty bottles(45 kg type)to be recharged.

(2) Smoke detecting pipe lines to be cleaned and leakage tested by air-blowing. Smoke test to be carried out.

(3) Smoke detectors to be examined and repaired if necessary.

216.Life boat and davit

(1) Life boat No.2 to be removed .

(2) All sheaves and rollers of life boat davit to be overhauled , cleaned , greased and reassembled.

(3) All brake linings and bands of life boat winch to be renewed.

217.Life raft

Two sets of 12 persons inflatable life raft to be removed to service station , opened up , inspected , renewed equipment as found necessary , repacked and replaced in position.

Certificate of inspection to be delivered to Chief Officer in triplicate.

218.Accommodation work

(1) One section of fresh water pipe(Dia.25 mm×4 m) and one stop valve(Dia.25 mm) in crew's bathroom to be renewed.

(2) Three pcs. of side scuttle glass in crew's cabins to be renewed(Dia.313 mm, thickness 9 mm, toughened).

CHIEF OFFICER: ____________________

MASTER: ____________________

附录B　某22 000立方米液化气船航行试验大纲

甲板部及与甲板部关系密切的部分

1　GENERAL 总则

1.1　General Description 概述

1.1.1　Intention 目的

The schedule of sea trial is made out in compliance with requirements of the class rules and the contract specification and the sea trial is to demonstrate the operability and performance of the vessel.

本航行试验大纲根据船级社及合同说明书有关要求编制,作为本船海上性能的依据。

The sea trial should be conducted in weather and sea conditions confirmed by owner.

试航在船东认可的天气及海况下进行.

The test records are to be filled in compliance with the unified forms made out by the quality control department of the shipyard. Each test record table shall be in 3 copies for shipyard, class and owner's file where relevant. Recorded data shall be signed and confirmed by presence of shipyard, class and owner.

试验记录填在由质管部提供的标准表格上,记录一式三份,船东、船检和船厂各一份。记录数据由船检、船东和船厂签字认可。

The items, which had been finished during mooring test should not be tested at sea trial. And the items noted as for first vessel only, should not be tested for the sister vessel if that to be agreed by the Class.

系泊试验已经做过的项目,在航行试验中不再重复;凡注明"(仅首制船)"的试验项目,在首制船试验结果合格的条件下,后续船可省略不做。

Some items in mooring test program need to be carried out during sea trial of which shall not be listed in this program.

在试航期做的系泊试验项目不在本大纲列出。

1.1.2 Instruments and Apparatus used in Sea Trail 试航用仪器设备

Depth of water to be measured by the echo depth sounder on board.

水深由船上的测深仪测量。

Wind speed and direction to be measured by the anemometer and wind direction indicator on board.

风速由船上的风速风向仪测量。

Ship's heading to be measured by the bridge compass on board.

航向由船上的罗经测量。

Ship's revolution to be measured by the revolution counter from revolution indicating signal.

转速用轴系(指示系统)转速表测定。

Ship speed to be measured by DGPS.

航速由DGPS测量。

Make sure the relevant Instruments and Apparatus are calibrated before speed trial in sea trial.

确认所有测速相关的仪器在试航测速前已被校正。

1.2 Ship's Particulars 船舶特性

1.2.1 Principal Dimensions 主尺度

Length over all 总长：abt. 170.000 m

Length between perpendicular 两柱间长：160.698 m

Breadth (moulde) 型宽：24.200 m

Designed draft (moulded)设计型吃水：8.875 m

1.2.2 Main Engine 主机

Type 型号：MAN B&W 6S50MC-C Mark7 1 set

Output SMCR 最大主机持续输出功率(SMCR)：85 80 kW at 127 r/min

CSO 常用功率(CSO)：7 722 kW at 122.6 r/min

Optimised point 功率优化点：8 580 kW at 127 r/min

1.2.3 Propeller 螺旋桨

Type 形式：Keyless, aerofoil section, solid type 无键,翼型固定型桨

No. of blade 桨叶数：Four(4) 4 叶

Dia. 直径×螺距：5 500 mm×4 467 mm

Rotation 转向：Right-handed 右旋

1.2.4 Rudder 舵

Type 型号：Semi-balanced spade type 半平衡悬挂舵

2 HULL PART 船体部分

2.1 Draft Measurement 吃水测量

Ship's draft shall be checked prior to sea trial by reading the draft marks and verify the reading of ballast console in the presence of owner's representative.

试航之前船舶吃水由船厂和船东代表检测实船吃水标尺,并在压载控制台上验证。

Recheck the draft prior to vessel's speed trial directly by reading the ballast console in the presence of owner's representative.

测速之前再次确认压载控制台上吃水。

During the survey of draughts, the specific gravity of seawater shall be measured by means of a hydrometer.

确认吃水时,同时测量海水密度。

The displacement of the vessel is to be obtained from the hydrostatic curves on the basis of the draughts and specific gravity.

根据吃水和海水密度从静水力曲线上得到排水量。

2.2　Progressive speed trial 航速试验

2.2.1　Test Items 试验项目

Progressive speed test shall be carried out at following engine loads.

按表B1中的主机负荷测试航速。

表B1　主机负荷对应的转速及航次

Engine load(主机负荷)	Estimate Rev.(预计主机转速)/rpm	Runs(航次)
50%SMCR	~100.8	abt. 1 n mile×DOUBLE runs 大约1海里×2个来回
75%SMCR	~115.4	abt.1 n mile×DOUBLE runs 大约1海里×2个来回
90%SMCR(CSO)	~122.6	abt.1 n mile×DOUBLE runs 大约1海里×2个来回
100%SMCR	~127.0	abt.1 n mile×DOUBLE runs 大约1海里×2个来回

Notes(注): For speed trial at 100% SMCR, Engine revolution shall not exceed 107% corresponding to that at SMCR as per maker's standards.

在100% SMCR时的测速,主机转速不超过制造厂额定转速的107%。

2.2.2　Speed trial condition 测速状态

The trial to be carried out at the nice weather condition, wind is not above Beaufort scale 4, with calm sea and good visibility.

风力不超过蒲氏4级,潮流平稳,且能见度良好。

Speed trial to be at ballast condition with draft 在如下吃水的压载状态:

Draft at FP (T_f)=4.50 m　　艏吃水(T_f)=4.50 m

Draft at AP (T_a)= 7.00 m　　艉吃水(T_a)=7.00 m

2.2.3　Water Depth 水深

The depth of the sea is about 60 m within the sea trial area .

水深约60米。

2.2.4　Speed correction 航速修正

Measured speed value shall be corrected for wind, wave current resistance and shallow water effects etc. according to the standard method BSRA if necessary.

速度测量结果如果必要可根据标准方法BSRA进行0级风及海况条件修正。

2.2.5　Test Program 试验程序

Ship voyage shall consist of consecutive runs alternatively in direction one up and one down on the test course.

测速过程中船舶要沿同一试验航线往返1次进行。

Ship course shall be straight as far as possible by minimizing practicable helm angle.

测速过程中应尽可能保持最小的舵角以确保航线笔直。

2.2.6　Data Record 参数记录

(1) Date & place of trial. 试验时间和地点。

(2) Water depth in speed-measuring area. 测速区水深。

(3) Specific gravity of sea water in speed-measuring area. 海水密度。

(4) Fore, aft & mid ship draughts at both sides of the ship. 吃水(艏、舯、艉)。

(5) Weather, sea conditions, temperature of sea water and air. 天气、海况、海水和大气温度。

(6) Wind velocity and direction by means of the anemoscope in the bridge. 风速、风向。

(7) Course during each navigation by means of the gyrocompass. 航向。

(8) Speed of the ship. 船速。

(9) Shaft horse power of the main engine. 主机轴功率。

2.3　Maneuvering Tests 操纵性能试验

The test conditions and water depth are the same as those for Progressive speed trial.

试验条件和水深同航速试验。

The following maneuvering tests to be carried out by using DGPS system for data measurement. Date & place of test, water depth, weather, sea conditions, specific gravity of seawater, ship drafts, initial wind velocity & direction will be recorded for each test.

用DGPS测定下列性能数据。记录每次试验的时间、地点、水深、天气、海况、海水密度、吃水深度和初始风速风向。

2.3.1　Crash Stop Astern Test 紧急停车后退试验

The ship proceeds ahead in her sea-going with M/E running at RPM of CSO (~122.6 r/min) and rudder angle at its 0 position. Following the signal "Full astern" is commanded, M/E is changed into running astern at about 90r/min. The test is lasted until the ship speed reachs abt 2 knots. The lasted time, ship intianl stable speed before test and distance between commended signal and stopping movement of the ship to be recorded.

当船舶以约122.6 r/min的主机转速向前航行时,保持舵角于0位置,发出"全速倒车"的命令,主机转速变为倒车90 r/min,直至航速约为2 kn。记录持续的时间和距离、试验开始时船舶稳定航速。

2.3.2　Stopping Inertial Test 惯性停车试验

The command"M/E stop" is given when the ship proceeds fully ahead in her sea-going with M/E running at ~122.6 r/min of CSO. Keeping the vessel slow down on her original course with minimizing operation of rudder angle until approximately to 5 knots.

船舶以主机~122.6 r/min CSO工况全速向前航行→发出“停机”命令→停机船舶降速至5 kn止。记录船舶滑行距离和时间。在试验过程中应操小舵角，尽量保持原始航向。

Record the slippage distance, time of the vessel, ship intianl stable speed before test.

记录船舶滑行距离和时间、试验开始时船舶稳定航速。

2.3.3 Turning Test 回转试验

The following maneuver tests to be performed for the ship going ahead with M/E running at CSO (~122.6 r/min), full harbor speed (101 r/min) & half harbor speed (72 r/min) each for once respectively.

船舶分别以主机CSO工况转速(~122.6 r/min)，港口全速(101 r/min)和港口半速(72 r/min)向前航行，进行如下试验：

Note: The main engine revolutions at harbor be decided after consulting with owner.

注：在港口的主机转速与船东协商决定。

(1) Turn the rudder to hard starboard (35 deg) until ship's heading has changed to 540 degrees.

将舵角转至右满舵(35°)，直到航向改变540°为止。

(2) Turn the rudder to 0 position until original ship speed is restored.

恢复直线航向直至航速复原。

(3) Turn the rudder to hard port (35 deg) until ship's heading has changed to 540 degrees.

将舵角转至左满舵(35°)，直到航向改变540°为止。

(4) Resume a straight course until the original ship speed is restored. 恢复直线航行。

Record the slippage distance, time of the vessel, ship inaitial stable speed at start, turning circle diameter, maximum heeling angle.

记录船舶滑行距离、时间、试验开始时船舶稳定航速、回转直径和最大横倾角。

2.3.4 Zig-Zag manoeuvring test “Z”字形操纵试验

Test method 试验方法。

2.3.4.1 Zig-Zag manoeuvring test(20°)

When the vessel runs straight ahead steadily at CSO (~122.6r/min), the test is to be performed as per the following sequence.

当船以主机CSO(~122.6 r/min)直线稳定航行时，按以下步骤进行试验并作记录。

(1) Rudder angle from 0°→20° starboard, until the course versus the originals is to be set at 20°.

舵角从0°→右20°，并保持至航向偏离初始航角20°为止。

(2) Rudder angle from 20° starboard→20° port.

舵角从右20°→左20°。

(3) Rudder angle from 20° port→20° starboard.

舵角从左20°→右20°。

(4) Rudder angle from 20° starboard→20° port.

舵角从右20°→左20°。

(5) Rudder angle from 20° port→0°, until the course is to be restored to original one. 舵角从左20°→0°,并保持至航向恢复初始航向前为止。

Record the slippage distance, time of the vessel, ship start stable speed, turning circle diameter, maximum heeling angle.

记录船舶滑行距离、时间、试验开始时船舶稳定航速、回转直径和最大横倾角。

Record the Rudder angle, course angle, Engine speed when test start and finish.

记录船舶舵角、航向角、时间、试验开始时和结束时主机转速。

2.3.4.2 Zig-Zag manoeuvring test(10°)

When the vessel runs straight ahead steadily at CSO (~122.6 r/min), the test is to be performed as per the following sequence.

当船以主机CSO(~122.6 r/min)直线稳定航行时,按以下步骤进行试验并作记录。

(6) Rudder angle from 0°→10° starboard, until the course versus the originals is to be set at 10°.

舵角从0°→右10°,并保持至航向偏离初始航角10°为止;

(7) Rudder angle from 10° starboard→10° port.

舵角从右10°→左10°;

(8) Rudder angle from 10° port→10° starboard.

舵角从左10°→右10°;

(9) Rudder angle from 10° starboard→10° port.

舵角从右10°→左10°;

Rudder angle from 10° port→0°, until the course is to be restored to original one.

舵角从左10°→0°,并保持至航向恢复初始航向前为止。

Record the slippage distance, time of the vessel, ship start stable speed, turning circle diameter, maximum heeling angle.

记录船舶滑行距离、时间、试验开始时船舶稳定航速、回转直径和最大横倾角。

Record the Rudder angle, course angle, Engine speed when test start and finish.

记录船舶舵角、航向角、时间、试验开始时开始和结束时主机转速。

3 Machinery Parts 轮机部分

3.1 M/E load test at sea 主机运行试验

3.2 M/E Lowest steady speed test 主机最低稳定转速的测定

Note: The test can be ignored under the permit of class and owner if which had been done and closed at mooring test.

注:如果本项系泊试验已完成,在船东船检同意下试航时可取消本项试验。

3.3 M/E Starting test on heavy fuel oil 主机用燃油进行起动试验

One of main air vessels is selected and filled with air of 3 MPa, ahead and astern alternate starting test with heavy fuel oil of viscosity 180 cst/50 deg (1 500 sec Red.1 at 37.8 °C) should be conducted until M/E can not be started, record minimum starting air pressure and numbers of starting.(Not less than 6 starts).

将1只主空气瓶充气到3.0 Mpa,主机用1 500 s燃油进行正、倒车连续交替起动试验,直到不能起动为止,记录最低起动空气压力和起动次数。

Initial starting of M/E should be effected from Bridge Control Console in order to verify the relevant alarm point of low starting air pressure from BCC.

由驾驶室控制台进行启动,以便于检测来自驾驶室控制台的低压启动的相关报警点。

3.4 M/E fuel oil changeover test 供油单元燃油转换试验

At the beginning & the end of M/E endurance test, the M/E fuel oil change over test shall be carried out, i.e. from D.O. to HFO and from HFO to D.O..

在主机持续运行试验开始和结束时进行燃油转换试验,即从柴油转换到重油和从重油转换到柴油。

3.4.1 Changeover from D.O. to HFO 从柴油转换到重油

3.4.2 Changeover from HFO to D.O. 主机从重油转换到柴油

3.5 Automatic remote control test of M/E 主机自动遥控试验

3.5.1 Test of manoeuvring M/E on bridge 驾驶室遥控

1) Ahead starting 正车启动

Move the bridge telegraph lever from stop position to deadslow ahead the M/E starts automatically and runs steadily ahead at dead slow speed.

将驾驶室车钟手柄从停车位置移到正车微速位置,主机自动启动,在微速位置稳定运转。

2) Astern starting 倒车启动

Move the bridge telegraph transmitter from stop position to deadslow astern the M/E starts automatically and runs steadily astern at dead slow speed.

将驾驶室车钟手柄从停车位置移到倒车微速位置,主机自动启动,在微速位置稳定运转。

3) Speed control 速度控制

Manoeuvring the bridge telegraph transmitter to a certain running position according to following speed table and check working condition.

根据表B2操纵驾驶室手柄到一定运转位置,检查工作状态。

表B2 ME Speed table 主机转速表 单位:rpm

航行状态	ME Speed(主机转速)	
Ahead(正车)	NAV. FULL(最大速度)	127
	Full(全速)	102
	Half(半速)	84
	Slow(慢速)	62
	Deadslow(微速)	49

表B2（续表）

航行状态	ME Speed(主机转速)	
Stop(停车)		0
Astern(倒车)	Deadslow（微速）	49
	Slow（慢速）	62
	Half（半速）	84
	Full(全速)	92

4) Acceleration program and deceleration program 加速和减速程序试验

(1) M/E is running at full speed ahead abt. 102 rpm in sea mode.

主机在全速正车方向运行，其转速约为102 rpm。

(2) Move the bridge telegraph transmitter from full ahead to Max. ahead, the M/E speed will automatically increase to NAV. FULL speed ahead abt. 127 rpm gradually according to the acceleration program.

将驾驶室车钟手柄从全速正车位置移到最大正车位置，则主机将按加速程序逐渐由全速增加到最大速度约127 rpm。

(3) Move the bridge telegraph transmitter from NAV. FULL. ahead to full ahead, the M/E speed will automatically decrease to full speed ahead abt. 102 rpm gradually according to the acceleration program.

将驾驶室车钟手柄从最大正车位置移到全速正车位置，则主机将按减速程序逐渐由最大速度减小到全速约102 rpm。

(4) Press "cancel limits" P.B. on the bridge panel, the lamp will light up and acceleration program will be cancelled. Then move the bridge telegraph transmitter from full ahead abt. 102 rpm to max. ahead, M/E speed will be increased immediately to NAV. FULL sea speed about 127 rpm.

按驾驶室控制板上的速度程序"取消按钮"，则速度程序取消指示灯亮，同时加速程序将被取消。此时将驾驶室车钟手柄从全速正车位置移到最大正车位置，主机的转速将从全速102 rpm立即增加到最大速度约127 rpm。

3.5.2 Crash astern test 紧急倒车试验

Manoeuvring the M/E at 102 rpm, then move the telegraph transmitter to full astern rapidly, inspect the reliability of crash astern.

主机在全速正车102 rpm运行，将车钟手柄迅速由全速正车位置拉到全速倒车位置，检查紧急倒车的可靠性。

3.5.3 Starting failure test 起动失败试验

The starting failure test shall be carried out as following:

主机起动失败试验按如下进行：

1) Three times start attempt failed 主机3次起动失败

(1) Prepare the M/E for start. 准备主机起动。

(2) Cut off F.O. supply to M/E. 切断主机的燃油供给。

(3) Move the bridge telegraph transmitter from stop position to deadslow ahead, start air will then be applied to M/E and the M/E will fail to start.

将驾驶室车钟手柄从停车位置移到微速正车位置，然后主机将被起动空气所带动，但不能以燃油起动运转。

(4) Check the function of 3 start attempts failed and the start failure alarm will be released.

检查主机3次起动失败的功能以及失败报警。

2) Start time limit 起动时间界限

(1) Prepare the M/E for start. 准备起动。

(2) Cut off starting air supply to M/E. 切断到主机的起动空气。

(3) Move the bridge telegraph transmitter from stop position to deadslow ahead.

将驾驶室车钟手柄从停车位置移到正车微速。

(4) Check that the start time limit alarm will be released. 检查起动时间界限报警是否施放。

Note: The above mentioned test can be decided by service engineer.

注：以上试验根据服务商意见。

3.6 Unattended engine room operation test 无人机舱操纵试验

Unattended engine room operation test shall be carried out for four hours with heavy fuel oil of viscosity 180 cst/50 deg (1 500 sec Red. 1 at 37.8 ℃.)The times of alarms and their properties are to be record.

本船应进行4 h，主机用1 500 s燃油无人机舱操纵试验（发电机同时使用相同燃油），并记录报警次数和报警性质。

The following notes are to be taken into consideration for this test.

在试验时应注意如下各点：

(1) The M/E and all aux. machineries in engine room are to be operated with no manual intervention unless emergency conditions. During this test, any manual intervention shall be recorded in detail.

除在紧急情况下，试验期间机舱内的主、副机均不应有任何人为干预，凡发生任何人为干预应作好详细记录。

(2) The M/E shall be manoeuvred on bridge. 主机应由驾驶室控制。

(3) Engineers may stay in engine room during this test for safety purpose, but the number should be as small as possible.

试验期间，机舱内可备有某些人员作应急防护措施，但人数应尽可能少。

(4) The preparations before the official test shall be made with reference to the "Unattended machinery space check list".

试验正式开始前，船厂应做好各项准备工作。参照无人机舱检查表。

3.7 Ballast test 压载试验

Note: The test can be ignored under the permit of class and owner if which had been done and closed at mooring test.

注：如果本项系泊试验已完成，在船东船检同意下试航时可取消本项试验。

3.7.1 Any selected one ballast tank to be filled by ballast pump until ballast water overflows from overflow branch of vent pipe. Measure and record water height, amount and record filling time by remote sounding system. Discharging test of ballast water to be carried out by ballast pump. Record suction vacuum& discharge pressure of pump, current & voltage of Motor, discharge time and height of reserving water.

任选一个压载水舱，用压载泵进行注水，直到换水的空气管溢流支管接头溢出水为止，用液位遥测测量和记录注水的高度、吨位并记录注水的时间。然后用压载泵做压载水排出试验，记录泵的吸入和排出压力，电动机的电流和电压，排出时间和存水高度等。

3.7.2 One chosen ballast tank(except upper wing ballast tanks)to be filled with suitable water in quantity, the strip test are to be carried out by using the fire & G.S. pump and the bilge ejectors for the ballast tank to check the fluency of the ballast lines.

任选一个压载水舱注入适量水，用消防总用泵及两台舱水抽除器进行排水试验，检查压载水管路的畅通性。

3.7.3 For the upper wing ballast tanks filling & drawing water test to be carried out to check fluency of the lines.

对顶边水舱进行注入、排出水试验，以检查管路的畅通性。

3.8 Function test of fire pump and Emergency fire pump 消防泵及应急消防泵试验

Fire pump and Emergency fire pump ejection test to be performed while the ship is sailing at CSO under ballast condition.

船舶在压载状态额定转速航行时，进行消防泵及应急消防泵喷射试验。

3.9 Anchor windlass test 锚机试验

3.9.1 The test shall be conducted at an area with water depth of about 82.5 meters under calm sea; the vessel shall be brought to a standstill and head against the wind direction before commencing this test.

抛锚海区水深约82.5 m，船舶静止于水面，船首顶风状态下进行锚机试验。

3.9.2 Running one (1) main pump, open the cooling water valve of oil cooler. The port anchor is to be slowly lowered to sea surface by means of the windlass control lever.

开启1台主泵，打开油冷却器冷却水阀，操作锚机操纵杆将左锚慢慢地放到海面。

3.9.3 The port anchor shall be dropped freely under control of manual brake until five lengths of chain cables. During process operation brake shall be tried 4~5 times to confirm its working condition. Tighten the windlass brake and close up stopper block on the chain stopper, M/E slow astern, check the function of the chain stopper.

松开锚机锚链刹车，抛出锚链长度5节，在此过程中试验刹车4~5次，检查刹车的工作情况。将锚机锚链刹车，合上制链器，使制链轴受力，主机慢速倒车，检查制链器可靠性。

3.9.4 Hoist the anchor 收锚试验

Slow ahead main engine and then hoisting the anchor till the anchor into hawse. The speed of hoisting two shots of chain is to be measured and recorded (from third chain through second chain lengths are selected for this measurement). The average speed is about 9 m/min.

慢速正车,然后将左锚收起直到使锚进入锚穴。测定左锚机收起第3节和第2节锚链的平均速度约9 m/min。

3.9.5 Anchor chain washing device to be checked during hoisting the anchor.

收锚过程中打开锚链水,检查锚装置冲水情况。

3.9.6 To start another pump and the starboard anchor to be tested in the same way.

用同样的方法试验右锚。

3.9.7 Record relevant data, such as date & place of test weather wind direction, wind velocity, sea condition, water depth, actual length of chain cable dropped into water, current of electric motor and oil pressure of hydraulic motor etc.

记录试验日期、地点、水深、放入水中锚链的长度、油泵的油压和油温,以及电机的电压和电流、泵组的最大工作压力等。

3.10 Steering gear test 舵机试验

3.10.1 The steering gear shall be tested on wheel house, with the vessel running ahead at M/E speed 127 rpm under measuring speed ballast condition.

在驾驶室内进行操舵试验,此时船舶以主机转速约为127 r/min正车航行。

(1) Steering test with double pump 双泵操舵试验

Steering test of 0°→stbd.35°→port35°→stbd.35°→0° for one time is to be carried out by using both No.1 pump and No.2 pump simultaneously.

操舵从0°→右35°→左35°→右35°→0°一次(No.1泵和No.2泵同时)。

The time for stbd.35°→port30°, port35°→stbd.30° to be recorded for reference.

测定并记录右35°→左30°,左35°→右30°的转舵时间,用于参考。

Record oil pressure in hydraulic cylinder, oil temperature of the hydraulic pump, voltage & current of hydraulic pump motor, M/E rpm etc.

记录液缸中最大油压、油泵油温、电动机的电压和电流,以及主机的转速等。

(2) Steering test with single pump(No.1 & No.2 respectively)

单泵操舵试验(No.1泵和No.2泵分别进行)

Steering test of 0°→stbd.35°→port35°→stbd.35°→0° for one time is to be carried out by using single pump.

操舵从0°→右35°→左35°→右35°→0°一次(只用单泵)。

Time for stbd.35°→port30°, port35°→stbd.30° to be recorded and not exceed 28 sec.

测定并记录右35°→左30°或左35°→右30°的转舵时间,转舵时间均不应超过28 s。

Record oil pressure in hydraulic cylinder, oil temperature of the hydraulic pump, voltage & current of hydraulic pump motor, M/E rpm etc.

记录液缸中最大油压、油泵油温、电动机的电压和电流,以及主机的转速等。

No.2 pump is from emergency switchboard supply. No.2泵应急配电板供电。

3.10.2 Emergency steering test(No.1 & No.2 respectively)

应急操舵试验(No.1泵和No.2泵分别进行)

Emergency steering test shall be carried out in steering gear room, with the vessel running ahead at the ship speed of about 7 knots. Turn the rudder by using emergency control knob on the steering gear through main power supply (No.2 pump power is from emergency switchboard supply), measure the time of turning rudder from starboard side 15 degree to portside 15 degree or from port side 15 degree to starboard side 15 degree, which should not be more than 60 sec. (No.1 & No.2 pump respectively).

在舵机房进行应急操舵试验,此时船舶以约7节航速前进,自主配电板供电(No.2泵通过应急配电板为供电),操作舵机上旋钮进行操舵,从0°→右15°→左15°→右15°→0°一次。测定左15°→右15°或右15°→左15°的转舵时间,不应超过60秒(No.1泵和No.2泵分别进行)。

Record oil press in hydraulic cylinder & oil temperature of hydraulic pump, voltage & current of hydraulic pump motor, M/E rpm etc.

记录油缸中的油压、油泵油温、电动机的电压和电流,以及主机的转速等。

3.10.3 Function test of auto pilot 自动操舵仪效用试验

Following function test shall be conducted during M/E endurance test.

在主机持续运转试验时,进行下列效用试验

1) No.1 steering system No.1 操舵系统

(1) FU mode, operating helm or follow up controller FU.

操舵,用手轮或随动控制器操作。

(2) Auto mode AUTO. Set a course and have the ship piloted for 5 minutes by the autopilot. Observe the course-keeping performances of autopilot by use of a course recorder. After that course-change test is to be conducted.

自动操舵模式设定航向。设置一航向,由自动操舵仪驾驶船舶保持航行5分钟,利用航向记录仪观察其航向保持性能,然后做改变航向试验。

2) No.2 steering system No.2 操舵系统

Test items are to be same as those of No.1 steering system.

同No.1操舵系统。

4 ELECTRIC PART 电气部分

4.1 Radio, Navigation & Interior Communication Equipment 无线电、导航及船内通信设备

4.1.1 1#, 2# VHF Radio Telephone 1#、2# VHF 甚高频无线电话

The test of communication between VHF radio telephone and coastal radio station to be carried out to check its function.

通过无线电话与海岸电台进行通话试验,以检查其功能。

4.1.2 Radio Console 无线电组装台

1) Radio station 无线电台

Test of communication in SSB telephone, telex, NBDP and DSC are to be carried out to check its function.

进行SSB电话电传、NBDP和DSC等效用试验,以验证其功能。

2) Satcom-C 卫通C

Test of communication in telex to be carried out to check its function.

用电传做通信试验,以检查其功能。

4.1.3 Satcom-F 卫通F

Test of communication in telephone, fax to be carried out to check its function.

用电话、电传和传真做通信试验,以检查其功能。

4.1.4 Navtex

Receive navigation information to check its function.

接收NAVTEX信息,以检查其功能

4.1.5 Weather Facsimile Receiver 气象传真仪

The functions of this device is to be examined by receiving the weather facsimile graph.

通过接收气象传真图,以检查设备的性能。

4.1.6 Magnetic Compass 磁罗经

Deviation of magnetic compass to be calibrated and confirmed.

纠正磁罗经偏差和确认,并提供记录报告

4.1.7 Gyrocompass 电罗经

According to data of DGPS, check error for gyro and modify it.

根据DGPS的数据,检查罗经的误差并且修正。

4.1.8 No.1, No.2 DGPS Satellite Navigators 1#、2# DGPS 卫星导航仪

In the course of sea trial the vessel shall be positioned on the nautical charts twice or thrice by using the satellite navigators. The positioning results shall be compared with the results from other navigator in order to ascertain whether the navigator operates properly.

航行过程中,使用导航仪在海图上定位2~3次,以判别设备是否正常。

4.1.9 Doppler Speed Log 计程仪

(1) The speed calibration of log is to be carried out in speed measuring area under good sea condition.

计程仪航速校正应在测速区内且海况良好的情况下进行。

(2) The ship's speed is measured at a selected speed with a round trip within a suitable distance so as to calculate the speed relatively to water, mean log speed and log error.

选择一个航速与适当的距离进行测速,并计算出计程仪平均航速、平均真速和航速的补偿值。

(3) The log error is calibrated in accordance with the instruction manual.

根据说明书进行误差修正。

4.1.10 Echo Sounder 测深仪

(1) Check the zero waterline and adjust the water line to the draught depth of the vessel.

检查零位线并将吃水线调整至本船吃水深度。

(2) In the sea of abt.15 meters deep, the reading of the echo sounder is compared with the

depths shown on the nautical chart, the depth difference resulted from tide is to be deducted or added.

在约15米深的海区内,将测深仪读数与海图(加减潮汛的深度)进行比较,以检查其工作是否正常。

4.1.11　Radars 雷达

(1) Command the boat to run round the vessel with a distance of 0.6 nautical mile at low speed. Meanwhile, observe the boat's bearings by means of the X-band radar and the azimuth circle and by means of S-band radar and the azimuth circle respectively, record the bearing once per 30 ℃. Then the arithmetic mean values of bearing differences between the bearings obtained from the radar and the azimuth circle are to be calculated for X-band and S-band radar respectively in order to examine whether the radar operate properly.

令小船距0.6海里的周围上慢速航行,用方位圈和X-波段雷达以及方位圈和S-波段雷达 分别观察小船的方位,每隔30 ℃记录一次,分别求出二者方位之差的算术平均值,以检查是否正常。

(2) In the course of the sea trial the ARPA function to be checked, set a range of guard ring and the conduct a guard warning test by commanding the boat to run into the ring.

在航行过程中分别将避碰装置和X-波段雷达或S-波段雷达连接,观察工作是否正常。设置警戒圈距离,令小船驶向本船作警戒报警试验。

4.1.12　AIS

In the course of the sea trial, observe and check the operation conditions of AIS.

在试航过程中,观察并检查AIS的工作情况。

4.1.13　VDR

In the course of sea trial, check the interface between VDR and other equipment.

在试航过程中,检查VDR与其他设备的接口情况。

4.1.14　SSAS The functional exercise of the ship's safety security system.

船舶安全报警系统效用试验。

4.1.15　Anemometer and Anemoscope 风速风向仪

Function test. 进行功能试验。

4.1.16　Sound Powered Telephone 声力电话

Function test for conversation. 进行对话功能试验。

4.1.17　Two-way VHF Radiotelephone 手提式双向VHF无线电话

Function test. 进行功能试验。

4.1.18　406 MHz EPIRB 应急无线电示位标

Function test. 进行功能试验。

4.1.19　LRIT 船舶远距离识别及跟踪系统

Function test. 进行功能试验。

4.2　General Alarm / Fire Alarm Sounding 总动员/火警警铃声响试验

Test all bells and horns are to be tested to confirm the enough sound level.

总动员/火警警铃的蜂鸣器、电笛等需进行试验,确认在机舱、舱室各处的声响。

4.3 Marine Growth Preventing Unit Test 防海生物装置试验

The working condition to be checked. 进行效用试验。

4.4 Check and record for ICCP 外加电流阴极保护装置的试验

The working condition to be checked for the ICCP. The protect ampere, the voltage and the working condition of ICCP to be recorded. The voltage between shaft and hull should be recorded.

检查外加电流阴极保护装置(ICCP)的工作情况,测定并记录保护电流、参比电压值及自动工作情况,并记录轴与船体之间的电位差。

参考文献

[1]金永兴，伍生春. 船舶结构与设备[M]. 北京：人民交通出版社，2004.

[2]伍生春，薛满福. 船舶结构与设备[M]. 北京：人民交通出版社，2008.

[3]邱文昌，伍生春，田佰军. 船舶结构与货运[M]. 北京：人民交通出版社，2012.

[4]中国船级社. 钢质海船入级规范[M]. 北京：人民交通出版社，2021.

[5]中国船级社. 材料与焊接规范[M]. 北京：人民交通出版社，2018.

[6]中国船级社.《材料与焊接规范》修改通报[M]. 北京：人民交通出版社，2019.

[7]中国船级社.《材料与焊接规范》修改通报[M]. 北京：人民交通出版社，2020.

[8]中国船级社. 船舶与海上设施起重设备规范[M]. 北京：人民交通出版社，2007.

[9]中国船级社. 船体检查保养计划[M]. 北京：人民交通出版社，2014.

[10]中华人民共和国海事局. 船舶与海上设施法定检验规则：国际航行海船法定检验技术规则[M]. 北京：人民交通出版社，2020.

[11]中国国家标准化管理委员会. 海船系泊与航行试验通则：GB/T 3471—2011[S]. 北京：中国标准出版社，2012.

[12]国际海事组织.《国际海上人命安全公约》综合文本[M]. 北京：人民交通出版社，2014.

[13]中国船级社. 船舶系固手册编制指南[M]. 北京：人民交通出版社，2014.

[14]中华人民共和国船舶检验局. 船舶倾斜试验与静水横摇试验程序指南[M]. 北京：人民交通出版社，1996.

[15]中国船级社. 散货船结构检验、评估与修理指南[M]. 北京：人民交通出版社，2014.

[16]中国船级社. 油船营运检验指南[M]. 北京：人民交通出版社，2014.

[17]中国船级社. 泵与管系布置指南[M]. 北京：人民交通出版社，1999.

[18] IMO. International convention for safety of life at sea (SOLAS) Consolidated Edition [M].[S.1]：[s.n.], 2004.

[19] IMO. International convention for safety of life at sea (SOLAS) Consolidated Edition [M].[S.1]：[s.n.], 2009.

[20] IMO. International convention for safety of life at sea (SOLAS) Consolidated Edition [M].[S.1]：[s.n.], 2020.

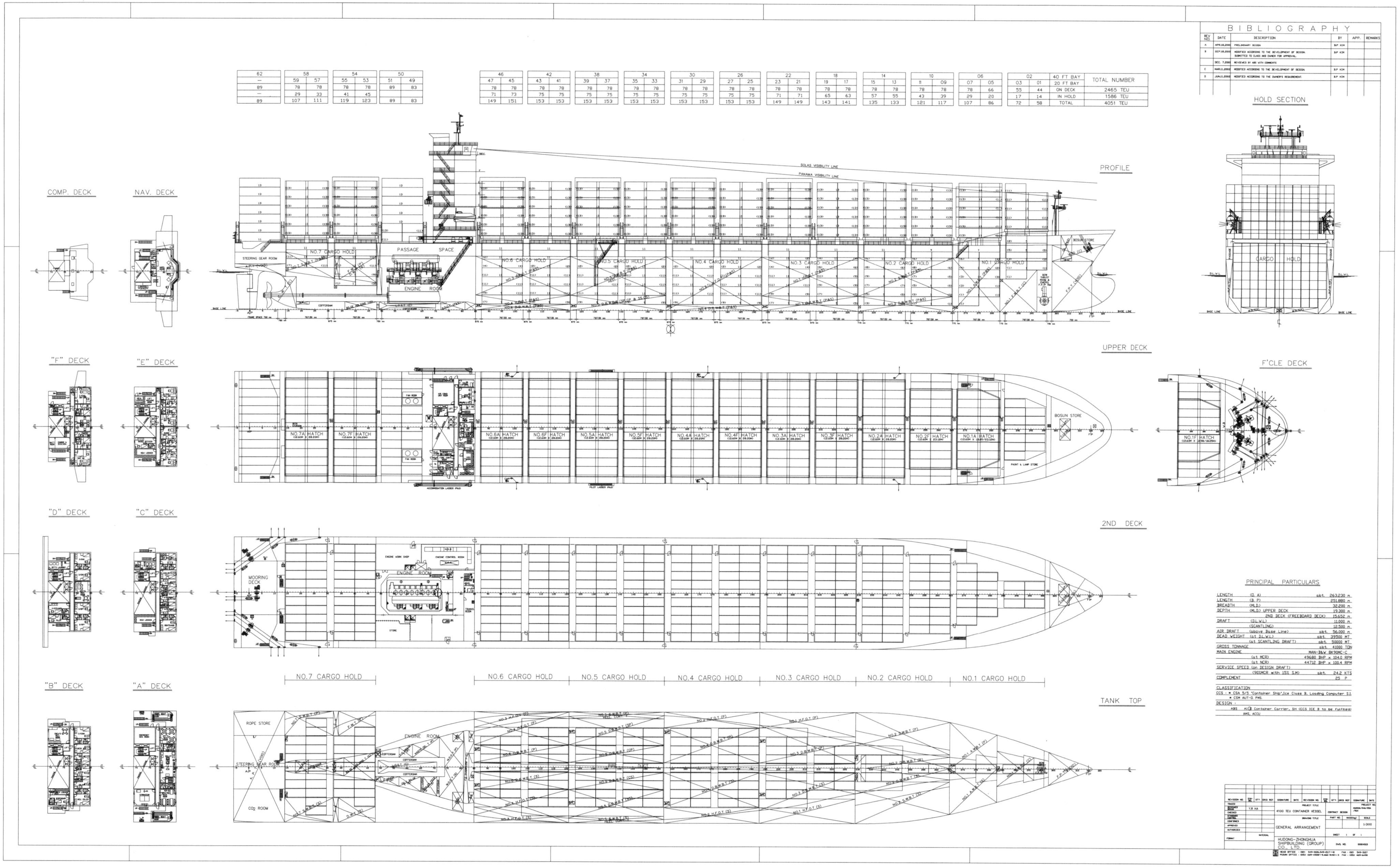
BIBLIOGRAPHY
HOLD SECTION
PROFILE
SOLAS VISIBILITY LINE
PANAMA VISIBILITY LINE
COMP. DECK
NAV. DECK
NO.7 CARGO HOLD
PASSAGE SPACE
ENGINE ROOM
NO.6 CARGO HOLD
NO.5 CARGO HOLD
NO.4 CARGO HOLD
NO.3 CARGO HOLD
NO.2 CARGO HOLD
NO.1 CARGO HOLD
BOSUN STORE
CARGO HOLD
BASE LINE
UPPER DECK
F'CLE DECK
"F" DECK
"E" DECK
NO.7A HATCH
NO.7F HATCH
NO.6A HATCH
NO.6F HATCH
NO.5A HATCH
NO.5F HATCH
NO.4A HATCH
NO.4F HATCH
NO.3A HATCH
NO.3F HATCH
NO.2A HATCH
NO.2F HATCH
NO.1A HATCH
NO.1F HATCH
2ND DECK
"D" DECK
"C" DECK
MOORING DECK
ENGINE ROOM
PRINCIPAL PARTICULARS
"B" DECK
"A" DECK
TANK TOP
ROPE STORE
STEERING GEAR ROOM
CO2 ROOM
GENERAL ARRANGEMENT
4100 TEU CONTAINER VESSEL
HUDONG-ZHONGHUA SHIPBUILDING (GROUP) CO., LTD
图2-88 总布置图